Bruno Bettelheim:
Themen meines Lebens
Essays über Psychoanalyse, Kindererziehung und das jüdische Schicksal

Aus dem Amerikanischen von
Rüdiger Hipp und Otto P. Wilck

Deutscher
Taschenbuch
Verlag

dtv

Von Bruno Bettelheim
sind im Deutschen Taschenbuch Verlag erschienen:
So können sie nicht leben (15007)
Der Weg aus dem Labyrinth (15051)
Ein Leben für Kinder (15083)
Erziehung zum Überleben (35008)
Kinder brauchen Bücher (35026)
Kinder brauchen Märchen (35028)

Für Trude Bettelheim
in liebevollem Gedenken

Ungekürzte Ausgabe
April 1993
Deutscher Taschenbuch Verlag GmbH & Co. KG, München

Titel der Originalausgabe:
Freud's Vienna and Other Essays
Alfred A. Knopf, New York 1990

ISBN 3-421-06583-7
Umschlaggestaltung: Boris Sokolow
Umschlagfoto Rückseite: Jerry Bauer
Satz: Setzerei Lihs, Ludwigsburg
Druck und Bindung: C. H. Beck'sche Buchdruckerei,
Nördlingen
Printed in Germany · ISBN 3-423-35062-8

Das Buch

Seine Autobiographie zu schreiben hat Bruno Bettelheim sich als Freudianer versagt – und folgte damit dem Diktum seines Ahnvaters, daß alle Biographien der »Lüge, Verheimlichung, Heuchelei und Schönfärberei« verpflichtet seien. Seinen Wunsch, »Material persönlicher Art in Buchform vorzulegen«, erfüllte sich Bettelheim dennoch und wählte hierfür die Form einer Essaysammlung. Themen und Auswahl dieser Sammlung, die er wenige Monate vor seinem Tod 1990 zusammenstellte, sollen dem Leser ermöglichen, selbst Schlüsse zu ziehen: welche Erlebnisse und Einflüsse für ihn ein Leben lang bestimmend waren, welchen Interessen er gefolgt ist. Die Aufsätze, die über einen längeren Zeitraum entstanden sind, kreisen um drei große Themen: Wien und die Psychoanalyse, Kinderpsychologie sowie das Schicksal der Juden im Dritten Reich. Er erzählt von seiner Kindheit in Wien, von Büchern, Filmen, Museumsbesuchen und dem kindlichen Erleben einer Stadt. Auch berichtet er von seinem Besuch im ehemaligen Konzentrationslager Dachau, würdigt den jüdischen Arzt und Erzieher Janusz Korczak und befaßt sich mit den seelischen Wunden der Waisen von NS-Opfern.

Der Autor

Bruno Bettelheim, am 28. August 1903 in Wien geboren, studierte dort Philosophie und Psychologie. 1939 emigrierte er in die USA, nachdem er ein Jahr lang in Konzentrationslagern gewesen war. Bettelheim war Professor für Pädagogik, Psychologie und Psychiatrie an der Universität Chicago und gründete 1944 die Orthogenic School für schwer gestörte Kinder. Er starb am 13. März 1990 in Silver Spring, Maryland, durch Freitod. Zahlreiche Werke über die Probleme der Kindererziehung; u. a. liegen auf deutsch vor: ›So können sie nicht leben‹ (1973), ›Der Weg aus dem Labyrinth‹ (1975), ›Kinder brauchen Märchen‹ (1977), ›Liebe allein genügt nicht‹ (1979), ›Erziehung zum Überleben‹ (1980), ›Kinder brauchen Bücher‹ (1982), ›Ein Leben für Kinder‹ (1987).

Inhalt

Einleitung

Im Laufe meines Lebens bin ich oftmals nach den bestimmenden Einflüssen gefragt worden, die mich und meine Arbeit geprägt haben. Gewiß gehen von den Eltern und von der Familie die wichtigsten Einflüsse aus, doch wenn ich sie in den Mittelpunkt stellen wollte, müßte ich eine Autobiographie schreiben. Als Freudianer glaube ich, daß Freuds Bemerkung über Biographien noch mehr auf Autobiographien zutrifft, daß also derjenige, der sich einer solchen Aufgabe unterzieht, »sich zur Lüge, Verheimlichung, Heuchelei, Schönfärberei« verpflichtet. Und als ich mich bemühte, bedeutende Ereignisse meines Lebens im Gedächtnis aufzuspüren, wurde ich mir meiner Neigung bewußt, die Bedeutung einiger Ereignisse zu stark hervorzuheben und andere bequemerweise zu vergessen – genau wie Freud es warnend beschrieben hatte.

Daraus folgt: Wenn ich den Wunsch hätte, Material persönlicher Art in Buchform vorzulegen, müßte dies in einer anderen Form geschehen. Die von mir gewählte Form besteht aus einer Sammlung von Essays, die in einem längeren Zeitraum entstanden, aber bisher nicht als Buch erschienen sind. Mit diesen Essays und schon durch die Tatsache, daß gerade sie ausgewählt wurden, erhält der Leser die Gelegenheit, selbst Schlußfolgerungen zu ziehen hinsichtlich der Einflüsse, die für mich bestimmend waren.

Der wichtigste Mensch in meinem Leben war meine liebe Frau; ihrem Gedenken ist dieses Buch gewidmet. Einzelheiten ihres Einflusses auf mich gehören aber in jene höchst private Welt, die nach meinem Dafürhalten am besten privat bleibt.

Dieses Buch beginnt mit einem Essay über die bekannteste Auswirkung auf mein Leben und meine Arbeit, der meines Geburtsorts. In ›Das Wien Sigmund Freuds‹ erläutere ich die spezifischen Erscheinungen im Ambiente der Stadt, die meiner Meinung nach für die Entstehung der Psychoanalyse besonders förderlich waren. Im nächsten Essay, ›Berggasse 19‹, beschäftige ich mich mit der Frage, warum Freud gerade diesen Ort als sein Heim und seine Arbeitsstätte gewählt haben mag.

›Wie ich zur Psychoanalyse kam‹ berichtet von einigen bedeutsamen Geschehnissen in einem frühen Lebensabschnitt. Der Essay wurde aufgenommen, weil er zeigt, auf welch unterschiedlichen Wegen man in jener Anfangszeit zur Psychoanalyse kam, als sie noch längst nicht so allgemein bekannt war wie heute. In ›Zwei Freud-Porträts‹ gebe ich Begründungen für meine Unzufriedenheit mit Ernest Jones' Freud-Biographie, die über dreißig Jahre lang als Standardwerk galt. Das Erscheinen von Peter Gays neuer Biographie im Jahr 1988 war ein freudiges Ereignis; sie liefert ein viel umfassenderes Bild von Freud als alle vorangegangenen Werke.

In ›Eine heimliche Asymmetrie‹ bin ich bestrebt, eine komplexe Dreierbeziehung zu beleuchten, die bis dahin verschwiegen wurde; sie scheint gewichtige Auswirkungen auf die Entwicklung des Verhältnisses Freud–Jung gehabt zu haben, das in der Geschichte der Psychoanalyse von so ausschlaggebender Bedeutung war. In ›Lionel Trilling über Literatur und Psychoanalyse‹ versuche ich zu zeigen, wie sehr dieser große Literaturkritiker dazu beitrug, die Psychoanalyse zu einem signifikanten Teil des geistigen Lebens der Vereinigten Staaten zu machen.

Der zweite Teil dieses Sammelbandes beginnt mit ›Wichtige Bücher im Leben‹, einer sehr persönlichen Auseinandersetzung mit der Frage, welche Bücher mein Denken stark beeinflußt haben und warum es dazu kam. Die darauffolgenden Essays vermitteln ebenfalls einige meiner persönlichen Erfahrungen und behandeln Themen, die meine lebenslange Arbeit mit Kindern widerspiegeln, insbesondere die Rehabilitation und die Erziehung schwer gestörter Kinder. In ›Die Kunst des Films‹ ist beiläufig davon die Rede, was Filme für mich bedeutet haben, darüber hinaus stelle ich Überlegungen an, was sie für uns alle bedeuten könnten. ›Kindliche Wahrnehmung der Stadt‹ bezieht sich erneut auf meine eigenen Kindheitserlebnisse; ich versuche darzulegen, welch wichtige Rolle unsere frühen Erfahrungen bei der Ausprägung unserer Ansichten von der Welt spielen, in der wir leben.

In ›Kinder und Museen‹ denke ich darüber nach, wie es dazu kam, daß die Kunst eine so große Rolle in meinem Leben spielt und auf welche Weise sie im Leben der meisten Kinder dieselbe Bedeutung erlangen könnte. ›Kinder und Fernsehen‹ bildet einen Versuch, Eltern dabei zu helfen, daß sie zu einem besseren und nützlicheren Verständnis dessen gelangen, was heute für Kinder zweifellos eine wichtige Erfahrung darstellt.

Ich war tief bewegt, als ich gewahr wurde, daß das Verfahren der Milieutherapie, die von mir so benannt worden war und zu deren Akzeptanz als einer Methode, sehr schwer gestörten Kindern zu helfen, ich beitragen konnte, von Anne Sullivan lange vor meiner Geburt erfunden und angewandt worden war, und zwar als sie Helen Keller behandelte. Ein Ergebnis dieser Erkenntnis ist der Essay ›Das Wunderkind und seine Lehrerin‹, in dem untersucht wird, was hinter derartigen »Wundern« steckt. Mit dem Mythos der »Wolfskinder« beschäftigt sich der Essay ›Wildkinder und autistische Kinder‹, der unmittelbar aus meiner Arbeit an der Sonia Shankman Orthogenic School der Universität von Chicago resultiert.

Den dritten und letzten Teil dieses Buches bildet das Bemühen eines Juden, die Vernichtung des europäischen Judentums unter Hitler zu bewältigen. Gewiß ist dies eine fast unmögliche Aufgabe, insbesondere für einen Menschen wie mich, der ein Jahr in zwei deutschen Konzentrationslagern zubrachte und dann zu den Glücklichen gehörte, die freigelassen wurden. Der erste Essay ›Janusz Korczak: Ein Gerechter in unserer Zeit‹ wurde durch eine umfassendere Biographie Korczaks überholt, durch ›The King of Children‹ von Betty Jean Lifton (im Verlag Farrar, Straus & Giroux, wo auch Korczaks ›King Matt the First‹ erschienen ist, zu welchem ich eine Einführung schrieb). Dennoch habe ich mich nach reiflicher Überlegung entschlossen, meine wesentlich kürzere Würdigung dieses großen Erziehers in das Buch aufzunehmen; ich meine nämlich, daß alles getan werden sollte, um das Interesse der Öffentlichkeit auf diesen bedeutenden Mann zu lenken.

Weil Miep Giese diejenige ist, die mir Hoffnung gab, und weil ich glaube, daß sie diese Wirkung auch auf meine Leser ausüben wird, habe ich als nächstes ›Hoffnung für die Menschheit‹ ausgewählt. ›Kinder des Holocaust‹ zeigt, welch schwere Verletzungen jene Kinder davongetragen haben, die den Holocaust überlebten; der Essay handelt von der Problematik solchen Überlebens. ›Ein Besuch in Dachau‹, erneut eine sehr persönliche Erinnerung, stellt in den Mittelpunkt, wie schwierig es auch nach vielen Jahren noch ist, die Erfahrung des Holocaust zu bewältigen.

Der letzte Essay ›Befreiung vom Gettodenken‹ stellt ein weiteres Mal die Frage, welche Faktoren dazu beigetragen haben mögen, daß die Vernichtung von Millionen Juden möglich wurde und was wohl erforderlich ist, um die Wiederholung einer solchen Katastrophe zu verhindern.

Wenn ich dieses Buch veröffentliche, geht meine Hoffnung dahin, daß es genug Gegenstände von persönlichem und allgemeinem Interesse enthält, um es lesenswert zu machen. Ich stelle fest, daß man in meinem Alter (ich bin jetzt im 87. Lebensjahr) dem eigenen Urteil nicht mehr ganz traut, insbesondere in persönlichen Angelegenheiten; was man braucht, ist Ermutigung. Zur Veröffentlichung dieser Essays wurde ich von meinem Freund Theron Raines ermuntert, und ich bin ihm dafür – wie auch für vieles andere – sehr dankbar. Die Herausgeberin Joyce Jack, mit der ich freundschaftlich verbunden bin und deren sicherem Urteil ich vertrauen lernte, als sie mit mir zusammenarbeitete und bei der Entstehung vieler meiner früheren Bücher mithalf, hat auch an diesem Sammelband mitgewirkt. Was immer das Schicksal dieses Buches sein mag, ich bin ihr für die Bemühungen, es lesbar zu machen, zu großem Dank verpflichtet.

Ins Deutsche übertragen von Rüdiger Hipp.

Teil I
Über Freud und die Psychoanalyse

Das Wien Sigmund Freuds*

Es ist kein Zufall, daß die Psychoanalyse in Wien zur Welt kam und dort auch heranreifte. Zur Zeit von Freud förderte die kulturelle Atmosphäre Wiens ein Fasziniertsein sowohl von Geisteskrankheiten wie von sexuellen Problemen wie sonst nirgendwo in der westlichen Welt – erfaßte es doch weiteste Kreise, ja reichte bis zum Kaiserhof, der das gesellschaftliche Leben der Donaustadt beherrschte. Die Gründe dafür lassen sich in der Geschichte der Stadt selbst sehen, noch mehr aber in den besonderen Interessen und Haltungen von Wiens geistiger Elite vor und während jener Periode, in der Freud seine revolutionären Theorien über unser Seelenleben aufstellte.

Freud war jedoch nicht der einzige Neuerer in Wien, der einen Wandel in unserer Sicht der Sexualität im allgemeinen und der sexuellen Abirrungen im besonderen sowie in der Behandlung von Geistesstörungen herbeiführte. Zum Beispiel gab Richard Freiherr von Krafft-Ebing, Professor für Psychiatrie an der Wiener Universität, der Paranoia ihren Namen und brachte sie in die wissenschaftliche Diskussion. Seine klinischen Berichte über sexuelle Pathologie zeigten schon Jahre bevor Freud mit seiner Erforschung der Sexualität begann, anschaulich die vielen Formen auf, die der Geschlechtstrieb annehmen kann. Krafft-Ebings bedeutendstes Werk, ›Psychopathia sexualis‹, erschienen 1886, revolutionierte die Auffassungen von sexueller Abartigkeit, einem Thema, das bis dahin von der Wissenschaft völlig ignoriert worden war. Dieses Buch führte in Österreich zur Entkriminalisierung von sexuellen Perversionen; in anderen Ländern faßten derart vernünftige Ansichten erst viel später Fuß. Krafft-Ebing ebnete in Wien und in Österreich den Weg zu einer Ära gewandelter Einstellungen zur Sexualität, bereitete sozusagen das Umfeld vor, das Freuds Arbeit möglich machte.

Neben der Psychoanalyse wurden in Wien noch weitere moderne Therapien für Psychosen entdeckt und entwickelt. Julius

* Dieser Aufsatz erschien zuerst in französischer Sprache in etwas anderer Form unter dem Titel ›La Vienne de Freud‹ in: ›Vienne, l'apocalypse voyeuse‹. Paris 1986.

Wagner von Jauregg, Krafft-Ebings Nachfolger als Ordinarius der Psychiatrie an der Universität Wien und somit während Freuds Lehrtätigkeit dort dessen Chef, fand mit der Impfmalaria ein Heilmittel gegen allgemeine Parese; 1927 bekam er dafür den ersten Nobelpreis, der für eine psychiatrische Entdeckung verliehen wurde. Seine Arbeit darf als der Beginn der medikamentösen Behandlung von Geisteskrankheiten angesehen werden. Auf demselben Gebiet entwickelte Manfred Sakel, ein weiterer Wiener Arzt, 1933 die Insulinschocktherapie für Schizophrenie. Es ist schon erstaunlich: *Sämtliche* modernen Therapien für Geisteskrankheiten – Psychoanalyse, medikamentöse Behandlung, Schockmethode – entstanden innerhalb weniger Jahrzehnte in ein und derselben Stadt.

Um zu verstehen, welch einzigartige Form Wiens Kultur Ende des 19. und Anfang des 20. Jahrhunderts erlangt hatte, muß man bedenken, daß Wien seit jeher »die alte Kaiserstadt« war, wie es liebevoll genannt wurde. Der Name Habsburg hat heute zwar nicht mehr die Aura und den Glanz von einst, aber viele Jahrhunderte hindurch war das riesige Reich der Habsburger, mit Wien als Hauptstadt, das größte, das es je in der Welt gegeben hatte, größer noch als das antike Imperium Romanum: Die Habsburger waren Herrscher des »Heiligen Römischen Reiches Deutscher Nation«.

Im 16. Jahrhundert konnte ein Habsburger Kaiser, Karl V., die später für das britische Empire übernommene Behauptung aufstellen, daß in seinem Reich die Sonne nie untergehe, denn es umspanne ja den gesamten Erdball. Nach Karl V. setzte ein allmählicher, aber stetiger Rückgang der Macht der Habsburger ein. Während der Napoleonischen Kriege geriet das Reich sogar an den Rand des Zerfalls. Nach deren Ende beherbergte Wien dann aber den Wiener Kongreß (1814/15), der die Geographie und Zukunft Europas festlegte. Von da an konnten die Wiener ihre Stadt als tonangebend ansehen, denn dank dem staatsmännischen Geschick von Österreichs Kanzler Fürst Metternich beherrschten der Kaiser und sein Reich wieder den Kontinent.

Das änderte sich jedoch ein für allemal mit den Revolutionen von 1848, als der betagte Metternich zur Abdankung gezwungen wurde und Franz Joseph seine lange Regierungszeit (1848–1916) antrat. Selbst in seiner nach den Napoleonischen Kriegen verkleinerten Form und ohne den Titel »Heiliges Römisches Reich« hatte die Habsburger Monarchie immer noch die Vormachtstellung in Europa innegehabt; ihr Hoheitsgebiet umfaßte außer dem eigentlichen Österreich eine Anzahl deutscher Fürstentümer sowie große Teile von Italien und Osteuropa. Sie war somit ein multinationales Gebilde, bewohnt von so unterschiedlichen Sprachgruppen wie Deutschen, Italienern, Polen, Tschechen, Ungarn, Slowaken, Kroaten, Slowenen und Ruthenen, um nur die wichtigsten zu nennen. Als dann ab 1848 die nationalistischen Strömungen stärker wurden, begannen die verschiedenen Völker Selbstbestimmung zu fordern und bald auch völlige Unabhängigkeit, was das Reich mit Chaos bedrohte. Gebremst wurden diese starken Tendenzen im Volk durch die Präsenz der kaiserlichen Armee, die sich aus all den Nationalitäten zusammensetzte, sowie durch die Verehrung, die der Kaiser genoß, und die er erhalten wollte.

Außerdem gewann die Hauptstadt Wien immer mehr kulturellen Einfluß auf die Intelligenz des gesamten Reiches und auch über die der deutschen Staaten und der Balkanländer. Man kann sagen, in Mittel- und Osteuropa führten alle Wege nach Wien; es war nicht nur Sitz der Regierung und der wichtigsten kulturellen Institutionen, sondern auch die bei weitem größte Stadt in diesem geographisch riesigen Gebiet. Als zweitgrößte Metropole auf dem Kontinent (nach Paris) zog es natürlich all jene an, die die Provinz zugunsten eines Lebens im Zentrum der Dinge verlassen wollten. Das ganze 19. Jahrhundert hindurch gewann Wien an Ausdehnung, an kulturellen Möglichkeiten, an wissenschaftlichem Renommee und an wirtschaftlicher Bedeutung. Und der Kaiser hielt seine Stellung, ja wurde mit zunehmendem Alter immer mehr verehrt.

Die meisten von denen, die zu Wiens kultureller Größe beitrugen, waren keine gebürtigen Wiener, sondern aus des Reiches nahen oder fernen Provinzen stammende Zuzügler. Wien hatte sie als Kulturzentrum angezogen, oder sie hatten hier bereits ihre Ausbildung genossen. Viele waren schon in frühester Jugend von ihren Eltern hergebracht worden, weil sie für ihre Kinder das Beste gewollt hatten. So war es auch bei Sigmund Freud und ebenso bei Theodor Herzl gewesen, dem Begründer des Zionismus. Andere kamen erst als Erwachsene nach Wien, wie zum Beispiel die Komponisten Gustav Mahler und Johannes Brahms, der Maler Oskar Kokoschka, der Jugendstilarchitekt Josef Hoffmann und der Pädagoge Franz Cizek, der Entdecker und Förderer der Kinderkunst.

Von einer Kultur pflegen Kräfte auszugehen, die begabte Menschen zu ihrem Zentrum hinziehen, und ein Beispiel für Wiens Magnetismus in unserem eigenen Jahrhundert ist der Literatur-Nobelpreisträger Elias Canetti. In einem Band seiner Autobiographie ›Die Fackel im Ohr‹ erzählt er davon, wie er vom Balkan nach Wien kam und von dem kulturellen Klima beeinflußt wurde, das er dort vorfand. Besonders stellt er dabei den Kritiker und politischen Schriftsteller Karl Kraus mit seiner Zeitschrift ›Die Fackel‹ heraus, dessen Gedanken für Canettis eigene Entwicklung entscheidend wurden.

Wahrhaft einmalig an dieser Wiener Kultur aber war, daß sie durch einen Glücksfall der Geschichte in eben der Zeit zu ihrer größten Blüte gelangte, als das Reich bereits bröckelte, durch das Wien doch erst Bedeutung erlangt hatte und dessen Hauptstadt, Regierungssitz und Kaiserresidenz es noch war. Das letzte zählte am meisten; als Kaiser war Franz Joseph nicht nur Symbolfigur der Donaumonarchie, sondern tatsächlich die Persönlichkeit, die sie überhaupt zusammenhielt. Die Verhältnisse waren zwar noch nie so gut gewesen, aber auch noch nie so schlecht. Eben diese seltsame Gleichzeitigkeit erklärt meiner Meinung nach, warum die Psychoanalyse, die sich ja auf das Verstehen von Ambivalenz, Hysterie und Neurose gründet, gerade in Wien entstanden ist und wahrscheinlich nirgendwo anders hätte entstehen können. Und sie war nur *eine* der großen geistigen Entwicklungen einer Zeit, in der das Bewußtsein des politischen Abstiegs Wiens kulturelle Eliten bewog, die Politik als ernstzunehmendes Thema aufzugeben und sich statt der Außenwelt der Innenwelt zuzuwenden.

Erkennbar war ihnen der Abstieg seit den Ereignissen von 1859 (drei Jahre nach Freuds Geburt), als das Reich den ersten einer ganzen Serie von Schlägen auf seine Stellung – und sein Image – als Weltmacht einstecken mußte. In jenem Jahr verlor es seine blühendsten und fortschrittlichsten italienischen Provinzen, darunter die Lombardei mit dem so wichtigen Mailand und die Toskana mit Florenz, Parma und Modena. Lediglich Venedig und Venetien blieben bei Österreich, und das auch nur noch sieben Jahre. Denn 1866, nach dem verlorenen Krieg gegen das aufsteigende Preußen und der verheerenden Niederlage in der

Schlacht bei Königgrätz, mußten die letzten Gebiete in Italien abgetreten werden, und Preußen gewann die Vorherrschaft über die deutschen Staaten. Mit der fast sechs Jahrhunderte innegehabten Hegemonie Österreichs war es vorbei. Fünf Jahre später, im Anschluß an den Deutsch-Französischen Krieg, wurde Deutschland unter preußischer Führung geeint. Damit begann dann Berlin, Wien als Zentrum der deutschsprachigen Welt abzulösen. Und nach der Thronbesteigung Wilhelms II. konnte es sich auch eines jüngeren Kaisers rühmen, der imposanter und dynamischer war als der verblassende Franz Joseph.

Gegen die Erkenntnis, daß diese Verluste den Untergang der Donaumonarchie ankündigten, sperrten sich viele, indem sie das einfach abstritten. So mochte die Wiener Intelligenz wohl gesagt haben: »Die Lage ist zwar hoffnungslos, aber nicht ernst.« Man fand zu jener Einstellung, die dann viele Jahre in Wien im Schwange blieb, daß die äußere Realität wenig gelte und man alle geistigen Kräfte dem Innenleben des Individuums zuwenden müsse, denn allein das sei von wirklichem Belang. Zur selben Zeit, als das neue geeinte Deutschland und seine Hauptstadt Berlin ihre gewaltigen Energien dem Reichsaufbau widmeten, machten sich Wiens Eliten an die Entdeckung und Eroberung der Innenwelt des Menschen. Dieses Sichzurückziehen fiel um so leichter, ja wurde unumgänglich, da den alten Enttäuschungen neue auf den Fersen folgten.

Die Obrigkeit bemühte sich zwar, diesem Gefühl des Niedergangs dies und jenes entgegenzusetzen, doch durch nichts konnte man erreichen, was man sich erhoffte. Um die militärische Niederlage von 1866 wettzumachen, unternahm die Regierung zum Beispiel diverse Anstrengungen zum Erhalt von Wiens kultureller und wirtschaftlicher Bedeutung. So plante man für 1873 eine Weltausstellung, damit Wien wieder von allen Nationen beachtet und bewundert würde. Der Wohlstand, den man sich davon für die Stadt ausrechnete, heizte eine Baukonjunktur an, und auf beiden Seiten der neugeschaffenen Ringstraße schossen prunkvolle öffentliche wie private Bauten hoch. Diese Avenue umkreiste die innere Stadt, und mit ihr wollte man die weltberühmten Pariser Prachtstraßen der Ära Haussmann noch übertrumpfen.

Von seiner Geschichte her ist Wien eine Stadt des Barocks; die großartigen barocken Kirchen und Paläste hatten ihm seinen Charakter gegeben. Durch die modernen Ringstraßengebäude bekam Wien nun ein doppeltes und irgendwie widersprüchliches Gesicht: halb alte Kaiserstadt und halb modernes Kulturzentrum; so als habe es sich nicht entscheiden können, ob es weiter bei der glorreichen (wenn auch ihren Glanz verlierenden) Vergangenheit bleiben oder sich auf die Neuzeit und Zukunft ausrichten solle.

Die an die Weltausstellung geknüpften großen Erwartungen führten auch zu wilden Finanzspekulationen. Neun Tage nach der Eröffnung der Ausstellung kam es zum Börsenkrach. An Wiens »Schwarzem Freitag« fallierten hundertfünfundzwanzig Banken und zahlreiche andere Unternehmen. Die Folge war eine schwere Wirtschaftskrise, die sich über ganz Europa ausbreitete und sogar die Vereinigten Staaten erreichte.

Wie schon erwähnt, hielten Wiens kulturelle Eliten das Geschehen um sie herum nicht für wichtig und wandten ihre Aufmerksamkeit dem Innenleben zu, den bislang verborgenen und unerkannten Aspekten des Menschen. Doch war dieser Weg weg von den allgegenwärtigen Widersprüchen nur wenigen zugänglich. Die große Mehrheit der Bürger mußte sich ein anderes Mittel gegen das Unbehagen suchen, das sie jetzt beim Bröckeln jener überkommenen sicheren Welt beschlich, die sie und ihre Vorfahren gewohnt waren. Sie fanden es in sorglos fröhlicher Unterhaltung. Die Ausstellung von 1873 hatte zwar nichts gebracht, aber mit der Premiere der ›Fledermaus‹ im Jahr darauf beanspruchte Wien wieder die Weltherrschaft: im Reich der Operette. Einst Zentrum der alten gehobenen Kultur – der Oper und des Theaters – im deutschsprachigen Raum, stieg Wien jetzt zur Spitzenstellung in der leichten Muse und vor allem in der Tanzmusik auf. Schon der Wiener Walzer hatte innerhalb weniger kurzer Jahre den Globus erobert, und nun folgten ihm die unzähligen Operetten von Strauß, Lehár, Suppé und anderen nach. In der Rückschau scheint man in Wien in jener Zeit ununterbrochen getanzt zu haben: In den prachtvollen Ballhäusern und Tanzsälen, die es in allen Stadtvierteln gab, herrschte das ganze Jahr über Betrieb; Höhepunkt war der Fasching mit seinen Redouten und dem lustigen Treiben, dem sich kaum ein Wiener entzog. Einige dieser Vergnügungen, so die großen Hofbälle, waren nur für die höheren Stände, die Mehrzahl aber war für das einfache Volk, und es gab auch viele, wo sich die Klassen zwanglos vermischten. Ferner veranstaltete man in Wien gern Umzüge, wenn der Hof etwas zu feiern hatte, wie die Hochzeit eines Mitglieds aus dem Herrscherhaus oder irgendeinen Jahrestag des Kaisers; da ließen sich dann Prunkkarossen und geschmückte Festwagen bewundern. Bei solchen Gelegenheiten konnten Künstler ihr Talent und ihre Phantasie entfalten, um die Bevölkerung zu unterhalten. Diese ständigen Feiern vernebelten den Blick dafür, daß es mit der Donaumonarchie abwärtsging.

Auf der Bühne der Politik und des Weltgeschehens erschütterten periodische Katastrophen das Reich bis in die Grundfesten und beschleunigten seinen Zerfall. Doch das war noch nicht alles: Nicht minder unheilvoll wirkten sich die Tragödien aus, die sich innerhalb der Kaiserfamilie – am Hof, der ja das wahre Zentrum von Wien war –, abspielten.

Kaiser Franz Joseph war seine Ehe mit Elisabeth, einer sehr jungen und sehr schönen bayerischen Prinzessin, aus wahrer Liebe eingegangen, die bei ihm auch sein ganzes Leben lang anhielt. Doch trotz seines Bemühens, alles für Elisabeth zu tun, um sie glücklich zu machen, entfremdete sie sich bald von ihm und dem Hof, bis sie schließlich kaum noch Zeit zusammen mit ihrem Gemahl verbrachte, ja überhaupt selten in Wien weilte.

Heute wissen wir, daß Elisabeth hysterisch, narzißtisch und anorexisch (magersüchtig) war. Damals aber sah man in ihr, und nicht ganz unberechtigt, die schönste Frau Europas. Um ihre ausgeprägte Schönheit zu erhalten, der sie ihren Aufstieg zur Kaiserin verdankte, unterzog sie sich rigorosen Hungerkuren, nahm zum Beispiel tagelang nichts weiter zu sich als jeweils sechs Gläser Milch. Bei ihren häufigen Wanderungen schlug sie ein so forsches Tempo an, daß ihre Begleiterinnen erschöpft zurückfielen, wenn sie die Gewaltmärsche auf sieben, acht, ja zehn Stunden ausdehnte.

Gleich manchen Hysterikerinnen, zum Beispiel der Titelfigur von Schnitzlers später geschriebener Novelle ›Fräulein Else‹, nahm die Kaiserin schließlich die Gewohnheit an, bei ihren Spaziergängen ihr Kleid auf der nackten Haut zu tragen – obwohl sie stets mit genügend Koffern reiste, um mehrere Eisenbahnwagen zu füllen, also immer ein riesiges Sortiment feinster und elegantester Unterkleidung zur Verfügung hatte. Zum Entsetzen ihrer Hofdamen ging sie dann auch ohne

Strümpfe. Dafür zog sie oft drei Paar Handschuhe übereinander, um ihre schönen Hände zu schützen.

Eines der klarsten Symptome ihrer Neurose dürfte ihr end- und zielloses Umherreisen in ganz Europa gewesen sein. Wie es der französische Schriftsteller Maurice Barrès ausdrückt, »hatten ihre Reisen nichts von der ruhigen und sinnvollen Regelmäßigkeit der Zugvögel, waren vielmehr ein planloses Hasten, ein ewiges Hin- und Herflattern aus Angst vorm Rasten und Nachdenkenmüssen«.

Als der Kaiser 1871 bei Elisabeth, die wie fast immer nicht in Wien war, brieflich anfragte, was sie sich zum Namenstag als Geschenk wünsche, schrieb sie, wohl mit einem Schuß Selbstironie, zurück: »Am allerliebsten wäre mir ein vollständig eingerichtetes Narrenhaus.« Geistesgestörte übten auf Elisabeth eine besondere Faszination aus, vermutlich weil sie in ihrer Familie, den Wittelsbachern, nichts Ungewöhnliches waren. So besuchte sie des öfteren Irrenanstalten, zum Beispiel in Wien, München und London. Sie pries sowohl den Tod wie den Wahnsinn und erging sich in Sentenzen etwa des Inhalts, daß das Nachsinnen über den Tod uns läutere und daß der Wahn mehr Wirklichkeit habe als das Leben – was beweist, sie war von zutiefst melancholischem Gemüt, und nicht erst seit der Tragödie von Mayerling, nach der sich das nur noch intensivierte. 1898, als sie wieder einmal nach Genf gereist war, wurde Elisabeth dort von einem Anarchisten erstochen. Ihre Ermordung ergab genausowenig Sinn wie ihr Leben davor.

So fanden sich am Kaiserhof, nach dem sich alles in Wien richtete, ein Interesse für Geisteskrankheiten sowie Beispiele für die zerstörerische Wirkung von Neurosen und die verheerenden Folgen von Hysterie – schon lange bevor Freud beschloß, sein Leben dem Erforschen jener inneren und damals noch unbekannten Kräfte im Menschen zu widmen, die diese psychischen Störungen verursachen.

1889 regierte Franz Joseph bereits seit vierzig Jahren; der Fortbestand des Reiches hing von Kronprinz Rudolf ab, seinem einzigen Sohn. Rudolf führte ein einsames Dasein: Seine Mutter, so oft auf Reisen, war für ihn meist unerreichbar, mit seinem Vater verstand er sich nur wenig, und mit seiner Frau, einer belgischen Prinzessin, verband ihn keine Liebe. Als er dreißig war, konnte er zwar auf viele Liebesaffären zurückblicken, doch keine hatte ihm etwas bedeutet. Am Leben verzagend, da er sich völlig nutzlos vorkam, faßte Rudolf dann mit einer seiner Geliebten, einer Baronesse Vetsera, den Entschluß, gemeinsam in den Freitod zu gehen: In seinem Jagdschlößchen Mayerling im Wienerwald erschoß er erst sie und dann sich.

Ödipus-Konflikte zwischen Herrschern und ihren Söhnen waren in der Historie nichts Neues, schon gar nicht im Hause Habsburg. Der Konflikt zwischen Philipp II. und Don Carlos hatte nicht nur Geschichte gemacht, sondern auch den Stoff erst zu einem der größten Dramen der Welt und später zu einer bedeutenden Oper geliefert. Rudolfs Tat aber scheint einzigartig: Der Erbe eines großen Reiches begeht Mord und Selbstmord in unmittelbarem Anschluß an den Geschlechtsverkehr mit einer Frau seiner Wahl, die gleichfalls Sex und Tod gewollt hatte. Das psychologische Klima Wiens zur Zeit des Niedergangs der Monarchie und die daraus resultierenden morbiden Stimmungen, die in der Stadt um sich griffen, sind für ein so extremes Beispiel von hochgradigem Ödipuskomplex der passende, ja notwendige Hintergrund: Neurose, Sex, Mord und Selbstmord. Erschreckend kraß traten hier die dem Menschen innewohnenden destruktiven Tendenzen zutage, die Freud später untersuchen und beschreiben sollte. Ebenso zeigte sich, daß der Geschlechtstrieb und der Todestrieb eng miteinander verbunden sind – was Freud dann bei seiner Erforschung der dunkelsten Seelenaspekte klarzumachen bemüht war.

Der Kaiser selbst versuchte über diese Tragödien in seiner Familie dadurch hinwegzukommen, daß er sich immer mehr in seine Arbeitsneurose hineinsteigerte; bis zu sechzehn Stunden saß er täglich über seinem administrativen Papierkram, so als wäre er bloß ein subalterner Beamter und nicht das Staatsoberhaupt. Er legte zwanghaften Wert auf Etikette und hatte das berühmte, in Wahrheit aber unrühmliche spanische Hofzeremoniell übernommen, das weder natürliche Gefühle noch persönliche Kontakte zuließ. Interessanterweise suchte er nach Elisabeths endgültiger Entfremdung und mehr noch nach ihrem Tod in der Gesellschaft einer jungen und schönen Schauspielerin Trost. Durch des Kronprinzen Selbstmord war Erzherzog Franz Ferdinand Thronfolger geworden – ein Mann, mit dem der Kaiser stark im Widerstreit stand. Nach der Ermordung Franz Ferdinands im Juni 1914 (dem Attentat von Sarajewo, einem der äußeren Anlässe des Ersten Weltkriegs) soll Franz Joseph geäußert haben, er sei erleichtert, denn dieser Mord habe eine Lage bereinigt, die dessen dringend bedurft hatte.

In vielen Bereichen der Wiener Kultur während dieser Periode des Dahinsiechens der Monarchie läßt sich ein seltsames Nebeneinander von Sex und Tod finden. Selbst führende Politiker beschäftigten sich mit Todesgedanken, wie sich aus der Bemerkung schließen läßt, die der letzte österreichisch-ungarische Außenminister um 1912 abgab: »Wir müssen uns selber umbringen, bevor es die anderen tun.« Die enge Verbindung von Sex und Tod bildete ein Hauptthema der Wiener Kunst, Literatur und Psychoanalyse. Sie durchzieht das Werk von vielen, zum Beispiel das des jungen und brillanten Philosophen Otto Weininger, der sich 1903 im Alter von erst dreiundzwanzig Jahren an der Sterbestätte Ludwig van Beethovens das Leben nahm. Sein Buch ›Geschlecht und Charakter‹ mit seiner zutiefst pessimistischen Sicht der Sexualität hatte enormen Einfluß auf die Wiener Intelligenz.

In seinem eigenen Leben traf Freud früh eine Wahl, die sein späteres Erkennen der Bedeutsamkeit des Todestriebes vorwegzunehmen schien. Im Dezember 1881 war das Wiener Ringtheater abgebrannt, eine tragische Katastrophe, denn es hatte dabei zahlreiche Todesopfer gegeben. Franz Joseph, der stets gute Miene zum bösen Spiel machte, ordnete an, auf dem Areal des zerstörten Theaters ein als Wohn- und Geschäftsgebäude zu nutzendes »Kaiserliches Stiftungshaus« zu errichten. Der Auftrag dazu ging an den seinerzeit als bester Architekt von Wien geltenden Friedrich von Schmidt. Da aufgrund der exklusiven Lage an der Ringstraße hohe Mieten verlangt werden konnten, sollte ein Teil der dadurch erzielten Einnahmen für den Unterhalt jener Kinder verwendet werden, die durch den Brand zu Waisen geworden waren.

Anfangs war es schwer, für die Luxuswohnungen des Stiftungshauses (das bald allgemein »Sühnhaus« genannt wurde) Mieter zu finden – die Leute zögerten, an einen Ort zu ziehen, an dem so viele Menschen umgekommen waren. Freud jedoch nahm sich, obwohl das seine Mittel weit überstieg, eben hier Wohnung und Praxis. Bezeichnenderweise dachte er nicht darüber nach, daß seine nervenleidenden Patienten wohl nur ungern zur Behandlung in ein Haus gehen würden, das so schreckliche

Erinnerungen weckte. Aber aus uns unbekannten Gründen störten Freud diese Assoziationen nicht, er scheint sie vielmehr geschätzt zu haben. Vielleicht waren schon damals unbewußte Gedanken über die Krankhaftigkeit von Neurosen in ihm gewesen, die ihn bewogen hatten, gerade dieses unheimliche Gebäude zur Wohn- und Arbeitsstätte zu wählen. Die Freuds gehörten zu den frühesten Bewohnern des Stiftungshauses, und ihr erstes Kind war das erste, das darin geboren wurde. Zu diesem Anlaß erhielt Freud einen Brief des Kaisers, worin ihm dieser zu dem neuen Leben gratulierte, das an jener Stätte, an der so viele Menschen das ihre verloren hatten, erblüht sei.

Dieses Glückwunschschreiben ist die einzige Verbindung zwischen Franz Joseph und Freud, die wir kennen. Oftmals sagte Freud, ein Kaiser sei ein Symbol für den Vater und das Über-Ich, und folglich spiele die Kaiserfigur im Bewußtsein wie im Unbewußten von jedem eine wichtige Rolle.

Die Ereignisse hatten gezeigt, daß Wiens Kaiser aber nicht einmal Herr im eigenen Haus war, und diese Tatsache mag Freud zur Entwicklung seiner These angeregt haben, daß selbst das Ich nicht Herr im eigenen Haus sei – eine Erkenntnis, die er einen schweren Schlag für unsere Eigenliebe nennt (so wie es für des Kaisers Eigenliebe vernichtend gewesen sein muß, daß er von Frau und Sohn abgelehnt wurde). Die Arbeitsneurose Franz Josephs dürfte Freud schwerlich entgangen sein, als er sich mit der Aufklärung von Neurosen befaßte und sie als Abwehr gegen sexuelle Ängste und gegen Angriffe auf die Eigenliebe erkannte.

In dieser einzigartigen Wiener Kultur waren die stärksten inneren Mächte Thanatos und Eros – der Todestrieb und der Geschlechtstrieb. Das hört sich einfach an, dabei ist aber das Zusammenspiel dieser Gewalten äußerst kompliziert und schafft weitreichende und verzwickte Probleme. Die Wiener Kultur ging solchen inneren Verwicklungen gern nach und brachte sie in ihre Werke ein. Hinter diese bislang unbekannten geheimnisvollen und überaus komplexen psychologische Phänomene zu kommen und dadurch vielleicht sogar Gewalt über sie zu gewinnen, wurde zum zentralen Anliegen der Wiener Kultur. Freud war nicht der einzige Wiener, der sein Leben dem Kampf gegen diese belastenden seelischen Probleme weihte. Arthur Schnitzler, den er als sein Alter ego bezeichnete, hatte auch als

Mediziner angefangen und sich dann ebenfalls dem Studium der menschlichen Seele zugewandt, allerdings nicht als Psychiater, sondern als Schriftsteller.

Schnitzler war unstreitig der repräsentativste Vertreter der Wiener Literatur jener Jahre; seine Novellen wurden weithin gelesen und bewundert, und seine Stücke gehörten zu den meistgespielten der deutschen Bühnen, vor allem in Wien, einer Stadt, in der das Theater seit jeher hohe Wertschätzung genoß. Hier ist nicht der Ort, Schnitzlers Werke im einzelnen zu analysieren, doch seien wenigstens zwei seiner bedeutendsten Stücke erwähnt, um zu zeigen, daß auch in seinem Denken Sex und Tod unentwirrbar ineinander verflochten waren. In seinem Schauspiel ›Liebelei‹ hat ein junger Mann der Oberschicht eine Liaison mit einem Mädchen aus kleinbürgerlichen Verhältnissen. Sie liebt ihn innig, ihm dagegen ist diese Beziehung weniger wichtig als sein Wunsch, die Gattin eines prominenten Bürgers zu verführen. Auch die liebt er nicht wirklich, doch sie zu besitzen spricht seine Eitelkeit an. Der betrogene Ehemann fühlt sich verpflichtet, ihn zum Duell zu fordern, in dessen Verlauf er den jungen Mann dann tötet. Das Mädchen, das diesen so geliebt hat, darf nicht einmal zu seiner Beerdigung, und das öffnet ihr die Augen, wie wenig sie ihm bedeutet hat. Aus Verzweiflung darüber nimmt sie sich das Leben.

Das andere Stück hat den Titel ›Das weite Land‹, womit natürlich des Menschen Seele gemeint ist. Eine Dame der Gesellschaft hat ein außereheliches Verhältnis – offenbar das erste in ihrem Leben – mit einem jungen Marineoffizier. Ihr Mann hatte zwar selber diverse Amouren gehabt, wenn auch ohne innere Bindung, fühlt sich aber dennoch durch die Untreue seiner Frau in seinem Stolz verletzt. Er fordert den Offizier zum Duell und erschießt ihn. Dadurch wird nicht nur dessen Leben vernichtet, sondern auch das der Eheleute zerstört, denn es hat ja nun allen Sinn verloren. Somit führt in beiden Stücken, und in vielen von Schnitzlers anderen Werken ebenfalls, sexuelle Verwicklung zur Destruktion. Das ist auch das Thema von ›Fräulein Else‹, einer seiner bekanntesten Novellen, in der ein unverkennbar neurotisches und wohl auch hysterisches junges Mädchen, um ihren Vater vor dem Gefängnis zu bewahren, dem Begehren eines älteren Mannes, nackt zu ihm zu kommen, willfährt, nur um sich dabei dann zu töten.

In einem Gespräch mit Martin Buber – einem weiteren außergewöhnlichen Mann, dessen Persönlichkeit sich in jenen Jahren in Wien formte, wo er geboren war und wo er durch seine Bekanntschaft mit Herzl sich dem Studium des Chassidismus widmete – sagte Schnitzler über die von ihm geschaffenen und für das seinerzeitige Wien so typischen Figuren, sie hätten ein Gespür für das Ende ihrer Welt, und dieses Ende sei nicht mehr fern – womit er recht hatte.

Rilke verlegt in seiner ›Weise von Liebe und Tod des Cornets Christoph Rilke‹ den Gedanken vom unmittelbaren Nachfolgen des Todes bei sexueller Erfüllung zwar in Österreichs Vergangenheit, doch war das Thema eindeutig zeitgenössisch, wie die Tragödie des Kronprinzen deutlich zeigte.

Daß Eros und Thanatos die stärksten Triebe im Menschen sind, zu dieser Erkenntnis kamen nicht nur Freud und Schnitzler. Eines der größten Werke von Johannes Brahms, das ›Deutsche Requiem‹, hat zum Grundthema, daß wir mitten im Leben vom Tod umgeben seien. Gustav Mahler komponierte ›Kindertotenlieder‹ und betitelte seine 2. Symphonie ›Tod und Auferstehung‹. In seinem größten Werk, der 8. Symphonie, verbindet er eine mittelalterliche Messe mit der Schlußszene aus dem ›Faust‹ – dessen Apotheose, wo er im Tod durch die Liebe einer Frau gerettet wird, womit gesagt wird, wahre Erfüllung sei nur im Tode möglich.

Freud begann seine Erforschung der verborgenen Kräfte, die den Wandlungen des Menschen zugrunde liegen, mit dem Studium der Hysterie, mit der er sich noch beschäftigte, als die Mayerling-Tragödie geschah. Dabei entdeckte er, wie mächtig und allumfassend der Geschlechtstrieb ist und zu welch seltsamem Verhalten er führen kann, wenn er gehemmt oder gänzlich unterdrückt wird. Freuds (in Zusammenarbeit mit Josef Breuer verfaßte) ›Studien über Hysterie‹ erschienen dann 1895; im Jahr darauf folgte ›Zur Ätiologie der Hysterie‹, und 1898 veröffentlichte er ›Die Sexualität in der Ätiologie der Neurosen‹. Welch tiefen Eindruck diese Abhandlungen auf Wiens literarische Welt machten, geht aus Hugo von Hofmannsthals Bemerkung hervor, er habe sie beim Schreiben seines Librettos zu Richard Strauss' Oper ›Elektra‹ immer wieder herangezogen. Elektra ist in der Tat als hysterische Frau angelegt.

Das Erscheinen von Freuds ›Die Traumdeutung‹ im Jahre 1900 brachte dann die Etablierung der Psychoanalyse. Dieses größte der Werke Freuds ist eine Innenschau; das Interesse gilt allein dem Allerinnersten des Menschen unter Vernachlässigung der Außenwelt, die gegen die Faszination der Innenwelt verblaßt. Daß dieses Hauptwerk des Wiener Fin de siècle eigentlich aus Verzweiflung über das Unvermögen, den Lauf der Außenwelt zu ändern, entstanden war und ein Bemühen darstellte, diese Hilflosigkeit durch zielstrebiges Erforschen der dunklen Unterwelt wettzumachen, bestätigt der Wahlspruch, den Freud an den Anfang gestellt hat: Vergils Vers »Flectere si nequeo superos, Archeronta movebo« (Kann ich die Götter mir nicht erweichen, so lock ich die Hölle). Kurz und bündig brachte er damit zum Ausdruck, Hinwendung nach innen, zu dem, was sich in des Ichs Tiefen verbirgt, sei zurückzuführen auf die Verzweiflung darüber, daß es einem nicht mehr möglich sei, die Außenwelt zu verändern oder ihren Verfall aufzuhalten; und so sei es am besten, die Welt im großen ganzen nicht wichtig zu nehmen und sich dafür ganz auf die dunklen Aspekte der Seele zu konzentrieren.

Dieses Befaßtsein mit Sex und Tod läßt sich besonders deutlich in den Arbeiten von Wiens größten Malern jener Zeit finden, am auffallendsten bei Gustav Klimt und Egon Schiele. Klimts erste Bilder waren noch recht konservativ, doch als er um die Jahrhundertwende zur Reife gelangte, begann er hysterische nackte Frauen zu zeichnen und zu malen. Zum Beispiel zeigen einige der Studien für seine großen Deckengemälde in der Wiener Universität Frauenakte in der typischen Arc-de-cercle-Pose, und dieses Motiv wiederholte er viele Male. Schon 1902 sprach ein Kunstkritiker von Klimt als dem »Maler des Unbewußten«, was er zwar nur höhnisch meinte, womit er aber nicht unrecht hatte. Die Rolle des Eros in Klimts Malerei ist schwerlich zu übersehen, dazu sind in den meisten seiner Bilder, die Landschaften ausgenommen, die erotischen Themen zu dominant. Erwähnt werden müssen hier seine Gemälde ›Danaë‹, ›Wasserschlangen‹, ›Die Erfüllung‹ und verschiedene Teile des Beethoven-Frieses, zum Beispiel ›Die feindlichen Gewalten‹, sowie auch seine ›Leda‹ und ›Der Kuß‹.

Egon Schiele, der Klimts begabtester Schüler war, führte

diese Entwicklung noch viel weiter. Sobald er zu künstlerischer Reife gelangt war, malte und zeichnete er vornehmlich des Menschen Innenwelt, vor allem seine neurotischen Aspekte. Eine wichtige Forderung Freuds scheint Schiele beeinflußt zu haben, daß nämlich der Analyse anderer eine Selbstanalyse vorauszugehen habe; um das Unbewußte voll begreifen zu können, müsse man erst einmal sein eigenes Unbewußtes verstehen. In seinen Selbstbildnissen analysierte sich Schiele genauso scharfsinnig und erbarmungslos, wie Freud das mit sich getan hatte. Seine 1910 und 1911 entstandenen beiden Gemälde ›Die Selbstseher‹ sind typisch für Schieles Vermögen, uns Einblicke in das unbewußte Leben eines Menschen zu geben. In dem Doppelporträt ›Heinrich und Otto Benesch‹ stellte er nicht nur die verborgenen Seiten der Psyche dieser beiden Männer dar, sondern auch ihren Vater-Sohn-Konflikt. Hier beschreibt ein Bild das Wesen eines Ödipus-Komplexes nicht minder anschaulich als Freuds eigene Schriften.

Das über die Porträts und Selbstbildnisse von Schiele Gesagte läßt sich mit gleichem Fug und Recht auch über die von Oskar Kokoschka sagen. Und Arnold Schönberg, der in Wien die Grundlagen der modernen Musik schuf, malte ebenfalls; in seinen Bildserien ›Der rote Blick‹ und ›Visionen‹ ist das Innenleben der dargestellten Personen klarer erkennbar als ihre äußere Erscheinung. Aber letztlich sprechen Bilder ja direkt zu uns, und die Aussage, die diese Gemälde über die innersten Geheimnisse des Menschen machen, müssen in ihnen selbst gesehen werden, also darin, wie wir auf sie reagieren, und nicht in dem, was über sie gesagt oder geschrieben wird.

Zum Wunsch der Kaiserin nach einem »vollständig eingerichteten Narrenhaus« gehört noch ein vielsagender Nachtrag. In dem Jahrzehnt nach Elisabeths Tod entstand in Wien eine vorbildliche »Landesirrenanstalt«. Man beauftragte die talentiertesten Künstler, die man bekommen konnte, die modernste und schönste Anlage für Geisteskranke zu schaffen. Als Krönung des Projekts wollte man eine Kirche für die religiösen Bedürfnisse von Patienten, die an schwersten inneren Störungen litten. Mit dem Entwurf dieser »Kirche am Steinhof« wurde Otto Wagner betraut, einer der seinerzeit renommiertesten Architekten der Stadt. Wagner konzipierte das Gotteshaus als Gesamtkunstwerk und lud viele von Wiens besten jungen

Künstlern – Kolo Moser, Richard Luksch, Othmar Schimkowitz – zur Mitarbeit an der Innengestaltung ein. Zum Großartigsten der 1905 begonnenen und 1907 fertiggestellten Kirche gehört ihre vergoldete Bronzekuppel, die wunderschön glänzt, wenn sich auf ihr die Sonnenstrahlen brechen. Dieses Bauwerk beherrscht nicht nur die ganze Anlage, sondern auch die umliegenden Bezirke; es ist zu einem Wahrzeichen der Stadt geworden.

So hat während der letzten Zerfallsjahre des großen Habsburger Reiches dessen Hauptstadt durch ein schönes und imposantes Bauwerk die Bedeutung des Wahnsinns gewürdigt. Auch ihre größten Schriftsteller und Maler haben in ihren Werken das Wesen des Wahnsinns erkundet, und ihre besten Wissenschaftler haben ihre Energien der Entdeckung und dem Verstehen des zutiefst verborgenen Geistes des Menschen – jenes »weiten Landes« nach Schnitzlers Schauspiel – sowie der Enträtselung der Ursachen von hysterischem und neurotischem Verhalten gewidmet.

Dank dem, was sich in dieser außergewöhnlichen Zeit in Wien getan hat, verfügen wir jetzt über die Mittel, einige der dunkelsten Kräfte unseres Geistes zu beherrschen oder zumindest zu verstehen, und das ermöglicht uns, dem Leben selbst in einer zerfallenden Umwelt Sinn zu entlocken und, wie Freud gelehrt hat, Herr im eigenen Haus zu sein.

Ins Deutsche übertragen von Otto P. Wilck.

Berggasse 19*

Anfang Juni 1938, ein, zwei Tage bevor die Familie Freud Wien verließ, um nach England zu emigrieren, bat Freuds Freund August Aichhorn den jungen Fotografen Edmund Engelmann, ein paar Bilder von Freuds Wohnung und Praxis zu machen, damit von der Geburtsstätte der Psychoanalyse wenigstens ein optisches Zeugnis erhalten bleibe. Freud selber sagte man nichts davon; der alte Mann, schwer krank und mitgenommen durch die Schikanen der Nazis gegen ihn und seine Tochter sowie durch die Sorgen um die bevorstehende Ausreise, sollte nicht noch mehr behelligt werden. Zufällig aber traf Freud Engelmann beim Fotografieren an und erklärte sich bereit, ihm auch für ein paar Porträts zu sitzen.

Der Fotograf war insofern gehandikapt, als er kein Blitzlicht benutzen konnte; er durfte nicht die Aufmerksamkeit der Gestapo erregen, die Freuds Wohnung unter Beobachtung hielt. Sie tat das, seit Freud durch Vermittlung einflußreicher ausländischer Freunde die Genehmigung bekommen hatte, seine Besitztümer, wovon ihm seine Antikensammlung am wichtigsten war, mit nach England zu nehmen. Dieses Observieren sollte verhindern, daß andere Leute Wertsachen in die Wohnung schmuggelten, um sie vor Beschlagnahme durch die Nazis zu retten.

Ein halbes Jahr später verließ auch Engelmann Wien. Die Negative der Freud-Fotos mitzunehmen wagte er nicht, denn er mußte befürchten, daß sie bei einer Gepäckdurchsuchung Verdacht erregten und ihm die Ausreise verweigert würde. Er ließ sie bei Aichhorn zur Aufbewahrung. Als Aichhorn nach dem Kriege starb, wurden die Negative an Anna Freud in London geschickt, die sie schließlich dem Fotografen zurückgab. So kam dann, wie Engelmann in einem Nachwort erzählt, der Bildband ›Sigmund Freud's Home and Offices, Vienna 1938‹ zustande.

* Diese Besprechung von ›Sigmund Freud's Home and Offices, Vienna 1938. The Photographs of Edmund Engelmann‹. New York 1976 (dt.: Edmund Engelmann Berggasse 19: das Wiener Domizil Sigmund Freuds. Stuttgart 1977) erschien unter dem Titel ›Where Psychoanalysis Was Born‹ in ›The New York Times Book Review‹ vom 2. Januar 1977.

Seit 1891 hatte ein ganz gewöhnliches vierstöckiges Mietshaus in der Berggasse Freuds Wohnung und Arbeitsstätte beherbergt. Hier, wohin er aus dem für seine wachsende Familie zu klein gewordenen Domizil im Stiftungshaus an der Ringstraße umgezogen war, wäre er bis an sein Lebensende geblieben, hätten ihn nicht die Nazis ein Jahr vor seinem Tode gezwungen, Wien – sehr gegen seinen Willen – zu verlassen.

In dem Haus Nr. 19 gelangte Freud zu jenen überraschend neuen und zutiefst beunruhigenden Erkenntnissen über sich selbst und andere, die unser Bild vom Menschen so verändert haben. Hier behandelte er seine Patienten, schrieb fast alle seine wichtigsten Werke und versammelte seine Mittwochs-Diskussionsgruppe um sich, vor der er seine neuesten Gedanken zu testen pflegte und die während der ersten und über eine lange Zeit die einzige psychoanalytische Vereinigung war. Hier lebte er mit seiner Familie fast ein halbes Jahrhundert. Und da fragen wir uns natürlich, ob dieser Rahmen Einblicke in einige der berühmten Begebenheiten in der Geschichte der Psychologie gewährt.

Daß diese Fotos von dem typisch viktorianischen Ambiente, in dem die Psychoanalyse ihren Anfang nahm, dazu beitragen sie zu erhellen, bezweifle ich allerdings. Freuds psychoanalytische Couch in allen Einzelheiten gezeigt zu bekommen, sagt uns noch lange nicht, worum es bei der Psychoanalyse geht, und ebensowenig erklärt uns das Betrachten der Umgebung, in der es zu allem kam, den Menschen Freud oder sein Werk. Doch verrät das physische Umfeld, das sich jemand als Heim und Arbeitsplatz gewählt und eingerichtet hat, immerhin einiges über seinen Lebensstil, seine Interessen und seine Vorlieben. So geben uns diese Fotos, auch wenn sie weder Freud noch seine Schöpfung zu erklären beziehungsweise zu ergründen vermögen, ein paar private Blicke auf seine Lebensweise, soweit sie sich aus Äußerlichkeiten erkennen läßt. Und wie nicht nur der Psychoanalytiker weiß, ist das Äußere, so verschieden vom Inneren es auch sein mag, nicht ohne Bezug zu diesem.

Der Name Berggasse ist einigermaßen übertrieben, denn die Straße steigt nur an ihrem Ende leicht an; ansonsten ist sie eben und relativ breit, und das Haus Nr. 19 liegt auf diesem flachen Stück. Sie macht einen zwar gutbürgerlichen, aber keineswegs großbürgerlichen Eindruck und auch nicht den einer Wohngegend für Intellektuelle. Die Berggasse ist eine uninteressante, sich durch nichts hervorhebende Straße in einem gleichermaßen unscheinbaren Teil des IX. Wiener Stadtbezirks. Und was für die Straße gilt, trifft auch für das Haus Nr. 19 zu, wie die Fotos vom Eingang, der Treppe und der Tür zu Freuds Praxis zeigen.

Als junger Mensch ging ich oft an dem Haus vorbei, wählte nicht selten einen Umweg durch die wenig reizvolle Straße, bloß weil Freud dort lebte. Schaute ich zu seinen Fenstern empor, fragte ich mich stets, warum dieser große Mann sich ausgerechnet hier niedergelassen hatte, wo Wien doch so viele Straßen hatte, die attraktiver waren, schönere Häuser hatten oder wenigstens historisch Interessantes boten.

Erst jetzt, aus dem Abstand eines Lebens und Kontinents, kommt mir der Gedanke, daß man die Lage von Freuds Heim durchaus als ein Symbol seines Lebensweges sehen kann. Unten begann die Berggasse am Tändelmarkt, dem ständigen Wiener Flohmarkt, der zu Freuds Zeiten zur Hauptsache von armen jüdischen Händlern betrieben wurde. Auf dem Hügel am anderen Ende der Straße lagen die Universitätskliniken, die Universität selbst und, um das Rathaus herum, ein paar der feinsten Wohnadressen des Großbürgertums, aus dem die Mehrzahl von Freuds Patienten und Besuchern kam.

Spiegelte die Lage seines Heims Freuds Lebensgefühl wider? Er stammte aus einer nicht eben begüterten jüdischen Kaufmannsfamilie; dem Vater war mit seinen Geschäften nur beschränkter Erfolg beschieden gewesen. Seine Kindheit und Jugend hatte Freud im II. Bezirk verbracht, wo der Großteil der ärmeren jüdischen Bevölkerung Wiens lebte, und dort war er auch zur Schule gegangen. Die Berggasse liegt nicht weit von diesem Viertel, in dem Freuds Eltern wohnen blieben. Freud ließ das Leben, wie es im II. Bezirk weiterlief, zwar hinter sich zurück, doch wurde er in den Wiener Großbürgerkreisen nie richtig akzeptiert, und auch die Universität ließ ihn über Gebühr lange auf den von ihm so erstrebten Professorentitel warten. Dort im ebenen Teil der Straße, genau in der Mitte zwischen den armen Juden seiner Herkunft und den Wohlstandsbürgern und Intellektuellen oben auf dem Hügel, richtete Freud sich ein. Mir war immer unverständlich geblieben, warum sich das weltberühmte Genie, der Entdecker der Psychoanalyse, gerade dort niedergelassen hatte, aber möglicherweise fühlte Freud sich in dieser Umgebung eben deshalb wohl, weil sie etwas über seinen äußeren Lebensweg und seine Karriere aussagte.

Vielleicht war die Wahl seines Wohnviertels auch Ausdruck dessen, daß Freud Oberflächen für relativ nichtssagend hielt – das, was unter ihnen liege, könne viel wichtiger, viel aufschlußreicher sein; und das um so mehr, je gewöhnlicher das Äußere sei. Dann ließe sich Freuds Wohnungnahme in diesem konventionellen, nach nichts aussehenden Haus nicht nur auf seine Ansicht zurückführen, daß wahre Originalität Putz und Prunk scheue – sich hinter dem Gewöhnlichen verberge, um sich vor unbefugter Einmischung zu schützen –, sondern auch auf seine Überzeugung, daß wir, wenn wir einen Menschen verstehen wollen, nach dem suchen müssen, was unter der Oberfläche liegt. Gehen wir so an Engelmanns Bilder heran, können wir auf ihnen manches entdecken, was in der Wohnung in der Berggasse 19 dem Auge des nur auf Äußerlichkeiten achtenden Betrachters verborgen bleibt.

Sieht man Freuds Praxisräume hier zum ersten Mal, konzentriert sich die Neugier sogleich auf die von Freud ersonnene psychoanalytische Couch, seinen dahinterstehenden Sessel und den Schreibtisch, an dem er seine Werke verfaßte und die umfangreiche Korrespondenz erledigte, die schon für sich allein die Grundlage für die Zukunft der Psychoanalyse schuf. Und so richtete Engelmann seine Kamera hauptsächlich auf diese drei Objekte.

Unter den zahlreichen Einrichtungsgegenständen, die das Sprech- und das Studierzimmer füllen, bildet die Couch eines der zentralsten, aber auch am wenigsten interessanten Stücke. Auf ihr liegt eine orientalische Diwandecke, und die Wand, an die sie längsseits gerückt ist, ziert ein Behang in ähnlichem Dessin. Den Fußboden bedecken Perserteppiche, wie seinerzeit im bürgerlichen Wien üblich, aber auch über die Tische sind, was weniger üblich war, Perserbrücken gebreitet, um eine wärmere, fast schon anheimelnde Atmosphäre zu schaffen. Was vielleicht erstaunt: Auf der Couch türmen sich so viele Kissen, daß der Patient eine halbaufgerichtete Stellung einnahm, also beinahe mehr saß als lag. In dieser Haltung konnte er, sofern er die Augen nicht geschlossen hielt, ein sehr gemütliches, aber auch sehr überladenes Zimmer sehen, das überall seines Analytikers ganz persönliches Interesse an alten Kunstgegenständen erkennen ließ. Die Räume werden völlig beherrscht von einer Fülle von Antiquitäten, einer Sammlung, die Freud nach seinen eigenen Worten »eine Quelle außerordentlicher Erquickung« war.

Man braucht sich nur diese Fotos anzuschauen, um das gern zu glauben. In beiden Zimmern wimmelt es geradezu von Antiquitäten: Sie füllen die Wände, stehen in mehreren Reihen hintereinander in Regalen und in Glasschränken. Sogar auf Freuds Schreibtisch sind gut und gern zwanzig Statuetten aufgebaut, damit er sie beim Arbeiten stets vor sich hatte. Die Stücke sind nicht systematisch geordnet, weder nach Motiven noch nach ihrer Herkunft; Griechisches und Römisches steht unmittelbar neben Ägyptischem und Chinesischem. (Erwähnenswert ist, daß es trotz Freuds starkem Bewußtsein seiner jüdischen Identität in dieser Sammlung keine Judaika gibt – wohl verständlich bei einem Mann, der in Moses einen Ägypter sah; Ägyptisches nahm in der Sammlung einen beherrschenden Platz ein.) Man spürt jedoch, daß jedes einzelne Stück für Freud seinen bestimmten Platz hatte, je nachdem, was es ihm bedeutete. Und man würde gern erfahren, warum und wie die so verschiedenen, aber von ihm nebeneinandergestellten Stücke für ihn zusammenpaßten.

Alte Kunst zu sammeln war zu Freuds Zeiten unter Wiener Bildungsbürgern nichts Ungewöhnliches. Die humanistische Schulbildung, die die meisten von ihnen genossen hatten, mit ihrer Ausrichtung auf die römisch-griechische Kultur, machte viele blind gegen die zeitgenössische Kunst, die rings um sie geschaffen wurde; und Freud scheint da keine Ausnahme gewesen zu sein. Doch gibt es zu seiner Sammlung Gesichtspunkte, über die nachzudenken lohnt. Erstens bevorzugte er ganze Stücke, erwarb keine, die unvollständig oder beschädigt waren. Zweitens galt sein Interesse in erster Linie dem Archäologischen und nicht dem Ästhetischen. Die formalen Qualitäten eines Stückes bedeuteten ihm nach eigener Aussage wenig: Der Aufschluß, den es über der Menschen Vergangenheit gebe, sei ihm wichtiger als der über der Menschen Schönheitssinn.

Und drittens – am bemerkenswertesten und von der Gewohnheit anderer Sammler ganz abweichend – stellte er diese vielen, vielen Stücke alle in seinem Sprech- und seinem Studierzimmer auf; in den zahlreichen Räumen seiner anschließenden Wohnung findet sich kein einziges. Noch deutlicher hätte Freud wohl kaum zum Ausdruck bringen können, daß die Sammlung allein zu seinen psychoanalytischen Interessen und überhaupt nicht zu seinem Privatleben gehörte. Als sollte dieser Gegensatz sagen: »So außergewöhnlich mein Leben als Entdecker des Unbewußten auch ist, mein Leben mit meiner Familie ist dafür um so gewöhnlicher.« Deshalb lohnt es auch nicht, näher auf die Bilder von den Wohnräumen der Familie einzugehen; sie zeigen ein Interieur, das in keiner Weise bemerkenswert ist, sondern lediglich typisch für das Reich einer wohlhabenden Wiener Familie jener Zeit war. Die gesamte Einrichtung zeichnet sich durch nichts aus, hat überhaupt nichts Individuelles. Das gilt sogar für das, was man in der einzigen abgebildeten Vitrine sieht: Familienfotos und Nippsachen, so wie man sie in den meisten Wohnzimmern der Berggasse oder sonstiger Viertel, wo viktorianischer Lebensstil waltete, finden konnte.

Da seine »archäologischen« Interessen symbolisch für seine psychoanalytische Arbeit waren, wollte Freud seine Patienten und Psychoanalytikerkollegen gern daran teilhaben lassen. So erklärt sich uns, warum das, was er sammelte, alt, lange Zeit verborgen gewesen und in genau der Form ans Tageslicht hervorgeholt worden sein mußte, in der es verschüttet gelegen war. Wenn diese Stücke Freud als Symbole seines Lebens wichtig waren, wird uns auch verständlich, warum er sie so zusammengedrängt und scheinbar ungeordnet hinstellte: Im Unbewußten steht das Verdrängte ja auch dicht an dicht und durcheinander. So wird zugleich klar, warum Freud die Ästhetik seiner Sammelobjekte nicht interessierte: Für den Psychoanalytiker liegt die Schönheit und Unverfälschtheit des aus dem Unbewußten Hervorgegrabenen in dessen Vollständigkeit und nicht in seinem eventuellen künstlerischen Wert. Je tiefer und länger etwas verborgen war, je sorgfältiger man es unzugänglich gemacht hatte (wie beispielsweise die Dinge in ägyptischen Gräbern), um so größer die psychoanalytische Leistung bei seiner vollständigen »Ausgrabung«. Wenn Freud darin die symbolische Bedeutung seiner Sammlung antiker Kunstgegenstände sah, wird uns verständlich, warum es sich bei den meisten der Stücke um Grabbeigaben handelt. Nicht, wie zuweilen vorgebracht worden ist, wegen eines Bezugs zum Todestrieb oder wegen eines krankhaften Interesses an allem, was mit dem Tod zu tun hat. Wir dürfen vielmehr annehmen, daß ihm diese vergraben gewesenen kleinen Schätze tief verborgene Dinge versinnbildlichten, von deren Existenz man gar nichts gewußt hatte, die aber da waren und sich vollständig freilegen ließen, damit dem Leben mehr Genuß abgewonnen werden kann.

Und so dürfte diese für einen Privatmann mit wenig Zeit und oftmals auch wenig Geld nicht eben gewöhnliche Sammlung Freud nicht nur Sammlerfreuden beschert, sondern ihn auch auf angenehme Weise stets daran erinnert haben, daß er Schätze ausgrub, die sogar noch größer waren als jene, die Schliemann entdeckt hatte. Während andere Archäologen unser geschichtliches Wissen bereichert und uns Dinge zugänglich gemacht haben, die uns ästhetischen Genuß geben, hat Freud im Alleingang das ausgegraben, was uns von Ängsten und Verdrängungen befreien und uns dadurch nicht nur Wissen und Genuß schenken, sondern uns auch zum Herrn über uns selbst machen kann.

Ins Deutsche übertragen von Otto P. Wilck.

Wie ich zur Psychoanalyse kam

Vor siebzig Jahren, in der Frühzeit der Psychoanalyse, wurde man meist auf ganz andere Art und Weise in sie eingeführt als im heutigen Normalfall. Es geschah gewöhnlich mehr durch rein persönliche Kontakte oder Erlebnisse als durch bewußte Wahl des Studienfachs.

Ich jedenfalls bin nicht dadurch zur Psychoanalyse gekommen, weil sie Therapiebedürftigen einiges zu bieten hat, und ebensowenig aus Wissensdurst oder weil sie mit zu meinem Universitätsstudium gehört hätte. Am allerwenigsten wäre mir in den Sinn gekommen, daß sie mir einmal zum Beruf werden könne. Daß sie das dann doch wurde, ja sogar zum Hauptberuf und zum wichtigsten Bestandteil meines geistigen Lebens, war reiner Zufall und kam durch ganz persönliche Erlebnisse zustande.

Anfang 1917, im dritten Jahr des Ersten Weltkrieges, war ich als Dreizehnjähriger dem Jung-Wandervogel beigetreten, einer Wiener Jugendbewegung, die sowohl sozialistisch wie auch pazifistisch war; das »Jung« im Namen sollte den Unterschied zu dem älteren und stramm nationalistisch-patriotischen deutschen Wandervogel betonen. Gemeinsam war beiden Jugendorganisationen aber das Eintreten für eine durchgreifende Bildungsreform. Zu unseren wichtigsten Aktivitäten gehörten regelmäßige Sonntagsfahrten hinaus zum Wienerwald, bei denen wir nicht nur Spiele und dergleichen veranstalteten, sondern uns auch mit radikalen Gedanken über Politik und über zwischenmenschliche Beziehungen, einschließlich derer zwischen Mann und Frau, bekannt machten. Vom Theoretisieren über diese, wie wir meinten, ganz neue Sicht des Verhältnisses der Geschlechter zueinander war es nur ein kurzer Schritt zum Umsetzen in die Praxis, das heißt zur Bildung von meist noch harmlosen Liebesbeziehungen.

So kam ich zu meiner allerersten Jugendliebe, einem Mädchen im selben Alter wie ich. Alles schien gutzugehen, bis eines Sonntags ein junger Mann in Uniform in unserer Gruppe aufkreuzte, in der er vor seiner Einberufung ein tonangebendes Mitglied gewesen war. Er hieß Otto Fenichel, war nur um wenige Jahre älter als wir und hatte vom Militär Urlaub bekommen, um sein Medizinstudium zu beenden. Zu meiner großen Bestürzung konzentrierte sich sein Interesse auf das Mädchen, das ich als mein betrachtete.

Otto hörte zu der Zeit gerade Freuds Kollegien an der Wiener Universität. Es waren jene, die später unter dem Titel ›Vorlesungen zur Einführung in die Psychoanalyse‹ weltberühmt wurden. Sie faszinierten ihn. Gleich vielen Neubekehrten war Otto Fenichel von den damals ja noch mehr oder weniger esoterischen Lehren Freuds nicht nur hell begeistert, sondern fühlte sich auch bemüßigt, Propaganda für sie zu machen. Wir in unserem Kreis, der begierig alles aufnahm, was neu und radikal war, hatten zwar vage von diesen Dingen gehört, wußten im Grunde aber nichts darüber. So war alles, was Otto uns über Freud erzählte, neu für uns.

Meist fragte Otto uns nach unseren Träumen und suchte uns deren Bedeutung zu erklären, nicht zuletzt auch die sexuellen. Das war für seine so jungen Zuhörer ein höchst verlockendes Thema, zumal in Anbetracht unserer und für die Jugendbewegung der damaligen Zeit charakteristischen ambivalenten Einstellung zur Sexualität. Die in der Generation unserer Eltern waltenden Vorurteile gegenüber dem Geschlechtlichen fanden wir spießbürgerlich und lehnten sie samt der aus ihnen resultierenden Doppelmoral ab. Theoretisch traten wir für freie Liebe ein, in Wirklichkeit aber verdrängten wir unsere Gelüste, indem wir vorgaben, einer höheren Ethik zu folgen, das heißt, wir verbargen unsere sexuellen Ängste vor uns selbst. Und so fanden wir das, was Otto uns über Freuds Gedanken zum Geschlechtstrieb und dessen wichtige Rolle im Leben des Menschen erzählte, aufregend und beunruhigend.

Für mich hatte die Situation an jenem Tag sogar etwas besonders Beunruhigendes, da nicht zu übersehen war, daß mein »Gspusi« nicht nur das, was Otto zu dozieren wußte, immer interessanter fand, sondern auch ihn selbst. Je gefesselter sie schien, um so wütender wurde ich, denn ich fühlte mich durch all das neue und faszinierende Wissen, das der Studiosus zum besten gab, arg in den Schatten gestellt. Aber da meine Eigenliebe nicht den Gedanken zuließ, ein weibliches Wesen könne Otto interessanter finden als mich, schrieb ich seinen Erfolg allein seinen Kenntnissen über die Psychoanalyse zu, und für die hatte ich am Ende des Tages dann nur Hohn und Haß übrig. Hatte sie mir doch, so wähnte ich, meine Freundin abspenstig gemacht und sie veranlaßt, ihre Gunst einem anderen zuzuwenden.

Wieder daheim, ließ mich mein Groll auf die Psychoanalyse keinen Schlaf finden, bis ich gegen Morgen dann auf eine Lösung kam. Ich meinte, wenn Otto F., wie er im Kreis des Jung-Wandervogels genannt wurde, mich bei meiner Freundin durch sein Reden über die Psychoanalyse ausstach, konnte ich ihn vielleicht mit seinen eigenen Waffen schlagen und mein Mädchen so zurückerobern. Ich brauchte mir also nur noch ausreichendes psychoanalytisches Wissen anzueignen. Nachdem dieser Entschluß gefaßt war, schlief ich ein.

Und so ging ich dann am Montag nach Schulschluß spornstreichs zu der einzigen Buchhandlung in Wien, die psychoanalytische Literatur führte, weil sie diese selber verlegte, und kaufte soviel davon, wie ich mir leisten konnte. Das waren ein paar Monographien sowie etliche psychoanalytische Zeitschriften, und daheim machte ich mich sogleich an die Lektüre. Bald wurde mir klar, daß man bei mir zu Hause, wo man, obwohl einige aus unserer Familie mit den Freuds persönlich bekannt waren, ein bißchen sittenstreng war, höchst schockiert wäre, mich beim Lesen so obszöner Literatur anzutreffen. Also ließ ich diese zu Hause nicht sehen und nahm sie mit in die Schule, um sie dort während des Unterrichts zu studieren, den ich im Vergleich dazu stinklangweilig fand.

Die Werke, die mich am meisten beeindruckten, waren ›Die Psychopathologie des Alltagslebens‹, ›Der Witz und seine Beziehung zum Unbewußten‹ und die Abhandlungen über Leonardo Moses. Die beiden ersten gehören auch heute noch zu den Freudschen Schriften, in die der Einstieg am leichtesten ist, und so war es ein Glücksfall, daß ich gerade diese hatte erwerben können. An ›Die Traumdeutung‹ war ich nicht herangekommen; ich weiß nicht mehr, ob sie gerade vergriffen war oder mir zu teuer. Doch je mehr ich von Freud las, um so interessierter wurde ich und um so überzeugter, hier ganz neue und überaus wichtige Aufschlüsse über die menschliche Psyche zu bekommen.

So wurde ich also mit Freuds Theorien bekannt. Obwohl ich die Psychoanalyse von ganzem Herzen haßte, weil ich ihr ja die

Schuld daran gab, daß man mir mein Mädchen entfremdet hatte, war ich gleichzeitig total fasziniert von dem, was ich durch die Lektüre lernte, und ich war sicher, wenn ich erst einmal genügend Kenntnisse erworben hatte, würde mir die Rückeroberung gelingen. Ich weiß nicht, ob man das Glauben an den praktischen Wert der Psychoanalyse nennen kann, aber während jener Woche, in der ich zu ihr bekehrt wurde, glaubte ich an ihre Macht, mir zu dem zu verhelfen, was ich mir damals am allermeisten wünschte. So standen Haß auf die Psychoanalyse und gleichzeitiger Glaube an ihre übergroße Macht am Anfang dessen, was zu einem wichtigen Bestandteil meines Lebens wurde.

Heute meine ich, auf so persönliche Weise zur Psychoanalyse gekommen zu sein, mit so starkem emotionalen Betroffensein, jedoch nicht minder starker Ambivalenz, war ein Start unter günstigsten Bedingungen.

Um diesen Teil meiner Geschichte zu Ende zu bringen: Er nahm einen in jeder Beziehung glücklichen Ausgang, also nicht nur insofern, daß ich in der Psychoanalyse schließlich Berufung und Beruf fand. Am nächsten Sonntag trafen meine Freundin und ich uns wieder, um mit der Jugendgruppe hinaus in den Wienerwald zu fahren. Als ich mein neuerworbenes Wissen über die Psychoanalyse aufzutischen begann, erklärte sie mir, dieses Thema wäre ja ganz nett für einen Sonntag, heute aber sollten wir lieber von uns reden. Zu meiner großen Erleichterung beteuerte sie mir, sie habe das, was Otto über die Psychoanalyse erzählt hatte, zwar faszinierend gefunden, aber keinen Augenblick lang hätte er sie als Mann interessiert; ihre Zuneigung gehöre nach wie vor mir. So bestand für mich kein Grund mehr, mich meines Mädchens wegen weiter mit der Psychoanalyse zu beschäftigen. Doch ich kam davon nicht mehr los: Eine Woche völliger Konzentration auf die Psychoanalyse, und ich war ihr fürs ganze Leben verfallen.

Die junge Dame und ich verloren einige Zeit später die romantischen Gefühle füreinander, blieben jedoch gute Freunde. Ich erzähle diese Geschichte, um zu erhellen, welche Folgen unser unterschiedlich motiviertes Interesse für die Psychoanalyse zeitigte. Da das meiner Freundin theoretisch und eigentlich nur abstrakt gewesen war, schlug es keine tiefen Wurzeln und spielte in ihrem Leben keine bedeutsame Rolle. Das meine war dagegen alles andere als theoretisch, sondern von Anfang an persönlich und sehr emotional gewesen, geprägt durch den Glauben, die Psychoanalyse könne einen entscheidenden Umschlag im Leben eines Menschen bewirken – was sie bei mir ja auch getan hat.

Meines Wissens waren die Pioniere der Psychoanalyse auf zwar ganz andere, aber mehr oder weniger doch ebenso persönliche und emotional bedingte Weise zu ihr gekommen, und unter ihnen blühte sie dann zur Wissenschaft auf. Kaum einer von ihnen hatte zunächst vorgehabt, sie zu seinem Beruf zu machen, oder hatte mehr Vorkenntnisse mitgebracht als seine Selbstanalyse. Alles war Sache ganz individueller Erfahrung und nicht irgendwelcher formaler Ausbildung gewesen. Wer heute Psychoanalytiker werden will, muß dazu ein kompliziertes und genau festgelegtes Studium vorweisen, und von dem, was einst an ihr so persönlich aufregend war, hat die Psychoanalyse kaum noch etwas; sie ist zu einer institutionalisierten Wissensdisziplin geworden. Diesen Unterschied und seine Auswirkungen sowohl auf die therapeutische Praxis wie auch auf die theoretische Weiterentwicklung der Psychoanalyse aufzuzeigen ist der Grund, weshalb ich dieses kurze Kapitel meiner Lebensgeschichte geschrieben habe.

Rund zwölf Jahre nach den oben geschilderten Geschehnissen begab ich mich selber in eine Psychoanalyse. In der Zwischenzeit hatte mein Interesse an psychoanalytischen Dingen zwar weder nachgelassen noch sich gewandelt, doch ich war mit vielen Aspekten meines Lebens unzufrieden geworden, weit mehr als mich mein Bewußtsein erkennen ließ, und ich suchte Klarheit darüber zu erhalten, was ich eigentlich werden wollte.

Gern hätte ich eine akademische Laufbahn eingeschlagen, doch in Österreich konnte zu jener Zeit kein Jude darauf hoffen, jemals eine Universitätsprofessur zu bekommen. Ich hatte ein Germanistikstudium angefangen, es nach ein paar Jahren aber immer weniger fesselnd gefunden, und war dann zu Philosophie und Geschichte übergewechselt, die mir interessanter und befriedigender vorkamen. Das Problem der Berufswahl war damit aber noch nicht gelöst, denn von diesen Fächern einmal leben zu können bestand wenig Aussicht.

Ich hatte zwar eine Firma geerbt und verdiente damit ganz gut, doch ödete mich das Geschäftsleben an und mißfielen mir viele seiner Seiten; es war ganz und gar nicht mein Geschmack. Obwohl einige meiner engsten Freunde Psychoanalytiker geworden waren, hatte ich Bedenken, ihrem Beispiel zu folgen. Erstens mochte ich kein Nachahmer sein, und zweitens war ich nicht beeindruckt von dem, was dieser Beruf ihnen persönlich brachte. Daß dieser Gesichtspunkt nur ein Abwehrmechanismus war, bin ich jetzt bereit zuzugeben, damals aber war mir das nicht klar.

Was mich bewog, eine Psychoanalyse in Erwägung zu ziehen, waren also rein private Dinge, Unzufriedenheit mit meinem Leben sowie Minderwertigkeits- und Depressionsgefühle, die zwar nicht stark waren, die aber, da sie, wie ich verstandesmäßig wußte, objektiver Gründe entbehrten, aus meinem Unbewußten kommen mußten. Trotz dieser Fakten gab den letzten Ausschlag dann eine Krise in meiner Ehe. Laß es auf einen Versuch ankommen, sagte ich mir, vielleicht gewinnst du dabei.

Daß ich mit so vielen aus der kleinen Gruppe der jüngeren Wiener Psychoanalytiker gut bekannt war, erwies sich als ein Handikap, denn es galt ja einen zu finden, zu dem ich kein persönliches Verhältnis hatte. Ich fand ihn schließlich in Dr. Richard Sterba; einer seiner Berufskollegen, gleichzeitig ein Freund von mir, dessen Urteil ich vertraute, hatte ihn mir aufs wärmste empfohlen. So verabredete ich mich zu einem Vorgespräch.

Seinerzeit war es in Wien üblich, daß man sich mit seinem künftigen Analytiker erst einmal in einer geselligen Umgebung traf, etwa in einem Café oder Restaurant, um technische Einzelheiten wie die Termine der täglichen Sitzungen, die Höhe des Honorars und dergleichen zu besprechen. Um so formeller und professioneller war dann, so man sich für eine Psychoanalyse entschieden hatte, der Rahmen der nächsten Zusammenkunft: Schon bei dieser allerersten Sitzung mußte man sich auf die Couch legen und sich mit dem hinter einem sitzenden Analytiker in freien Assoziationen in ein Gespräch einlassen.

Bei unserem Vorgespräch brachte ich, nachdem wir uns über die eventuellen Termine und über das Finanzielle unterhalten hatten, meine Zweifel vor, ob ich mich überhaupt in eine Psychoanalyse begeben solle. Als erstes fragte ich Dr. Sterba, ob er glaube, daß ich das wirklich nötig hätte. Seine Antwort lautete, das könne er jetzt noch gar nicht sagen; ob ich eine Behandlung brauche oder nicht, wisse er vielleicht in ein, zwei

Jahren, aber bis dahin würde ich das auch selber wissen und müsse es nicht mehr von ihm gesagt bekommen. Das beruhigte mich wenig, und nach ein bißchen Geplauder zwischendurch fragte ich ihn dann, ob die Psychoanalyse mir denn wenigstens helfen werde. Seine Antwort war kaum anders als die vorhergehende: Zum gegenwärtigen Zeitpunkt könne er das noch nicht sagen, und er werde es auch nicht eher wissen als ich selber.

Diese Antworten waren nicht dazu angetan, meine Bedenken zu zerstreuen, und leicht verzweifelt fragte ich ihn, welchen Grund zur Psychoanalyse es dann für mich geben könne. Darauf erwiderte er, aus unserer Unterhaltung habe er entnommen, daß ich mich schon seit Jahren für Psychoanalyse interessiere. Deswegen glaube er, mir immerhin eines versichern zu können, daß ich nämlich meine eigene Analyse hochinteressant finden werde, denn ich würde dabei Dinge über mich selbst entdecken, von denen ich vorher nichts wußte. Das befähige mich dann zu einem besseren Verständnis meiner selbst und mache mir viele Aspekte meines Lebens und Verhaltens begreiflich. Da ich über das Geld und die Zeit für eine Psychoanalyse verfüge, wäre eine solche Expedition in mein Inneres lohnend.

An diesem Punkt war ich sicher, es mit einem Mann zu tun zu haben, dem ich mich anvertrauen könne, der nichts versprach, ohne es auch halten zu können, obwohl er, wie ich merkte, auch an meiner Analyse interessiert war. Es war seine Offenheit, mit der er mich gewann.

Vor kurzem wurde ich aufgefordert, anläßlich von Dr. Sterbas neunzigstem Geburtstag einen Vortrag zu halten. Ich begann diesen damit, von unserer ersten Begegnung zu erzählen. Er selber erinnerte sich nicht mehr daran, was ich auch nicht anders erwartet hatte. Daß er diese Dinge gesagt hatte, wußte er deshalb nicht mehr, weil sie ihm ganz selbstverständlich gewesen waren, im Gegensatz zu mir hatte er unser Gespräch nicht außergewöhnlich gefunden. Ich hatte seinem psychoanalytischen Können vertraut und dies nie bereut, da es vieles in meinem Leben zum Besseren wendete.

Aus besten Absichten heraus vermitteln Psychoanalytiker heutzutage ihren Patienten viel zu oft den Eindruck, sie wüßten ganz genau, was ihnen fehle und worauf die Erkrankung zurückzuführen sei. Zuweilen lassen sie sich verleiten, den

Patienten zuviel zu versprechen. Sie halten sich im wesentlichen an das klassische medizinische Modell: Der Arzt weiß Dinge, die der Patient nicht weiß, und muß ihm sagen, was dagegen zu tun sei.

Die Beteuerung meines Analytikers, daß er keine Ahnung habe, wie meine Analyse vorankommen und was sie erreichen werde, seine Erklärung, daß er wichtige Dinge über mich sicher nicht vor mir herausfinden werde, rückten mir die Psychoanalyse in eine ganz andere und menschlichere Perspektive. Machte er damit doch klar, daß sie keine einseitig von ihm für mich durchgeführte Sache sein werde, sondern ein Unternehmen mit unerläßlicher Beteiligung von uns beiden; wir seien zwei Menschen, die zusammen eine Forschungsreise antreten, von der sich jeder von uns viel erhoffen dürfe. Genaugenommen seien wir natürlich keine wirklich ebenbürtigen Partner, da er ja über größere professionelle Kenntnisse verfüge als ich und zudem, was noch wichtiger sei, Übung und praktische Erfahrung habe. Aber unser gemeinsames Bestreben, Wesentliches über mich herauszufinden, mache uns gewissermaßen doch ebenbürtig. Das fand ich höchst überzeugend, denn es beschwichtigte meine Angst, es könnte mir etwas angetan werden, ohne daß ich es bemerkte oder das zu steuern, zu formen oder zu verhindern nicht in meiner Macht stünde.

Die in Amerika beliebte Sicht des Psychoanalytikers als eines »Headshrinkers«, also eines Hirnhutzlers, der einen klein und häßlich werden lasse, zeigt den Unterschied zwischen den damaligen Wiener Praktiken und den heutigen amerikanischen wohl am deutlichsten. Wenngleich es stets als eine ironisch gemeinte Abwertung des Psychoanalytikers verstanden wird, bildet das in Amerika weit verbreitete Headshrinker-Image meines Erachtens eine Reaktion darauf, daß sich der Psychoanalytiker dem Patienten überlegen fühlt und allein entscheidet, was zu dessen Bestem getan werden muß.

Ich will damit nicht sagen, daß die heutigen Psychoanalytiker ihre Patienten deshalb anders behandeln als damals, weil es ihnen an Einfühlungsvermögen mangele. Ich glaube vielmehr, ihre Einstellung resultiert größtenteils aus der Institutionalisierung der Psychoanalyse als einer hochspezialisierten Therapiemethode und außerdem aus einer gewissen Unbeweglichkeit durch die lange und komplizierte Ausbildung, die heute von Psychoanalytikern verlangt wird.

In Wien waren, wie erwähnt werden muß, die meisten Psychoanalytiker Mediziner, einige der prominenten jedoch nicht. In der Anfangszeit der Psychoanalyse behandelten Analytiker ihre Patienten in Privatpraxen, neben ihren Wohnungen; die Regel waren wöchentlich sechs Sitzungen zu jeweils derselben Uhrzeit. Freud hielt das so, ebenso all die anderen Wiener Ärzte. Bezeichnenderweise gewährte Freuds Sprechzimmer mit seiner Einrichtung, besonders der Sammlung archäologischer Stücke, die es füllte, Einblick in seine hauptsächlichen Interessengebiete, ja brachte überhaupt seine Persönlichkeit klar und deutlich zum Ausdruck. (Siehe vorigen Essay ›Berggasse 19‹, S. 29) Ursprünglich war die Umgebung, in der die Psychoanalyse stattfand, sehr persönlich, spiegelte also die Individualität und die Interessen des Therapeuten wider. Wie so anders ist dagegen der unpersönliche, fast schon sterile Behandlungsraum, den der Großteil der heutigen amerikanischen Psychoanalytiker bevorzugt.

Die meisten Wiener Analytiker benutzten als Wartezimmer für die Patienten ihr Wohnzimmer, so daß dieses quasi mit zur Praxis gehörte. So war das auch bei Dr. Sterba, und da dessen Frau zu den ersten gehörte, die sich mit Kinderanalyse befaßten, hatten beide Patienten dasselbe Wartezimmer. Beide versuchten zu vermeiden, daß sich ihre Patienten begegneten, gelegentlich geschah das doch. Obwohl solche Begegnungen peinlich waren, verführte einen die Neugier doch dazu, Bekanntschaft zu schließen.

Zur gleichen Tageszeit, da ich bei Dr. Sterba war, behandelte seine Frau einen psychotischen Knaben, den ich hier Fränzchen nennen möchte. Es war lange bevor man sich bei Kindern spezieller diagnostischer Bezeichnungen bediente, und so hatte seine Störung zu jener Zeit noch keinen Namen. Ohne sich um Ätiologie oder Klassifizierung zu scheren, bezeichnete man solche Kinder einfach als anormal und suchte ihnen analytisch zu helfen. Fränzchens total verschlossenes Wesen und wunderliches Verhalten luden nicht gerade zur Kommunikation ein. Dennoch versuchte ich, wenn wir uns von Zeit zu Zeit begegneten, ein paar freundliche Worte zu ihm zu sagen. Er antwortete entweder gar nicht oder nur einsilbig.

Auf dem Fensterbrett des Wartezimmers standen etliche kleine Kakteen, wie es damals in Wien Mode war. Fränzchen hatte die beängstigende Gewohnheit, sich von ihnen ein Blatt abzupflücken, es in den Mund zu stecken und darauf herumzukauen. Die spitzen Stacheln daran müssen ihm Lippen, Zahnfleisch und Zunge verletzt haben; manchmal bemerkte ich, daß sein Mund blutig war. Mit anzusehen, daß er sich selber so weh tat, regte mich jedesmal auf, doch lange Zeit reagierte ich nicht offen.

Eines Tages aber, ich war schon rund zwei Jahre in Behandlung, konnte ich nicht mehr an mich halten, und obwohl ich wußte, daß das nicht richtig war, sagte ich: »Fränzchen, ich weiß zwar nicht, wie lange du schon zu Frau Dr. Sterba kommst, aber doch wohl schon zwei Jahre, denn so lange kenne ich dich bereits, und noch immer kaust du diese Kaktusblätter!« Daraufhin schien dieser schmächtige Knirps plötzlich riesengroß zu werden – ich weiß noch immer nicht, wie er es fertigbrachte, mir den Eindruck zu vermitteln, als sähe er in diesem Augenblick auf mich nieder – und sagte voller Geringschätzung: »Was sind schon zwei Jahre gegen die Ewigkeit?« Es war das erste Mal, daß er einen ganzen Satz gesprochen hatte, und ich war platt.

Während ich mich noch bemühte, meine Fassung wiederzugewinnen und Sinn in dem zu entdecken, was Fränzchen gesagt hatte, bat mein Analytiker mich ins Sprechzimmer. Sobald ich auf der Couch lag, ging mir auf, daß das, was ich zu Fränzchen gesagt hatte, nicht von uneigennütziger Besorgnis wegen seiner selbstzugefügten Schmerzen diktiert gewesen war, wie ich beim Sprechen meiner Worte geglaubt hatte. Im Gegenteil, es war mir dabei nur um mich selbst gegangen. Mich plagten nämlich schon geraume Zeit Zweifel, ob die Analyse mir etwas bringe. Und als ich sah, daß Fränzchen noch immer Kaktusblätter kaute, hatten mich diese Zweifel zur Frage veranlaßt, ob die Analyse denn ihm etwas bringe, was praktisch darauf hinauslief, ob sie überhaupt jemandem etwas bringe. Deshalb hatte ich meine Bemerkung so formuliert, als habe er in den zwei Jahren, seit ich ihn kannte, nur unzureichende Fortschritte gemacht.

Unbewußt hatte ich gehofft, Fränzchens Antwort würde entweder bestätigen, daß wir beide hier nur unsere Zeit vergeudeten, oder mich aber überzeugen, daß seine Analyse, auch wenn er nach wie vor Kaktusblätter kaute, ihm guttue und folglich mir die meine ebenfalls, obwohl ich nichts davon bemerkte. Das schweigend durchdacht zu haben, half mir, meinen starken Widerstand gegen ein Aussprechen meiner Zweifel am Nutzen der Analyse für mich zu überwinden, und ich wollte untersuchen, was dahintersteckte. Fränzchens Bemerkung aber ging mir nicht aus dem Sinn, nicht zuletzt wegen meines schlechten Gewissens, Sorge um ihn vorgetäuscht zu haben, obwohl ich in Wirklichkeit selbstsüchtig gewesen war und mich seiner hatte bedienen wollen, um ein eigenes drückendes Problem zu lösen, indem ich den Nutzen der Analyse für ihn in Frage stellte.

Fränzchen mußte instinktiv begriffen haben, worauf ich hinausgewollt hatte: meine Unzufriedenheit über die lange – mir jedenfalls lange erscheinende – Zeit, die ich schon in Behandlung war, zum Ausdruck zu bringen und mich seiner als Vehikel dazu zu bedienen. Er verwies mich in meine Schranken, indem er mir erklärte, mein Zeitbegriff sei ganz falsch, gelte nicht für die Arbeit, die erforderlich ist, sich selber zu analysieren. Sein Instinkt hatte Fränzchen erkennen lassen, daß das, was ich im Augenblick brauchte, um aus meiner Analyse mehr herauszuholen, eine bessere Vorstellung von Zeit war. Dies sowie auch die Prägnanz, mit der er das in Worte gefaßt hatte, ließen mich Geduld lernen, erst in bezug auf meine eigene Analyse und später in bezug auf die Zeit, die andere für die Umformung ihrer Persönlichkeit brauchten.

Mit seinen acht kurzen Worten lehrte mich Fränzchen aber noch vieles mehr – wovon ich einiges gleich begriff, anderes allerdings erst nach Jahren. Bei instinktiven Erkenntnissen ist das ja meist so, im Gegensatz zu expliziteren Lektionen, die sich wesentlich schneller erfassen lassen, weil sie selten den Kern unserer persönlichen Probleme so treffen, wie das ein instinktives Klarwerden vermag.

Zum Beispiel hatte Fränzchen mich blitzartig erkennen lassen, wie sehr wir zu dem Glauben neigen, unser Tun entspreche mehr der Sorge um andere als den eigenen Interessen, und wieviel wir von anderen über uns selbst lernen können, wenn wir darauf eingestellt sind, daß das, was sie sagen oder tun, uns nicht nur etwas über sie, sondern auch etwas über uns enthüllen kann. Das wußte ich zwar schon vom Studium psychoanalytischer Literatur, hatte es aber nur als abstraktes Konzept aufgenommen. Erst nachdem sie Teil jener verwirrenden Erfahrung geworden war, wurde die Theorie zu persönlichem Wissen. Dieser Prozeß bestätigte mir, daß man erst durch eigene Erfahrung voll begreifen kann, worum es bei der psychoanalytischen Theorie überhaupt geht.

Zugleich brachte mich Fränzchen dazu, den Unterschied zwischen objektiver und psychologischer beziehungsweise empirischer Zeit zu erkennen. Wenn eines Menschen Leiden kein Ende nehmen wollen und ihm folglich ewig vorkommen, dann sind zwei mit Bemühung um Heilung verbrachte Jahre nur ein Augenblick. Fränzchen lehrte mich, daß das Ausmaß unserer Leiden die Bedeutung allen Erlebens verändert, auch das der Zeit – wie ich später während meines Jahres in deutschen Konzentrationslagern am eigenen Leibe erfuhr.

Fränzchens Bemerkung ließ mich begreifen, daß weder ich noch sonst jemand der Zeit, in der man es mit etwas aufnehmen oder sich ändern kann, eine Grenze zu setzen vermag und daß der Wunsch, den Prozeß zu beschleunigen, vornehmlich von den eigenen Ängsten herrührt. Man kann nur selber beurteilen, wann man soweit ist, sich zu ändern.

Im Lauf meiner Arbeitsjahre an der Sonia Shankman Orthogenic School der Universität von Chicago lernte ich psychotische Kinder verstehen und wußte diese Lektion über die Bedeutung von Zeit immer mehr zu schätzen. Nur wenn man solchen Kindern unbeschränkt Zeit ließ, lernten sie begreifen, daß ich auf ihrer Seite und nicht gegen sie war; sie sahen in allen Personen ihrer Umwelt ja nur Leute, die sie ständig dazu bringen wollten, sich anders zu betragen. Ermutigte man sie jedoch auf der Basis ihres Zeitgefühls, war das für sie ein Beweis, daß wir unter Berücksichtigung ihres Erfahrens der Welt ihre Reaktionen als für sie so begründet ansahen wie die unseren für uns. Wurde ich einmal ungeduldig, nachdem ich stundenlang dagesessen und ein katatonisches Kind zu erreichen versucht hatte, brauchte ich mir nur die Worte von Fränzchen ins Gedächtnis zu rufen. Da wurde Zeit auf einmal gänzlich unwichtig, und ich bekam wieder Kontakt zu dem Patienten. Es wirkte wie ein Zauberspruch. Sobald ich mich nicht mehr darum sorgte, daß Zeit verging und nichts geschah, hörte ich auch damit auf, mir und dem Patienten Forderungen zu stellen und zu wünschen, er möge doch endlich sein Schweigen brechen. Und zu guter Letzt reagierte der Patient dann, indem er irgend etwas Bezeichnendes tat, das mich sein Erfahren und Erleben der Welt besser verstehen ließ und ebenso auch das, was in mir gewesen war und ihn daran gehindert hatte, in einen Bezug zu treten.

Andere Teile der Lektion von Fränzchen brauchten länger zum Einsickern. Immer wieder fragte ich mich, warum er nur jenes eine Mal so klar zu mir gesprochen hatte und obendrein einen ganzen Satz. Nach Jahren der Arbeit mit Psychotikern erkannte ich dann, wie entscheidend es für ihr Bezugsvermögen und ihr Selbstverständnis war, was mein Wunsch nach einem Bezug zu ihnen für ein Motiv hatte. Bestand dieser darin, ihnen zu »helfen«, konnte ich ihnen keine Reaktionen entlocken. Wohl aber, wenn ich zu erkennen gab, daß ich ehrlich bemüht war, von ihnen etwas sehr Wichtiges zu erfahren, das nur sie wußten und das mir verschlossen blieb.

Meine Annahme, Fränzchen könne mir etwas über den Nutzen der Psychoanalyse sagen, hatte uns beide auf eine Ebene gestellt und dieses völlig abweisende Kind dazu gebracht, sich mir mitzuteilen, zu mir in Beziehung zu treten, wenn auch nur für die Dauer eines einzigen Satzes. Daß etwas Entscheidendes in seiner Erfahrung ebenso wie in der meinen war, schuf ein Band gemeinsamen Menschseins. Während ich bei all unseren anderen Begegnungen Fränzchen nie als meinesgleichen akzeptiert hatte, tat ich es bei jenem einen Mal doch, indem ich anerkannte, daß wir als Analysepatienten parallel verlaufende Erfahrungen machten. Und eben das hatte eine bedeutsame Kommunikation möglich gemacht. Aus vielen Erfahrungen mit anderen Psychotikern lernte ich später, daß ein solcher Bezug eine Ausweitung auf andere Erfahrungen und schließlich auch auf persönliche Beziehungen ermöglicht.

Nur bei dieser einen Begegnung hatte ich Fränzchen als einen Menschen behandelt, der ein dem meinen überlegenes Wissen über eine höchst wichtige Sache hatte – ob die Psychoanalyse etwas bringe. All die anderen Male war ich mir als ihm überlegen vorgekommen. Diesmal hatte ich unbewußt gehofft, dieses geistesgestörte Kind werde mein dringendstes Problem lösen. Und genau das tat es dann ja auch.

Als mir das alles schließlich klargeworden war, wurde mir auch bewußt, wie wenig Aufmerksamkeit ich bisher der Tatsache geschenkt hatte, daß Fränzchen beim Reden das Kaktusblatt aus dem Mund genommen hatte, was er, wenn er sich zu einer fast unhörbaren einsilbigen Antwort herabließ, sonst nie und auch später nicht wieder tat. Nicht nur das, nach dem Sprechen hatte er das Kaktusblatt sogar weggelegt; er brauchte es nicht mehr zu kauen. Hätte ich Fränzchens Verhalten schon damals verstanden, wäre mir klargeworden: Hat man mit einem Psychotiker eine echte Kommunikation erreicht, bedarf er seiner Symptome nicht. Das tritt ein, wenn er bei dem Gespräch derjenige ist, der etwas zu sagen hat, so wie in diesem Fall, wo er etwas Wichtiges mitzuteilen hatte, und gar nicht über sich selbst – wie das die meisten Therapeuten annehmen –, sondern über das, was in mir vorging. Mein Glaube, daß er über eine sehr wichtige Sache mehr wisse als ich, gab Fränzchen zumindest für den Augenblick soviel Sicherheit, daß er während unseres Wortwechsels auf sein Symptom verzichten konnte.

Daß Fränzchens Trauma ursprünglich oral war, erklärt die besondere Form von Schmerz, die er sich erwählt hatte: sich den Mund zu verletzen. Aber das hätte ich nicht zu wissen brauchen, die Wahl dieses Symptoms zeigte es ja deutlich genug. Wie ich später erfuhr, ging sein Elend zurück auf eine extreme Traumatisierung zu Beginn seines Lebens, als er noch nichts hatte dagegen tun können. Indem er sich eine ähnliche Qual zufügte, suchte er nicht nur die quälenden Bilder in seinem Kopf durch Schmerz zu löschen, sondern sich auch einzureden, daß er jetzt über einen Schmerz bestimmen könne, über den er vorher keine Macht gehabt hatte, wenn er ihn anfiel und als Mensch zerstörte. Wäre mir das damals klargewesen, hätte mich Fränzchen auch all das gelehrt, was man über den Grund und die Bedeutung von Selbstverstümmelung wissen muß.

Von meinem Freud-Studium her wußte ich, jemanden wirklich zu verstehen ist nur aus dessen Bezugssystem und nicht aus dem eigenen heraus möglich. Das hatte ich gut gelernt, als theoretisches Konzept. Fränzchen aber zeigte mir, wie leicht man sich einbildet, sich diesen Grundsatz zu eigen gemacht zu haben, solange keine eigenen starken Emotionen im Spiel sind. Wenn solche aber erst einmal geweckt sind, wird es ungemein schwierig, die Dinge nicht aus dem eigenen Bezugssystem heraus zu sehen. Die ganze Zeit hatte ich mit innerem Schaudern

Fränzchens Herumkauen auf Kaktusblättern beobachtet und es als Beweis seines Verrücktseins aufgefaßt, statt als nicht bloß symbolische Äußerung seiner dringendsten Bedürfnisse. Spätere Erfahrungen brachten mich dahin, mich meiner damaligen Bereitschaft zu schämen, solche Dinge als seltsam oder gar sinnlos anzusehen, wo sie in Wirklichkeit doch eine tiefe Bedeutung ausdrücken. Für alle Gesellschaftswissenschaften gilt grundsätzlich: Das Verhalten anderer läßt sich einzig und allein aus deren speziellem Bezugssystem heraus verstehen. Dessen muß man um so mehr eingedenk sein, je stärker die eigenen Bedürfnisse dazu verleiten, ein Verhalten nach seinen eigenen Reaktionen zu beurteilen.

Ich hatte geglaubt, mir wirklich zu eigen gemacht zu haben – nicht erst durch Freud, sondern schon durch den Terenz-Spruch »Homo sum; humani nihil a me alienum puto« –, daß einen wahren Menschen nichts Menschliches befremden dürfe. Dennoch hatte ich mich von Fränzchens Verhalten befremden lassen. Meine Erkenntnis, daß es meine mangelnde Einfühlsamkeit für sein Leid war, was mich am Begreifen seines Tuns gehindert hatte, lehrte mich, hinfort stets anzunehmen, daß ein wie auch immer geartetes Verhalten auch für mich das natürlichste von der Welt wäre, wenn ich mich in des anderen Lage befände. Diese Einstellung war es wohl, die mir viele Jahre danach das Verhalten der SS-Wachen in den Konzentrationslagern verständlich machte und mir sehr half, die Zeit dort zu überstehen. Auch später, als ich mit Psychotikern zu arbeiten begann, ließ sie mich diese verstehen und mich auf ihr mögliches Verhalten einstimmen.

Da Fränzchens Herumkauen auf Kaktusblättern mich entsetzte, ging mir nicht auf: Wenn er sich etwas derart Schmerzhaftes antat, mußte dieses von ungeheurer Bedeutung sein. Weil ich darin keine Herausforderung an meinen Verstand sah, konzentrierte ich mich nicht darauf, hinter dieses Verhalten zu kommen. Um zu verstehen, was Fränzchen tat, mußte ich mich fragen, was *mich* veranlassen könnte, so etwas zu tun. Als ich mir vorzustellen suchte, was mich dazu treiben würde, mir einen solchen körperlichen Schmerz zuzufügen, wurde mir klar: Lebte ich in einem Alptraum drangsalierender und destruktiver Phantasien, der kein Ende nahm, gegen den Hieronymus Boschs Hölle ein Lustgarten wäre, empfände ich alles, was diese

Bilder auch nur kurzfristig auslöscht, als eine Erlösung. Starker physischer Schmerz macht es praktisch unmöglich, an etwas anderes zu denken; Grund genug, ihn extremen Geistesqualen vorzuziehen.

Selbstzugefügter Schmerz ist in der Stärke und der Dauer begrenzt, wohingegen es bei den Geistesqualen des Psychotikers keine grad- und zeitmäßige Beschränkung gibt. Am wichtigsten aber: Wenn mein Schmerz selbstzugefügt ist, bin ich Herr über ihn, kann ihn anfangen und aufhören lassen; Geistesqualen, über die ich keine Kontrolle habe, bin ich dagegen auf Gnade und Ungnade ausgeliefert. So wird verständlich, daß Fränzchen die stärksten Foltern seines Wahnsinns, die außer seiner Macht standen, durch einen Schmerz verdrängen wollte, über den er voll gebieten konnte, wie das beim Kauen von Kaktusblättern ja der Fall war.

Im Laufe der Zeit wurden mir dann auch noch andere aufschlußreiche Aspekte von Fränzchens Verhalten klar, die direkter mit der Psychoanalyse zu tun hatten, nämlich damit, worum es bei ihr geht und was man sich von ihr erhofft. Zuerst einmal waren die Kakteen auf dem Fensterbrett, wie Fränzchen entweder wußte oder aber vermutete, Gegenstand des Interesses seiner Analytikerin; gewöhnlich ist es die Dame des Hauses, die die Pflanzen im Wohnzimmer pflegt. Somit waren die Kaktusblätter etwas, das von ihr kam, das mit seiner Analytikerin verbunden war. Viel wichtiger noch, Fränzchen hoffte, durch etwas von ihr Stammendes – wie die Kaktusblätter – Kontrolle über das zu erlangen, was ihm das Leben antat. Mit seinen acht kurzen Worten hatte Fränzchen mir also auch mitgeteilt, was ein Patient durch seine Analyse für sich zu erreichen hofft und was eine Analyse jedem Patienten bringen sollte: die Fähigkeit, die Vorgänge in seinem Innenleben zu steuern.

Ich wünschte, ich hätte meine Studenten das Wesentliche der Psychoanalyse in ebenso kurzer und prägnanter Form lehren können, wie ich es von Fränzchen gelehrt bekommen hatte. Brauchte ich selber doch viele Jahre, bis ich diese letzte simple Lektion lernte. So kann es geraume Zeit dauern, bis man das, worum es bei der Psychoanalyse geht, begreift – nicht bloß mit dem Kopf, was nicht schwer ist, sondern mit seinem ganzen Inneren. Ich habe gelernt, mit meinen Studenten Geduld zu haben, wenn sie lange dazu brauchten, Dinge zu erfassen und umzusetzen, die zu begreifen mich selbst so viele Jahre gekostet hatte.

Meine Erfahrungen mit der Psychoanalyse, von denen hier nur über zwei frühe Schlüsselerlebnisse berichtet worden ist, haben mich überzeugt, daß es nicht die theoretische Beherrschung eines Problems ist, was uns dieses am gründlichsten verstehen läßt. Erst unsere eigenen inneren Erfahrungen geben uns die Möglichkeit zum vollen Verständnis dessen, was in den Erfahrungen anderer enthalten ist, und dieses Wissen kann dann zur Grundlage für theoretische Studien werden.

Ins Deutsche übertragen von Otto P. Wilck.

Zwei Freud-Porträts*

1. Konterfei ohne Tiefenschärfe: Die Freud-Biographie von Ernest Jones

Wie schwierig Biographien zu schreiben sind, darüber hat sich Freud recht prägnant geäußert:

»Wer Biograph wird, verpflichtet sich zur Lüge, Verheimlichung, Heuchelei, Schönfärberei und selbst zur Verhehlung seines Unverständnisses.«

So 1936 der achtzigjährige Freud an Arnold Zweig, der die Absicht geäußert hatte, Freuds Lebensgeschichte zu schreiben. Dieser Ausspruch, den Jones erst im dritten Band seines Werkes zitiert, zeigt uns wieder einmal Freuds Weisheit und die Gültigkeit seiner Sicht des Menschen und seines Strebens.

Jones fügt dem jedoch hinzu, er habe »das sichere Gefühl, daß man der Wahrheit über ihn näherkommen könne, als er es für möglich hielt«. Das ist nur eine von vielen Stellen in seiner voluminösen Biographie, wo Jones erklärt, daß er die Dinge richtiger sehe als Freud. Nach dem Lesen dieser drei Bände findet der Rezensent aber nach wie vor, daß Freud in den meisten Punkten recht hatte – nicht zuletzt in seiner Voraussicht der heiklen Lage, in die sein Biograph geraten werde.

Die äußerst lobende Aufnahme, die diese Biographie gefunden hat, vor allem ihr erster Band, dürfte wohl auf die Neugier zurückzuführen sein, die der Begründer der Psychoanalyse erweckt, auf den Wunsch, mehr über deren Frühgeschichte zu erfahren und gezeigt zu bekommen, was für ein Mensch und was für Erlebnisse nötig waren, sie zu entwickeln. Aber gerade in diesen drei Aspekten ist Jones' Biographie leider wenig er-

* Dieser Essay ist eine (durch ein paar neue Bemerkungen angereicherte) Zusammenfassung zweier Rezensionen zu Ernest Jones' ›The Life and Work of Sigmund Freud‹, 3 Bde. New York 1953–1957 (dt.: Das Leben und Werk von Sigmund Freud. 3 Bde. Bern und Stuttgart 1960–1962). Die erste erschien im Januar 1957 in ›The American Journal of Sociology‹ und die zweite am 19. Mai 1958 in ›The New Leader‹. Ein Neuabdruck dieser Kritiken an dem von Jones gezeichneten Bild des Menschen Freud sowie auch an seiner Interpretation von Freuds Schriften erscheint mir insofern angebracht, da diese drei Bände noch immer den Nimbus haben, die maßgeblichste Darstellung von Freuds Leben und Werk zu sein.

giebig. Über weite Strecken hin walzt sie nur ohnehin auf der Hand Liegendes aus und gibt über das, was uns an ihrem Helden und seiner Schöpfung am meisten interessiert, keine Auskunft; außerdem enthält sie viele Unrichtigkeiten und übergeht wichtige Dinge. Zum Teil war das zu erwarten: Der ungemein komplexen Gestalt Freuds gerecht zu werden und zugleich die schwierigen Persönlichkeiten jener zu erklären, die ihn umgaben, sowie die Ambivalenzverhältnisse zu erhellen, die zwischen ihnen allen herrschten, wäre für einen jeden Biographen schwierig, ganz zu schweigen von einem, dessen Objektivität durch persönliches Beteiligtsein und offenkundige Parteinahme getrübt ist.

Daß Ernest Jones die Aufgabe übernahm, diese Biographie zu schreiben, entsprach dem Wunsch der Öffentlichkeit, des Meisters Werk von einem Mann ausgelegt zu bekommen, der Freud nahestand. Zudem hatte Jones bei der Entwicklung der Psychoanalyse zu einer internationalen Bewegung eine zentrale Rolle gespielt – um so mehr Grund, dem ergebenen Jünger zu lauschen.

Während der Arbeit am letzten (vielleicht auch schon am zweiten) Band dürfte Jones wohl gewußt haben, daß sich sein eigenes Leben dem Ende zuneigte, und so schrieb er gegen die Zeit an. Da des Biographen Leben so eng mit dem seines Helden verflochten war, wundert es nicht, daß mit dem letzten Federstrich zu der Freud-Biographie auch Jones' Tage endeten. Dies und noch vieles mehr sollte einen Rezensenten eher rücksichtsvoll als kritisch gegen einen Autor stimmen, der sein Bestes gegeben und unstreitig mit Herzblut geschrieben hat. Aber Freud war schließlich nicht irgend jemand, sondern immerhin der Former der Gedanken des modernen Menschen über den Menschen; und diese drei Bände sind nicht einfach ein weiterer Versuch, das Leben von Freud darzustellen; hat man sie doch offiziell und weithin begrüßt als die endgültige Biographie Freuds und der Psychoanalyse.

Der Rezensent der ›New York Times‹ erklärte sie sogar zu einer der größten Biographien der Gegenwart. Selbst ›Time‹, sonst der Psychoanalyse mehr oder weniger abhold und kritisch gegen Freud, sprach von einem Meisterwerk zeitgenössischer Biographie. Angesichts seiner Voreingenommenheit fragt man sich, ob dieses Nachrichtenmagazin nicht insgeheim Schadenfreude empfunden habe, daß es Jones so offenkundig mißlungen ist, den Menschen Freud lebendig werden zu lassen. Der ›New Yorker‹ bescheinigte den drei Bänden »fesselnde Dramatik«; sein Rezensent verwechselte anscheinend die von Jones bieder aufgezählten Stationen von Freuds äußerem Weg mit dem wirklich Faszinierenden und Aufregenden an seinem Leben.

Der kritische Leser aber dürfte in Jones' langatmigen Wiederholungen, seinen zu vereinfachten Darlegungen von Freuds Theorien und seinen langen Passagen über die Historie der psychoanalytischen Bewegung lediglich eine lahme Nacherzählung der weit packenderen Geschichte sehen, die Freud selber vor so vielen Jahren geschrieben und veröffentlicht hat. Offensichtlich machte die Hochachtung der Kritiker vor dem Gegenstand sie blind gegen die Schwächen dieser Lebensbeschreibung und ihres Verfassers. Ein solches Ausweiten von Heldenverehrung – vom Biographierten über die Biographie bis zum Biographen – ist ein interessantes psychologisches Phänomen, zu dem Freud sicher viel zu sagen gehabt hätte.

Auch wenn dieses Werk nicht als die endgültige Freud-Biographie angesehen werden kann, so ist es doch in dem Sinne eine offizielle Biographie, als es jenes Bild von Freud präsentiert, das der innere Kreis der offiziellen Psychoanalyse gern als endgültig akzeptiert haben will. Bei all solchen Ansprüchen muß man sich fragen, ob die drei Bände ein Bild von Freud liefern, das ihm und der Psychoanalyse gerecht wird. Wenn nicht, müssen die Treue gegenüber Freud und die Bedeutung der Psychoanalyse Vorrang haben vor der Achtung vor dem Biographen, auch wenn er nicht mehr unter uns weilt, sich also nicht verteidigen kann.

Zur Gewißheit wurde mir dieser Gedanke, als ich das offizielle ›Journal of the American Sociological Society‹ las, ein Organ, das gewöhnlich kritischem Urteil aufgeschlossen ist und sich nicht in blinder Anbetung ergeht. Dort fand ich schwarz auf weiß bestätigt, was ich bei der Lektüre von Jones' Biographie und den Rezensionen dazu im stillen befürchtet hatte: Es besteht Gefahr, daß nicht mehr die Lehren von Freud als maßgebend gelten werden, sondern deren Auslegungen durch Jones, die Psychoanalyse somit bald nicht mehr das sein werde, was Freud erhofft hatte, sondern das, was Jones daraus gemacht hat. Die Besprechung im ›Journal‹ beginnt so:

»Große Meister brauchen große Jünger – für Gründer von Bewegungen sind sie zum Großwerden unerläßlich ... Das typischste Beispiel für Jüngertum in der Geschichte unserer Kultur haben wir in Paulus, denn es lebt sein Jesus und nicht der historische.
Der Meister kann sich glücklich schätzen, dem es nicht geschieht, daß gerade von den engsten seiner Jünger so mancher von ihm abfällt ... So hatte Luther seinen Karlstadt. Und Freud nicht nur seinen Jung, sondern auch seinen Ferenczy. Zum Glück blieb ihm sein Jones erhalten. Von dem ursprünglichen ›Komitee‹ – von Jones geschaffen, um ›eine Art Alte Garde um Freud herum‹ zu haben und gleichzeitig seine Botschaft in die Welt hinauszutragen – starben einige und fielen andere ab; Ernest Jones blieb.«

Hier ist er, der Verweis auf unkritisches Glauben statt rationalem Erfassen, auf Religionsgründung statt wissenschaftlichem Forschen, auf in die Welt hinausgetragene Botschaften statt verifizierbaren Angaben, die wissenschaftlicher Prüfung unterzogen werden können und müssen. Wollen wir Jesus kennenlernen, gehen wir doch zu dem historischen Jesus und nicht zu dem Paulinischen Christus. Der Mann, der ›Die Zukunft einer Illusion‹ schrieb, hat gar keine Religion gegründet, und doch soll uns weisgemacht werden, die Berichte dieser Apostel seien wichtiger als sein tatsächliches Leben und werden in der Welt überdauern. Eine höchst verhängnisvolle Ansicht, die darauf hinausläuft, den Unterschied zwischen Schein und Wirklichkeit aufzuheben.

In derselben Rezension wird uns gesagt, Jones habe »das Versöhnungswerk vollendet und der Welt Freud gebracht«. Ja, so wie Paulus der Welt mehr Christus als Jesus brachte, so hat uns jetzt Jones sein Bild von Freud und der Psychoanalyse gebracht. Doch zeigt es weder den historischen Freud noch die wahre Geschichte der Psychoanalyse. Jones hat uns Freud so gezeichnet, wie *er* ihn sah, und die Psychoanalyse so, wie *er* sie interpretierte, aber jeder, der sich mit Psychoanalyse beschäftigt, weiß, daß das Bild, das der Jünger von seinem Meister entwirft, mehr über den Jünger aussagt als über den Meister. Dieses psychoanalytische Prinzip war dem offiziellen Biographen Freuds anscheinend so unbekannt geblieben, daß er es nicht einmal als Möglichkeit in Betracht zog.

Dabei kommt Jones immer wieder auf das Problem Jünger kontra Meister zu sprechen. Doch jedesmal, wenn er es aufs Tapet bringt, entscheidet er zu seinen eigenen Gunsten, also gegen Freud und dessen andere Jünger. Wiederholt bekommen wir zu hören, wie sehr Jones von Anfang an recht gehabt und wie oft Freud sich in der Beurteilung von Freunden, von Ideen und sogar von seinen eigenen Schriften geirrt habe. Da dies der Kern meiner Kritik ist, muß ich Jones zu wenigstens einem dieser drei Aspekte selbst zu Wort kommen lassen. Er behauptet hier zu wissen, ob Freud das, was er schrieb, auch jeweils so gemeint habe oder nicht. Schreibt er doch über sich und seine Mitarbeiter bei der »ungeheuren Arbeit, Freuds Werke ins Englische zu übersetzen«: »Wir schickten ihm Punkt für Punkt alle Fragen über manche Doppeldeutigkeiten in seinen Darstellungen und machten verschiedene Vorschläge hinsichtlich innerer Widersprüche und dergleichen. Diese Arbeitsweise wurde seither ... fortgesetzt – mit dem bemerkenswerten Ergebnis, daß die englische Übersetzung von Freuds Werken ... bei weitem zuverlässiger ist als jede deutsche Ausgabe.«

Damit erklärt Jones des Schülers Übertragung von des Lehrers Werken in eine fremde Sprache für »bei weitem zuverlässiger« als das, was der Lehrer selber in seiner Muttersprache geschrieben hat. Jones war schrecklich stolz darauf, die Doppeldeutigkeiten und inneren Widersprüche korrigiert zu haben, dabei aber sind diese wesentlich für Freuds Menschheitsbild und für die Psychoanalyse als eine noch in der Entwicklung befindliche Wissenschaft vom Geist des Menschen. Statt der Worte Freuds, so wird uns gesagt, sollen wir als die einzig autorisierte Fassung die »bei weitem zuverlässigere« objektive »Vulgata« hinnehmen, des Schülers Übersetzung von Freuds Werk in eine dessen Mentalität fremde Sprache. Man kann sich vorstellen, wie der skeptische Freud, gelangweilt durch die ermüdenden Fragen seines Jüngers zu vermeintlichen Widersprüchen und Doppeldeutigkeiten, schließlich nachgab, weil er erkannte, es wäre hoffnungslos, Jones zu der Einsicht bringen zu wollen, daß mit scheinbaren oder echten Doppeldeutigkeiten leben, denken und arbeiten zu können das Wesen der Psychoanalyse ausmacht.

Was hätte Freud wohl gedacht, wäre ihm erklärt worden, daß eine Übersetzung in eine fremde Sprache verläßlicher sei als das, was er selber geschrieben habe? Immerhin gilt Freud als einer der großen Meister des modernen Deutsch, und er achtete sehr genau darauf, wie er seine Gedanken in der Sprache, die er liebte, in Worte kleidete. Warum sollten wir da eine Übersetzung für zuverlässiger halten?*

Kehren wir zurück zu dem Begriff endgültige Biographie. Welch großartige Biographie des Menschen Freud wäre wohl längst geschrieben worden, hätte die offizielle Psychoanalyse nicht bestimmt, das Freud-Archiv mit seinen über 2500 Briefen vom Zeitpunkt der Hinterlegung in der Library of Congress an fünfzig Jahre unter Verschluß zu halten, und zwar mit der Begründung, es befänden sich darunter auch schriftlich festgehaltene Befragungsgespräche mit Patienten, und diesen beziehungsweise deren Angehörigen wäre eine Veröffentlichung der Interviews wahrscheinlich peinlich. Welch lebensechtes Bild von Freud würde sich ergeben, könnten wenigstens all die Briefe zugänglich gemacht werden! So aber haben wir bloß die karge und puritanische Auswahl von Jones, die er uns außerdem so präsentiert, daß uns nur wenige Möglichkeiten gewährt werden, an den Menschen Freud heranzukommen. Immerhin aber enthüllen ein Brief, den Freud aus Rom an seine Frau schrieb und den Jones glücklicherweise bringt, und die Auszüge aus anderen seiner Briefe, die sich im Text und in den Anhängen von Band II und III finden, sowie solche Zitate wie jenes, das am Anfang dieser Besprechung steht, weit mehr über Freud als die vielen hundert Seiten, auf denen Jones sich über ihn ausläßt.

Von wirklich bedeutsamem Wert sind in diesen Bänden somit jene Passagen, in denen Freud zitiert wird, sowie auch die Anekdoten und Fakten über ihn und die Menschen, die ihn umgaben. Da vieles davon bisher nicht in gedruckter Form zugänglich war, müssen wir dafür dankbar sein. Aber warum eine solche Schmalkost? Warum so gespickt mit Anleitungen, wie

* 1982, viele Jahre nach dieser Kritik von Jones' Freud-Biographie, veröffentlichte ich ein Bändchen, ›Freud and Man's Soul‹, worin anhand vieler Beispiele gezeigt wird, wie oft die englischen Übersetzungen Freud und seine Gedanken verfälschen, so daß es sich erübrigt, das hier im Detail zu demonstrieren. Interessierte Leser seien auf die 1984 unter dem Titel ›Freud und die Seele des Menschen‹ erschienene deutsche Übersetzung hingewiesen.

wir das Geniale von Freud, die Lebensgeschichten seiner Jünger und deren Motive für ihr Treubleiben oder Abfallen zu verstehen oder auch nicht zu verstehen haben? Zum Leidwesen seiner Leser konnte Jones sich nicht entscheiden, ob er uns die Geschichte von Freuds Leben, einen Abriß der Psychoanalyse, eine objektive Geschichte der psychoanalytischen Bewegung oder eine Rechtfertigung von deren Marotten geben wollte. Indem er versucht hat, das alles zu bringen, ist ihm keines davon gelungen.

Der erste Band liest sich wesentlich besser als die beiden anderen, wenn auch nur deshalb, weil er sich zur Hauptsache mit Freuds Leben beschäftigt, bevor Jones in dieses eintrat, so daß Jones hier nicht, wie in den späteren Bänden so oft, auf sich als denjenigen verweisen kann, der von Anfang an recht gehabt habe. Dagegen verlieren der zweite und dritte Band stark durch Jones' Selbstrechtfertigungen, durch die vielen, aber unzulänglichen Exkurse über Freuds Schriften und durch die langen voreingenommenen Passagen über die Geschichte der psychoanalytischen Bewegung.

Ernest Jones' großer Originalbeitrag zur psychoanalytischen Bewegung bestand darin, daß er sie international gemacht hatte. Deshalb ist es um so bedauerlicher, daß er sich beim Schreiben ihrer Geschichte so sehr zu beweisen bestrebt, außer ihm selbst seien nur jene von Freuds Anhängern, die an des Meisters Worten oder Taten niemals etwas kritisierten, gänzlich neurosenfrei und gleich ihm, Jones, allein von allermoralischsten Beweggründen motiviert gewesen. Keinen dieser wahren Jünger habe jemals Haßliebe zu Freud befallen, und das gelte besonders für seinen Biographen. Die Männer um Freud, wie zum Beispiel Ferenczi, der wohl von allen das engste Verhältnis zu ihm hatte, seien leider furchtbar neurotisch gewesen, wird uns berichtet. Rank, jahrelang einer der engsten Mitarbeiter Freuds, habe an mehr als neurotischen Depressionen gelitten, die sein Urteilsvermögen beeinträchtigten. Diejenigen seiner frühen Jünger, die (im Gegensatz zu Jones) Kritik an Freud übten, hätten das nicht aus triftigen Vernunftsgründen, sondern bloß aus Neid getan, wenn nicht gar aus psychopathischen Motiven.

Für einen Psychoanalytiker ist es besonders betrüblich, daß eine von einem prominenten Analytiker geschriebene Freud-Biographie so unpsychoanalytisch daherkommt. Zum Beispiel schildert Jones Freud als Menschen, der vor seiner Selbstanalyse sehr neurotisch gewesen sei, was er zweifellos auch war. Freuds Selbstanalyse aber, dem entscheidenden psychologischen Erlebnis in seinem Erwachsenenleben, widmet er dann bloß neun von den insgesamt rund eineinhalbtausend Seiten! Quellenmaterial dazu gibt es genug, leicht zugänglich in Freuds Buch ›Die Traumdeutung‹, aber Jones läßt es unbeachtet. Geht er doch auf dieses Werk, immerhin Freuds wichtigstes, nur ganze vierzehn Seiten lang ein und zweigt von denen auch noch Platz ab für eine Auflistung der zahlreichen Ausgaben, in denen das Buch erschien, und der Tantiemen, die Freud dafür bekam.

Wie unpsychoanalytisch Jones als Biograph sein kann, zeigt sich ferner darin, wie er eine der möglicherweise wichtigsten intimen Beziehungen Freuds abhandelt. Bei der Erwähnung von Freuds Schwägerin, die als Familienmitglied zweiundzwanzig Jahre in seinem Haushalt lebte, erklärt Jones kurz und kategorisch: »Es bestand von keiner Seite eine sexuelle Anziehung.« Man muß sich wundern über den Mann Freud, daß er des öfteren mit dieser Frau in der Blüte ihrer Jahre allein verreiste und am Urlaubsort im selben Hotel wohnte, sie aber nicht sexuell anziehend fand; noch mehr fragt man sich, wie es für die Frau möglich gewesen sei, sich von Freud nicht sexuell angezogen zu fühlen. Was war die Schwägerin für eine Frau? Was war Freud für ein Mann, daß er in seinen reifen Jahren eine Frau zur liebsten Begleiterin wählte, die ihn erotisch kalt ließ? Falls er ein solcher Mann war, wäre es dann nicht die erste Aufgabe eines psychoanalytischen Biographen, nach einer Erklärung dafür zu suchen?

Jones aber scheint der Meinung gewesen zu sein, sexuelle Anziehung zwischen Schwägerin und Schwager brauche nicht einmal als Möglichkeit in Betracht gezogen zu werden, auch wenn die beiden Wohnung, Gedanken, Ferien und Hotel geteilt hatten – der verheiratete Mann so an der Gesellschaft dieser Frau interessiert gewesen war, daß er Weib und Kinder daheim ließ. Wenn dem so war, wo blieben dann die Psychoanalyse und ihre Lehren? Jene, die sich über dieses Verhältnis wunderten, dürften psychoanalytischer gedacht haben als der psychoanalytische Biograph, der ihre Vermutung einfach als »bösartige und unwahre Behauptung« abtut, ohne näher darauf einzugehen. Mangels Beweisen will der Rezensent ja gern glauben, daß die Beziehung rein platonisch gewesen sein kann. Aber dann sollte ihm auch gesagt werden, was das für den Mann und für die Frau bedeutet haben muß.

Am beklagenswertesten für alle, die Freud an Hand dieser Biographie zu verstehen suchen, ist, daß sie ihn so gar nicht in den Kontext seiner Gesellschaft und ihrer Kultur stellt. Zum Beispiel schildert Jones Freuds Knabenzeit und Studentenjahre als von Armut geprägt; Freud habe es dann aus eigener Kraft zu Erfolg und Ruhm gebracht. In Wirklichkeit gehörten seine Eltern eindeutig zum Mittelstand. Sie waren zwar nicht wohlhabend, brauchten jedoch nicht zu darben. Wenn sich in den achtziger Jahren eine jüdische Familie eine Sechs-Zimmer-Wohnung leisten konnte, mußte sie schon einigermaßen dastehen. Und überhaupt: Verglichen mit dem gettoartigen Milieu, das sein Vater durch seine Übersiedlung nach Wien hinter sich gelassen hatte, waren die Lebensverhältnisse Freuds geradezu feudal. Seine tiefe Zuneigung zum Reich von Franz Joseph und zu Wien, die er mit den meisten seiner jüdischen Zeitgenossen teilte, muß verstanden werden als Teil des gewaltigen gesellschaftlichen und ökonomischen Fortschritts, den seines Vaters Generation erlebt hatte. Der extreme Antisemitismus kam ja erst später, focht die unter so ganz anderen Verhältnissen während der Lebenszeit von Freuds Vater und von Freuds frühester Jugend entwickelte Dankbarkeit und Erwartungshaltung noch nicht an.

Unter den europäischen Juden des frühen 20.Jahrhunderts war es eine oft gestellte und vielbeschmunzelte Scherzfrage, wie man denn beweisen könne, daß die Juden das auserwählte Volk seien, da sie doch immer verfolgt werden oder in Not und Elend leben müssen. Antwort war der Einwand: »Aber du vergißt, wie gut wir's unter Franz Joseph hatten!« Da ihnen in der zweiten Hälfte des 19.Jahrhunderts immer größere Selbstverwirklichung möglich geworden war, blieb den Juden Wiens gar keine andere Wahl, als ihre Kultur heiß zu lieben. So dürfte Freuds angeblicher »Haß« auf Wien Ausdruck einer tiefsitzenden alten Liebe gewesen sein, die dann im frühen 20.Jahrhundert durch den Antisemitismus eine große Enttäuschung erlebt hatte, um so stärker empfunden, da die alte Liebe nie erloschen war.

In diesem gesellschaftlichen Zusammenhang muß Freuds Leben begriffen werden, und eben den versteht Jones gar nicht.

Wiederholt spricht er von Freuds Haß auf Wien, fragt sich seltsamerweise aber nie, warum Freud, wenn er die Stadt so haßte, sich nicht dazu bringen konnte, woanders hinzuziehen, sondern sogar noch nach dem Kommen der Nazis blieb, bis es dann wirklich nicht mehr ging. Hier, wie auch noch bei vielen anderen Beispielen, scheint Freuds große Entdeckung der Ambivalenz menschlicher Empfindungen für ihn selber nicht zu gelten – jedenfalls nach seinem Biographen.

Jones zeigt sich auch als unvertraut mit einem damit korrelaten Verhaltensmuster, dem man bei Wiener Intellektuellen häufig begegnete: dem vorgeblichen Abfälligsprechen über Wien, das nichts weiter war als ein Kaschieren einer irrationalen Liebesbindung an die Stadt und ihre Kultur. Statt dies zu erkennen und dem Leser zu erklären, daß hier eine neurotische Ambivalenz zugrunde lag, zeigt Jones lediglich die negative Seite von Freuds Haßliebe auf. Er erhellt nirgends deren positive Aspekte, die doch offensichtlich stärker waren, da sie ja stets obsiegt hatten.

Jones sucht uns auch weiszumachen, Berlins relativ liberale Atmosphäre habe den Neid von Freud erregt, der dagegen »in einer Stadt leben mußte, in welcher der antisemitische Bürgermeister Lueger den Ton angab und der Antisemitismus sich im Berufsleben, in akademischen und Regierungskreisen breitmachte«. Tatsache dagegen ist, Freud brauchte ja nicht in Wien zu leben – er *wollte* dort leben, trotz des Antisemitismus. Desgleichen läßt Jones unerwähnt, daß die führende Aristokratie gegen den kleinbürgerlichen Antisemitismus à la Lueger war. Seltsamerweise brachte gerade diese Judenfeindlichkeit der unteren Schichten die jüdische Intelligenz in engen Kontakt mit dem Adel, zu dem ihr sonst der Zugang versperrt geblieben wäre. Doch ist das nur eines von vielen Beispielen dafür, daß Jones so gut wie nichts von Wien verstand, der Stadt, die bei der Formung des Menschen Freud eine so wichtige Rolle gespielt hat.

Daß es keinen Wert habe, sich mit dieser Biographie bekannt zu machen, wäre trotz allem ein Fehlschluß. Dazu bringt sie zu viele Begebenheiten aus Freuds Leben und gibt zu viele bedeutungsvolle Einblicke in seinen Alltag, die anderswo nicht zu bekommen sind. Doch sollte sich der Leser bemühen, aus dem, was Jones berichtet, eigene Schlüsse zu ziehen und nicht die zahlreichen Fehlinterpretationen übernehmen.

Um zu zeigen, wie aufschlußreich über Freud diese Bände als Quellenmaterial sein können, möchte ich hier eine der vielen enthaltenen Anekdoten wiedergeben. Jones erzählt, Freud sei während der Mahlzeiten mit seiner Familie immer sehr schweigsam gewesen, weil er Freude am Essen hatte und sich voll darauf konzentrierte. Fehlte eines der Kinder an der Tafel, pflegte er »mit seinem Messer oder seiner Gabel stumm auf den freien Stuhl zu weisen und seine Frau am anderen Ende des Tisches fragend anzusehen. Sie erklärte dann gewöhnlich, daß das Kind nicht zum Mittagessen nach Hause komme oder daß dies oder jenes es vom Essen abhalte, worauf Freuds Wißbegierde befriedigt war und er schweigend sein Mahl fortsetzte«.

Jones zitiert einen Auszug aus einem Brief an Jung, worin Freud sich über seine Therapiemethode äußert und sagt, sie sei »eigentlich eine Heilung durch Liebe«. Dieses maßgebliche Verständnis vom Wesen der psychoanalytischen Therapie mit seiner totalen Ablehnung bloßer Deutungstechniker und Seelensezierer zu kennen, macht uns für diese Bände dankbar. Als Anekdotensammlung sind sie höchst verdienstvoll. Als Biographie des Menschen Freud und als Darstellung der Psychoanalyse haben sie viele Schwächen. Als Geschichte der psychoanalytischen Bewegung tun sie den Persönlichkeiten und Beiträgen vieler unrecht, die Freud am nächsten standen, und sind somit irreführend. Und als Aussage über die Gesellschaft und die Zeit, aus der Freud erwuchs (und mit ihm die Psychoanalyse), können wir sie vergessen.

2. Fromm über Freud*

Man kann nicht umhin, Erich Fromms einen schmalen Band mit den drei dicken Wälzern von Ernest Jones zu vergleichen, so verschieden sie vom Ansatz und von der Intention her auch

* Diese Besprechung von Erich Fromms Buch ›Sigmund Freud's Mission‹, New York 1959 (dt.: Sigmund Freuds Sendung. Persönlichkeit, geschichtlicher Standort und Wirkung. Frankfurt a.M. 1961) erschien am 11.Mai 1959 in ›The New Leader‹. Sie sollte zusammen mit der vorhergehenden Rezension gelesen werden, da sie ein Pendant dazu bildet.

sind. Aus Fromms Buch geht Freud lebendig und für uns hochinteressant hervor, und indem er aufzeigt, wieviel noch zu tun bleibt, stellt Fromm uns Aufgaben. Jones dagegen hat seinem Meister ein Denkmal errichtet und vermittelt den Eindruck, in puncto Freud und Psychoanalyse wären nunmehr alle Probleme gelöst; es sei alles gesagt und alles getan. Damit macht Jones Freud zu einer großen historischen Gestalt, die er ja auch ist, jedoch nur der Vergangenheit zugehörig, und das ist er nicht.

Fromm beginnt mit einem psychologisch überzeugenden und ausgewogenen Bild des Menschen Freud und seines Hintergrunds, wobei er Freuds gewaltige Leistungen herausstellt, jedoch ohne seine Schwächen zu beschönigen; stets ist er darauf bedacht zu zeigen, daß die Psychoanalyse beides zur Quelle hatte. Danach folgt einiges verblüffend neue Material: Fromm erzählt uns von Freuds Bedürfnis, ein »Weltverbesserer« zu werden, und von den Folgen, die das für die Psychoanalyse hatte: Aus einer wissenschaftlichen Vereinigung wurde eine semireligiöse Bewegung.

Der janusköpfige Charakter der Psychoanalyse als sowohl einer neuen Wissenschaft wie auch einer Weltverbesserungsbewegung drückt sich im Wesen jener großen Männer aus, mit denen Freud sich verglich. Zum Beispiel mit Kolumbus: So wie dieser einen neuen Kontinent, habe er die unbekannte Welt des Unbewußten entdeckt. Häufiger sah er sich als Kopernikus und als Darwin, weil beide gleich ihm der menschlichen Eigenliebe einen schweren Schlag versetzt hatten, der erste, indem er widerlegte, daß unsere Erde der Mittelpunkt des Weltalls sei, und der zweite, indem er den Menschen seiner Einzigartigkeit beraubte, ihn zu einem bloßen Glied in der Kette der Evolution machte. Trotz seines Vergleichs mit diesen beiden großen Wissenschaftlern beschäftigte Freud sich aber nie psychoanalytisch mit ihnen, um die Dynamik zu ergründen, die zu ihren großen Entdeckungen geführt hatte. Dagegen machte er sich zweimal an eine psychoanalytische Untersuchung der Persönlichkeit des großen Weltverbesserers und Propheten Moses. In gewisser Weise waren diese Arbeiten die Krönung seines Lebenswerkes.

Fromms Nachweis von Freuds Bedürfnis, den Lauf der Welt zu ändern – eine Bewegung zu gründen, die in dem Sinne politisch war, daß sie der Menschen Moral und damit ihr Leben auf dieser Erde bessern sollte –, erklärt nicht nur Freuds Begeisterung für das Moses-Thema, sondern läßt uns die Psychoanalyse auch besser als Bewegung begreifen. Uns wird so einer der seltsamsten Widersprüche bei Freud klar: einerseits seine Behauptung, daß die Psychoanalyse eine Wissenschaft sei und als solche all den für Wissenschaften geltenden Kriterien unterliege, und andererseits sein Bestehen darauf, daß die Psychoanalyse so akzeptiert werden müsse, wie er sie formuliere. Denn daß davon abweichende Behauptungen sich als wissenschaftlich beweisbar herausstellen könnten, wäre völlig ausgeschlossen; alles andere sei Ketzerei, und die müsse man ausrotten, indem man den Ketzer ausstoße.

Fromm zeigt uns Freud als einen im Grunde sehr unsicheren Menschen, der sich leicht verletzt und bedroht fühlte und zu anderen wenig Vertrauen hatte. Überzeugt von deren Egoismus, im tiefsten Innern ein einsamer Mensch, konnte es für Freud nicht einmal in der Liebe Gewißheit geben. Die ließ sich für ihn nur in der Vernunft, also durch Wissen, finden. Deshalb hatte er das Bedürfnis, die Welt geistig zu bezwingen, um vom Zweifel und vom Gefühl des Versagens loszukommen. Wie für Platon gab es für ihn Vernunft allein im Denken, nur daß Freud sein Denken auf irdische Realitäten richtete, wobei er Vernunft mit Intellekt gleichsetzte.

Gefühle und Empfindungen galten ihm von vornherein als irrational und damit suspekt. Er sah nicht, was Spinoza gesehen hatte, nämlich daß Gefühle gleich dem Denken sowohl rational wie irrational sein können und daß die volle Entfaltung des Menschen die rationale Höherentwicklung seiner Gedanken wie seiner Gefühle voraussetzt. Gleich vielen Philosophen der Aufklärung erkannte Freud nicht, daß die Abspaltung des Denkens vom Fühlen sowohl das Denken wie auch das Fühlen verzerrt. Von dieser absoluten Macht der Vernunft war Freud so überzeugt, daß er Jahre brauchte, um von der hoffnungsfreudigen Annahme loszukommen, das bloße Erkennen der Ursachen neurotischer Symptome müsse auch schon deren Heilung mit sich bringen. Sein leidenschaftliches Verlangen nach Vernunft als der einzigen Basis für Gewißheit war mit einem Mut ganz besonderer Art gepaart, den er selbst angesichts größter Hürden nicht verlor.

Freuds Verhältnis zu anderen muß auf der Grundlage seines

Mißtrauens gegenüber Gefühlen und seiner einseitigen Suche nach geistiger Gewißheit verstanden werden. Fromm skizziert die Schwierigkeiten, die Freud in seiner Beziehung zu Frauen hatte, sowie auch jene, die sein Verhältnis zu Männern komplizierten. All das ist auch in anderen Biographien beschrieben worden, jedoch selten mit so psychologisch feinem Verständnis.

Die meisten Biographen haben Freuds Verhältnis zu seinem Vater vernachlässigt. Fromm stellt heraus, wie bedeutungsvoll es aber war und zeigt, daß Freud erstens in seinem Verhältnis zu seinem Vater und zweitens ganz allgemein ein Rebell, jedoch kein Revolutionär war. Ein Rebell war er, wenn er der öffentlichen Meinung und den medizinischen Autoritäten trotzte, ein Revolutionär aber war er insofern nicht, als er selber eine Autorität werden wollte (und ja auch wurde), der sich andere zu beugen hatten. Freuds Rebellieren richtete sich gegen Autoritäten, die ihn nicht gelten ließen, und die erste davon war sein Vater gewesen.

Laut Fromm überwindet ein Mensch seine Ambivalenz gegenüber der Autorität erst dann, wenn er sich von der Bindung an Autoritäten und dem Bedürfnis, andere zu beherrschen, freigemacht habe; nur so könne er vom Rebellen zum Revolutionär werden. In diesem Sinne war und blieb Freud ein Rebell. So oft und so gern er sich gegen Autoritäten auch auflehnte, die bestehende Gesellschaftsordnung und ihre Autoritäten beeindruckten ihn zutiefst. Von ihnen anerkannt zu werden, war ihm enorm wichtig.

Die Wurzeln dieses Verhaltens sieht Fromm in Freuds Wunsch, eine politische Bewegung zu schaffen und deren Führer zu werden. So habe er nicht aus krassem Autoritätsstreben, sondern aus diesem »politischen« Wunsch heraus beispielsweise Jones' Absicht gutgeheißen, die Londoner Gruppe der Internationalen Psychoanalytischen Vereinigung von den Jungianischen Mitgliedern zu säubern – eine von mehreren solcher Ausschließungen zur Verhinderung »ketzerischer« Gedanken. Das Wesen dieser Bewegung lasse sich am besten an Freuds Identifizierung mit Moses erkennen, die sich in seinen späteren Jahren immer deutlicher abzeichnete. Er verwarf die übliche Deutung der Moses-Statue von Michelangelo und wollte zeigen, daß Moses die Gesetzestafeln *nicht* zerschlagen, sondern aus Sorge um sein Volk seinen Zorn beschwichtigt habe. Er sah Moses als einen Menschen, der um der Vernunft willen die eigene Leidenschaft bezwang zugunsten einer Bestimmung, der er sich geweiht hatte. Freud identifizierte sich stark mit diesem Moses, dem Propheten, der von seinem Volk nicht verstanden worden war und der dennoch fähig war, seinen Zorn zu unterdrücken und sein Werk fortzusetzen, sein Volk ins Gelobte Land zu führen.

Freud, der als Halbwüchsiger davon geträumt hatte, ein großer militärischer Führer oder ein Minister zu werden, wollte als Erwachsener der Menschheit ein neues und höheres »Gesetz« bringen, eine neue Selbst- und Welterkenntnis, einen neuen Bund mit der reinen Vernunft. Vielleicht sollten wir an diesem wichtigen Punkt Fromm mit seinen eigenen Worten weiterargumentieren lassen:

»Weder Nationalismus noch Sozialismus noch Religion erweckten Vertrauen als Wegweiser zu einem vollkommeneren Leben; das Irrationale solcher Antworten auf die Probleme des menschlichen Daseins mußte sich erweisen, sobald die Tiefen des menschlichen Geistes ergründet waren. War das aber geschehen, so konnten die Menschen zu dem Ziel geführt werden, das ihnen gesetzt ist: zum nüchternen, skeptischen, rationalen Begreifen der Vergangenheit und der Gegenwart und zur Bejahung der wesenhaft tragischen Natur ihres Daseins.
Dazu bedurfte es einer intellektuellen Revolution, und das mußte gleichsam die letzte Etappe sein, die der Rationalismus noch bewältigen konnte. Freud sah sich als der Führer dieser Revolution. Nur wenn man Freuds inneren Drang, der Menschheit eine neue, eher wirklichkeitsnahe als frohe Botschaft zu bringen, begreift, kann man das Gebilde verstehen, das sein Werk war: die psychoanalytische Bewegung. Welch merkwürdiges Gebilde! Die Psychoanalyse ist eine Therapie, die sich mit der Heilung von Neurosen beschäftigt, und sie ist zugleich eine psychologische Theorie: eine allgemeine Theorie vom Wesen des Menschen und insbesondere vom Sein des Unbewußten und von seinen Manifestationen in Träumen, in Krankheitssymptomen, im Charakter und in Symbolbildungen. Wo aber gibt es das sonst: daß sich eine Therapie oder eine wissenschaftliche Theorie in eine Bewegung verwandelt, die von einem geheimen Komitee

zentral gesteuert wird, abweichende Mitglieder hinaussäubert, über lokale Organisationen im Rahmen einer internationalen Gesamtorganisation verfügt? Keine medizinische Therapie ist je zu einer Bewegung geworden. Als Theorie ließe sich die Psychoanalyse am ehesten noch mit dem Darwinismus vergleichen: Der Darwinismus ist eine revolutionäre Theorie, die die Geschichte der menschlichen Gattung erhellen will und die gründlicher als irgendeine andere Lehre des 19. Jahrhunderts dazu beigetragen hat, das Weltbild der Menschen umzuwälzen. Und dennoch gibt es keine darwinistische ›Bewegung‹, kein Direktorium, das eine solche Bewegung leitet, und keine Säuberungen, die darüber entscheiden, wer befugt ist, sich Darwinist zu nennen, und wer dies Vorrecht eingebüßt hat.
Woher dieser einzigartige Charakter der psychoanalytischen Bewegung? Eine Teilantwort liegt in der Persönlichkeit Freuds. Ohne Zweifel war Freud ein großer Gelehrter; aber gleich Marx, der auch ein großer Gelehrter – Soziologe und Nationalökonom – war, verfolgte Freud außer dem Fortschritt der Wissenschaft noch ein anderes Ziel, das Darwin fernlag: Er wollte die Welt verändern. Im Gewand des Therapeuten und Wissenschaftlers war er einer der großen Weltverbesserer des angehenden 20. Jahrhunderts.«

Fromm spricht vom »quasi-politischen Charakter« der psychoanalytischen Bewegung und will damit sagen, daß sie schon von Anfang an nicht im Geiste einer sonst in wissenschaftlichen Gesellschaften üblichen Haltung, sondern weitgehend nach diktatorischem Reglement organisiert war. Freud hatte sich mit Ferenczis Vorschlag einverstanden erklärt, daß es statt demokratischer Gleichmacherei eine Herrschaft der Weisen im Sinne von Platon geben solle. Manche der psychoanalytischen Kongresse unterscheiden sich kaum von politischen Tagungen. Das Konzept eines siebenköpfigen geheimen Komitees, das den richtigen Kurs der Bewegung sichern sollte, kündet weniger von mangelndem Vertrauen in die Gültigkeit psychoanalytischer Erkenntnisse, sondern mehr von einem Wunsch nach politisch verläßlicher Kontrolle. Dieses Mißtrauen gegen die Macht der Vernunft und gegen die Überzeugungskraft wissenschaftlicher Forschungsergebnisse steht in klarem Gegensatz zu Freuds philosophischen Anschauungen; es läßt sich nur durch den Wunsch erklären, um seine wissenschaftlichen Entdeckungen eine politische Bewegung herumzubauen.

Zur Untermauerung dieser Analyse verweist Fromm darauf, daß Freud den einen der Kongresse als »Reichstag« bezeichnete und vom »Mutterland« und den »Kolonien« der Psychoanalyse sprach, wo man seine Herrschaft zuerst gegen alle und alles festigen müsse. Und so nehmen sich auch heute noch, nach so vielen Jahren, die psychoanalytischen Vereinigungen in ihrem internationalen Organisationsaufbau mit Untergruppen und genauen Vorschriften darüber, wer sich Psychoanalytiker nennen dürfe und wer nicht, gegenüber normalen wissenschaftlichen Gesellschaften seltsam aus. Es gibt nur ganz wenige Wissensgebiete, wo die Weiterentwicklung wissenschaftlicher Theorie und Praxis immer noch an die Entdeckungen eines Begründers gekettet ist und sich kaum jemand das Recht herausnehmen darf, bestimmte grundlegende Thesen des Meisters zu revidieren.

So wie als Mensch war Freud auch hier voller Widersprüche. Er stritt entschieden ab, daß die Psychoanalyse eine Philosophie sei, und sprach sich für völlige Geistesfreiheit aus. Die Organisierung der psychoanalytischen Bewegung entschuldigte er mit der Existenz ihrer Verleumder. Gegen diese schien ihm merkwürdigerweise nur eine monolithische Organisation und nicht die Überzeugungskraft der Wahrheit Schutz bieten zu können. Freuds Therapiemethode und seine Theorien hatten nichts mit politischen Bewegungen zu tun. Aber warum sah er dann in dem Ringen um Anerkennung der Psychoanalyse sowohl als wissenschaftliche Theorie wie auch als medizinische Therapie einen quasi-politischen Kampf?

Fromm findet die Antwort in Freuds Glauben, die Psychoanalyse sei »ein Werkzeug, welches dem Ich die fortgesetzte Eroberung des Es ermöglichen soll«. Das sei keine religiöse, wohl aber eine ethische Zielsetzung: Beherrschung der Leidenschaften durch die Vernunft. Fromm zieht eine Analogie zu Marx und bemerkt: »... ebenso wie Marx überzeugt war, im Gegensatz zu dem, was er den utopischen Sozialismus nannte, den Sozialismus auf eine wissenschaftliche Grundlage gestellt zu haben, war Freud überzeugt, die wissenschaftliche Basis einer alten moralischen Forderung entdeckt zu haben und damit über die utopische Morallehre der Religionen und Weltanschauungen hinausgeschritten zu sein. Da er dem Durchschnittsmenschen zutiefst mißtraute, konnte das Ziel dieser neuen wissenschaftlich fundierten Gesittung nur von einer Elite erreicht werden; die psychoanalytische Bewegung erschien ihm als die kleine, dafür aber straff organisierte aktive Vorhut, der es oblag, den Sieg des moralischen Ideals zu erkämpfen.«

Fromm kommt zu dem Schluß, Freud hätte vielleicht Führer einer sozialistischen, einer ethnisch-kulturellen oder auch, aus anderen Motiven heraus, einer zionistischen Bewegung werden können, wären ihm nicht ein so allumfassendes Interesse am menschlichen Geist und ein so mutiges Streben nach dem, worin er die Wahrheit sah, eigen gewesen. Außerdem sei Freud für einen politischen Führer viel zu konservativ und auch viel zu skeptisch gewesen. Doch »in der Rolle eines Mitbegründers einer wissenschaftlichen Schule konnte er seinen alten Traum in die Wirklichkeit umsetzen: als neuer Moses der Menschheit das Gelobte Land zu zeigen, in dem das Es vom Ich bezwungen ist, und ihr den Weg zu weisen, der zur Eroberung des Gelobten Landes führt«.

Zum Interessantesten von Fromms Untersuchung gehören die Parallelen, die er zwischen Freuds psychologischem System und den ökonomischen Anschauungen zieht, wie sie für das Bürgertum des 19. Jahrhunderts typisch waren:

»Durch Nichtbefriedigung der triebhaften Wünsche und Begierden, durch Selbstversagung ›spare‹, meinte Freud, die Elite im Gegensatz zum ›Gesindel‹ psychisches Kapital, das dann in kulturelle Leistungen eingehe. Das Geheimnis der Sublimierung, das Freud nie zureichend erklärt hat, enthüllt sich somit als das Geheimnis der Kapitalbildung, wie es sich im bürgerlichen Mythos des 19. Jahrhunderts darstellte. Wie biederen Bürgern der Reichtum als Produkt des Sparens, der ›Enthaltung‹, der ›Abstinenz‹ erschien, so erschien Freud die Kultur als Produkt der versagten Triebbefriedigung.
Ebenso hatte Freud ein anderes Element des Menschenbildes des 19. Jahrhunderts übernommen und in seine psychologische Theorie eingebaut: die Vorstellung, daß der Mensch in seinem Wesen aggressiv und auf Kampf, auf Wettbewerb eingestellt sei. ...

Für Freud – wie für viele Denker seiner Zeit – beruht die gesellschaftliche Lebensweise der Säugetiergattung Mensch ausschließlich auf der Notwendigkeit der gegenseitigen Bedürfnisbefriedigung, nicht etwa auf einem ursprünglichen Gesellungsdrang. …
Primär ist der Mensch eine durch die Libido angetriebene Maschine, bei der die Notwendigkeit, schmerzhafte oder störende Spannungen auf ein Mindestmaß zu reduzieren, als automatischer Regulator wirkt: die Spannungsminderung ist das, was als Lust gilt; zur Erlangung dieser Befriedigung sind Männer und Frauen aufeinander angewiesen, sie kommen zur gegenseitigen Befriedigung ihrer libidinösen Bedürfnisse zusammen, und darauf beruht ihr Interesse aneinander.«

Fromm sieht in Freuds Vorstellung vom *Homo sexualis* also eine vertiefte und erweiterte Variante der Vorstellung der Nationalökonomen vom *Homo oeconomicus*. Nur in einem sei Freud von dem herkömmlichen Bild abgewichen: Er hielt das Ausmaß der sexuellen Verdrängung für übersteigert, ja für die eigentliche Ursache der Neurosen.

Ob es nun Freuds Ziel war oder nicht, aus der Psychoanalyse eine Bewegung zur ethischen Befreiung des Menschen zu machen, eine neue, weltliche, wissenschaftliche Religion für eine Elite, die die Menschheit lenken sollte, er hätte niemals Erfolg haben können, wäre er nicht ähnlich gearteten Bedürfnissen bei seinen unmittelbaren Anhängern und später in den breiten Kreisen derer entgegengekommen, die sich in steigendem Maße von der Psychoanalyse angezogen fühlten, ja sich für sie regelrecht begeisterten. Aber so lange Zeit die Hoffnungen Freuds und seiner ersten Getreuen nun auch zurückliegen, erloschen sind sie, darüber müssen wir uns klar sein, noch keineswegs; sie schwelen munter weiter. Und das, was Fromm über jene frühen Jünger und Anhänger schreibt, gilt ebenso für viele heutige Adepten der Psychoanalyse:

»Es waren ausnahmslos städtische Intellektuelle, die sich nach einer Bindung an ein Ideal, an einen Führer, an eine große Bewegung sehnten, aber keinem bestimmten religiösen, politischen oder weltanschaulichen Ideal nachstrebten … Aus ähnlichen Verhältnissen kam die rasch zunehmende Schar der praktizierenden Psychoanalytiker ... Die große Popularität, die sich die Psychoanalyse seit Anfang der dreißiger Jahre in den meisten westlichen Ländern, vor allem in den Vereinigten Staaten erworben hat, war auf demselben sozialen Nährboden gewachsen. Da haben wir es mit denselben Mittelschichten zu tun, für die das Leben seinen Sinn verloren hat. Politische und religiöse Ideale waren ihnen abhanden gekommen, um so ratloser suchten sie nach Sinn und Inhalt des Lebens, nach einer Idee, der man sich verschreiben könnte, nach einer Lebensdeutung, die jedem Anhänger, ohne von ihm Opfer und Leistungen zu verlangen, die Möglichkeit gäbe, sich als Teil einer Gemeinschaft zu fühlen.

Der neuen Religion ist es freilich nicht anders ergangen als den meisten religiösen Erneuerungsbewegungen. Schnell verblüht die ursprüngliche Begeisterung, Frische, Spontaneität; die Führung der anfänglich selbsttätigen Bewegung fällt an eine Hierarchie, deren Stärke darin liegt, daß sie das Dogma ›richtig‹ auszulegen weiß und darüber befinden darf, wer als Bekenner des neuen Glaubens zu befinden habe und wer nicht. Es dauert nicht lange, und an die Stelle schöpferischen Tuns und spontanen Schaffens sind Dogma, Riten und Führerkult getreten.«

Die Folge all dessen ist, daß es vielen Patienten, die sich in eine Therapie begeben, mehr um die Riten und das Dogma geht als darum, die Wahrheit zu finden und Herrschaft über das eigene Unbewußte zu gewinnen. Das rituelle Zeremoniell »ist für sie gleichsam ein Symbol des ›Dazugehörens‹, der Teilnahme an der ›Bewegung‹; sie fühlen sich in gewissem Sinne solidarisch mit allen, die analysiert werden, und denen überlegen, die nicht in die Analyse gehen. Das Interesse an der eigenen Heilung ist ihnen oft viel weniger wichtig als das freudige Erlebnis, eine geistige Heimat gefunden zu haben.« Keine Heimat, die als sicherer Ruhehafen dient, aus dem man hinaussegelt auf der menschlichen Erfahrung in noch unbekannte Meere, sondern eine, die eine Festung ist und ihr leeres Leben sicher umschließt.

Vieles von dieser Besprechung ist lediglich eine Paraphrase dessen, was mir an Fromms Ausführungen – nicht zur Psychoanalyse, sondern zur psychoanalytischen Bewegung – die wichtigste Aussage scheint. Fromm sieht die großen Schwächen dieser Bewegung darin, daß sie das Verstehen des Unbewußten des Einzelnen nicht zu einer kritischen Analyse seiner Gesellschaft erweitert hat, und die Schwäche der Freudianischen Psychoanalyse, der historischen wie der heutigen, darin, daß sie über eine liberale bürgerliche Haltung gegenüber der Gesellschaft nicht hinausgegangen ist. Das sei eine der Ursachen für ihre anhaltende horizontale Enge und auch ihres späteren Stagnierens auf ihrem ureigensten Gebiet, der Erforschung des Unbewußten. So werde die Psychoanalyse zur Ersatzbefriedigung einer tiefen Sehnsucht des Menschen, dem Leben Sinn abzugewinnen, die Realität zu erfassen und mit anderen eine Beziehung herzustellen.

»Hier, in der ›Bewegung‹, fanden sie alles, was ihnen not tat: ein Glaubensbekenntnis, ein Ritual, einen Führer, eine Hierarchie und sogar das Gefühl, im Vollbesitz der Wahrheit und den Uneingeweihten überlegen zu sein; das alles ohne übermäßige Anstrengung, aber auch ohne tieferes Eindringen in die Probleme des menschlichen Daseins, ohne wirklichen Einblick in die Struktur der eigenen Gesellschaft mit ihrer Menschenverstümmelung, ohne sich gegen die Gesellschaft aufzulehnen und ohne am eigenen Charakter in wesentlicher Beziehung zu arbeiten, Habgier, Aggressivität und Unvernunft überwinden zu müssen. Das einzige, was man loszuwerden versuchte, waren bestimmte libidinöse Fixierungen und ihre Übertragung; das mag zwar mitunter überaus wichtig sein, aber man erzielt damit nicht die Charakterumbildung, ohne die sich eine echte Beziehung zur Realität nicht herstellen läßt.«

Und so sei die Psychoanalyse von einer kühnen, progressiven Idee zum bequemen Schaukelstuhl für jene verängstigten und sich verloren vorkommenden Groß- und Kleinbürger geworden, denen konventionellere religiöse und gesellschaftliche Bewegungen ihrer Zeit keinen sicheren Ruhehafen bieten.

Freud geht aus diesem Buch nicht als ein Held hervor, wohl aber als einer der großen Männer unseres Jahrhunderts und als derjenige, der als letzter die Gedanken des Menschen über den Menschen und die Realität radikal verändert hat. Aus Fromms Kritik an der psychoanalytischen *Bewegung* wird deutlich, daß die *Wissenschaft* der Psychoanalyse in ihrer steigenden Anwendung auf menschliche Probleme – im Gegensatz zu ihren heiligen Traditionen als Bewegung – noch immer eine der besten Hoffnungen für die Zukunft der Menschheit bietet.

Ins Deutsche übertragen von Otto P. Wilck.

Eine heimliche Asymmetrie*

Ende 1977 gelangte Aldo Carotenuto, ein Psychoanalytiker der Jung-Schule, der an der Universität Rom Persönlichkeitstheorie lehrt, durch puren Zufall an eine Sammlung von entweder verlorengegangenen oder schon lange Zeit in Vergessenheit geratenen Schriftstücken. Man hatte sie, ebenfalls rein zufällig, im Keller eines Gebäudes gefunden, in dem früher das Genfer Psychologische Institut untergebracht war. Diese Papiere stammten aus dem Besitz von Dr. Sabina Spielrein, einer Psychoanalytikerin der ersten Stunde, die Anfang der zwanziger Jahre in Genf praktiziert und dabei auch Jean Piaget in der Analyse gehabt hatte. Sie waren offenbar von ihr zurückgelassen worden, als sie 1923 in ihre russische Heimat zurückkehrte.

Carotenuto erkannte sofort, daß es sich um wichtige Dokumente handelte, denn es befanden sich darunter zwanzig Briefe von Freud und noch mehr von Jung. Nicht gleich klar wurde ihre noch größere Bedeutung im Hinblick auf die Person, an die sie gerichtet waren: Dr. Sabina Spielrein selbst. Aus diesem Material, das auf englisch unter dem Titel ›A Secret Symmetry‹ erschienen ist, geht jedoch hervor, welch großen Einfluß Sabina Spielrein auf Jungs Leben und auf die Entwicklung seines Denkgebäudes hatte, welche Rolle sie beim Werden sowohl der Jungschen wie auch der Freudschen Psychoanalyse spielte und wie weit sie am Entstehen der Freundschaft zwischen Jung und Freud und an deren späteren Entfremdung beteiligt war. Mehr noch als aus den Briefen Freuds und Jungs an sie wird das alles deutlich aus Kopien und Entwürfen ihrer eigenen Briefe an die beiden und zusätzlich aus ihrem fragmentarischen, aber höchst aufschlußreichen Tagebuch. Diese Schriftstücke werfen ein ganz neues Licht auf wichtige Aspekte der Korrespondenz zwischen Freud und Jung.

Sabina Spielrein wurde 1885 in Rostow am Don als Kind intelligenter, hochgebildeter und wohlhabender jüdischer Eltern

* Dieser Essay erschien unter dem Titel ›Scandal in the Family‹ in etwas anderer Form und ohne den Nachtrag am 30. Juni 1983 in ›The New York Review of Books‹. Noch im selben Jahr brachte der ›Züricher Anzeiger‹ (X/1983) eine deutsche Übersetzung davon: ›Skandal in der Psychofamilie. C. G. Jung und seine Anima‹.

geboren: Ihr Großvater und ihr Urgroßvater waren angesehene Rabbiner gewesen. Als junges Mädchen hatte sie ein Leiden, das einmal als schizophrene Störung, ein andermal als psychotische Hysterie beschrieben wurde. Im August 1904 brachten ihre sehr besorgten Eltern sie nach Zürich zur Therapie an die weltberühmte Kantonale Heilanstalt »Burghölzli«, wo Jung als Assistenzarzt arbeitete. Spielrein war wahrscheinlich eine der ersten, wenn nicht gar die allererste Patientin, die Jung psychoanalytisch zu behandeln suchte; ansonsten befaßte er sich hauptsächlich mit Untersuchungen darüber, was Assoziationen von Patienten über deren Innenleben aussagten, Studien, bei denen dann auch Spielrein mitwirkte.

Wie lange sie in der Heilanstalt blieb, wissen wir nicht. Im April 1905 aber immatrikulierte sie sich an der Universität Zürich, um Medizin zu studieren. Also muß sie zu dieser Zeit oder bald darauf weit genug geheilt gewesen sein, um ihre Behandlung von stationär auf ambulant umzustellen. 1911 promovierte sie mit der Dissertation ›Über den psychologischen Inhalt eines Falles von Schizophrenie (Dementia Praecox)‹. Aus der ehemaligen schizophrenen Patientin war inzwischen eine Erforscherin der Schizophrenie geworden, eine Ärztin, die Geistesstörungen behandelte, eine eigenständige Denkerin, die für das Freudsche System später überaus wichtig werdende Gedanken entwickelte.

Carotenuto nennt sein Buch ›Diario di una segreta simmetria‹ – Tagebuch einer heimlichen Symmetrie*. Es enthüllt nicht bloß eine, sondern mehrere Symmetrien, aber auch eine meiner Meinung nach bedeutungsvollere Asymmetrie. Mit der im Titel genannten heimlichen Symmetrie meint Carotenuto die zwischen Spielreins und Jungs Entwicklung, wie sie aus Spielreins Tagebuch herauszulesen ist. Dieses Tagebuch offenbart, daß Sabina Spielrein durch ihre Beziehung zu Jung entscheidenden Einfluß auf ihn und die Entwicklung seines Systems ausübte, und daß er wiederum sie überaus stark beeinflußte.

Das war nur natürlich, denn als ihr Arzt hatte er ihr ja gehol-

* Inzwischen ist auch eine deutsche Ausgabe erschienen, die im Gegensatz zu der italienischen und der englischen Edition sämtliche Briefe Jungs an Sabina Spielrein enthält: Tagebuch einer heimlichen Symmetrie. Sabina Spielrein zwischen Jung und Freud. Hrsg. von Aldo Carotenuto. Vorwort: Johannes Cremerius. Freiburg i. Br. 1986. (Anm. d. Übers.)

fen, ihre psychische Störung zu überwinden – aber eben dabei und während er noch ihr Therapeut war, hatte sich zwischen ihnen ein Liebesverhältnis entwickelt. Für Sabina Spielrein war Jung ihre erste große Liebe; aber sie liebte ihn auch als ihren Retter vor dem Wahnsinn und außerdem als den genialen Lehrer, der sie in die Psychopathologie eingeführt hatte, die ihr schließlich zum Beruf wurde. Ganz verloren hat sie ihre tiefe Zuneigung zu ihm nie, weder nach seinem schnöden Liebesverrat, noch nach ihrer späteren Heirat mit einem anderen, mit dem sie dann ein Kind hatte. Wohl aber wurden ihre Gefühle für Jung mit der Zeit recht ambivalent, was verständlich ist, da der von ihr so innig geliebte Mann nicht nur herzlos war, sondern auch auf eine Weise an ihr gehandelt hatte, die er hinterher selber als »Schufterei« bezeichnete. Mehr darüber im folgenden.

Für mich sind nicht die bei der Lektüre dieser Dokumente und Carotenutos Kommentaren dazu offenbar werdenden Symmetrien am interessantesten, sondern jene Asymmetrie, die sich herausbildete, als Spielrein sich fachlich immer mehr Freud annäherte, während Jung sich von ihm und seiner Form der Psychoanalyse zunehmend entfernte. Dieses Buch beweist den sehr großen Einfluß, den Spielrein auf Jungs Denken hatte, und eben darin sehe ich seinen großen menschlichen und, soweit es die Entwicklung der Psychoanalyse betrifft, auch seinen bedeutenden historischen Wert.

Noch viel größer aber wäre der menschliche wie auch der historische Wert dieser Dokumente, dürften wir auch jene Briefe lesen, die Jung an Spielrein schrieb und von denen, wie uns gesagt wird, sechsundvierzig erhalten sind. Während die Erben von Sigmund Freud den Abdruck seiner Briefe erlaubt haben, verweigern die von C. G. Jung eine Veröffentlichung der seinen. Carotenuto hat nur ganz wenige und vorher sorgsam durchgesehene Passagen aus Jungs Briefen zitieren dürfen, die sehr kurz sind, uns aber dennoch auf die Folter spannen. Sie lösen mehr Neugier aus, als sie befriedigen können.

Es ist nicht schwer zu erraten, warum Jungs Erben nicht wollen, daß die Öffentlichkeit die Details seiner Liaison mit Spielrein aus seiner eigenen Feder erfahre. Doch in dieser Beziehung geht uns nicht allzuviel verloren, denn Spielreins Tagebuch, ihre Briefe an Jung und Freud sowie die ja bereits veröffentlichte Korrespondenz zwischen Freud und Jung geben ein hinreichend klares Bild von dem Liebesverhältnis und dem, was Carotenuto ganz richtig Jungs »Verrat« an seiner Geliebten nennt.

Solange uns Jungs Briefe unzugänglich bleiben, können wir allerdings kaum beurteilen, wieweit und in welchen Punkten die Gedanken und Theorien, die wir als das Fundament von Jungs System ansehen, in Wirklichkeit von Spielrein stammen. Wie bereits gesagt, geht aus seinem Verhältnis mit Spielrein hervor, daß ihr Einfluß auf ihn sehr weit reichte. Sie war ihm nicht nur die Muse für den Aufbau seines Denkgebäudes, sondern hat während jener Jahre, in denen er einige seiner Grundthesen aufstellte, in vieler Hinsicht an seiner geistigen Entwicklung mitgearbeitet oder zumindest mitgeholfen. Ohne Jungs Briefe oder andere einschlägige Informationen läßt sich mehr nicht mit Sicherheit sagen.

Das uns hier vorgelegte Material stellt außer Zweifel, daß Jung in Sabina Spielrein seine Anima entdeckte, die ihm seine Theorie über die allmächtige Rolle eingab, welche eines Mannes Anima in dessen Leben spielt. Sabina Spielrein war somit die Inspiratorin, ja möglicherweise sogar die Schöpferin des Anima-Konzeptes. Soviel lernen wir aus diesem Buch. Es erhellt auch Spielreins großen Beitrag zum ausgereiften Freudschen System. Ein paar Jahre bevor Freud das Konzept des Todestriebes darin aufnahm und ihm dort eine zentrale Rolle zuwies, hatte Spielrein im ›Jahrbuch für psychoanalytische und psychopathologische Forschung‹ für 1912 ihre keimtragende Abhandlung ›Die Destruktion als Ursache des Werdens‹ veröffentlicht, worin zum erstenmal innerhalb des Rahmens der Psychoanalyse Gedanken über die weitverzweigte und untrennbare Verbindung des Destruktions- beziehungsweise Todestriebes mit dem Geschlechtstrieb dargelegt wurden. Mündlich hatte sie die Grundideen der Arbeit schon ein Jahr zuvor Freud und der Wiener Psychoanalytikergruppe vorgetragen.

Die hohe Intelligenz, die Eigenständigkeit ihres Denkens und ihr außergewöhnliches psychologisches Feingefühl ermöglichten Sabina Spielrein, selbst dann noch einen wesentlichen Beitrag zum Freudschen System zu leisten, als dieses in vielem bereits voll entwickelt war. Die Annahme ist wohl nicht abwegig, daß sie zuvor schon weit mehr und nicht minder Wichtiges zu Jungs System beigesteuert haben dürfte, das ja zu einer Zeit konzipiert wurde, in der sie eng mit Jung zusammenarbeitete.

Die in Carotenutos Buch vorgelegten neuentdeckten Dokumente lassen jedenfalls vermuten, daß möglicherweise alle zentralen Jungschen Konzepte ihre Entstehung direkt oder indirekt Spielrein verdanken, so beunruhigend diese Vorstellung für Jung-Anhänger auch sein mag.

Zum Beispiel scheint es durchaus denkbar, daß nicht nur das Konzept der Anima, sondern auch das des Schattens entweder direkt von Spielrein stammte oder aus Jungs Bindung zu ihr entwickelt worden war. In einem Brief an Freud, in dem sich Jung über Spielrein böswillig äußert, um seine eigene Handlungsweise an ihr zu beschönigen, sagt er: »... bislang hatte ich von meinen polygamen Komponenten trotz aller Selbstanalyse eine ganz unzulängliche Vorstellung.« Nach dieser Lektion wisse er jetzt, »wo und wie der Teufel zu fassen ist«. Wenn er hier von dem Teufel in sich spricht, bedient er sich lediglich eines anderen Wortes für den Schatten. Wir wissen zwar nicht, was er über eben diese Fragen zu Spielrein sagte oder sie zu ihm, aber daß die beiden sich untereinander freier ausdrückten, als Jung es in seiner Korrespondenz mit Freud tat, darf wohl angenommen werden.

Ebenso ist uns unbekannt, wer von den beiden, Jung oder Spielrein, zuerst von dem in ihnen arbeitenden Teufel beziehungsweise Schatten sprach. Obwohl Carotenuto sich eifrig bemüht, den Eindruck zu vermitteln, alle Grundgedanken der Jungschen Psychoanalyse seien Jungs ureigenstes Produkt, kommt er aufgrund seines Studiums der uns nicht zugänglichen Jung-Briefe an Spielrein doch zwangsläufig zu der Annahme, daß Jung viele seiner Konzepte direkt oder indirekt Spielrein verdankt habe. Er schreibt: »Es scheint mir naheliegend zu sein, daß insbesondere die Hypothesen von ›Person‹, ›Schatten‹ und ›Anima‹ Ergebnis jener frühen Erfahrungen sind«, womit er Jungs Erfahrungen aus seinem Verhältnis mit Spielrein meint. Und kurz darauf sagt er: »In diesem Falle versetzt uns jede aufmerksame Lektüre der phänomenologischen Beschreibung von ›Anima‹ und ›Schatten‹ unmittelbar in jene fernen Jahre« des Verhältnisses mit Spielrein. Schließlich bringt er noch ein Zitat aus einem der letzten bekannten Briefe Jungs an Spielrein, datiert vom 1. September 1919: »*Die Liebe von S. zu J.* hat letzterem etwas bewußtgemacht, das er vorher nur undeutlich ahnte, nämlich eine schicksalsbestimmte Macht des Unbewußten, die ihn später zu den allerwichtigsten Dingen führte.« Unabhängig davon, worin die Anteile Spielreins an seinem System auch bestanden haben mögen, erklärt Jung damit, und Carotenuto widerspricht ihm nicht, daß das System selbst innerhalb ihrer Liebesbeziehung entstanden sei.

Die Bedeutung dieses viel zu kurzen Zitates läßt uns bitter bewußt werden, was uns alles vorenthalten wird. Außerdem wirft die Weigerung der Erben Jungs, die Veröffentlichung seiner Briefe an Spielrein zuzulassen, mittelbar eine leidige Frage auf, nämlich ob denn der Abdruck ihres Tagebuches und ihrer Korrespondenz überhaupt genehmigt worden ist. Allen verfügbaren Beweisen nach scheint Spielrein in der Sowjetunion als Psychoanalytikerin gearbeitet zu haben, bis die Psychoanalyse dort 1936 verboten wurde. Sie kam wahrscheinlich noch im selben oder im nächsten Jahr im Zuge der Stalinschen Säuberungen um. Da sie aber eine Tochter und auch drei jüngere Brüder hatte, ist es durchaus möglich, daß von ihren Erben noch jemand lebt, zumal wir wissen, daß zumindest einer ihrer Brüder sich im Ausland aufhielt. Nichts, was uns in dem Buch erzählt wird, deutet darauf hin, daß versucht worden ist, Sabina Spielreins Erben ausfindig zu machen und von ihnen die Erlaubnis zur Veröffentlichung ihres Tagebuches und ihrer Briefe zu erhalten.

So froh ich auch bin, ihre Korrespondenz und ihr Diarium lesen und über das, was sie enthüllen, nachdenken zu können, betrübt es mich dennoch, daß ein Psychoanalytiker aus der Schule Jungs, Professor Carotenuto, die Empfindlichkeit der Erben von Jung so respektiert, bei denen von Sabina Spielrein hingegen gar keine voraussetzt. Ich finde es, gelinde gesagt, unfair, daß die Spielregeln der Vertraulichkeit hier so unterschiedlich gehandhabt werden, besonders da der berühmte Psychoanalytiker, als der Therapeut, im Prinzip doch weniger Anspruch auf Achtung seiner Privatsphäre hat als seine Patientin.

Und was ist denn schon an dem, was Jungs Erben bewogen haben dürfte, die Veröffentlichung seiner Briefe an Spielrein zu verweigern – ihrer beider Liebesaffäre? Carotenuto gibt sich zwar alle Mühe, dem Leser einzureden, daß Jungs Beziehung zu Spielrein platonisch geblieben sei, die Dokumente aber deuten stark darauf hin, daß dem nicht so war. Daß ein Psychoanalytiker sich nicht sexuell mit einer Patientin einlassen soll, steht außer Frage. Leider ist so etwas ab und zu vorgekommen, mit gleichermaßen schlimmen Folgen für die Patientin wie für den Therapeuten, und es kann auch in Zukunft gelegentlich vorkommen. Rund siebzig Jahre danach ist es relativ uninteressant, ob die große Liebe, die Jung und Spielrein unstreitig füreinander empfanden, sexuelle Erfüllung fand oder nicht. Viel wichtiger scheint doch, ob der Analytiker sich gegen seine Patientin menschlich anständig verhielt, oder ob er allein auf seinen öffentlichen Ruf bedacht war und überhaupt nicht auf die psychologische Verletzbarkeit seiner Patientin, die sich aufgrund des Verhältnisses Patient–Therapeut ja nicht gegen ihn wehren konnte. Zu dieser Frage sind die Indizien, daß Jung auf skandalöse Weise an Spielrein gehandelt habe, nur zu klar.

Ob das Verhältnis platonisch blieb oder zu mehr führte, erfahren wir aus dem Tagebuch von Sabina Spielrein, dem sie am 11. September 1910 anvertraute:

»Dabei wird seine Frau, welche, wie aus seinem Tagebuche hervorgeht [Jung hatte es ihr zu lesen gegeben und gesagt, niemand als er und seine Frau habe es jemals gelesen], sich lange ihre Wahl überlegte ... gesetzlich geschützt, von allen geachtet, und ich, die ihm alles weggeben wollte, ohne die geringste Rücksicht auf mich, ich heiße in der Sprache der Gesellschaft als unmoralisch, Geliebte, viell. ›Mätresse‹. Mit seiner Frau kann er überall offen erscheinen, und ich habe mich in dunklen Winkeln zu verbergen. Ich wollte auch selbst nicht, daß unsere Liebe auf die weite Straße kommt, teilweise aus Rücksicht zu seiner Frau und gesellschaftlicher (sic) Lage, teilweise damit das Heiligtum nicht besudelt wird, es hat mir aber trotzdem wehe getan, daß man sich verbergen muß. Er wollte freilich mich in seinem Haus einführen, mich zur Freundin seiner Frau machen, wie begreiflich, konnte sich seine Frau auf die Geschichte nicht einlassen ...«

Am selben Tag erinnert sie sich an »einzelne Augenblicke, da ich an seiner Brust ruhte, in welchen ich alles vergessen konnte«. Und einen Monat später schreibt sie über sich und Jung: »Zur Zeit, da unsere Poesie begann, hatte er 2 Mädchen ...« Poesie ist das Wort, das sie für etwas in ihrem Verhältnis verwendet, das sie nicht offen nennen mag; die Zusammenhänge, in denen sie das Wort benutzt, machen klar, daß es sich auf etwas ganz Intimes bezieht, höchstwahrscheinlich auf sexuellen Verkehr. (Selbst Carotenuto schließt das nicht aus, obwohl er das gar nicht richtig zu merken scheint. Sagt er doch in einer Anmerkung zur Erklärung dieses Wortes: »›Poesie‹ hatte wohl eine metaphorische Bedeutung, die nur Jung und Spielrein kannten: Eine literarische Analogie findet sich bei Proust: Swann und Odette benutzten die Metapher ›Cattleya spielen‹, um den Geschlechtsakt zu umschreiben.« Falls Carotenuto »Poesie« nicht als Metapher für den Geschlechtsakt verstand, warum wählte er dann zur Erklärung des Gebrauchs von Metaphern ausgerechnet dieses Beispiel? Übrigens spricht er von Spielrein oft als »Sabina«, von Jung jedoch nie als »Carl«, was nicht nur unfair und ungehörig ist, sondern auch den Verdacht aufkommen läßt, daß er mit zweierlei Maß mißt.)

Eine unvoreingenommene Lektüre des Materials läßt keinen anderen Schluß zu, als daß die Beziehung Spielrein–Jung ein Liebesverhältnis war, wogegen man bei Carotenutos Beteuerung, sie sei lediglich platonisch gewesen, den Eindruck einer Schutzbehauptung hat. Doch die Frage, wie weit die beiden gegangen waren, verblaßt zur Bedeutungslosigkeit angesichts von Jungs ehrvergessener Reaktion, nachdem ihre Liebe ruchbar geworden war.

Im Lichte dessen, was wir aus diesem neuen Material über die Bedeutung erfahren, die sein Verhältnis mit Spielrein für Jung hatte, läßt sich aus dem Briefwechsel Freud–Jung herauslesen, daß eben dieses Verhältnis der eigentliche Anlaß für Jungs Kontaktaufnahme zu Freud gewesen sein dürfte, denn es war das erste wichtige Problem, das er Freud vorlegte und dabei offen zugab, es nicht anders abreagieren zu können.

Laut dem Briefwechsel Freud–Jung begann ihre Korrespondenz damit, daß Jung, für Freud damals ein Wildfremder, ihm eine seiner Abhandlungen zur Wortassoziation schickte. Welche Bewandtnis das hatte, geht aus dem hervor, was weiter unten über die Assoziationen zu dem Namen Spielrein gesagt wird. Der allererste der Briefe zwischen Jung und Freud ist ein kurzes Schreiben, in dem Freud Jung dafür dankt, daß er ihm dieses Buch dediziert habe. Freud revanchierte sich, indem er ihm ein Exemplar seiner ›Sammlungen kleiner Schriften zur Neurosenlehre‹ sandte, wofür sich Jung dann seinerseits bedankte. Bis hierher ist die Korrespondenz höflich und hält sich auf beruflicher, wenn auch freundlicher Ebene. Ganz im Gegensatz dazu steht Jungs zweiter Brief an Freud, datiert vom 23. Oktober 1906, worin Jung plötzlich eine für ihn besorgniserregende Sache vorbringt. Er schreibt:

»Ein Erlebnis aus jüngster Zeit muß ich bei Ihnen abreagieren, auf die Gefahr hin, Sie zu langweilen. Ich behandle gegenwärtig eine Hysterie nach Ihrer Methode. Schwerer Fall, 20jährige russische Studentin, krank seit sechs Jahren.
I. Trauma: 3.–4. Lebensjahr. Sieht, wie der Vater ihren älteren Bruder auf den nackten Hintern schlägt. Starker Eindruck. Muß nachher denken, sie hätte dem Vater auf die Hand defäkiert. Vom 4.–7. Jahr angestrengte Versuche, sich auf die eigenen Füße zu defäkieren, folgendermaßen: Sie setzte sich mit einem untergeschlagenen Fuß auf den Boden, preßt die Ferse gegen den Anus und versucht, zu defäkieren und zugleich die Defäkation zu hindern. Hält so mehrfach den Stuhl bis zwei Wochen lang zurück! Weiß nicht, wieso sie zu dieser sonderbaren Geschichte gekommen ist; es sei völlig triebartig gewesen, dabei ein wonniges Schauergefühl. Später wurde dieses Phänomen durch heftige Onanie abgelöst.
Ich wäre Ihnen äußerst dankbar, wenn Sie mir Ihre Ansicht über diese Geschichte in wenigen Worten mitteilen würden.«

Damit endet der Brief. Somit ist seine Einlassung mit Spielrein das Thema, das Jung dazu diente, sich Freud zum erstenmal persönlich mitzuteilen.

Daß Jung Freud um seine Meinung zu seinem ersten Fall bittet, den er mit Freuds Methode behandelt, ist nichts Besonderes, und im allgemeinen wäre es auch nicht ungewöhnlich, daß er den Namen der Patientin unerwähnt läßt, obwohl in ihren späteren Briefen oft Patientennamen genannt werden; aber im Fall von Spielrein wirft Jungs Vermeidung ihres Namens spezielle Fragen auf und kann sehr aufschlußreich sein.

Daneben verdienen noch wenigstens zwei weitere Aspekte dieses Briefes besondere Beachtung: zum einen Jungs Bemerkung, daß es sich um »ein Erlebnis aus jüngster Zeit« handle, und zum anderen sein Eingeständnis, daß er es nicht allein abreagieren könne. Nun kannte Jung, als er diesen Brief schrieb,

Spielrein aber schon seit über zwei Jahren, also kann der Grund für sein Bedürfnis nach Abreagieren nicht ihre (von ihm detailliert skizzierte) Krankheitsgeschichte gewesen sein. Nach dem, was wir über Jungs enge, wahrscheinlich sexuelle Einlassung mit Spielrein wissen, dürfen wir vermuten, sie habe ihren physischen Höhepunkt just zu der Zeit gefunden, als Jung Kontakt zu Freud suchte, indem er einen Briefwechsel mit ihm begann. Da Jung dieses »Erlebnis aus jüngster Zeit« während seiner ersten oder einer ersten Anwendung von Freuds Methode bei der Behandlung eines Patienten hatte, ist verständlich, daß er Freud um Rat anging, war er dadurch doch in eine äußerst schwierige Situation geraten. Er deutet das an, indem er Spielrein als »schweren Fall« bezeichnet, obwohl es sich bei ihr, im Vergleich zu den meisten Burghölzli-Patienten, um einen relativ leichten Fall handelte, denn sie war ja in der Lage, nicht nur allein in der Stadt zu leben, sondern auch ihr Medizinstudium mit Erfolg zu betreiben. Davon erwähnt Jung in dem Brief an Freud kein einziges Wort; das hätte Spielreins Fall in ganz anderem Licht erscheinen lassen. Das Schwere daran war also lediglich seine erotische Komponente.

Obwohl Jung erklärt, er müsse sich abreagieren, tut er das in dem Brief gar nicht und läßt auch unerwähnt, welcher Art seine Einlassung mit Spielrein war. Also konnte er sich schon zu Anfang seines Verhältnisses zu Freud nicht dazu bringen, die Bedeutung der Sexualität bei zwischenmenschlichen Beziehungen und bei Neurosen einzusehen. Die wichtige Rolle Spielreins in dem Verhältnis Freud–Jung besteht meiner Meinung nach darin, daß Jungs Beziehung zu ihr der Anlaß war, Freud um Hilfe anzugehen, und daß Jungs Unvermögen, sich der Tatsache zu stellen, daß es eine sexuelle Verwicklung war, die Abreaktion verlangte, den Streitpunkt im voraus ankündigte, der schließlich zu seinem Bruch mit Freud führte. Wie so oft bei komplizierten sexuellen Beziehungen war das Ende von Anfang an vorauszusehen.

Jung, dessen vorrangiges Interesse damals Wortassoziationen galt, hätte sich darüber klar sein müssen, daß er Freud höchst zweckdienliche Informationen über den von ihm beschriebenen Fall vorenthielt, indem er Spielreins Namen nicht enthüllte, der hier insofern von Bedeutung war, als ihre zentralen Symptome in der Einbildung bestanden, ihren Vater defäkiert zu haben, und in dem Wunsch, sich zu bekoten und sich gleichzeitig daran zu hindern.

Für kleine Kinder haben Namen – vor allem ihre eigenen – große Bedeutung. Ein Name ist ein fester Halt; bei der Individualitätsentwicklung eines Kindes bildet er ein Band zu seiner Familie. Und bietet er sich zu spezieller Deutung an, wird er auch als besondere Botschaft des Schicksals an das Kind gesehen. So läßt sich der Name »Spielrein« als Imperativ auffassen, als eine Aufforderung, vor allem an ein Kind, sich beim Spielen weder schmutzig zu machen noch Schmutziges zu tun: »Spiel rein!« Die Bedeutungsskala von »rein« ist dabei sehr groß, reicht von körperlich sauber bis zu sexuell züchtig. Die Spielreins lebten zwar in Rußland, aber als gebildete Juden dürfte ihnen die deutsche Bedeutung ihres Namens bekannt gewesen sein; die meisten Familien interessieren sich ja dafür, was ihr Name besagt. Daß die Spielreins ihre Tochter zur Behandlung in die deutsche Schweiz gebracht hatten und mit Jung mühelos korrespondierten, läßt außerdem darauf schließen, daß sie fließend Deutsch sprachen. Man kann sich schwer vorstellen, daß sich Jung bei seinen damaligen Interessen an Untersuchungen von Wortassoziationen nicht dessen bewußt war, was es für ein kleines Mädchen bedeutet haben mußte, mit solch einem Namen herumzulaufen, der ihm befahl, beim Spielen sauber zu bleiben, wenn sein schlimmstes Symptom, das es schon viele Jahre daran hinderte, wie ein normales Kind zu leben, eine verzehrende Ambivalenz zum Reinlichsein beziehungsweise zu reinlichem Spiel war, eine Ambivalenz, die sich bei ihm darin äußerte, daß es sich bekotete und zugleich versuchte, sich des Kotens überhaupt zu enthalten.

Hier muß erwähnt werden, daß zu der Zeit, als Sabina Spielrein ein kleines Mädchen war, sexuelle Dinge niemals vor Kindern erwähnt wurden, und gewiß nicht bei gutbürgerlichen Leuten wie ihren Eltern; man bediente sich irgendwelcher Umschreibungen. Wenn sich damals ein Kind an den Geschlechtsteilen berührte, wie das ja fast alle Kinder tun, lautete der typische Tadel, das sei »pfui«, also unrein, unzüchtig. Den Namen Spielrein zu tragen, diese ständige stillschweigende Ermahnung, nichts zu spielen, das pfui war, muß somit eine besonders schwere Last für ein kleines Mädchen gewesen sein, das so außerordentlich gescheit und sensibel war wie Sabina Spielrein, nach allem, was wir von ihr wissen. Wahrscheinlich hatte auch Jung, dessen Vater ein strenger Landgeistlicher war, als Kind diese Ermahnungen zu hören bekommen, so daß er sich möglicherweise jedesmal, wenn er Spielreins Namen aussprach oder an ihn dachte, bewußt wurde, daß er mit Spielrein bei »unzüchtigem« Spiel war, beziehungsweise kurz davorstand, und sich an das erinnerte, wozu man ihn als Kind ermahnt hatte. Dies mag einer der Hauptgründe dafür gewesen sein, daß er Freud ihren Namen nicht nannte.

Wir wissen weder, wann genau Jung und Spielrein sich ihrer innigen Liebe füreinander klarwurden noch wann oder in welcher Form sie offen Ausdruck fand. Carotenuto schließt aus den Briefen von Jung, daß dieser Anfang 1908 gewußt habe, wie sehr er Spielrein liebte, aber da die vorhandenen Briefe Jungs an Spielrein erst in jenem Jahr einsetzen, haben wir keinen Anhaltspunkt, was Jung 1906 für sie empfand, als er in seinem zweiten Brief an Freud davon schrieb, sich ihretwegen abreagieren zu müssen. Aber selbst wenn Jung sich damals noch nicht sexuell mit Spielrein eingelassen hatte, so kannte er sie doch inzwischen immerhin schon über zwei Jahre, und das sozusagen außen wie innen, war sie doch seine Patientin und obendrein Assistentin bei seinen Experimenten. Darf man da nicht füglich annehmen, unbewußt habe Jung sehr wohl empfunden, wie potentiell erotisch ihr Verhältnis war? Rund ein Jahr später schrieb er, ohne sie namentlich zu nennen, an Freud, daß es der heiße Wunsch einer seiner Patientinnen sei, von ihm ein Kind zu haben. Da Jung ihr Therapeut, verheiratet und Vater war, wäre sein sexuelles Verhältnis mit Spielrein in mehrerer Beziehung sträflich gewesen, und solche Situationen führen leicht dazu, daß im Unbewußten die uns in der Kindheit eingeschärften Verbote wieder wach werden.

Jung sagt nicht, daß es sich bei dieser Patientin um den »schweren Fall« handelt, von dem er schon geschrieben hatte, und hält abermals ein wichtiges Detail zurück: den für dieses heißersehnte Kind vorgesehenen Namen. Aus Spielreins Tagebuch erfahren wir jedoch von ihrem verzehrenden Wunsch, Jung ein Kind zu schenken, das Siegfried heißen sollte, und von ihrer Vorstellung, dieses Kind würde die Kluft zwischen ihrem Judentum und Jungs Ariertum überbrücken. In einem Brief an Jung bringt sie diesen Gedanken in direkten Bezug zu dem Verhältnis Jung–Freud: »Mein Siegfried-Problem könnte z.B. ebensogut ein reelles Kind ergeben als auch ein symbolisch gemeintes arisch-semitisches Kind, z.B. ein Kind, das aus der Vereinigung Ihrer und Freudschen (sic) Lehren stammt.« Sie sah ihr Verhältnis zu Jung als parallel zu dessen Verhältnis mit Freud, und die Art, wie sie darüber schreibt, deutet an, daß Jung von solchen Gedankengängen durchaus wußte.

Wie Jung darauf reagierte, daß Spielrein ein Kind von ihm Siegfried nennen wollte und meinte, dieses Kind könne die Vereinigung seiner Lehren mit denen von Freud symbolisieren, wissen wir nicht. Aber Spielrein und Jung waren beide von Wagner begeistert und erwähnen in ihrer Korrespondenz wiederholt, wieviel ihnen sein Werk gab, mußten also gewußt haben, daß im ›Ring des Nibelungen‹ Siegfried der Sohn von Siegmund ist. Und »Siegmund« ist ja nur eine andere Schreibweise von Freuds Vornamen Sigmund. Spielrein wünschte sich also einen Sohn, dessen leiblicher Vater Jung war und dessen Name symbolisierte, daß sein geistiger Vater Freud sei. So anziehend dieser Gedanke für Spielrein war, Jung dürfte er gewiß sehr viel weniger gefallen haben – Grund genug für ihn, Freud weder zu enthüllen, daß die Patientin, die sich von ihm ein Kind wünschte, Jüdin war, noch daß sie dieses Kind Siegfried taufen wollte.

Es gab noch andere gewichtige Gründe, warum Spielreins großer Wunsch nach einem solchen Kind bei Jung auf Ablehnung stoßen oder zumindest ambivalente Gefühle in ihm auslösen mußte. Er war sich bewußt, daß sein großer Wert für Freud in der vermuteten Fähigkeit lag, durch seine Persönlichkeit und seinen Einfluß die Anerkennung von Freuds »jüdischer« Psychoanalyse in der arischen Welt zu erreichen. Freud hatte aus dieser Hoffnung kein Hehl gemacht, sie gesprächsweise des öfteren geäußert. Es war also verständlich und auch voraussehbar, daß Jung in Reaktion auf solches Benutztwerden mit der Zeit seine eigene nichtjüdische Psychoanalyse entwickelte und später dann sogar einige Gedanken von Hitler begrüßte.

Aber Jungs Einstellung zum Judentum war sehr kompliziert, weil das Jüdische ihn zugleich faszinierte, besonders bei Frauen. In einem ihrer späteren Briefe an Freud ließ sich Spielrein des längeren darüber aus und berichtete etwas, das Jung ihr erzählt hatte, als ihre Beziehung am engsten gewesen war: Seine Kusine Helene Preiswick, an der er einige seiner ersten psychologischen Tests durchgeführt hatte (ausführlich beschrieben in seiner Dissertation, wo sie als S.W. angeführt wird), und die er sehr geliebt zu haben scheint, wahrscheinlich aber ohne sich dessen voll bewußt gewesen zu sein, habe so getan, als wäre sie Jüdin. Sein Betörtsein von diesem Mädchen, die ihm als Jüdin erschien, bringt Jung in einem Brief an Freud, in welchem er Spielrein zum erstenmal namentlich erwähnt, mit seinem Verhältnis zu ihr in Verbindung. Dort schreibt er: »Dann tauchte die Jüdin in anderer Form auf, nämlich in Gestalt einer Patientin«, womit er Spielrein meinte.

Irgendwann vor März 1909 wurde die Liaison zwischen Jung und Spielrein bekannt. Jemand, aller Wahrscheinlichkeit nach Jungs Frau, schrieb einen anonymen Brief an Sabina Spielreins Mutter mit der Warnung, dieses Verhältnis könne ihre Tochter ins Verderben führen, und sie möchte doch dafür sorgen, daß ihm ein Ende gesetzt werde. All das erfahren wir aus Spielreins Tagebuch und aus ihren Briefen an Freud. Doch ehe Freud von Spielrein ins Bild gesetzt worden war, also noch nicht wußte, daß es sich bei der betreffenden Person um jene in Jungs Briefen schon erwähnte Patientin handelte, hatte dieser ihm am 7. März 1909 geschrieben: »... eine Patientin, die ich vor Jahren mit größter Hingabe aus schwerster Neurose herausgerissen habe, hat mein Vertrauen und meine Freundschaft in denkbarst verletzender Weise enttäuscht. Sie machte mir einen wüsten Skandal ausschließlich deshalb, weil ich auf das Vergnügen verzichtete, ihr ein Kind zu zeugen.« Und das, obwohl den Skandal doch nicht Sabina Spielrein gemacht hatte, sondern die Schreiberin des Briefes an ihre Mutter, wie Jung ein paar Monate später Freud gegenüber zugeben mußte, weil Spielrein diesen inzwischen über die wahren Fakten informiert hatte.

Recht interessant ist, daß Freud nicht auf Jungs anschließende Erklärung reagiert, er sei sich zwar seiner polygamen Komponenten bewußt geworden, versage sich aber das Vergnügen außerehelichen Verkehrs, obwohl er erst ein paar Zeilen zuvor bekannt hatte, sich eben dieser Patientin »mit größter Hingabe« gewidmet zu haben. Allein diese Formulierung war vielsagend genug, Freud den wahren Charakter von Jungs Verhältnis zu jener Patientin erraten zu lassen, besonders da er, wie er Jung in seinem Antwortbrief berichtet, von Muthmann, einem Schweizer Psychiater, erzählt bekommen hatte »von einer

Dame, die sich ihm als Ihre Geliebte vorgestellt« habe. Wahrscheinlich wollte Freud die Augen verschließen vor etwas, das seine Freundschaft zu Jung gefährden konnte.

Tief verletzt durch Jungs Verhalten, schrieb Sabina Spielrein an Freud und bat ihn um eine »kleine Audienz«. Zuerst lehnte Freud ab, um jeglicher Schädigung seines Verhältnisses zu Jung, das ihm aus den erwähnten Gründen so wichtig war, aus dem Wege zu gehen. So war auch Freud nicht aufrichtig gegenüber Spielrein, sondern suchte Jungs Wünschen entgegenzukommen. Am 7. Juni 1909 teilte er diesem mit: »Ihr Telegramm habe ich richtig verstanden, die Aufklärung deckte sich mit meiner Vermutung. Ich schrieb der Spielrein also nach dem Telegramm einen Brief, in dem ich mich so dumm stellte, als ob ich ein Anerbieten einer übereifrigen Enthusiastin zu beurteilen hätte.« (Der Inhalt des erwähnten Telegramms ist unbekannt, aber Jung dürfte darin Freud über einige Aspekte seines Verhältnisses mit Spielrein informiert haben, weil Freud nach Spielreins Brief um Aufklärung gebeten hatte und nicht wußte, wie er sich verhalten sollte.)

Doch Spielrein gab nicht auf. Da Freud es abgelehnt hatte, sie ihre Sache persönlich vortragen zu lassen, schrieb sie ihm am 11. Juni 1909:

»Dr. Jung war vor 4½ Jahren mein Arzt, dann wurde er Freund und zum Schluß ›Dichter‹, d.h. Geliebter. Er kam zuletzt zu mir, und so ging's, wie's gewöhnlich bei der ›Poesie‹ zugeht, etc. etc. Nun kriegt meine Mutter einen anonymen Brief, schön deutsch geschrieben, sie solle ihre Tochter retten, da sie sonst durch Dr. Jung zugrunde gerichtet wird. Von irgendeinem meiner Freunde konnte der Brief nicht verfaßt sein, da ich vollkommen stumm war und stets weit entfernt von allen Studierenden wohnte. Der Verdacht fällt auf seine Frau. Kurz, meine Mutter schreibt ihm einen rührenden Brief, er hätte doch ihr Mädchen gerettet, wird er sie doch nicht verderben wollen, fleht ihn an, nicht über die Grenzen der Freundschaft zu gehen.«

Hier ist Jungs Antwort an die Mutter von Sabina Spielrein: »Ich bin ihr also vom Arzte zum Freunde geworden, indem ich aufhörte, mein eigenes Gefühl in den Hintergrund zu drängen.

Meine Rolle als Arzt konnte ich um so leichter aufgeben, da ich mich ärztlich nicht verpflichtet fühlte, denn ich habe nie ein Honorar verlangt. Dieses letztere ist es, welches die Grenzen, die dem Arzte gezogen sind, deutlich markiert. Sie werden nun verstehen, daß ein Mann und ein Mädchen unmöglich auf die Dauer unbegrenzt freundschaftlich verkehren können; ohne daß möglicherweise auch einmal weitere Konsequenzen dazutreten. Denn was könnte schließlich die beiden abhalten, die Konsequenzen ihrer Liebe zu ziehen? Ein Arzt und seine Patientin dagegen können unbeschränkt lange von jeglicher Intimität sprechen, die Patientin kann und darf alle Liebe und Sorgfalt vom Arzte erwarten, deren sie bedarf. Der Arzt aber kennt seine Grenzen und wird sie nie überschreiten, denn er ist für seine Mühe bezahlt. Das legt ihm die nötige Beschränkung auf.
Ich schlage Ihnen darum vor, um meine Stellung als Arzt, von der Sie wünschen, daß ich sie beibehalten möge, zu umgrenzen, mir ein Honorar auszusetzen als angemessene Entschädigung für meine Bemühung. Damit sind Sie absolut sicher, daß ich meine Pflicht als Arzt unter allen Umständen respektieren werde.
Als Freund Ihrer Tochter hingegen müßte man es dem unbekannten Schicksal überlassen, was geschehen wird. Denn zwei Freunde hindert niemand zu tun, was sie wollen. ... Mein Honorar beträgt Fr. 10,– pro Konsultation.«

Jungs Erklärung, daß er, der Therapeut, sich ärztlich nicht verpflichtet fühle, seinem Verhalten irgendwelche Grenzen zu setzen, es sei denn, er werde für seine Dienste bezahlt, ist unentschuldbar. Carotenuto sagt, diese Stelle des Briefes scheine »sich jeglichem Verständnis zu entziehen«, was milde ausgedrückt ist. (Es muß hinzugefügt werden, daß laut Spielreins Bericht ihre Eltern glaubten, Jung dürfe als Angestellter des Burghölzli – wo ihre Tochter seine Patientin gewesen und auch nach ihrer Entlassung von ihm weiterbehandelt worden war – keine Privatpatienten haben, und ihn folglich die ganze Zeit mit Geschenken statt mit Geld entlohnt hatten.)

Obwohl Freud aus dem Brief von Spielrein wußte, in welch unmögliche Situation Jungs Verhalten sie gebracht hatte, blieb er bei seiner Ablehnung eines persönlichen Gesprächs und verstellte sich ihr gegenüber, wohl um aus den bereits erwähnten

Gründen nichts zwischen sich und Jung kommen zu lassen. So schrieb er am 18. Juni an Jung: »Ich habe ihr darin [in seiner Antwort auf Spielreins zweiten Brief, d. Übers.] außerordentlich weise und scharfsinnig geantwortet, indem ich aus leisen Anzeichen Sherlock-Holmes-artig den Sachverhalt zu erraten schien (was mir natürlich nach ihren Mitteilungen gelingen mußte), und habe ihr eine würdigere, sozusagen endopsychische Erledigung der Sache nahegelegt.«

In seiner drei Tage später erfolgten Antwort gibt Jung schließlich zu, schlecht an Spielrein gehandelt zu haben: »Ohne in eine hilflose Reue zu verfallen, beklage ich doch die Sünden, die ich begangen, denn ich bin in weitem Maße an den hochgehenden Hoffnungen meiner ehemaligen Patientin schuldig ... In meinem Wahn befangen, ich sei quasi das Opfer der sexuellen Nachstellungen meiner Patientin, schrieb ich an deren Mutter, daß ich nicht der Befriediger der Sexualität ihrer Tochter, sondern bloß der Arzt sei, weshalb sie mich von der Tochter befreien solle. In Anbetracht des Umstandes, daß die Patientin noch kurz vorher meine Freundin war, die mein weitgehendes Vertrauen hatte, war meine Handlungsweise eine durch die Angst eingegebene Schufterei, die ich Ihnen als meinem Vater sehr ungern gestehe. Nun möchte ich Sie um eine große Gefälligkeit bitten, nämlich Frl. Spielrein kurz mitteilen zu wollen, daß Sie von der Sache durch mich nun vollends unterrichtet seien, auch speziell über den Brief an die Eltern, den ich am meisten beklage. Ich möchte gern meiner Patientin die Genugtuung verschaffen, daß Sie und meine Patientin um meine ›perfect honesty‹ wissen.«

In ein und demselben Absatz spricht Jung von Spielrein als sowohl seiner ehemaligen wie auch seiner jetzigen Patientin. Das heißt, wenn er sich auf sein Liebesverhältnis mit ihr bezieht, nennt er sie seine ehemalige Patientin, aber wenn er Freud bittet, ihr zu schreiben und sie von seiner, Jungs, Lauterkeit zu überzeugen, bezeichnet er sie bloß als seine Patientin, damit Freud sich, um sich nicht in das Verhältnis Patient–Therapeut einzumischen, jeder weiteren Verbindung mit ihr enthalte. Gleichzeitig suchte Jung ein Zusammenkommen von Spielrein mit Freud zu verhindern, indem er diesem erklärte, es bestehe kein Grund mehr dazu, da er ihn ja bereits umfassend unterrichtet habe. Auf diese Weise sollte Freud nicht erfahren, daß an der Affäre weit mehr dran war, als er ihm gegenüber zugegeben hatte, trotz der Beteuerung seiner »perfect honesty«. (Daß er sich hier eines englischen Ausdrucks bediente und ihn in Anführung setzte, deutet darauf hin, daß ihm sein Unbewußtes gesagt hatte, die Behauptung, in »völliger Lauterkeit« gehandelt zu haben, sei in seinem Brief ein fremdes Element.)

Jungs Brief ist unredlich, denn er unterschlägt einiges Wichtige zu seinem Schreiben an Spielreins Mutter. Zum Beispiel vermittelt er Freud den Eindruck, er habe allein von sich aus an Spielreins Mutter geschrieben, wobei es sich in Wirklichkeit doch um eine Antwort auf die Bitte der Mutter gehandelt hatte, ihre Tochter in Ruhe zu lassen. Außerdem erwähnt er mit keinem Wort, daß Spielreins Mutter ja auf einen ihr anonym zugegangenen Brief hin geschrieben hatte (der nach Sabina Spielreins – und auch Carotenutos – Vermutung von Jungs Frau stammte), worin sie aufgefordert worden war, etwas gegen die Liebschaft zwischen Jung und ihrer Tochter zu unternehmen. Und er verschweigt auch den skandalösesten Teil seines Briefes an Spielreins Eltern, nämlich die Erklärung, ein intimes Verhältnis zu seiner Patientin wäre doch nichts Unnatürliches, solange er für ihre Behandlung kein Honorar erhalte, wogegen es, wenn er für seine Mühen bezahlt werde, gar nicht zu einem solchen kommen könne.

Wenngleich Freud anfangs auch versucht hatte, Jung in Schutz zu nehmen, muß ihm dessen Handlungsweise an dem einen Menschen, den er geliebt hatte und der ihn immer noch liebte, doch zu denken gegeben haben. Im Januar 1913, als sich bereits abzeichnete, daß ein Bruch mit Jung unvermeidlich war, schrieb Freud an Spielrein: »Es hat sich in meinem Urteil über ihn viel geändert, seitdem ich jenen ersten Brief von Ihnen erhielt.« Doch er führte nicht näher aus, inwieweit dieser zu seiner Sinnesänderung beigetragen hatte.

Im Zusammenhang mit den falschen Anschuldigungen, die Jung gegen Spielrein in seinem Brief vom 7. März erhoben hatte, sollte ein weiterer Umstand nicht unerwähnt bleiben. Nachdem Jung durch Spielreins Mutter und auch durch Freuds Antwortbrief mit dem Hinweis, daß Muthmann eine Dame kennengelernt habe, die sich als seine Geliebte ausgebe, erfahren hatte, daß seine Affäre publik geworden war, erkannte er, daß sich ein Skandal zusammenbraute. Im selben Monat, in dem das alles geschah, gab Jung seine Stellung am Burghölzli auf; warum, wissen wir nicht und ebensowenig das genaue Datum. Aber da er seine Kündigung gerade im März 1909 einreichte, darf angenommen werden, daß er auf diesem Wege einen noch größeren Skandal zu vermeiden suchte. Denn zu einem solchen wäre es unweigerlich gekommen, hätte man von Jungs Erklärung in seinem Brief an Spielreins Mutter erfahren, daß er sich beim Eingehen eines sexuellen Verhältnisses mit einer erst stationär und später ambulant behandelten Patientin des Burghölzli nicht als Arzt verpflichtet gefühlt habe, da er für seine Behandlung ja nicht bezahlt worden sei. Angesichts der strengen Moral der Schweizer hätte das zweifelsohne zu Jungs Entlassung aus der Vertrauensstellung geführt, die er an dieser berühmten Institution innehatte.

Die erste Begegnung zwischen Freud und Jung, nachdem Freud von der Spielrein-Geschichte erfahren hatte, fand am 20. August 1909 statt, dem Tag, an dem beide in die Vereinigten Staaten reisten. Während eines Essens an diesem Tag hatte Freud einen der zwei Ohnmachtsanfälle, die er in Jungs Gegenwart erlitt und die nach seiner eigenen Aussage ihre Ursache in ihrem Verhältnis zueinander hatten; sie seien die Reaktion auf Jungs Todeswünsche gegen ihn gewesen, die er bei ihm spürte. Daß Jung solche Todeswünsche bewußt oder unbewußt hegte, ist durchaus möglich, da die Stellung, in die Freud ihn als seinen Nachfolger und Quasi-Adoptivsohn gezwungen hatte, kollidierte mit Jungs Wünschen nach Unabhängigkeit von einer Vaterfigur. Das schuf zwischen ihnen eine ödipale Situation, die, nach Freuds Theorien und Überzeugungen, solche Wünsche entstehen ließ.

Andererseits sind ödipale Gefühlssituationen, die solche Wünsche erzeugen, im täglichen Leben so häufig, daß, wäre die normale Reaktion darauf eine Ohnmacht, rings um uns die Leute nur so umfallen würden. Weit wahrscheinlicher wird eine psychologisch begründete Ohnmacht durch Vorgänge bewirkt, die sich in der Person, die ohnmächtig wird, abspielen und nicht in der anderen, und zu denen es kommt, wenn man mit aller Gewalt etwas in sich unterdrückt, das man sagen oder tun möchte, aber nicht darf. Als Freud im November 1912, zu einer Zeit also, da das Verhältnis Freud–Jung immer mehr auf den

Bruch zusteuerte, ein zweites Mal in Jungs Gegenwart ohnmächtig geworden war, und zwar bei ihrer Begegnung in München, erklärte er, dabei hätten natürlich verdrängte Gefühle gegen Jung die Hauptrolle gespielt. Somit ist anzunehmen, daß bei der ersten dieser beiden berühmten Ohnmachten dieselbe emotionelle Konstellation gegeben war.

Jedenfalls läßt die Erklärung, die Freud für seinen Ohnmachtsanfall bei einem ersten Zusammentreffen mit Jung nach der Enthüllung der Spielrein-Affäre gegeben hat, die Vermutung zu, diese Affäre habe Freuds Vertrauen in Jung erschüttert und bewußte oder unbewußte Ängste in ihm geweckt, Jung könne auch an seinem Pseudovater einmal genauso schändlich handeln wie jetzt an seiner Geliebten.

Wie dem auch sein mag, Jung berichtet, auf eben dieser Schiffsreise habe ihn zum erstenmal Freuds autoritäre Haltung gegen ihn abgestoßen. Freud hatte ihm einen seiner Träume erzählt, und er, Jung, habe ihn zu deuten versucht und dabei Freud gebeten, ihm etwas mehr über sein Privatleben zu erzählen. Daraufhin habe Freud ihn seltsam angeschaut, ganz argwöhnisch, und gesagt, er könne doch nicht seine Autorität riskieren. In diesem Augenblick habe er die für ihn, Jung, völlig verloren. Da das viele Jahre nach den erwähnten Vorfällen geschrieben wurde, und wir dafür allein Jungs Wort haben, sollte man diese Geschichte mit einiger Vorsicht aufnehmen, denn wenn Freud für Jung zu dieser Zeit tatsächlich seine Autorität verloren hatte, dann wären Jungs zahlreiche Beteuerungen größter Hochachtung in seinen an Freud geschriebenen Briefen in den Jahren danach ja Heuchelei gewesen.

Ich erwähne diesen Vorfall nur deshalb, weil laut Jungs Darstellung Freud so brüsk reagierte, als Jung ihn gebeten hatte, ihm etwas über sein Privatleben zu erzählen. Eben diese Bitte mag Freud ins Gedächtnis gerufen haben, wie Jung sich in seinem eigenen Privatleben verhalten hatte. Andererseits wäre Jung vielleicht geneigt gewesen, Freuds Autorität weiterhin zu respektieren, hätte dieser auf sein Handeln an Spielrein kritischer reagiert und nicht die Augen zugedrückt, da ja außer Frage steht, daß Jung hinterher selber Schuldgefühle hatte. Aber das ist natürlich nur Spekulation.

Dagegen wissen wir mit Sicherheit, daß es, nachdem Jung erkannt hatte, wie sehr er mit seinen Anschuldigungen gegen

Spielrein im Unrecht gewesen war, einige stürmische Szenen zwischen ihnen gab. In dem Entwurf eines Briefes an Freud beschreibt Spielrein eine davon: »Ich stand mit einem Messer in der linken Hand und weiß nicht, was ich damit wollte; er hat mich bei der Hand gefaßt, ich wehrte mich; weiter weiß ich nichts. Er wurde plötzlich ganz blaß, hielt sich an der linken Schläfe. ›Sie haben mich geschlagen!‹ Ich wußte nichts davon ... Es wunderte mich nur, daß einige mich fragten, ob ich verletzt sei, etc. Ich stürmte zu einem Konglomerat von Kolleginnen hinein, und das erste, was ich zu hören bekam: ›Sie bluten ja!‹, und siehe, meine linke Hand und Unterarm waren mit Blut bedeckt. ›Das ist nicht mein Blut, das ist das seine; ich habe ihn ermordet!‹, und was ich da noch für ein (sic) Kohl zusammenschwatzte.« Im Entwurf ihres nächsten Briefes an Freud, datiert 12. Juni 1909, erzählt sie: »Ich verreiste in die wunderbare Gegend Orselina, um eben alles mit der Natur auszuleben. Als erste Überraschung kriege ich da 2 kurze trockene Briefe von Dr. Jung. In dem einen schreibt er, daß er Freitag (unser Rendezvous-Tag) verreist, weil er es für besser finde, daß wir uns diesen Freitag nicht sehen. ›So wird sich die schmerzhafte Sache besser lösen.‹« In ihrer Antwort habe sie ihm dann geschrieben: »Ich verzeihe Ihnen, weil ich Sie trotz allem liebe.«

Inzwischen war Spielreins Mutter auf Jungs Brief hin nach Zürich geeilt, um die Dinge mit ihm zu besprechen. Wie es scheint, lehnte er es zuerst ab, sie zu empfangen. Sie drohte wohl damit, sich an Professor Bleuler, den Direktor des Burghölzli und somit Jungs Chef, zu wenden, nahm dann aber doch Abstand davon, um den Skandal nicht noch größer werden zu lassen. Ein paar Wochen später scheinen sich die Wogen wieder geglättet zu haben. Jung und Spielrein gingen nicht auseinander, da sie an ihrer Dissertation arbeitete, die er ja beaufsichtigte; wie es aussieht, setzten sie ihre regelmäßigen Zusammenkünfte fort.

Als nächstes erfahren wir, daß Spielrein auf dem Weimarer Kongreß der Psychoanalytischen Vereinigung im September 1911 eine Arbeit vortragen sollte, aber laut Carotenuto einen »psychosomatischen« Vorwand fand, um nicht an dem Kongreß teilnehmen zu müssen. Carotenuto sagt, er habe das aus einem der Briefe Jungs an sie, teilt uns jedoch nicht näher mit, was es mit diesem Vorwand auf sich hatte.

Aus einem Brief von Freud an Jung vom 11. Oktober 1911 wissen wir, daß Spielrein zu jener Zeit in Wien lebte. Sie blieb dort bis mindestens März 1912 und siedelte dann nach Berlin über. Während der Zeit in Wien nahm sie an den Sitzungen der Gruppe um Freud teil und wurde zum regulären Mitglied der Wiener Psychoanalytischen Vereinigung. Am 12. November 1911 schreibt Freud an Jung: »Die Spielrein hat in letzter Sitzung erstmals das Wort ergriffen und war sehr klug und geordnet.«

Jungs Antwort auf diese Bemerkung ist sehr interessant. Am 14. November schreibt er Freud nämlich: »Ich danke Ihnen bestens für den sehr netten Brief, den ich soeben von Ihnen erhielt. Es ist allerdings für mich sehr bedrückend, wenn Sie auf dieses Gebiet der Religionsphilosophie herauskommen. Sie sind ein gefährlicher Konkurrent, wenn man von Konkurrenz sprechen will. Jedoch denke ich, es müßte wohl so sein und man könne etwas, das natürlich ist, nicht aufhalten und sollte auch nichts daran ändern. Es ist dafür gesorgt durch unsere persönliche Verschiedenheit, daß auch unsere Arbeit sehr verschieden sein wird.« Das bezieht sich augenscheinlich darauf, daß sie beide an Religionsphilosophie interessiert waren, aber in Anbetracht von Jungs enger Bindung zu Spielrein, die, wie er aus Freuds Brief erfahren hatte, ein geachtetes Mitglied des Kreises um Freud geworden war, kann »gefährlicher Konkurrent« auch in bezug auf Spielrein gemeint gewesen sein.

In seiner Antwort äußert Freud abermals seine Hochachtung vor Spielrein, indem er kategorisch erklärt: »Die Arbeit der Spielrein gehört doch gewiß ›nur‹ ins [von Jung herausgegebene] ›Jahrbuch‹.« Zwei Wochen später schreibt er Jung: »Die Spielrein hat gestern ein Kapitel aus ihrer Arbeit [›Die Destruktion als Ursache des Werdens‹] vorgetragen ... woran sich eine lehrreiche Diskussion schloß. Mir fielen einige Formulierungen gegen Ihre ... Arbeitsweise in der Mythologie ein, die ich der Kleinen auch vorbrachte. Sie ist übrigens recht nett, und ich fange an zu begreifen.« Somit wirft Freud beim Thema Spielrein eine Bemerkung dazwischen, mit der er Bedenken gegen einige von Jungs Methoden anmeldete, ein Seitenhieb, der bei Jung sehr wohl angekommen sein dürfte, da dieser in seiner Antwort seine Ambivalenz zum Ausdruck bringt, indem er über Spielrein sowohl Kritisches wie auch Positives sagt, denn er schreibt: »Die Spielreinsche neue Arbeit will ich gern ins

›Jahrbuch‹ 1912, erster Halbband, nehmen. Sie wird allerdings noch viel Überarbeitung verlangen. Die Kleine verlangte stets sehr viel von mir. Jedoch ist sie es wert. Es freut mich, daß Sie auch nicht schlimm von ihr denken.«

Es sollte dann kein Jahr mehr dauern, bis Jungs Rivalität gegen seine Vaterfigur so stark geworden war, daß er alle Beziehungen zu Freud abbrach. Für diesen Bruch gab es natürlich viele verständliche psychologische Gründe, wie zum Beispiel die ungelöste ödipale Situation, die Freud geschaffen hatte durch die mit hohen Erwartungen verbundene Ernennung Jungs zu seinem erwählten Sohn und Erben als Führer der Psychoanalyse, wobei er ihn auch deshalb an die Brust drückte, weil Jung der Sohn eines Schweizer Geistlichen war und an dem berühmten Burghölzli eine wichtige Position bekleidete. Auch wenn Jung weniger stolz gewesen wäre, hätte der Glaube, Freud umarme ihn deshalb so, weil er Nichtjude war, ihm hinreichend Anlaß gegeben, mit ihm zu brechen.

Wenn wir die anderen psychologischen Gründe, die den Verlauf und das Ende der Freundschaft Jung–Freud erklären können, im Moment einmal beiseite lassen, scheint die Annahme nicht abwegig, daß die Wechselfälle von Jungs Verhältnis mit Spielrein wesentlich zu seinem Bruch mit Freud beigetragen haben müssen. Ihre Freundschaft hatte damit begonnen, daß sich Jung, als er mit seinen Gefühlen für Spielrein nicht mehr klarkam, an Freud wandte und ihn um Rat und Hilfe bat, und zwar auf die beschriebene ambivalente Weise. Und diese Freundschaft endete, nachdem Spielrein von Jungs Geliebter und Jüngerin zur Anhängerin von Freud geworden war, sich also von der Seite des Ariers auf die des Juden geschlagen hatte. Hier muß jedoch daran erinnert werden, daß, soweit es theoretische Positionen betrifft, beide Männer, jeder auf seine Weise, den Hauptstreitpunkt in Jungs Weigerung sahen, die zentrale Rolle der Sexualität im Leben des Menschen anzuerkennen, auf der Freud beharrte. Es gilt dabei zu beachten, daß dieses Abstreiten der Bedeutung der Sexualität ursprünglich für Jung nur ein persönliches Bedürfnis gewesen, mit der Zeit aber zu einer Frage der Theorie geworden war. Wie so oft bei psychologischen Dingen bestimmten letztlich ganz persönliche Angelegenheiten die theoretischen Positionen, etwas, das der Psychoanalytiker als erster erkennen sollte.

Freud war sich völlig darüber klar, daß die Frage Judentum–Ariertum eine wichtige Rolle spielte, und zwar nicht nur in dem Verhältnis zwischen ihm und Jung, sondern ebenso auch in dem zwischen Spielrein und Jung. Bezugnehmend auf Spielreins Wunsch nach einem arisch-jüdischen Kind namens Siegfried, schrieb Freud ihr: »Nachträglich gestehe ich ein, daß mir ihre Phantasie von der Geburt des Heilands aus einer Mischvereinigung gar nicht sympathisch war.« Und ein paar Monate später: »Mein persönliches Verhältnis zu Ihrem germanischen Heros ist definitiv in die Brüche gegangen. Sein Benehmen war zu schlecht.« Schlecht hatte er Jungs Benehmen natürlich schon gefunden, als er dessen falsche Anschuldigungen gegen Spielrein hörte, doch hatte er damals noch darüber hinweggesehen, weil er hoffte, die Psychoanalyse werde in Jung einen »germanischen Heros« finden.

Im August 1913, nachdem Freud von Spielreins Heirat mit Pawel Scheftel, einem russischen Juden, der zugleich ihr Arzt war, und dann auch von ihrer Schwangerschaft erfahren hatte, schrieb er ihr:

»Ich kann es gar nicht hören, wenn Sie noch von der alten Liebe und den verflossenen Idealen schwärmen und rechne auf einen Bundesgenossen in dem großen kleinen Unbekannten.
Selbst bin ich, wie Sie wissen, von jedem Rest von Vorliebe fürs Ariertum genesen u. will annehmen, wenn es ein Junge wird, daß er sich zum strammen Zionisten entwickeln soll. ...
Wir sind u. bleiben Juden. Die anderen werden uns immer nur ausnützen und uns nie verstehen oder würdigen.«

In seinem Verletztsein durch Jungs Abfall vergißt Freud bequemerweise, daß er selber vorgehabt hatte, Jung auszunützen. Spielrein aber – mit ihrer ja noch anhaltenden Zuneigung zu Jung oder ihrer größeren Objektivität, vielleicht auch beidem – vermochte sich seiner Meinung nicht anzuschließen. Dies erklärt vielleicht, daß Freud ihr einen Monat später, nachdem er von der Geburt ihrer Tochter Renate gehört hatte, schrieb: »Nun also meinen herzlichen Glückwunsch! Es ist besser, daß es eine ›Sie‹ ist. Da kann man sich den blonden Siegfried noch überlegen und bis zu seiner Zeit ein Götzenbild zerschlagen haben.«

Das konnte oder wollte Spielrein jedoch nicht. Obwohl sie weiterhin treu in Freuds Lager blieb, hielt sie die Verbindung mit Jung aufrecht; ihr letzter erhaltener Brief an ihn stammt von Ende Januar 1918, aber vermutlich währte beider Korrespondenz noch länger. Aus bitterer Erfahrung wußte Spielrein nur zu gut, daß die Meinungsverschiedenheiten in der Theorie zwischen Jung und Freud und die Entwicklung von Jungs eigenem und so anderem System der Psychoanalyse mehr mit Jungs persönlichen Schwierigkeiten in seinem Verhältnis zu Freud und in der Beziehung zu ihr zu tun hatten als mit abweichenden theoretischen Positionen. Diese, dessen war sie sicher, hätten sich leicht überbrücken oder lösen lassen, wären da nicht die persönlichen Animositäten gewesen.

Und so versuchte Spielrein, zumindest bis zu ihrer Rückkehr nach Rußland, sowohl Jung wie Freud zu überzeugen, daß sie in der Theorie mehr Gemeinsamkeiten als Divergenzen hätten. Zum Beispiel schrieb sie noch 1918, also über sieben Jahre nach ihrem Anschluß an Freud und über fünf Jahre nach ihrer Desillusionierung über Jung, an diesen: »Sie können Freud sehr gut verstehen, wenn Sie es wollen, d.h. wenn Sie Ihre persönliche affektive Einstellung nicht daran hindert.« Und Freud hatte sie Jahre vorher erklärt: »Ich habe J. trotz all seiner Verirrungen gern und möchte ihn wieder den Unseren zuführen. Sie, Herr Professor, und er wissen es gar nicht, daß Ihr beide viel inniger zusammengehört, als man es glauben könnte. Dieser fromme Wunsch ist doch kein Verrat an unserem Verein. Alle wissen es, daß ich mich zum Freudschen Verein gehörend erklärte, und J. kann mir dieses nicht vergeben.« Wahrscheinlich konnte er auch Freud nicht vergeben, daß Spielrein jetzt psychoanalytisch zu ihm gehörte, obwohl sie gefühlsmäßig noch stark an Jung gebunden war.

Zum Abschluß noch ein paar Bemerkungen über Spielreins Behandlung und dann auch über sie selbst.

Was ihr während ihrer Behandlung im Burghölzli geschah, war das entscheidendste Ereignis in Spielreins Jugend, denn es heilte sie. Vielleicht hätte sie sich, von ihren Eltern getrennt, und da sie ja jung, hochintelligent und von außergewöhnlicher Persönlichkeit war, selber heilen können; aber in Anbetracht der Schwere ihrer Störung und deren frühem Auftreten ist das nicht sehr wahrscheinlich. Eher ist anzunehmen, und das entspricht auch Jungs und Freuds eigener Ansicht, daß ihre Heilung durch das erfolgte, was sie mit Jung erlebte. Wenn ja, dann haben sein Verhalten und seine Einstellung, wie sie sich ihr in diesem Verhältnis kundtaten – ob wir sie nun Behandlung, Verführung, Übertragungsverhältnis, Liebe, gegenseitiges Tagträumen, Vortäuschung oder sonstwie nennen wollen –, zu dieser Heilung wesentlich beigetragen. Gewiß ist auch denkbar, daß ihr beiderseitiges Verhalten während ihrer Bemühungen, Kindheitstraumata heraufzubeschwören und Gewalt über sie zu bekommen, die symbolische Bedeutung einer Ermutigung durch ihn hatte, auf von der Welt nicht als »rein« betrachtete Weisen zu handeln, auch wenn ihr Name sie ständig dazu anhielt, das nicht zu tun. In ihrer frühen Kindheit hatte sie auf diese Ermahnung mit einer Ambivalenz reagiert, die sie in Knechtschaft hielt; aus der befreite sie sich nun durch die Erkenntnis, daß vor allem wichtig war, im Einklang mit ihren Überzeugungen zu handeln, egal was die Welt dazu auch sagen mochte.

Wie immer man Jungs Verhalten gegenüber seiner ersten Analyse-Patientin bewerten mag, man darf nicht dessen wichtigstes Ergebnis außer acht lassen: Jung heilt Spielrein von der schweren Störung, deretwegen man sie ihm anvertraut hatte. Rückschauend müssen wir uns fragen: Haben wir überzeugende Beweise, daß dasselbe Ergebnis erzielt worden wäre, wenn sich Jung ihr gegenüber so verhalten hätte, wie wir es von einem gewissenhaften Therapeuten erwarten dürfen? So moralisch fragwürdig Jungs Verhalten auch war – so unorthodox, ja schimpflich es auch gewesen sein mag –, letztlich erfüllte es doch die oberste Pflicht des Therapeuten gegenüber seinem Patienten: ihn zu heilen. Gewiß, Spielrein zahlte mit ihrem Unglücklichsein und ihrer Desillusionierung einen hohen Preis für die besondere Art und Weise, auf die sie geheilt wurde, aber bei Patienten, die so schwer gestört sind, wie sie es war, ist so etwas oft der Fall.

Vielleicht sollten wir das als Wink nutzen, daß es bei der Behandlung psychotisch Schwerkranker entgegen unserem Optimismus, genau zu wissen, was es zu ihrer Therapie bedarf, mehr Dinge zwischen Himmel und Erde gibt, als wir uns in unserer Philosophie träumen lassen.

Soviel zu der Behandlung. Wie verlief nun Spielreins weiterer Weg?

Aus dem Zeugnis ihrer Briefe und ihres Tagebuches geht Sabina Spielrein als eine der großen Pionierinnen der Psychoanalyse hervor. Sie war unstreitig eine exzeptionelle Persönlichkeit, hatte sie doch den Mut, ihr Leben in Einklang mit ihren Überzeugungen zu führen, egal, was die Welt von ihrer Liebesaffäre mit einem verheirateten Mann und Familienvater denken mochte. Sie blieb ihrer ersten Liebe treu und brach nicht mit Jung, obwohl er Verrat an ihr begangen hatte und Freud sie zu bewegen suchte, sich sowohl gefühls- wie verstandesmäßig von ihm zu trennen. Selbst die Tatsache, daß sie mit ihrem Mann ein Kind hatte, änderte daran nichts.

Sabina Spielrein war nicht nur sehr intelligent und hochsensibel, sondern sie besaß auch einen außergewöhnlichen psychologischen Sinn. Ihre grundlegende Abhandlung, in der sie als erste auf die Bedeutsamkeit des Destruktionstriebes für unser Verständnis des Menschen hinwies, schloß sie mit der Erklärung, der Trieb des Menschen zur Fortpflanzung und damit zur Arterhaltung entspringe psychologisch »zwei antagonistischen Komponenten« und sei »demnach ebensogut ein Werde- als ein Zerstörungstrieb«.

Während sich Freud und Jung von ihrem Destruktionstrieb verfeinden ließen, hielt Spielrein, die Frau, bis zuletzt zum Werdetrieb, von dem sie sich erhoffte, daß er Freud und Jung zu einem gemeinsamen Unterfangen zum Wohle der Menschheit zusammenbringe. Sie war überzeugt, daß die beiden im wichtigsten Punkt – die Bedeutung des Unbewußten zu erkennen und es für konstruktive Zwecke zu zähmen – im Grunde übereinstimmten. Diese Einigung der Psychoanalyse lag ihr am Herzen.

Hoffen wir, daß die Idee, der Spielrein sich verschrieben hatte, noch zum Tragen kommt und die diversen psychoanalytischen Bewegungen, die ja samt und sonders auf Freuds großen Entdeckungen fußen, zu der Erkenntnis gelangen, daß ihre Gemeinsamkeiten wichtiger sind als ihre Unterschiede. So wie bei Freud und Jung entstehen solche Streitigkeiten weit häufiger aus der Unberechenbarkeit komplizierter persönlicher Beziehungen und Ambivalenzen als aus wirklich wichtigen und triftigen theoretischen Meinungsverschiedenheiten, obwohl solche krampfhaft gesucht und dann hochgespielt werden, um die allzu menschlichen persönlichen Vorurteile zu kaschieren, die ihre wahre Ursache sind.

Nachtrag

Angeregt durch meinen Artikel, setzte sich Dr. phil. Magnus Ljunggren während seines Studiums an der Moskauer Lomonossow-Universität 1983 mit Sabina Spielreins Nichte Menilche Spielrein in Verbindung und erfuhr von ihr einige biographische Fakten über ihre Tante, die er mir freundlicherweise mitgeteilt hat. Danach war Sabina Spielrein 1923 nach Rußland zurückgekehrt. Noch im selben Jahr trat sie dem Lehrkörper des Moskauer Universitätsinstituts für Psychologie bei. Während ihrer Zeit in Moskau leitete sie eine psychoanalytische Klinik für Kinder, hielt Seminare über Kinderpsychoanalyse und war in der psychoanalytischen Vereinigung recht aktiv. Als die Psychoanalyse offiziell nicht mehr anerkannt wurde, ging Spielrein 1925 nach Rostow. Dort entwickelte sich bei ihrem Mann eine psychotische Störung, die 1930 zu seinem Tode führte. Daraufhin oder auch wegen der Veränderungen in der Sowjetunion stellten sich bei ihr Depressionen ein, und um 1931 scheint sie mit ihrer psychoanalytischen Arbeit ganz aufgehört zu haben.

Am 22. Juni 1941, dem Tag von Hitlers Einmarsch in die Sowjetunion, verließ Sabinas Tochter Renate Moskau, wo sie Musik studiert hatte, und zog zu ihrer Mutter und deren Schwester nach Rostow. Das weitere Schicksal der drei ist ungeklärt. Aber höchstwahrscheinlich sind alle drei mit umgekommen, als die Deutschen nach der Einnahme von Rostow alle Juden in die Synagoge trieben und dort erschossen.

Ins Deutsche übertragen von Otto P. Wilck.

Lionel Trilling über Literatur und Psychoanalyse*

Das Werk des großen Literaturkritikers Lionel Trilling wurde von Freud und der Psychoanalyse stark beeinflußt. Die Psychoanalyse wiederum verdankt Trilling viel, weil er in seinen Schriften Freuds Schaffen amerikanischen Intellektuellen auf zutreffende Weise vermittelte, insbesondere in den fünfziger Jahren, als Freud und die Psychoanalyse zahlreichen Fehldeutungen ausgesetzt waren. Seinem Buch ›The Liberal Imagination‹, das im Jahr 1950 erschien, kam in dieser Hinsicht besondere Bedeutung zu. Es war außerdem eine Schrift, die Trilling als den führenden Literaturkritiker seiner Generation auswies.

Trillings Literaturkritik war nicht nur von Freuds Gedankenwelt durchdrungen, er war zudem von dem Menschen Freud stark beeindruckt. In seiner Einführung aus dem Jahr 1962 zur kürzeren Version von Jones' Freud-Biographie schrieb er: »Freud steht als Person vor uns mit einer außergewöhnlichen Deutlichkeit und Signifikanz, und es kann von ihm gesagt werden, daß es keine andere große Gestalt der Moderne gibt, die als ein sich entwickelnder Geist und Charakter von solch singulärem Interesse ist.«

Er fuhr fort: »Wenn wir uns fragen, warum dies der Fall ist, muß sich die erste Antwort ganz selbstverständlich auf die Größe und Art seiner Leistung beziehen. Die Auswirkung der Psychoanalyse auf das Leben der westlichen Welt ist unermeßlich. Aus ihren Anfängen als Theorie über bestimmte psychische Erkrankungen entwickelte sie sich zu einer radikal neuartigen und überaus bedeutsamen Theorie der Psyche selbst. Unter den Geisteswissenschaften, die sich mit dem Wesen und dem Schicksal der Menschheit befassen, gibt es keine, die auf die gewaltige Kraft dieser Theorie nicht reagiert hätte. Ihre Begriffe sind, wenn auch des öfteren in einer vergröberten und bisweilen in einer pervertierten Form, zum Allgemeingut ge-

* Der Autor ist Diana Trilling zu besonderem Dank verpflichtet für die freundliche Genehmigung zum Abdruck größerer Zitate aus dem Werk von Lionel Trilling. Dieser Essay erschien zuerst in Band 3 von ›Explorations: The Twentieth Century‹, den die Universität von Südwest-Louisiana 1989 herausbrachte.

worden, und daraus entstand nicht bloß ein neues Vokabular, sondern eine neue Art des Urteilens.«

Diese »neue Art des Urteilens« ist in der Literaturkritik von Trillings Reifezeit vorherrschend. Sie gehört zu den Maßstäben, die er an literarische und kulturelle Leistungen anlegte. Darüber hinaus bemühte sich Trilling, Mißverständnissen Freudscher Gedanken entgegenzutreten. Für die Verwässerung und Verniedlichung, die in den Vereinigten Staaten der Lehre Freuds und auch der Psychoanalyse selbst zugefügt worden war, hatte er nichts als Verachtung übrig. Er erkannte, daß Freuds Lehre durch eine solche Verwässerung ihrer tragischen Implikationen für unser Verständnis des Menschen und seines Schicksals beraubt wurde. Die Bemühungen, Freuds Lehre zu einer optimistischen Betrachtungsweise der Menschheit zu verdrehen, verwarf er mit Entschiedenheit.

Schon im September 1942 veröffentlichte Trilling einen Artikel mit dem Titel ›The Progressive Psyche‹ in ›The Nation‹, in dem er sich mit Karen Horneys Schriften auseinandersetzte und sie wegen ihrer Abweichung von Freuds Lehre scharf kritisierte. Er behauptete, ihre Ansichten seien »symptomatisch für eine der großen Schwächen des liberalen Denkens, nämlich das Verlangen nach Optimismus«. Horneys leichtfertigem Optimismus hinsichtlich der Möglichkeit einer Selbstanalyse, welcher die Wirkungskraft der Verdrängung und der der neurotischen Abwehr leugnete, stellte er die Ernsthaftigkeit Freuds gegenüber, der »es wagte, den Menschen mit der Wahrheit über sein eigenes Wesen zu konfrontieren«. In diesem Artikel legte Trilling außerdem entschiedenen Widerspruch ein gegen Horneys Ansicht, daß Neurosen ausschließlich auf Auswirkungen der Kultur im allgemeinen und der Gesellschaft im besonderen zurückzuführen seien.

Vermutlich war es für Trilling nicht leicht, sich selbst von dem Verlangen nach Optimismus zu befreien, und er trennte sich von ihm nicht ohne innere Kämpfe, denn dies stand im Widerspruch zu den Überzeugungen, die er in früheren Tagen vertreten hatte. Wie so viele junge Linksintellektuelle seiner Generation, hatte er sich dem Marxismus verschrieben. In seinem Essay über Isaac Babel erinnerte er sich an jene Zeit und schrieb: »Damals sprach man immer noch vom ›russischen Experiment‹, und man durfte immer noch glauben, daß die helle

Morgenröte auf den Reagenzgläsern und Schmelztiegeln des menschlichen Schicksals lag. Und es war immer noch möglich, seltsame Dinge von der neuen Kultur zu erwarten, die aus der Revolution hervorgehen würde. Ich kann mich nicht erinnern, welche speziellen Erwartungen ich selbst hatte, doch weiß ich noch, daß ihnen ein Verlangen nach einer Kunst innewohnte, die der Mehrdeutigkeit sowenig Raum lassen würde wie ein logischer Satz. Warum ich das wünschte, verstehe ich nicht ganz. Es war so, als hoffte ich, daß die Literatur der Revolution eine simple, inadäquate Vorstellung des ›Klassischen‹, die ich beim Studium aufgeschnappt hatte, in die Wirklichkeit umsetzen würde. Vielleicht wurde ich von dieser Vorstellung des Klassischen angezogen, weil ich mich vor der Literatur des modernen Europa fürchtete, weil mir ihre schreckliche Intensität, ihre Ironie und Doppeldeutigkeit Angst einjagten.«

Selbst zu dem Zeitpunkt, als er dies schrieb, scheint Trilling immer noch eine gewisse nostalgische Sehnsucht verspürt zu haben nach vergangenen Tagen, in denen er Gewißheiten in sich aufnehmen und Mehrdeutigkeiten aus dem Wege gehen konnte, denn er fügte hinzu: »Wenn es das ist, was ich wirklich fühlte, kann keine Rede davon sein, daß ich mich jetzt meiner Feigheit voll und ganz schäme.« Doch er befreite sich entschlossen von ihr, als er das Verlangen nach Optimismus und wohlfeilen Gewißheiten aufgab und sich statt dessen die Komplexität und Vieldeutigkeit des Freudschen Menschenbildes zu eigen machte.

In seinem Buch ›Sincerity and Authenticity‹ schreibt Trilling über Freuds ›Das Unbehagen in der Kultur‹, es sei »ein Werk von ungewöhnlicher Kraft«, und er erklärt, es stehe, »was das gesellschaftliche Denken anbetrifft, allen Arten von Glücksverwirklichungen mittels radikaler Umgestaltung des gesellschaftlichen Lebens wie ein Löwe im Wege«. So gelang es ihm durch die Übernahme der psychoanalytischen Sicht des Menschen, sich von seinem früher gehegten Glauben an den Marxismus zu befreien.

Trilling unterstrich in seinen Schriften, wie wichtig es war, daß Freud uns das Wesen des Menschen und seiner Persönlichkeit erkennen lehrte als nicht in der Gesellschaft, sondern in der biologischen Vererbung verwurzelt. Er gründete seine Überzeugung auf die sogenannte »instinct theory« Freuds, obwohl dieser in seinen Schriften selten auf Instinkte per se Bezug genommen, sondern von Trieben gesprochen hatte. Der Begriff »instinct« in den englischen Ausgaben von Freuds Werken beruht auf einer falschen Übersetzung des deutschen Wortes »Trieb«, welches Freud in seinen Schriften durchgängig verwendet hat und das zutreffend als »drive« übersetzt wird. Der Trieb, mit dem sich Freud am meisten beschäftigte, war der Sexualtrieb; er bezeichnete ihn abwechselnd als Libido oder Eros und Todestrieb oder Thanatos. Der Eros gilt allgemein als überaus wichtiger Faktor im Menschen, da er die Grundlage für das Weiterleben unserer Art bildet. Der Thanatos oder Todestrieb hingegen wurde und wird vom psychoanalytischen Establishment Amerikas verworfen. Diesen Irrtum kritisiert Trilling mit Vehemenz. Er glaubt – meiner Meinung nach zu Recht –, daß der Todestrieb in den Vereinigten Staaten verleugnet wird wegen des »Verlangens nach Optimismus«.

Dies ist nicht nur zweifellos der Fall, sondern gehört überdies zu der in den Vereinigten Staaten noch stärker verbreiteten Tendenz, jeden Gedanken an den Tod zu vermeiden. Als Beweis mag dienen, daß in der Umgangssprache Menschen gemeinhin nicht sterben, sondern »hinübergehen« und daß der Leichnam vom Beerdigungsunternehmer so hergerichtet wird, daß er den Anschein größter Lebendigkeit hat. Man spricht von einem »Besuch« bei dem Leichnam, als wolle man die Tatsache, daß der betreffende Mensch gestorben ist, widerlegen. Ein weiterer Aspekt dieser weitverbreiteten Verdrängung der Unausweichlichkeit des Todes ist, daß sich selbst Nichtgläubige dem Gedanken hingeben, für Verstorbene sei eine Rückkehr ins Leben möglich; dies wird in Berichten über Personen behauptet, die angeblich »aus dem Reich der Toten zurückgekehrt sind«, während sie in Wirklichkeit nie aufhörten zu leben, sondern nur scheintot waren.

In den Vereinigten Staaten wird also von Freuds Trieblehre nur die Hälfte, nämlich der Sexualtrieb, allgemein akzeptiert. Doch selbst die Bedeutung, welche die Libido für die Menschheit hat, wird vom liberalen Establishment verringert, welches der Meinung ist, daß der Mensch hauptsächlich durch gesellschaftliche und ökonomische Faktoren konditioniert und geformt werde und nicht durch sein biologisches Erbgut.

Einer der Essays, in denen sich Trilling erschöpfend mit der von ihm aufgezeigten Beziehung zwischen Literatur und Psychoanalyse beschäftigte, erschien in seinem Buch ›Beyond Culture‹ und trägt den Titel ›Freud: Within und Beyond Culture‹. Dort schreibt er:

»Ob Freuds Ausführungen zum Todes(trieb) wissenschaftlicher Nachprüfung standhalten, wage ich natürlich nicht zu sagen. Gewiß aber bestätigen sie unseren Eindruck von Freuds Einssein mit der Tradition der Literatur. Denn die Literatur hat immer den Impuls des Selbst festgehalten, selbst in der eigenen Auslöschung, selbst *durch* die eigene Auslöschung Affirmation zu finden. Wenn wir die großartige Todesszene des Ödipus auf Kolonos lesen, haben wir wenig Mühe, glaube ich, unsere Zweifel gegenüber Freuds Gedanken zumindest zeitweilig aufzuheben. Wir tun dies um so bereitwilliger als der Impuls zum Tode hin in diesem herrlichen Augenblick zum Ausdruck gebracht und veranschaulicht wird vom leidenschaftlichsten aller Männer, von jenem Mann, in dem die Kraft des Willens und des Intellekts am größten war, und auch von dem Mann, der im Augenblick seiner Todessehnsucht von seiner außergewöhnlichen Liebesfähigkeit spricht.
Freud mag recht oder unrecht haben mit dem Platz, den er im menschlichen Schicksal der Biologie zuweist: Ich glaube jedoch, wir müssen uns nicht mehr den Kopf zerbrechen, ob diese Betonung des Biologischen, sei sie nun richtig oder falsch, weit genug von einer reaktionären Idee entfernt ist, um in Wirklichkeit einen befreienden Gedanken darzustellen. Sie bringt zum Ausdruck, daß Kultur nicht allmächtig ist. Sie deutet an, daß es ein Residuum menschlicher Qualität gibt, das sich kultureller Kontrolle entzieht, und daß dieses Residuum menschlicher Qualität, so elementar es auch sein mag, dazu dient, die Kultur der Kritik auszusetzen und sie davon abzuhalten, absolut zu sein …
Heutzutage gibt es kaum eine Human- oder Sozialwissenschaft, die nicht von Freuds Gedanken beeinflußt worden wäre … Aber selbstverständlich hat keine andere Profession eine so langandauernde und so enge Verbindung zur Psychoanalyse gehabt wie die literarische … Der große Beitrag, den er zu unserem Literaturverständnis geleistet hat, ergibt sich nicht aus dem, was er über die Literatur sagt, sondern aus dem, was er

über die Beschaffenheit der menschlichen Psyche mitteilt: Er zeigte uns, daß Dichtung in der psychischen Konstitution selbst beheimatet ist; die Psyche war für ihn in ihrer Haupttendenz geradezu eine dichterische Kraft ...
Wenn ich die Literatur unter dem Aspekt der Beziehung betrachte, die Freud zu ihr hat, fällt mir als erstes ein, daß die Literatur der Konzeption des Selbst verpflichtet ist ... Auf Veranlassung der Literatur und mit ihrer Hilfe (sind wir) in der Lage, uns die Individualität anderer vorzustellen, zweifellos mit Hilfe eines Identifikationsprozesses ... Was die ›Ilias‹ an Individualität entwirft, geht weit über das hinaus, was von der Kultur entworfen werden konnte, in der sie geschrieben wurde.«

In ›Das Unbehagen in der Kultur‹ hatte Freud »eine paranoide Version der Beziehung des Selbst zur Kultur präsentiert; für ihn unterwarf sich das Selbst der Kultur, während es gleichzeitig in Opposition gegen sie stand; er sah das Selbst nicht in völliger Kopplung mit der Kultur, als nicht völlig von der Kultur geschaffen, als im Dauerstreit mit seinem großen Wohltäter befindlich«.

Der letzte Abschnitt dieses Essays, der eine der gründlichsten Auseinandersetzungen Trillings mit Freudschem Denken enthält, lautet wie folgt:

Ich brauche wohl nicht daran zu erinnern, daß Freud im Hinblick auf diese ›Paranoia‹ völlig eins ist mit der Literatur. Ihrem Wesen nach beschäftigt sich die Literatur mit dem Selbst, und die besondere Beachtung der Literatur der letzten zwei Jahrhunderte galt dem Selbst in seinem Dauerstreit mit der Kultur. Wir finden keinen großen Schriftsteller der Moderne, dessen Werk nicht auf irgendeine Weise – und meist geschah dies auf eine leidenschaftliche und offenkundige Art – seine bittere Unzufriedenheit mit der Zivilisation zum Ausdruck gebracht hat, der nicht sagte, daß das Selbst mehr berechtigte Forderungen erhebt, als irgendeine Kultur hoffen kann zu erfüllen. Diese feste Überzeugung, daß das Selbst getrennt von der Kultur existiere, ist, wie die Kultur sehr wohl weiß, ihre nobelste und uneigennützigste Errungenschaft. Gegenwärtig muß sie als eine befreiende Idee betrachtet werden, ohne die unser sich entwickelndes Gemeinschaftsideal sich unweigerlich selbst zerstört. Wir können Freud kein größeres Lob aussprechen, als wenn wir sagen, er habe diesen Gedanken genau in den Mittelpunkt seines Denkens gestellt.«

Zweifellos beeinflußt die eigene Lebensgeschichte und die persönliche Entwicklung eines Menschen dessen Fähigkeit, die Erkenntnisse der Psychoanalyse aufzunehmen und mit ihnen zu leben. Mark Krupnick erläutert in ›Lionel Trilling and the Fate of Cultural Criticism‹ einige von Trillings inneren Konflikten mit Einflüssen auf seine persönliche und intellektuelle Entwicklung. Er erwähnt in dieser Hinsicht insbesondere das »positive Judentum« (wie er es nennt), dem Trilling sich in seiner Jugend und im frühen Erwachsenenalter widmete; dies stand im Widerspruch zu dem Ideal des gelehrten Gentleman und Literaturkritikers, welches für Trillings Reifezeit charakteristisch wurde. Ein ebenso problematischer Konflikt ergab sich zwischen der »›Downtown‹-Welt der radikalen Politik«, wie Krupnick sie nennt, welcher Trilling als Teil des Zirkels um die Zeitschrift ›The Partisan Review‹ angehörte, und der »›Uptown‹-Welt« der Columbia-Universität mit ihrem besonderen Ambiente. Zweifellos verlangte die Universität Trilling manches ab, zumal er der erste Jude war, der in ihrer Englischen Abteilung unterrichtete. Diese und möglicherweise noch andere inneren Konflikte brachten Trilling wahrscheinlich zu der Überzeugung, daß nur eine Sichtweise, die den Menschen in seiner Zerrissenheit zeigt, es erlaubt, ihn und sein Wesen ganz zu verstehen. Das bedeutet: Nur der von Freud geschilderte endlose Kampf zwischen dem ewigen Eros und dem ewigen Thanatos, zwischen dem Es und dem Über-Ich kann jenes Verständnis für den Menschen und seine künstlerischen Schöpfungen vertiefen, das uns Trilling in seinen literaturkritischen Schriften zu vermitteln versucht.

Es kann kein Zweifel bestehen, daß Freuds Biologismus bei dem intellektuell gereiften Trilling den Marxismus und dessen Weltbild ersetzte, oder vielmehr die für Trillings Zwecke und Einsichten passendere Sicht des Menschen und seines Wesens die Oberhand gewann. Von da an bildeten statt der Klassengegensätze die innermenschlichen Konflikte Trillings Hauptanliegen; sie waren bestimmend für sein Verständnis und seine Einschätzung der Literatur.

Trilling erläutert sein Weltbild in vielen Essays seiner Reifezeit. Im Zusammenhang mit Henry James' erzählerischem Werk, genauer gesagt mit ›The Bostonians‹ (deutsch: ›Die Damen aus Boston‹), schreibt Trilling, im Mittelpunkt des Romans stehe »der Konflikt zwischen zwei Prinzipien, von denen das eine radikal, das andere konservativ ist«; dieser Konflikt sei zu verstehen als einer zwischen »Energie und Trägheit ... oder Kraft und Form ... oder Libido und Thanatos«.

Trotzdem hat ein Befolgen »der Wahrheit des Körpers, der Wahrheit der erfüllten Sexualität, der Wahrheit der offenen Aggressivität einen hohen Preis«, wie Trilling in seinem Essay über Babel erläutert. Es ist eine Wahrheit, für die insbesondere jüdische Intellektuelle – wie Babel und implizit Trilling selbst – oftmals bezahlen müssen, als Preis für ein echtes Kulturverständnis. Trilling erwähnt in dieser Hinsicht, Babel habe darüber geklagt, daß er ein Intellektueller sei mit einer Brille auf der Nase und Herbst im Herzen; einer Brille, muß man annehmen, die ihn daran hindert, die Wahrheiten des Körpers und einer erfüllten Sexualität zu erkennen, welche den Mittelpunkt von Freuds System bilden, während der Herbst im Herzen von der Einsicht herrührt, daß wahres Glück für den Menschen letztlich unerreichbar ist. Nach Freud liegt der Grund für die Unerreichbarkeit darin, daß wir durch innere Konflikte gespalten sind und daß überdies das Bewußtsein unserer Sterblichkeit und die Allgegenwart der Vorstellung von einem Tod mitten im Leben wahres Glück vereiteln.

Ich glaube, was das Freudsche System für Trilling so anziehend machte, war Freuds Überzeugung, daß das Beste, was wir dem Leben abgewinnen können, die Fähigkeit sei, gut zu lieben und gut zu arbeiten, ungeachtet unserer inneren Konflikte und des Wissens, daß am Ende des Lebens unausweichlich der Tod steht. Als Beweis mag dienen, daß er in ›The Liberal Imagination‹ sehr zustimmend einen Satz von Francis Scott Fitzgerald zitiert: »Der Test eines erstklassigen Intellekts ist die Fähigkeit, an zwei einander entgegengesetzten Gedanken gleichzeitig festzuhalten und dennoch die Funktionsfähigkeit zu bewahren.« Und man darf annehmen, daß der von Trilling zitierte Satz aus ›Howards End‹ seine Vorstellung wiedergibt, was ein wahrhaft moralisches und künstlerisches Leben ausmacht:

»Der Tod zerstört den Menschen, doch der Gedanke an den Tod rettet ihn.«

Trotz dieser Gedanken ist Trillings Sicht des Menschen und seiner Kultur keineswegs negativ oder freudlos. In seinem Essay ›William Dean Howells and the Roots of Modern Taste‹ erweist er mir die Ehre, mich wie folgt zu zitieren:

»Ein Kampf um das Überleben der zivilisierten Menschheit ist in Wirklichkeit ein Kampf, um die Sensibilität des Menschen für die Freuden des Lebens wiederherzustellen. Nur auf diese Weise kann der Mensch befreit und das Überleben der zivilisierten Menschheit gesichert werden. Vielleicht ist eine Zeit gekommen, in der unsere Hauptanstrengungen nicht mehr darauf abzuzielen brauchen, das Lustprinzip zu modifizieren. Vielleicht ist es an der Zeit, daß wir uns damit befassen, der Lustbefriedigung wieder zu ihrer dominierenden Rolle im Realitätsprinzip zu verhelfen; die Gesellschaft braucht vielleicht weniger eine Abwandlung des Lustprinzips durch die Realität als vielmehr eine Durchsetzung des Lustprinzips gegen eine überwältigende, lustverneinende Realität.«

Trilling fährt dann fort: »Von Howells' freundlichen Aspekten kann nicht behauptet werden, daß sie eine besonders intensive Art von Lust darstellen, doch für die meisten Menschen werden sie zumindest ausreichen, um uns, mit Keats' Worten, an die Erde zu binden, also um zu verhindern, daß wir durch die Gottheit der Auflösung verführt werden.« Trillings Überzeugung, daß wir uns nicht von der »Gottheit der Auflösung« verführen lassen dürfen, war maßgebend für seinen Widerstand gegen jenen Anti-Intellektualismus, der in den sechziger Jahren zur Grundstimmung wurde.

Im selben Essay über Howells und die Wurzeln des modernen Geschmacks zitiert Trilling Hannah Arendt: »Dem Auflösungsprozeß Platz zu machen, ist eine unwiderstehliche Versuchung geworden, nicht nur weil er sich in die falsche Großartigkeit einer ›historischen Notwendigkeit‹ kleidet, sondern auch deshalb, weil alles um ihn herum bereits leblos, bedeutungslos und unwirklich zu sein scheint.« Diese Faszination von der Auflösung, die Trilling das Charisma des Bösen nennt, ist eine Gefahr, der er sich voll bewußt ist, vielleicht auch deshalb, weil er in seiner marxistischen Zeit von dem Gedanken einer historischen Notwendigkeit, die das Schicksal des Menschen und der Gesellschaft bestimmt, so eingenommen war.

Daß Trilling diesen marxistischen Glauben an eine historische Notwendigkeit verwarf und zu der Überzeugung gelangte, daß die Wurzeln des Menschen nicht in der Gesellschaft, sondern in ihm selbst seien, beweist uns, daß der Freudsche Begriff vom Selbst in Trillings Denken und Schaffen immer mehr die Oberhand gewann. Er wählte ›The Opposing Self‹ als Titel seines (im Jahr 1955 erschienenen) Essay-Sammelbandes, und er betrachtete schließlich die Bestätigung des Selbst als das zentrale Thema aller großen Literatur.

In seinem Buch ›Sincerity and Authenticity‹ beschäftigt sich Trilling mit dem wahren Selbst in der Literatur und auch in der Kultur. Er stellt eingangs fest: »Von Sigmund Freud stammt der erste Entwurf einer schwierigen Regel, wo es [d.h. das eigene Selbst] zu finden sei.« In einem Rückblick auf die Anfänge der Psychoanalyse bemerkt Trilling: »Als Freuds Denken erstmals einer schockierten Welt präsentiert wurde, mißverstand man die ihm zugrunde liegende Erkenntnis von einem unkonditionierten triebhaften Impuls dahingehend, daß Freud ein Reich des Impulses errichten wolle samt allem, was sich daraus als Negation des gesellschaftsbezogenen Selbst ergibt. Doch dann begriff man natürlich, daß die Psychoanalyse ihren Schwerpunkt gar nicht auf das Dionysische legt, sondern sich ganz in den Dienst des apollinischen Prinzips stellt, die ›ehrliche Haut‹ in einer Individualität zu bestärken, welche charakterisiert wird durch Zielstrebigkeit und eine klare Beachtung von Grenzen.«

Was Trilling an Freud und der Psychoanalyse am meisten zu interessieren schien, war die von ihm aufgezeigte Parallele zwischen jener Lehre und jener Sicht des Menschen und seiner Welt einerseits und all dem, was große Literatur uns in anderer, aber analoger Form vermittelt. In seinem Essay ›Freud's Last Book‹, den er in ›A Gathering of Fugitives‹ veröffentlichte, befaßt er sich mit Freuds ›Abriß der Psychoanalyse‹ und schreibt:

»Wenn wir nach einer Analogie zu Freuds Sicht des Lebens suchen, finden wir sie, so glaube ich, in bestimmten großen literarischen Geistern. Wir können über Freuds Verhältnis zu Shakespeare sagen, was wir wollen: Er besitzt den Shakespeareschen Blick. Und es ist kein bloßer Zufall, daß er bei Sophokles eine Anleihe machte, als er nach einem Namen für seinen zentralen Begriff suchte.«

Trilling erweitert diese Analogie, indem er schreibt: »Was uns in der großen Tragödie anspricht, ist das Vorhandensein einer bedeutungsvollen Beziehung zwischen dem freien Willen und der Notwendigkeit; dies ist es auch, wofür wir bei Freud empfänglich sind. Einer der gebräuchlichsten Einwände gegen Freud lautet, er lasse dem Zwang zuviel Platz und begrenze damit den Freiraum für Entwicklungsprozesse des Menschen. Diese Anschuldigung entbehrt nicht der Ironie in Anbetracht der Gesamtintention der Psychoanalyse, die Seele aus der Knechtschaft von Zwängen zu befreien, die nicht wirklich existieren, damit sie sich wirksam mit jenen auseinandersetzen kann, die tatsächlich existieren. Wie jeder Tragiker, wie jeder wahre Moralist sah Freud es als eine seiner Aufgaben an, die Grenze der Notwendigkeit zu definieren, um das Reich der Freiheit zu errichten.«

Trilling befaßt sich dann mit Freuds Vorstellung von der Begrenzung des Menschen durch seine Natur und fährt fort: »Freud zufolge schafft der Mensch seinen eigenen eingrenzenden Zwang, indem er ein Mensch ist. Diese bittere, aber nie hoffnungsarme Erkenntnis ist genau die Sicht der Realität, die wir in tragischen Werken schätzen ... Die tragische Sicht erfordert, daß die von der Notwendigkeit gesetzten Grenzen genau beachtet werden. Sie verkommt jedoch, wenn sie diesem Wissen keine Freiheitsidee zur Seite stellt. Freud unternahm es, eine solche Idee hervorzubringen – sie war sein Lebenswerk.« Im Hinblick darauf und als Werturteil über Freuds Stil spricht Trilling von Freuds letztem Werk als »Gelegenheit für ein ästhetisches Erlebnis«.

In seinem Essay ›Freud and Literature‹, der in dem Sammelband ›The Liberal Imagination‹ enthalten ist, hatte Trilling der Überzeugung Ausdruck gegeben, für die Dichtung sei das Freudsche System eines der förderlichsten, weil »von allen mentalen Systemen die Freudsche Psychologie dasjenige ist, das Dichtung als zur Konstitution der Psyche gehörend betrachtet. In der Tat ist die Psyche, wie Freud sie sieht, vorwiegend ein dichterisches Organ ... Freud hat nicht nur der Dichtung Heimatrecht gewährt, er hat ihren Status als Pionier entdeckt, und er betrachtet sie als eine Methode des Denkens.« Ferner »bilden der Gedanke des Realitätsprinzips und der Gedanke des Todestriebs die Krönung von Freuds allgemeineren Betrachtungen über das Leben des Menschen. Ihre düster poetische Beschaffenheit ist charakteristisch für Freuds System und die Gedanken, die es für ihn hervorbringt.«

In diesem Essay schreibt Trilling außerdem: »Die Freudsche Psychologie ist der einzige systematische Bericht über den menschlichen Geist, der es, was Subtilität und Komplexität, Interesse und tragische Kraft anbetrifft, verdient hat, an die Seite der chaotischen Masse von psychologischen Einsichten gestellt zu werden, welche sich in der Literatur im Laufe der Jahrhunderte angesammelt hat. Der Übergang von der Lektüre eines großen literarischen Werkes zu einer Abhandlung über akademische Psychologie ist gleichzeitig ein Übergang von einem Wahrnehmungssystem zu einem anderen, doch die Freudsche Psychologie ist ihrem Wesen nach genau das Material, an dem der Dichter stets seine Kunstfertigkeit erprobt hat. Es überrascht deshalb nicht, daß die psychoanalytische Theorie eine große Auswirkung auf die Literatur gehabt hat. Doch die Beziehung ist wechselseitig, und Freuds Wirkung auf die Literatur war nicht größer als die Wirkung der Literatur auf Freud.« Diese nachhaltige Wirkung der Literatur auf sein Denken hat Freud immer freimütig und dankbar anerkannt, wie auch Trilling die Auswirkungen des Denkens und der Lehre Freuds auf seine Arbeiten anerkannt hat.

Trilling betrachtet die Psychoanalyse als einen der Höhepunkte der romantischen Literatur, weil diese sich mit leidenschaftlichem Eifer auf die Suche nach dem Selbst machte. Sein Musterbeispiel ist Diderots ›Rameaus Neffe‹ aus dem Jahr 1762, aus dem er wie folgt zitiert: »Wenn der kleine Wilde«, gemeint ist das kleine Kind, »sich selbst überlassen bliebe, wenn er all seine Narrheit bewahrte und die wilden Leidenschaften eines Mannes von dreißig Jahren mit dem Mangel an Vernunft eines Kindes in der Wiege vereinte, würde er seinem Vater den Hals umdrehen und mit seiner Mutter ins Bett steigen.« Hier wurde, über ein Jahrhundert vor Freud, das Wesentliche an den ödipalen Wünschen des Jungen zum Ausdruck gebracht, und für einen großen Schriftsteller war das eine Selbstverständlichkeit, was Freud erst durch ein mühevolles Studium bei sich selbst und bei seinen Patienten entdeckte. Diese Gedanken werden ungeachtet der Lehre Freuds selbst heute keineswegs allgemein akzeptiert. Sie liefern auch einen Beleg für Freuds wiederholt geäußerte Behauptung, daß er nichts über die menschliche Psyche entdeckt habe, was den großen Dichtern und Künstlern vergangener Zeiten nicht bekannt gewesen sei.

Trilling fährt in seinem Essay wie folgt fort: »Was ist also der Unterschied zwischen dem Traum und der Neurose einerseits und der Kunst andererseits? Daß sie bestimmte gemeinsame Elemente besitzen, ist ganz klar; daß beiderseits unbewußte Prozesse am Werk sind, würde kein Dichter oder Kritiker bestreiten; sie haben auch, wenngleich in unterschiedlichem Ausmaß, das Element der Phantasie gemeinsam. Aber es gibt einen überaus wichtigen Unterschied zwischen ihnen, den Charles Lamb bei seiner Verteidigung der geistigen Gesundheit des Genies so klar erkannte: ›Der Dichter träumt das Wachsein. Sein Thema ergreift nicht Besitz von ihm, er hat vielmehr die Oberherrschaft über das Thema.‹ Darin liegt der Unterschied: der Dichter hat seine Phantasie unter Kontrolle, während es für den Neurotiker kennzeichnend ist, daß seine Phantasie von ihm Besitz ergreift.«

Trotz dieses entscheidenden Unterschieds haben Literatur und Psychoanalyse viel gemeinsam, wie Trilling in ›Sincerity and Authenticity‹ hervorhebt: »Ich brauche wohl nicht darauf hinzuweisen, daß die Psychoanalyse eine Wissenschaft ist, die auf Geschichten, auf dem Erzählten aufbaut. Ihr Erläuterungsmuster beruht darauf, daß die Geschichte – irgendwie und trotz allem – erzählt wird, damit entdeckt werden kann, wie sie anfängt. Die Psychoanalyse unterstellt, daß aus dem Erzählen der Geschichte der Ratschlag hervorgeht.«

In ›Beyond Culture‹ beschäftigt sich Trilling außerdem damit, wie wichtig die Aufhebung der Ungläubigkeit in der Literatur und in der Psychoanalyse ist:

»Zu den bekanntesten stehenden Redensarten der Literaturkritik gehört Coleridges Wendung von ›der bereitwilligen Aufhebung des Zweifels‹. Coleridge schreibt, aus der bereitwilligen

Aufhebung des Zweifels ergebe sich ›poetischer Glaube‹ ... Freud erreicht dies auf eine höchst ungewöhnliche Art, und zwar nicht durch bloßen Impuls seines Temperaments, sondern auf systematische Weise, als ein Element seiner Wissenschaft ... (Wenn ihm seine Patienten erfundene Geschichten erzählten,) hielt er ihnen dies nicht entgegen, und er sagte auch nicht, daß sie Lügen erzählten – er hob seine Zweifel gegenüber Phantasien, an die sie selbst glaubten, bereitwillig auf und lernte, die Wahrheit zu entdecken, die wirklich in ihnen steckte.

Daraus folgte die bereitwillige Aufhebung der Zweifel gegenüber dem semantischen Wert von Träumen, und die bereitwillige Aufhebung der Zweifel gegenüber der Vorstellung vom Seelenleben, das alle gut ausgebildeten Neurologen und Psychiater Wiens als Schimäre betrachteten. Daß Freud die Phantasien seiner ersten Patienten akzeptierte, daß er zu dem Schluß kam, ihre Unwahrheiten hätten eine Bedeutung, einen Zweck und sogar einen Wert, lag an der Aufhebung des Zweifels an der Individualität dieser Patienten. Das Analogon dazu ist nicht die religiöse Tugend der Nächstenliebe, sondern etwas, in dem die Intelligenz eine größere Rolle spielt. Wir sollten uns an jene besondere Art des Verständnisses erinnern, an jene besondere Ausübung von literarischer Intelligenz, bei der wir die Taten des Achilles negativ beurteilen, aber nicht Achilles selbst, bei der wir Macbeth nicht die Schuld geben ...

Fahren wir mit unserem pauschalen Vergleich der Literatur und der Psychoanalyse fort, dann können wir sagen, daß sie auch in dieser Hinsicht ähnlich sind: Das Wesen beider besteht darin, die Gegensätzlichkeit zweier Prinzipien darzustellen, die bei Freud Realitätsprinzip und Lustprinzip heißen ... Freud erhebt keinen Anspruch auf Originalität, wenn er die Literatur als Gegeneinander von Realität und Lust begreift. Diese Vorstellung ist in der Literaturkritik zumindest schon seit Platons Zeit heimisch ... Wordsworth spricht ausdrücklich vom Prinzip der Lust, das die ›nackte und ursprüngliche Würde des Menschen‹ bilde. Er betont auch, dies sei das Prinzip, kraft dessen der Mensch nicht nur ›fühlt und lebt und sich bewegt‹, sondern auch ›weiß‹; das Lustprinzip war für Wordsworth die eigentliche Basis des Realitätsprinzips, und das ist es natürlich auch für Freud, selbst wenn er an der Unvereinbarkeit der beiden Prinzipien festhält. Und der reife Yeats sagt uns in seinem bekannten Wort, das seiner Tendenz nach genauso an Freud erinnert wie an Wordsworth: ›In Träumen beginnt Verantwortung.‹ Für ihn beruht die gereifte moralische Lebensführung auf der Autonomie der hedonistischen Phantasien der Jugendzeit. ›Schönheit ist Wahrheit, Wahrheit Schönheit‹, meint Keats ... Als Keats davon sprach, daß Schönheit Wahrheit sei, brachte er zum Ausdruck, daß das Lustprinzip der Existenz zugrunde liegt, auch der Wahrheit und dem moralischen Leben. Als er sagte, Wahrheit sei Schönheit, drückte er mit zwei Worten seine gesamte komplexe Ansicht aus, das Selbst könne sich auf eine Weise entwickeln, daß es in der Intensität der Kunst oder der Meditation selbst sehr schmerzliche Tatsachen mit einer Art von Lust wahrnehmen mag. Verblüffend an Keats ist, daß er die Entwicklung des Selbst so kühn und genau darstellt und daß er, wenn er von Lust spricht, manchmal – mit anderen Worten ausgedrückt – die des Es meint, dann die des Ego und schließlich die des Über-Ichs.«

In ›Freud and the Crisis of our Culture‹ schreibt Trilling über Freud, daß »wir ihn zu einem der größten humanistischen Denker erklären müssen«. In dieser Hinsicht war ihm Trilling ebenbürtig, und wie hier erläutert wurde, waren die beiden auch in vielen anderen Belangen verwandte Seelen. Mit Hilfe von Trillings Schriften kann man zu einem besseren Verständnis Freuds und der Psychoanalyse gelangen als durch die meisten anderen Bücher zu diesen Themen. Freud hätte sich, was seinen Beitrag zu unserem Verständnis der Kultur im allgemeinen und der Literatur im besonderen anbetrifft, keinen besseren Sprecher wünschen können.

Ins Deutsche übertragen von Rüdiger Hipp.

Teil II
Über Kinder und mich selbst

Wichtige Bücher im Leben*

Wenn wir gern lesen, erhalten wir durch Bücher eine unvergleichliche Bereicherung unseres Lebens. Manche Bücher erhellen drängende Probleme, andere eröffnen neue Perspektiven zur Welt oder zum Menschen im allgemeinen und, was das wichtigste ist, zu uns selbst. Obwohl viele Bücher unseren Horizont zu erweitern vermögen und manche von ihnen Aspekte unseres Lebens beeinflussen können, werden nur ganz wenige den Verlauf unseres Lebens beeinflussen.

Das war zumindest bei mir der Fall. Während viele Bücher nachhaltige Auswirkungen auf mein Denken hatten, gab es nur ganz wenige, die bis in mein innerstes Wesen vordrangen. Bei der Lektüre dieser Bücher erfuhr ich das, was Edmund Wilson so zutreffend als den »Erkenntnisschock« beschrieben hat, denn sie klärten mich auf über Probleme, die mich damals, als ich meinen Weg im Leben suchte, am meisten bedrückten. Und dies taten sie, obwohl ich mir beim Lesen der Tatsache bewußt war, daß nicht alle von ihnen große Literatur darstellten, so sehr ich auch von ihnen beeindruckt war. Manche waren bedeutende Bücher, andere wiederum nicht, weder als literarische Werke noch aufgrund ihrer Thematik. Der Zufall wollte es, daß das Kennenlernen dieser Bücher in bestimmten Augenblicken meines Lebens einer Offenbarung gleichkam – einer neuen Sicht, die dazu beitrug, in meiner inneren Welt Ordnung zu schaffen, wo zuvor große Ungewißheit und Verwirrung, wenn nicht gar Chaos geherrscht hatte.

Die Lektüre eines Buches konnte nur deshalb einen »Erkenntnisschock« herbeiführen, weil in mir etwas vorgegangen war, das mich, ohne daß ich es ahnte, für die Botschaft empfänglich und sogar ihrer bedürftig gemacht hatte. Irgendein innerer Prozeß hatte sich abgespielt, etwas Vages, das plötzlich Gestalt und konkreten Inhalt annahm durch meine Lektüre. Auf diese Weise machten es manche Bücher möglich, daß ich erkannte, was am Aufkeimen war in mir, meist schon seit einer

* Dieser Essay erschien in ›Le Temps Stratégique‹ Nr. 23 und 24 (1987/88), einer Zeitschrift der französischsprachigen Schweiz. Er wurde in der Originalausgabe dieses Buches erstmals auf englisch veröffentlicht.

ganzen Weile, ohne daß ich mir dessen bewußt gewesen wäre; da war lediglich ein Gefühl, daß etwas nicht ganz stimme mit mir und meinem Leben, daß etwas in Ordnung gebracht werden müsse, aber keine Vorstellung, woran dies lag und was zu tun sei. In anderer Form machte ich diese Erfahrung in meiner eigenen Psychoanalyse, als mir ein bedeutsamer unbewußter Prozeß plötzlich klarwurde und ich – als Erkenntnisschock – merkte: »Das ist es!« Dabei war das »es« etwas, mit dem ich gekämpft hatte, vielleicht bis zur Besessenheit, ohne zu wissen, daß dies in mir vorging. Jahre danach stieß ich in meiner psychoanalytischen Praxis bei meinen Patienten wieder auf diesen Erkenntnisschock, wenn plötzlich Ordnung entstand und auf Konfusion Klarheit folgte.

Bücher, welche dies beim Leser erreichen, vermitteln eine ganz andere Erfahrung als solche, die ebenfalls einen tiefen Eindruck hinterlassen. Zum Glück gibt es viele Bücher, die uns tief zu bewegen vermögen, obgleich sie keinen Erkenntnisschock hervorbringen und nichts von großer persönlicher Bedeutung enthüllen.

Als ich Bücher las, die mir halfen, mein Leben zu ändern, es sinnvoller zu machen und ihm eine neue Richtung zu geben, las ich auch viele andere Bücher, die »große Literatur« darstellten, Meisterwerke, die ich bewunderte. Die Welt dieser Bücher war zwar faszinierend, aber doch zu fremd für mich, als daß ich den Eindruck gehabt hätte, sie beträfen in mancher Hinsicht ebenfalls mich und mein Leben. Als Beispiel fallen mir Dostojewskis Romane ein. Sie bewegten mich tief und eröffneten mir eine Welt, die ganz anders war als meine. Ich konnte sie nicht weglegen, ich las ein Buch ums andere und war hingerissen von der Welt, die sie mir zeigten. Aber sie handelten nicht von mir und meinen akuten Problemen. Sie bereicherten mein Leben, doch führten sie in ihm keine Veränderung herbei. Vielleicht war das russische Ambiente dafür auch viel zu fremd. Ich glaube aber, es lag eher an der tiefempfundenen russischen Religiosität, von der diese Romane durchdrungen sind; sie verhinderte, daß ich den Eindruck gewann, die Bücher enthielten eine persönliche Botschaft. Es kann aber nicht nur daran gelegen haben, daß die russische »Seele« mir zu fremd war, denn derselbe Eindruck entstand bei Romanen, die mich stark beeindruckten, aber eine mir vertrautere Welt schilderten. Ich war zum Beispiel fasziniert von Romain Rollands ›Jean-Cristophe‹. Ich genoß die Lektüre, aber ich konnte mich selbst darin nicht finden. Daraus kann ich nur schließen, daß ich innerlich nicht auf Veränderungen vorbereitet war, welche die Leseerfahrung dieser Bücher hätte auslösen können.

Damit ein Buch das eigene Leben ändern kann, müssen die erwähnten Prozesse schon innerlich im Gange gewesen sein und Bereitschaft für und ein Verlangen nach Veränderung erzeugt haben. Andere Bücher mögen eine Wirkung ausgeübt haben, die eine Zeitlang als mitreißend empfunden wurde, ohne daß sie tatsächlich das Leben beeinflußte. Ein Beispiel: Während der Lektüre von Sinclair Lewis' ›Arrowsmith‹ und auch noch ein paar Tage danach war ich überzeugt, ich könnte meine Lebenshoffnungen nur erfüllen, wenn ich mich der medizinischen Forschung widmete. Dies dauerte aber nicht lange an, denn schon bei der Lektüre von ›Arrowsmith‹ hatte ich das Gefühl gehabt, der Roman genüge meinen eigenen Anforderungen an große Literatur nicht ganz; zwar neigte ich eine Weile dazu, mich für einen zukünftigen Forscher zu halten, doch im tiefsten Inneren wußte ich, daß dies für mich nicht der richtige Beruf wäre. Offensichtlich war ich innerlich durch nichts vorbereitet worden, um auf diese Lektüre blitzschnell mit dem Erkenntnisschock zu reagieren, der mich sagen ließe: »Dieses Buch beantwortet Fragen und löst Probleme, die mich beunruhigt haben, mit denen ich gerungen habe, ohne es zu ahnen; durch die Lektüre ist plötzlich Ordnung entstanden, das Buch hat alle meine Fragen, ohne daß ich sie gestellt hätte, beantwortet.«

Ob ein Buch uns beeinflussen wird, hängt von unserer geistigen Verfassung bei der Lektüre ab. Je endgültiger unsere Persönlichkeit geformt worden ist, je fester gefügt die Bahnen unserer Denk- und Lebensweise sind, desto weniger werden Bücher in der Lage sein, uns zu ändern; unsere Persönlichkeit wird auch um so mehr darüber entscheiden, welche Bücher ausgewählt werden und was uns die Lektüre geben kann. Wir lesen dann aller Wahrscheinlichkeit nach die Bücher, die mit unseren Werten und unseren besonderen Vorlieben übereinstimmen. Als Beweis mag dienen, daß die meisten Leute vorwiegend Bücher und Zeitschriften lesen, deren Werte mit ihren eigenen im Einklang stehen und die dadurch eigene Ansichten bekräftigen. Eine Zeitschrift, ein Buch oder eine Zeitung mit Ansichten, die unseren eigenen entgegengesetzt sind, wird uns wenig oder gar nicht ansprechen. Sollten wir uns dennoch auf die Lektüre einlassen, wird unser Geist verschlossen sein für ihre Botschaft. Dadurch wird den meisten Büchern die Möglichkeit genommen, festgefügte Meinungen zu ändern.

Im Laufe des gesamten Lebens mögen wir Bücher wegen des Vergnügens und der Information lesen, die sie uns geben, weil sie unsere Neugier wecken und gleichzeitig befriedigen; doch nur in bestimmten Abschnitten unseres Lebens lesen wir Bücher in der Hoffnung, daß sie uns beeinflussen, eine Richtung geben und akute Probleme lösen. Dies trifft in besonderer Weise zu, wenn wir uns in einer Lebenskrise befinden, oder wenn wir geheimnisvolle innere Entwicklungen durchmachen. In dieser Zeit kann ein Buch unser gesamtes Sein beeinflussen, während dasselbe Buch uns in einem anderen, ausgeglicheneren Lebensabschnitt so gut wie nicht beeindruckt. Es hängt also ganz davon ab, an welchem Punkt unserer persönlichen Entwicklung wir ein Buch lesen. Sehr wenige Bücher können wir im gesamten Leben mit Vergnügen lesen, und wenn dies bei einem Buch der Fall sein sollte, so unterscheidet sich das Vergnügen je nach dem Lebensalter.

Eine der besten Methoden, um festzustellen, wie sehr wir uns geändert haben und – hoffentlich – im Laufe der Jahre reifer geworden sind, besteht darin, Bücher noch einmal zu lesen, die uns früher viel bedeutet haben. Diese Erfahrung war für das Verständnis meiner eigenen Entwicklung so wertvoll, daß ich als Universitätslehrer Psychologiestudenten ermunterte, Bücher erneut zu lesen, die sie früher geliebt hatten. Sie sollten herausfinden, warum dies damals der Fall gewesen war und warum es oft nicht mehr oder nicht mehr im selben Ausmaß zutraf. Meist waren die Studenten verblüfft darüber, daß sich auf diese Weise die Möglichkeit ergab, Änderungen in sich selbst zu erkennen und über die Ursachen nachzudenken.

Deshalb ist die Art unserer Reaktion auf die Lektüre eher eine Auswirkung dessen, was zur Zeit in uns vorgeht, als eine Folge des Buchinhalts.

Ich lernte Theater zu lieben, als ich noch ganz jung war. Als Heranwachsender sah ich jede Woche drei, vier oder gar fünf ernste Theaterstücke, was man in Wien, wo man das Theater schätzte und auch heute noch davon begeistert ist, leicht konnte. Ich war vom Theater so berauscht, daß ich am Anfang meines Studiums beschloß, mich der Schauspielkunst und der Theatergeschichte zu widmen. Doch nach zwei Studienjahren zählte das Theater nicht mehr zu meinen Interessenschwerpunkten. Ich habe zwar gute Aufführungen stets genossen, doch verlor das Theater viel von seinem Glanz, als ich älter wurde. Andere Literaturgattungen wurden wichtiger für mich, und was das Theater betrifft, hinterließen allmählich jene Stücke einen tiefen Eindruck, die mich in meiner Jugend nicht sonderlich berührt hatten. Bezeichnenderweise gewann die klassische griechische Tragödie für mich noch mehr an Bedeutung.

Solange ich jung war, fesselte mich der erste Teil von Goethes ›Faust‹. Das lag nicht nur daran, daß ich damals ähnlich wie Faust versucht hatte, eine Reihe von Fächern zu studieren, ohne daß sich daraus die Antworten ergeben hätten, nach denen ich suchte; es lag auch nicht daran, daß ich wie er nach einem Ideal von Liebe dürstete. Zu jener Zeit, als mich der erste Teil der Tragödie mit Bewunderung erfüllte und mir so viel bot, war der zweite Teil von ›Faust‹ zwar geistig anregend, doch ohne persönliche Bedeutung. Den Schluß des zweiten Teils empfand ich als Enttäuschung: Fausts Bemühungen, das Los der Menschheit entscheidend zu ändern, scheitern kläglich und zerstören sogar Philemon und Baucis, so wie Gretchen am Schluß des ersten Teils den Untergang fand. Doch dort hat Faust versucht, Gretchen zu retten, während er bei Philemon und Baucis nicht eingreift. Es kam mir jämmerlich vor, daß der alte, blinde Faust sich so leicht täuschen ließ bei dem, was er als krönenden Abschluß seines Lebenswerkes betrachtete. Ich hatte wenig Mitgefühl für ihn, vielleicht weil ich meine Befürchtung zum Verstummen bringen mußte, ich würde vielleicht, was die Verdienste meines Lebenswerkes betrifft, auf ähnliche Weise genarrt werden. Deshalb wappnete ich mich gegen diese Gefahr, indem ich mir einredete, niemand könne mich derart an der Nase herumführen.

Im hohen Alter war ich jedoch von dieser Szene und vom Schluß der Tragödie tief berührt. Inzwischen war mir der Wunsch, sich nicht vergeblich abgemüht und im Leben etwas erreicht zu haben, das zukünftigen Generationen nützen wird, so vertraut, daß ich aus eigener Erfahrung heraus begriff, wie Wunschdenken den Blick für Tatsachen trübt. Fausts Erblindung gegen Ende seines Lebens hatte ich in jungen Jahren einfach als eine Begleiterscheinung des Alters betrachtet, doch dann erkannte ich darin ein Symbol, wie schwierig es selbst für den weisesten aller Menschen ist, auch dann noch die Realität zu sehen, wenn er überwältigt wird von dem Wunsch und der Hoffnung, ein sinnvolles Leben gelebt zu haben. Als junger Mann war ich überzeugt, man müsse etwas Sinnvolles schaffen, damit man glauben könne, daß das eigene Leben nicht vertan sei; doch als alter Mann wußte ich: Das beste, was man im Leben erhoffen konnte und was ausreicht für die Errettung des einzelnen, ist in der Feststellung zu Fausts Verklärung enthalten, im Gesang der Engel: »Wer immer strebend sich bemüht, den können wir erlösen.«

Was im hohen Alter geschaffene Meisterwerke anbetrifft, bildete der zweite Teil des ›Faust‹ bei mir keine Ausnahme zu anderen Erfahrungen. Ob es sich um Werke der Literatur, der Kunst oder der Musik handelte: Sie wurden mir erst in vollem Umfang zugänglich, als ich ein hohes Alter erreicht hatte. Obgleich ein fortgeschrittenes Lebensalter erforderlich war, damit ich mich auf den zweiten Teil des ›Faust‹ sowie auf das Alterswerk Rembrandts, Michelangelos, Tizians und anderer einstellen konnte, beruhte meine umfassendere und intensivere Wertschätzung weniger darauf, daß ich im Laufe meines langen Lebens mit ihnen noch vertrauter geworden war – was durchaus nützlich gewesen sein mag –, sondern vielmehr darauf, daß meine eigene Entwicklung es mir erlaubte, eine wesentlich tiefere Bedeutung in ihnen zu entdecken. Diese Entwicklung führte mich über die Bewunderung hinaus, die ich die ganze Zeit für diese Werke empfand, und hin zu der Gewißheit, daß sie auf eine nicht mehr völlig geheimnisvolle Weise auch von mir handelten. Was mir ein wesentlich verfeinertes Verständnis dieser Werke ermöglichte, war also meine eigene Entwicklung im Verlauf meines Lebens; sie selbst hatten diese Entwicklung nicht beeinflußt und auch nicht herbeigeführt.

Es scheint – zumindest für mich – Ähnlichkeiten zu geben zwischen dem eigenen Alter und dem des Schöpfers großer Werke der Kunst und der Literatur; diese Wesensverwandtschaften ebnen den Weg zu einem Verständnis, das die Werke auf einer sehr persönlichen Ebene und nicht vorrangig in künstlerischer Hinsicht viel bedeutungsvoller macht. Aus diesem Grund besteht für mich kein Zweifel daran, daß es bei manchen Büchern durch die eigene Entwicklung möglich wird, daß sie in einem anderen Lebensabschnitt an Bedeutung gewinnen. Bücher liegen auf der Lauer, bis wir bereit sind, und dies trifft wahrscheinlich für jede Kultur zu, in der es Bücher gibt.

Im Gegensatz dazu gibt es auch andere Bücher, die die persönliche Entwicklung stark beeinflussen und sie weitgehend, wenn nicht gänzlich prägen. Meiner eigenen Erfahrung nach geschieht dies meist in einer Zeit, in der man nach Selbstfindung strebt, also besonders in einem Stadium der Identitätsentwicklung, wie es für Heranwachsende typisch ist. Hier können Bücher eine gewaltige Wirkung ausüben auf das Selbstverständnis und auf die Sicht der Welt.

Freuds Schaffen und seine Schriften brachten mich schließlich dazu, Psychoanalytiker zu werden, doch wurde dieser für meine Entwicklung bestimmende Einfluß schon ausgeübt, bevor ich meine berufliche Wahl traf. Obwohl ich damals eine ganz andere Laufbahn im Sinn hatte, war das Kennenlernen seiner Schriften für mich in jungen Jahren die befreiendste Erfahrung.

Bei dem Versuch, die Bücher zu benennen, durch deren Einfluß ich zu dem Menschen wurde, der ich bin, fällt mir ein, daß Freud in seinen autobiographischen Schriften berichtet, seine Berufswahl (und damit die Entstehung der Psychoanalyse!) sei auf die Lektüre einer Abhandlung Goethes zurückzuführen. Goethes naturwissenschaftlicher Essay brachte Freud dazu, den früher gehegten Wunsch aufzugeben, Politiker zu werden, weil der den Lauf der Welt zum Besseren wendet; statt dessen beschloß er, Naturwissenschaftler zu werden. Auf diese Weise wurde Freuds Lebensweg zum Teil durch ein Werk der Literatur bestimmt.

In meinem Fall fand kein radikaler Wandel statt durch eine plötzliche Erkenntnis, welche ein Buch vermittelt hatte. Es gab jedoch Bücher, die, zur rechten Zeit gelesen, zum Werden des Menschen beitrugen, der ich bin. Ohne daß sie mein Leben drastisch umgewandelt hätten, gaben sie ihm eine neue Richtung und neuen Inhalt.

Die Literatur, die ganz am Anfang einen starken Einfluß auf mich ausübte, waren Märchen, die mir zuerst meine Mutter erzählte, und die ich dann selbst las. Ich kann mich aber nicht genau erinnern, ob diese Geschichten für mich eine prägende Kraft hatten. Das muß jedoch der Fall gewesen sein, denn sonst hätte ich nicht im Alter über Jahre hinweg versucht, ihre psychologische Bedeutung für Kinder zu verstehen – ein Unterfangen, das ich sehr lohnend fand, auch deswegen, weil dazu das sorgfältige Wiederlesen und das Überdenken zahlreicher Märchen aus unterschiedlichen Ländern gehörte. Wie und auf welche Weise Märchen für mich damals so wichtig wurden, kann ich heute nicht mehr ergründen, doch bin ich ziemlich sicher, daß der Grund darin liegt, daß sie mir hauptsächlich von meiner Mutter erzählt wurden. Wir sehen also, daß die Bedeutungstiefe von Literatur davon abhängen kann, wie und von wem sie vermittelt wird. Wie ich andernorts geschrieben habe, können Eltern die Beziehung zu ihrem Kind durch Vorlesen vertiefen, aber natürlich muß ihr Interesse an dieser Beschäftigung echt sein. Wir merken auch, daß vom Autor vorgetragene Gedichte oft einen wesentlich stärkeren Eindruck auf uns machen, als wenn wir sie selbst lesen. Auf ähnliche Weise kann Literatur durch das Vorlesen für den Zuhörer bedeutungsvoller sein, als wenn er sie selbst liest.

Es kommt sehr darauf an, ob Literatur als zwischenmenschliches Ereignis erfahren wird, zum Beispiel zwischen dem Vater oder der Mutter und dem Kind; eine unterschiedliche Wirkung entsteht auch dadurch, ob ein Theaterstück auf der Bühne erlebt oder gelesen wird. Manche von den Büchern, die mich am stärksten beeinflußt haben, las und genoß ich zur selben Zeit wie meine engen Freunde, mit denen ich dann auch lange über die Lektüre diskutierte. Entscheidend für die Wirkung eines Buches kann also sein, ob das Lesen eine zwischenmenschliche Erfahrung darstellt oder nicht.

Wie die meisten Menschen las ich vieles, was für mich irgendwie nützlich war, ohne daß diese Lektüre mein Leben sonderlich beeinflußt hätte. Selbst in meiner Kindheit war ich ein Vielleser, doch handelte es sich dabei hauptsächlich um Wirklichkeitsflucht. Historische Romane ermöglichten mir eine Flucht in vergangene Zeiten, während andere Bücher, etwa die Romane von Karl May, das Entrinnen in den fernen Wilden Westen gestatteten; utopische Literatur, die Science-fiction jener Tage, ließ mich in eine ferne Zukunft reisen. Alle diese

Bücher ermöglichten mir die Flucht vor der qualvollen Realität der Jahre 1914 bis 1918, der Zeit des Ersten Weltkriegs. Für einen in Wien geborenen Jungen, der bis zum Beginn des Krieges ein abgeschirmtes Dasein und ein sorgloses, bequemes Leben genießen konnte, brachte der Krieg ein sehr unsanftes Erwachen: Auf die Mühsal des Lebens war ich nicht vorbereitet. Die »Flucht«-Literatur erlaubte es mir, eine Zeitlang zu vergessen, wie schwer das Leben für mich geworden war; so lernte ich schon früh, was für eine Erleichterung Bücher schaffen können.

All dies änderte sich ziemlich rasch im Jahr 1917, als ich mit vierzehn das Jugendalter erreichte. Zu diesem Zeitpunkt erschwerten die Verheerungen des Krieges eine Flucht in eine Phantasiewelt der Lektüre ungemein. Während ich zuvor die Welt meiner Eltern mehr oder weniger als selbstverständlich betrachtet hatte, wurde ich, als ich heranwuchs und ein differenzierteres Bewußtsein gewann, immer erboster und kritischer gegenüber einer Welt, die zuließ, daß so ein entsetzliches Gemetzel stattfinden und sogar unvermindert andauern konnte. Ich griff deshalb nach Büchern, die mir helfen konnten, zu einem eigenen Urteil zu gelangen und eine unabhängige Persönlichkeit zu gewinnen, statt die Regeln meiner Umwelt und meiner Erziehung zu befolgen. Ich suchte Bücher, die mitteilten, was gegen das Entsetzliche in der Welt zu unternehmen sei und die nicht, wie es mir bis dahin genügt hatte, eine Flucht vor dem schrecklichen Geschehen ermöglichten.

Diese größere Welt bedrängte mich und verletzte die Freiheit meines Schülerdaseins. In meinem Fall handelte es sich dabei um ein Realgymnasium, dessen autoritäres Grundmuster mir sehr zu schaffen machte, während ich gleichzeitig die musischen Fächer, die dort unterrichtet wurden, lebenslang schätzen lernte. Daher enthielten die ersten Bücher, die auf mich wirklich befreiend wirkten, Kritik am bestehenden Erziehungssystem; sie stützten meine Überzeugung, daß es für die Jugend bessere Erziehungsmethoden geben müsse. Ich kann mich jetzt nicht mehr genau erinnern, ob ich vor oder nach meinem Beitritt zum Jung-Wandervogel, der linksgerichteten Jugendbewegung in Wien, auf die Freie Schulgemeinde aufmerksam wurde, die Gustav Wyneken in Wickersdorf bei Saalfeld in Thüringen ins Leben gerufen hatte. Das Motto des Jung-Wandervogels lautete verkürzt

»ADEA«, was »Abonniere den Anfang« bedeutete; der ›Anfang‹ war die Zeitschrift dieser Bewegung für eine Schulreform.

Ich abonnierte ihn in der Tat. Ich war begeistert von den dort propagierten Erziehungsmethoden. Da ich gezwungen worden war, das zu lernen, was meine Lehrer für richtig hielten und es auch auf eine Weise lernen mußte, die sie mir vorschrieben, war ich begeistert von dem Gedanken, daß Kinder mitbestimmen sollten, was sie lernten und wie sie lernten. Daß alles Lernen eine Tätigkeit sein sollte, an der Lehrer und Schüler mehr oder weniger als Gleichberechtigte beteiligt waren, daß ein Großteil des Lernens um Projekte herum angesiedelt werden sollte, deren Erfolg von Eigeninitiative abhing – das waren für mich, der ich bislang nur einen Unterricht gekannt hatte, in dem die Schüler passive Objekte des Erziehungssystems darstellten, völlig neue Gedanken. Daß Kinder entscheiden könnten, wie die Schule funktionierte oder darauf zumindest gewichtigen Einfluß ausüben sollten, war all dem so entgegengesetzt, was ich zu Hause und in der Schule gekannt hatte, daß diese Gedanken für mich tatsächlich eine neue Welt des Denkens und Seins eröffneten.

Was ich aus dem ›Anfang‹ lernte und erfuhr, war wirklich ein Neubeginn für mich. Es bildete die Grundlage für meine pädagogischen Überzeugungen, die ich viele Jahre später in den Vereinigten Staaten in die Praxis umsetzen konnte, als ich der Leiter einer Pionierinstitution des Erziehungswesens wurde. So war diese Lektüre von ausschlaggebender Bedeutung für meine persönliche, intellektuelle und berufliche Entwicklung. Zur selben Zeit gaben gegen den Krieg gerichtete Publikationen, allen voran ›Die Fackel‹ von Karl Kraus, die ersehnte geistige Führung, sowohl bei meinen pazifistischen als bei meinen intellektuellen und literarischen Neigungen. Mit meinen Freunden aus der Wandervogel-Jugendbewegung führte ich Diskussionen über die von Karl Kraus stammenden pazifistischen Ideen und über die Gedanken zur Schulreform, und dies lehrte mich, wie die Lektüre an Bedeutung gewinnen und einen tieferen Eindruck hinterlassen kann, wenn enge persönliche Beziehungen zum Tragen kommen.

Durch die Beteiligung an dieser Jugendbewegung wurde ich auch zu Freud und zur Psychoanalyse hingeführt. Daß Sexualität keine Tabuzone zu sein braucht, daß sexuelle Angst beseitigt und sexuelle Verdrängung aufgehoben werden kann, waren für einen Wiener Jugendlichen aus bürgerlichem Haus unglaublich befreiende Vorstellungen. Das war eine persönliche Befreiung, doch die Schriften der Bewegung für eine freie Schule bildeten eine gesellschaftliche Befreiung, da sie eine Alternative boten zu dem Schulsystem, das mich knebelte. Sie zeigten eine freiere, bessere und humanere Erziehungsmethode für junge Menschen, zu denen ich gehörte. Freud schien Befreiung zu bieten aus sexuellen Verboten und Ängsten, die mir, einem gehemmten, typisch bürgerlichen Jugendlichen zu schaffen machten. Die Kombination aus sexueller Befreiung und Erziehungsreform wurde zu einer Offenbarung, da beide andeuteten, daß ich nicht mehr zu leiden brauchte unter dem, was mich so bedrückte. Welch größeren Dienst können Bücher uns erweisen, als uns zu befreien aus der Wut und der Furcht wegen eines Versagens in der Schule und aus den Alpträumen der Sexualangst?

Die Wirkung dieser Lektüre ließ nie nach, sie hat nach wie vor bestimmende Kraft für mein Leben. Von meinem vierzehnten Lebensjahr an las ich alles, was Freud geschrieben hatte, und danach verschlang ich alles, was er veröffentlichte. In meiner Studienzeit bemühte ich mich um eine systematischere Lektüre hinsichtlich der Erziehungsreform und beschäftigte mich hauptsächlich mit Dewey, aber auch mit Frühschriften von Rousseau, Pestalozzi und anderen. Ich ahnte nicht, daß die damals ausgestreute Saat aufgehen und in meinem Lebenswerk Früchte tragen würde, nämlich in dem Versuch, die Einsichten der Psychoanalyse mit pädagogischen Methoden zu verbinden, um so eine Befreiung des Geistes und der Gefühle zu erreichen.

In den Jahren meiner Adoleszenz, also ungefähr vom vierzehnten Lebensjahr bis in meine Zwanziger hinein, waren auch andere Bücher für meine persönliche und intellektuelle Entwicklung wichtig. Es war die Zeit, in welcher der Erste Weltkrieg ein Ende fand und das habsburgische Reich zusammenbrach, die Zeit der schrecklichen Inflation und anderer katastrophaler Ereignisse, die insgesamt bewirkten, daß ich alle meine Wertvorstellungen überdenken mußte. Das Wort »Österreich wird ewig stehen« hatte mein Heranwachsen begleitet, und in meiner Kindheit hatte ich fest daran geglaubt. Dann zwangen mich die Ereignisse, ein neues Geschichtsverständnis zu erwerben. Ich mußte liebgewordene Vorstellungen aufgeben, die das Leben bequem und sicher gemacht hatten, und statt dessen neue, realitätsgerechtere Anschauungen gewinnen. In einer Zeit der Umwälzungen in der Innenwelt eines Menschen und in seiner Umwelt machen die richtigen Bücher – solche, die zum besseren Verständnis und zur Klärung beitragen – einen viel tieferen Eindruck als in anderen Lebensabschnitten.

Zu persönlichen Erfahrungen in meiner Familie und dem Wirrwarr meiner Jugend kam der Schrecken des Krieges, und ich geriet dem Leben und mir selbst gegenüber in einen tiefen Pessimismus. Der Fortschrittsglaube, den meine Eltern mir beigebracht hatten und der vom Geschichtsunterricht der Schule untermauert worden war, konnte angesichts dessen, was sich in der Welt zutrug, nicht aufrechterhalten werden. Aus der Lektüre Freuds hatte ich gelernt, welch große Rolle im Leben eines Menschen das irrationale Element seiner Psyche spielt. Es war also eine Offenbarung, als ich aus Theodor Lessings ›Geschichte als Sinngebung des Sinnlosen‹ erfuhr, daß Geschichte nicht darlegt, wie sich der Mensch im Laufe der Zeit fortentwickelt, sondern daß dieser Fortschritt und der Sinn historischer Ereignisse nur Projektionen des Wunschdenkens darstellen. Lessings Betonung der irrationalen Elemente in der Geschichte und in der Geschichtsschreibung wirkte auf mich überzeugend, da ich Freuds Hervorhebung der irrationalen Elemente im Menschen als befreiende Erfahrung empfunden hatte.

Bei Lessing stieß ich auf Friedrich Albert Langes Diktum »Der Mensch braucht als Ergänzung der Wirklichkeit eine ideale Welt«; diesen Gedanken brauchte ich, damit das Leben für mich erträglich wurde. Durch das Zitat kam ich zu Langes ›Geschichte des Materialismus‹, die ebenfalls mein Geschichtsverständnis beeinflußte. Obwohl Langes Schriften sehr erhellend waren, änderten sie am Verlauf meines Lebens nichts, und sie halfen mir nicht bei der Bewältigung der unmittelbaren Probleme, die durch meine depressiven Neigungen geschaffen wurden und die mein Handeln blockierten. Lessings Ermutigung, das Leben mit Hilfe der Dichtung erträglicher zu gestalten, half mir jedoch sehr, trotz meines tief verwurzelten Pessimismus voranzukommen. Lessings Buch überzeugte mich, daß es zweckdienlich ist, an der Fiktion festzuhalten, im Kosmos walte Ordnung. Durch Lessing kam ich dazu, Hans Vaihinger zu lesen, dessen Werk ›Die Philosophie des Als-Ob‹ die Notwendigkeit und Nützlichkeit eines Handelns aufzeigt, das auf Fiktionen beruht, die bekanntermaßen falsch sind. Von seiner Bemerkung, die Menschheit sei eine an Größenwahn leidende Affenart, war ich beeindruckt, weil sie das Verhalten meiner Lehrer und vieler anderer Autoritätspersonen zu erklären schien, ohne daß sie auch auf mich anwendbar gewesen wäre. Vaihinger vertrat die Ansicht, der Pessimismus könne die moralische Kraft verleihen, die einen befähigt, das Leben zu ertragen; gleichzeitig helfe er dem Menschen, einen objektiveren Begriff von der Welt zu entwickeln. Dies schien meinen Pessimismus zu rechtfertigen und gestattete zudem die Vorstellung, er sei konstruktiv. Vorher war ich überzeugt gewesen, daß mein Pessimismus rein destruktiv sei, ich aber nichts dagegen tun könne, weil er meiner ehrlichen Überzeugung entsprang. Von diesen beiden Autoren erhielt ich die Anleitung, die ich am meisten brauchte: wie man trotz innerer Zweifel ein sinnvolles Leben führen kann. Diese Lektion hat ihren Wert in meinem gesamten Leben unter Beweis gestellt.

Meine philosophische Grundüberzeugung, daß wir nach Fiktionen leben müssen, um nicht nur im Leben Sinn zu entdecken, sondern um es auch erträglich zu machen, blieb lange ohne Wirkung auf mein Verständnis für den zweiten Teil des ›Faust‹. Dies änderte sich erst, als ich über achtzig Jahre alt war. Erst dann entdeckte ich die große Weisheit Goethes: Er ließ den alten Faust an die Fiktion glauben, er habe Großes für die Menschheit geleistet. Als mich Lessing und Vaihinger stark beeindruckten, konnte ich ihre Erkenntnisse, die auf mein Privatleben so befreiend wirkten, noch nicht auf meine kulturellen Leitfiguren anwenden; von ihnen wollte ich weiterhin annehmen, sie seien in der Lage gewesen, ihre Größe zu erreichen, ohne Zuflucht zu einem Glauben an Fiktionen nehmen zu müssen.

Geschichtsphilosophische Lektüre vermittelte mir Einsichten, die mich für Spenglers ›Der Untergang des Abendlandes‹ empfänglich machten. Dieses Werk verstärkte meine pessimistische Einschätzung gegenüber dem Schicksal des Menschen und gab mir um so mehr Grund, weiterhin auf bekanntermaßen falschen Fiktionen aufzubauen, damit ich ein sinnvolles Leben führen konnte.

Durch diese Bücher, die meine geistige – und indirekt auch meine seelische – Entwicklung so nachhaltig beeinflußten, kam ich dazu, im dritten Jahr meines Studiums statt Literatur Philosophie zu belegen. Doch als ich Philosophie studierte, kam mir diese zu abstrakt vor, als daß sie mein Leben hätte ausfüllen können. Ich brauchte nicht bloß etwas, das ich wegen seiner denkerischen Qualität bewundern konnte, sondern etwas Positiveres, das meine Seele erwärmen würde; die Philosophie vermochte dies nicht. Als ich mich zwei Jahre lang mit der Philosophie befaßt hatte, wechselte ich erneut mein Hauptfach und widmete mich (wie ich später noch ausführen werde) der Kunstgeschichte. Doch bevor und während ich den Verlauf meines Studiums änderte, wirkten einige Bücher ganz anderer Art auf mein Leben ein.

Als ich versuchte, mich aus der Welt meiner Eltern freizukämpfen, was eher aufs Geratewohl geschah als planmäßig, lernte ich Bücher von Martin Buber kennen, die mir von der Welt der Chassidim erzählten, die so fremd und exotisch war wie jene Sphäre der utopischen Romane, welche ich in meinem Streben nach Wirklichkeitsflucht gelesen hatte. Aber dies war die Welt meiner Vorfahren, und doch fand sich im Leben meiner Eltern, die kaum zwei Generationen entfernt waren von jener Welt, die Buber beschrieb, nicht die geringste Spur. Da meine gesamte Familie ein angepaßtes Leben führte, war mir über das Judentum nur das bekannt, was ich und meine engsten Freunde, von denen die meisten ebenfalls Juden waren, zu erleiden hatten: die spöttischen Bemerkungen, die Zurückweisung und manchmal die offene Aggression unserer christlichen Mitschüler und selbst einiger unserer Lehrer. Jetzt hatte mein Judentum plötzlich einen positiven Inhalt. Ich hatte zwar im Religionsunterricht jüdische Geschichte kennengelernt, allerdings hatte sie für mich keine persönliche Bedeutung angenommen. Doch der Mystizismus, der Buber zufolge die jüdische Welt des *Shtetl* erfüllte, faszinierte mich; er schien eine gute Ergänzung zu sein zu der rationalistischen und etwas pedantischen Betrachtungsweise, die mir anerzogen worden war. Mehr als irgendeine antisemitische Schikane machte mir diese Lektüre bewußt, daß ich Jude war. Ich wurde zwar durch die Schriften von Buber und später durch Gershom Scholems Bücher über den jüdischen Mystizismus weder in einen religiösen Juden noch in einen Zionisten verwandelt, doch trugen sie dazu bei, ein Gefühl des Stolzes entstehen zu lassen, weil ich auf diese Weise zum Erben einer ehrwürdigen Tradition geworden war, Erbe eines Stammes, welcher der Welt so viel gegeben hatte.

Dieses neue, positive Selbstbewußtsein als Jude bildete eine weitere Verbindung zwischen mir und Freud; es bedeutete mir viel, daß das letzte große Werk, das er abschließen konnte, ›Moses and Monotheism‹ (›Der Mann Moses und die monotheistische Religion‹) war. Meine Bejahung jüdischer Identität wurde besonders wichtig und vielleicht sogar lebenserhaltend für mich, als ich in deutschen Konzentrationslagern verhöhnt und mißhandelt wurde, weil ich Jude war.

Trotz meiner Opposition gegen das autoritäre Erziehungssystem und der Ablehnung seiner Unterrichtsmethoden blieb ich den kulturellen Werten meines Elternhauses verpflichtet und auch jenen, die ich in meiner Ausbildung für die besten hielt. Aus diesem Grund waren die befreienden Bücher, die ich erwähnt habe, nicht die einzigen, die meine Persönlichkeit formten. Goethe und Schiller waren die Kulturheroen meiner Eltern und auch der wenigen Lehrer, die ich achtete. Doch diese kulturellen Werte waren hauptsächlich weitervererbte und übernommene Werte. Um der unabhängige Mensch zu werden, der ich zu sein wünschte, mußte ich auch noch meine eigenen kulturellen Vorbilder finden.

In den Jahren nach dem Ende des Ersten Weltkriegs gab es eine neue Bewegung in der Kunst und in der Literatur: den Expressionismus. Seine Opposition gegen traditionelle Werte wirkte sehr verführerisch auf einen Heranwachsenden, der nicht unbedingt in die von seinen Familienangehörigen gewünschte Richtung gehen wollte. Es war eine künstlerische Bewegung, die auf ihren Gebieten so befreiend zu wirken schien wie Freud auf dem Gebiet der Sexualität und die Schulreform in der Pädagogik. Doch als ich mich so einer Gegenbewegung zur Klassik verschrieb, empfand ich auch das Bedürfnis, zu einem tieferen Verständnis der von der Klassik geprägten Einstellung gegenüber den kulturellen Errungenschaften der Vergangenheit zu gelangen. Bei aller Reformbegeisterung fühlte ich mich der humanistischen Bildung weiterhin verpflichtet. Und ich betrachte es als einen Glücksfall, daß ich in diesem kritischen

Augenblick meiner Entwicklung Jacob Burckhardt entdeckte. ›Die Kultur der Renaissance in Italien‹ und der Geist, von dem dieses Werk durchdrungen war, beeindruckten mich tief; dieses Buch und die anderen Schriften Burckhardts brachten mich zu dem Entschluß, das Studium der Kunst der Renaissance zu meinem Nebenfach zu machen. Burckhardt betrachtete ja den Staat selbst als Kunstwerk, und das paßte gut zu meiner Vorstellung, daß die Staaten und ihre Regierungen sich ändern müßten, bis sie sich vollkommen unterschieden von jenen Nationen, die sich im Ersten Weltkrieg gegenseitig zerfleischt hatten.

Der Teil von Burckhardts Hauptwerk, der sich mit der Entwicklung des Individuums befaßt, kam meinem Bedürfnis entgegen, meine eigene Persönlichkeit auf eine Weise zu entwickeln, die ich billigen konnte. Und als mir von Burckhardt geschildert wurde, auf welche Weise die Entdeckung der Welt und die Entdeckung der eigenen menschlichen Individualität Hand in Hand verliefen, fand ich dies in mir selbst widergespiegelt: Ich sah, daß die Entdeckung meines Eigenlebens und meines Selbst sowie mein wachsendes Verständnis der realen Welt notwendigerweise ineinander integriert waren.

Als Teil der neugewonnenen Freiheit, und da der Frieden in Europa endlich Reisen erlaubte, machte ich mich auf und lernte eine Welt jenseits von Elternhaus und Schule kennen. Meine Abiturfahrt war noch auf Deutschland begrenzt gewesen, wo ich mich mit der deutschen Gotik in Kunst und Architektur besser vertraut machte. Doch im folgenden Jahr reiste ich nach zwei Studiensemestern nach Italien, und dazu war ich hauptsächlich von der Lektüre Burckhardts motiviert worden. Sein Buch ›Der Cicerone‹ war dabei mein Ratgeber; ich übertreibe nicht, wenn ich sage, daß es über ein Jahrzehnt lang meine Bibel darstellte. Ich bemühte mich, jedes Jahr mindestens eine, manchmal auch zwei längere Italienreisen zu unternehmen und hatte dabei stets den ›Cicerone‹ in der Hand. Diese Erfahrung trug dazu bei, daß ich mein Hauptfach wechselte und statt der Germanistik zuerst Kunstgeschichte und schließlich Ästhetik studierte, in der ich dann auch promovierte. In meiner Dissertation versuchte ich, einen von der Psychoanalyse beeinflußten Zugang zur Psychologie der Kunst mit einem philosophischen, meist auf Kant gestützten Verständnis von Schönheit zu integrieren sowie mit der Kunstgeschichte. Während meines Philosophiestudiums erkannte ich, wie oberflächlich Wynekens Reformpädagogik war im Vergleich zu Deweys tiefschürfendem Denken.

Dieser Abriß meiner Entwicklung dürfte gezeigt haben, welche Bücher für mein Leben von großer Bedeutung waren. Den Anfang bildeten Freuds Schriften, deren Einzeltitel so viele sind, daß ich sie nicht alle aufführen kann. Doch im Vordergrund standen nicht so sehr seine fachbezogenen Bücher, sondern jene, die sich mit dem Menschen und seiner Kultur befassen: ›Das Unbehagen in der Kultur‹, ›Die Zukunft einer Illusion‹ und ›Moses and Monotheism‹. Es folgten von Jacob Burckhardt ›Die Kultur der Renaissance‹, ›Der Cicerone‹ und ›Weltgeschichtliche Betrachtungen‹. Dann Martin Bubers ›Die Erzählungen des Rabbi Nachman‹ und später ›Die Legenden des Baalshem‹ sowie Gershom Scholems Schriften über den jüdischen Mystizismus.

Als etwas, das sein Licht auf alle anderen genannten und ungenannten Bücher wirft, als Vorbild, dem immer nachzueifern ist, obwohl es nie erreicht werden kann, sei schließlich Goethes Leben und Werk genannt. Doch welcher gebildete deutschsprechende Mensch ist nicht von Goethe stark beeinflußt worden, diesem überragenden Präzeptor der Deutschen und auch eines großen Teils der Welt? Daß Goethe mit seinem Leben und seinem Werk auch Freuds kulturelle Leitfigur war, machte ihn für mich um so bedeutungsvoller. Neben den beiden Teilen des ›Faust‹ haben mich ›Wilhelm Meisters Wanderjahre‹ und ›Wilhelm Meisters Lehrjahre‹ beeinflußt; der Bildungsroman brachte mich dazu, stets danach zu streben, meine eigene Bildung zu erweitern. Und so, wie Burckhardts ›Die Kultur der Renaissance in Italien‹ mir die Augen dafür geöffnet hatte, was die Geschichte und die Kunst der Renaissance für die europäische Kultur bedeutete und mich selbst entdecken ließ, was die Kunst und die Kulturgeschichte für mich bedeuten könnten, so diente auch Goethes ›Italienische Reise‹ mir als Vorbild, wie ich mich selbst finden konnte auf der Reise durchs Leben.

Ins Deutsche übertragen von Rüdiger Hipp.

Die Kunst des Films*

Das bewegte Bild, sei es in Form des Films oder des Videobandes, stellt die einzige wahrhaft zeitgenössische Kunst des zwangzigste Jahrhunderts dar. Der Film ist unsere universelle Kunst, die alle anderen einschließt: die Literatur und die Schauspielkunst, die Bühnengestaltung und die Musik, den Tanz und die Schönheit der Natur, die Gestaltungskunst mit Licht und mit Farbe. Er umgibt uns immer, weil das Medium wirklich Teil der Botschaft ist, und weil das Medium des bewegten Bildes wahrhaft modern ist. Jeder kann es verstehen, so wie einst jedermann in der Kirche die sakrale Kunst verstehen konnte. Und so, wie die Menschen sonntags in die Kirche gingen (und gehen), besuchen jetzt viele am Wochenende das Kino. Doch während früher die meisten Leute nur an manchen Tagen die Kirche besuchten, betrachten sie jetzt täglich bewegte Bilder.

In den meisten Ländern schauen Menschen aller Altersstufen Filme an, und sie verwenden darauf viel mehr Zeit, als Durchschnittsmenschen je in Kirchen verbracht haben. Kinder und Erwachsene betrachten sie getrennt oder zusammen; in mancherlei Hinsicht und für viele Beteiligte ist dies die einzige gemeinsame Erfahrung, die Eltern und Kinder haben. Heute ist der Film die einzige Kunstform, die alle Gesellschaftsschichten anspricht, wie es in vergangenen Zeiten nur die sakrale Kunst tat. Er ist dadurch die weitaus populärste Kunstform unserer Zeit.

In dem kurzen Zeitraum eines Menschenlebens entwickelte sich diese modernste aller Kunstformen aus ungewissen und täppischen Anfängen zu voller Reife. Mein Geburtsdatum brachte es mit sich, daß ich die unglaubliche Entwicklung des Films verfolgen konnte von der Laterna magica meiner frühen Kindheit über die großen Stummfilme meiner späten Kindheit und die ersten Tonfilme meiner Jugendzeit bis hin zu den Fernsehshows meines Erwachsenenalters. Ich kann mich noch leb-

* Dieser Essay basiert auf einem Artikel mit derselben Überschrift, der im Oktober 1981 in ›Harper's‹ erschien, sowie auf der ersten ›Patricia Wise Lecture‹ des American Film Institute; diese Vorlesung wurde am 3. Februar 1981 in Washington gehalten.

haft daran erinnern, wie es auf mich wirkte, als ich den ersten Tonfilm sah *und* hörte. Ich glaube nicht, daß mit irgendeiner anderen Kunstform so viel in so kurzer Zeit erreicht wurde. Mit ihrem rapiden Wachstum ist die Filmkunst wahrlich ein Kind des zwanzigsten Jahrhunderts.

Obwohl ich der Meinung bin, daß die Kunst des bewegten Bildes vor allem eine authentisch amerikanische Kunstform darstellt, war dies nicht der Fall, als ich ihr zuerst begegnete. In ein Lichtspielhaus zu gehen war in Wien ein so wichtiger und aufregender Teil meiner Jugenderlebnisse, wie es Kinobesuche und Fernsehdarbietungen bei den jungen Leuten von heute sind. Als Heranwachsende gingen meine Freunde und ich so oft wie möglich ins Kino, und zwar aus Gründen, die weitgehend mit denen übereinstimmen, welche dieselbe Altersstufe heute hat: Wir brauchten Vorbilder, nach denen wir unsere Persönlichkeit entwickeln konnten, und wir waren begierig darauf, mehr über jene Aspekte des Lebens und des Erwachsenseins zu erfahren, die für uns noch im Verborgenen lagen. Filme vermitteln die Illusion, es sei erlaubt, das Leben anderer auszuspähen, und genau dies tun Kinder und Heranwachsende liebend gern: entdecken, wie Erwachsene mit ihren Wunschvorstellungen zurechtkommen.

Ein weiteres Hauptmotiv für den Kinobesuch war unser Verlangen, aus der Wirklichkeit in Wunschträume zu entfliehen, deren Inhalt die Filme liefern sollten. Als wir auf die Fortsetzung von ›Pauline in Gefahr‹ warteten, hatten wir etwas Spannendes, worauf wir uns freuen und worüber wir im Unterricht Spekulationen anstellen konnten, anstatt unseren Lehrern zuzuhören. Die Lichtspielhäuser, die ich als Jugendlicher besuchte, stellten wahre Vergnügungsstätten dar; sie unterschieden sich stark von unseren heutigen Kinos, deren Charakteristikum kalte Funktionalität ist. Sobald man jene Traumpaläste betrat, fühlte man sich in eine andere Welt versetzt. Drinnen gab es Nischen und Schlupfwinkel und Logen mit schweren Vorhängen, die Abgeschlossenheit und Intimität suggerierten. Hier konnte man der Kontrolle der Eltern und anderer Erwachsener entrinnen, sich dem Nichtstun ergeben und Luftschlösser bauen.

Die Lichtspielhäuser boten auch die einzigartige Gelegenheit, uns gehenzulassen und sogar, angeregt durch Liebesszenen auf der Leinwand, mit der Vorstellung des Verliebtseins zu kokettieren. Das Unwirkliche an der Szenerie, ihre Attraktivität und vor allem die uns umgebende Dunkelheit steigerten die traumähnliche Beschaffenheit dieses Erlebnisses. All dies ermutigte dazu, ungehemmt auf die Leinwanddarbietungen zu reagieren, auch mit sexuellem Experimentieren. Doch dieser Abbau von Hemmungen war keineswegs auf das sexuelle Gebiet beschränkt. Ich kann mich nicht erinnern, je so herzhaft und ungehemmt gelacht zu haben wie damals, als ich in diesen Vergnügungspalästen komische Szenen anschaute. Tatsächlich lag es mehr an dieser Ausgelassenheit und nicht so sehr am Abbau sexueller Hemmungen, daß ich die Lichtspieltheater als Stätten des Vergnügens erlebte.

Beim Betrachten von Filmen kann man so mitgerissen werden, daß man sich als Teil der Leinwand-Welt fühlt. Es ist ein Erlebnis, das Menschen aus sich selbst herausführt und in eine Welt hinein, wo sie nicht an die normale Wirklichkeit gebunden sind – zumindest für die Dauer des Films. Daher hat es den Anschein, was man im Kino fühle und tue, zähle in Wirklichkeit nicht.

Doch sobald die Lichter angehen, wird der Zauber abrupt aufgehoben; man befindet sich wieder in der normalen Welt. Für die Zeit, die man in der filmischen Verzauberung verbracht hat, fühlt man sich nicht verantwortlich, und darüber hinaus verhindert diese Unwirklichkeit, daß man ernsthaft über etwas nachdenkt, was in meiner Kindheit nicht als Kunst, sondern als »bloße« Unterhaltung galt. Auf diese Weise machten viele Angehörige der Generation unserer Eltern sowie die meisten unserer Lehrer den Film verächtlich. Wie die meisten Menschen ließen sie sich gern unterhalten, doch sie betrachteten den Film nicht als Kunst.

Unsere Haltung gegenüber dem, was wir als die klassischen Künste ansahen, war ganz anders; das lag nicht nur daran, daß diese von unseren Eltern und unseren Lehrern verehrt wurden, obgleich es damit wohl schon etwas zu tun hatte. Der Unterschied hatte tiefere Gründe, er ergab sich aus der inneren Erfahrung dieser Künste. Große Literatur zu lesen, gute Theaterstücke zu sehen, gute Musik anzuhören und Gemälde oder Plastiken zu betrachten, schien zu ganz anderen Erfahrungen zu führen als ein Kinobesuch. Nur das Anhören von Opern schien eine gewisse Ähnlichkeit zu besitzen, weil auch sie in gewisser Weise mitreißend waren.

Diese anderen Kunsterfahrungen ergaben, wenn sie tief empfunden wurden, einen bedeutsamen Unterschied in meinem Selbstverständnis, meiner Sicht der Welt und meines eigenen Platzes in ihr. Der Höhepunkt solcher Erfahrungen war eine Art »Erkenntnisschock«, in dem ich gleichzeitig das Kunstwerk und mich selbst erlebte. Diese Erfahrung steigerte mein Selbstgefühl, indem sie mich stolz darauf machte, an der Großartigkeit des Menschen und seiner Kultur teilzuhaben. Diese Erfahrungen eröffneten neue Perspektiven für die Bedeutung des Menschseins.

Manche Streifen boten höchstes Vergnügen, doch führten Filme kaum jemals zu parallelen Erfahrungen, obwohl viele sehr spannend waren, viele fremde, unbekannte Kulturen beleuchteten und das menschliche Verhalten in einem anderen Licht zeigten. Diesen Filmen fehlte also keineswegs das menschlich Ansprechende, und sie waren in verschiedener Hinsicht von Bedeutung. Und doch gelingt es den meisten Filmen nicht, ein besseres Verständnis der eigenen Rolle oder der des Menschen in der Welt zu vermitteln, das zur Sinngebung im Leben beiträgt.

Es liegt nicht daran, daß einen manche Filme nicht packen oder sogar stark erschüttern würden. Als ich Sergej Eisensteins ›Panzerkreuzer Potemkin‹ gleich nach seiner Uraufführung sah, war das für mich ein großartiges Erlebnis, aber danach hatte ich das Gefühl, manipuliert worden zu sein; es war, als hätte der Film meine Emotionen aufgeputscht, ohne mir Zeit für eigene Entscheidungen zu lassen. Im Gegensatz dazu konnte eine antike griechische Tragödie, bei der die Probleme und Handlungsgegenstände viel weiter von meiner Welt und meinen Erfahrungen entfernt waren, mich stärker und auf einer eher persönlichen Ebene berühren.

Der wichtige Unterschied war, daß beim Erleben großer Kunst meine persönlichen Belange ersetzt wurden durch das Gefühl, mit etwas in Verbindung zu stehen, das bedeutender war als ich, als wäre Größe gegenwärtig und ich ihrer teilhaftig. Diese Erfahrung weckte in mir etwas, das Freud als ein ozeanisches Gefühl bezeichnet hat: ein Gefühl, mit dem Universum im Einklang zu sein, während alle persönlichen Überlegungen aufgehoben und alle Bedürfnisse erfüllt sind. Ich hatte die

Empfindung, mit der Vergangenheit des Menschen zu kommunizieren und mit seiner Zukunft in Verbindung zu stehen. Einen Augenblick lang sah ich all dies, und ich fühlte mich dadurch bestärkt. Beim Erleben der Kunst war ich immer gegenwärtig und aktiv, doch beim Erleben eines fesselnden Filmes existierte ich lediglich, als ich schaute und hörte. Bei bedeutungsvollen Kunsterfahrungen erlebte ich mich selbst auf der Höhe meiner Individualität. Bei Filmen gab es kein Selbstbewußtsein, keine Individualität, sondern nur das Erleben der Ereignisse auf der Leinwand.

Auf dieser gewaltigen und fast einzigartigen Macht des Films, den Zuschauer aus seiner Individualität herauszuheben, beruht seine Faszination. Nicht ohne Grund ist das Erleben eines Filmes mit dem Träumen verglichen worden. Filme haben dieselbe Dehnbarkeit von Zeit und Raum, dieselbe Unmittelbarkeit und dieselbe beklemmende Lebendigkeit wie Träume. Wie in einem Traum kann sich das Geschehen auf der Leinwand in Zeit und Raum vorwärts und rückwärts bewegen. Der Modus des Traums und der des Films sind ein endloses *Jetzt*.

Wenn wir Filme ansehen, regredieren wir und verlieren unsere Kritikfähigkeit. Die Dunkelheit des Raumes läßt an eine Rückkehr in den Mutterleib denken, doch hängt unsere Regression nicht nur mit der Tatsache zusammen, daß wir völlig passiv sind. Indem wir uns mit dem Blickwinkel der Kamera identifizieren, erleben wir reine Wahrnehmung. Wir sind uns der Position unseres Körpers nicht länger bewußt, wir orientieren uns nicht mehr nach der Welt unserer Erfahrung – unsere Orientierung wird von der Kamera übernommen, die uns zwingt, mal hierhin und mal dorthin zu schauen. Erlebnisse werden uns aufgezwungen, und solange wir die Augen nicht schließen oder von der Leinwand wegschauen, sind wir nicht in der Lage zu verarbeiten, was wir erleben, genau wie damals, als wir im Mutterleib waren, oder als wir noch ganz kleine Kinder waren. Es ist leicht, uns zu dieser Regression zu verleiten, weil wir ja wissen, daß uns das, was wir im Begriff sind zu erleben, keinen Schaden zufügen kann, und daß die Menschen auf der Leinwand, die uns in ihren Bann ziehen, unser Leben nicht wirklich beeinflussen können. Die beim Träumen oder beim Betrachten von Filmen erlebte Regression wird zu keiner bedeutungsvollen Weiterentwicklung unserer Persönlichkeit führen. Sobald wir uns nach dem Ende des Films wieder in der Wirklichkeit befinden, sind wir genau derselbe Mensch wie vor diesem Erlebnis.

Darin unterschied sich also mein Erleben des Films von dem anderer Kunstformen. Je bedeutungsvoller mir eine Kunstform erschienen war, desto stärker reagierte ich auf ein Kunstwerk, und um so mehr brachte es mich zu mir selbst. Je mehr ich auf einen Film reagierte, desto mehr zog er mich in seine Welt hinein, und desto weniger blieb bei diesem Erlebnis von mir selbst übrig.

Das bewegte Bild ist zweifellos ein ideales Medium für ein Entrinnen, für eine Flucht vor dem, was uns so bedrückt, daß wir es vergessen möchten. Um uns gutzutun, darf die Flucht jedoch nicht nur eine Flucht *vor* etwas sein; sie muß auch zu etwas Besserem, Sinnvollerem *hin*führen. Um wahrhaftig eine Kunst zu sein, muß uns das bewegte Bild helfen, uns selbst zu finden, und uns nicht nur die Flucht vor uns selbst ermöglichen.

Bei meiner Beschäftigung mit der Filmkunst versuchte ich mich auch darüber zu informieren, was andere zu diesem Thema geschrieben haben. Manches war aufschlußreich und bisweilen sogar erhellend, doch leider beschäftigte sich diese Literatur mit technischen Sachverhalten, gelegentlich mit Nebenaspekten der Zuschauerrolle, aber niemals mit dem, was ich als das Wesen von Kunst betrachte. Ich erfuhr einiges über die Methode, mit welcher der Kameramann oder der Regisseur unsere Aufmerksamkeit weckt und aufrechterhält. Warum wir unsere Aufmerksamkeit auf den Film richten sollen und welchen Gewinn wir aus der Erfahrung ziehen können, habe ich aber nicht herausgefunden.

Abgesehen von einigen sporadischen Verweisen auf die läuternde Wirkung, die sich einstellt, wenn Theaterstücke und Filme vom Zuschauer in gleicher Weise gesehen werden, gab es keine Aussagen über irgendeinen wertvollen Beitrag, den diese Kunst für unser Leben leistet. Aber indem die Katharsis Emotionen freisetzt, statt sie zu läutern, bietet sie höchstens eine zeitweilige Erleichterung. Sie liefert keine Lösung für das, was uns bedrückt. In Wirklichkeit bleibt das Problem bei der Katharsis unverändert bestehen und verlangt bald darauf nach der nächsten Freisetzung.

Ein wichtiger Beitrag wird nicht von der Katharsis geleistet, sondern durch unsere Konfrontation mit den Ursachen jener starken Emotionen, die entfernt werden müßten. Werden wir mit ihnen in einer Weise konfrontiert, daß wir begreifen können, was es mit ihnen auf sich hat, dann können wir uns auf Dauer von ihnen befreien. Nur auf der Grundlage dieses Verstehens kommen wir aus der Sackgasse heraus, in die uns diese Emotionen geführt haben. Wenn ich hier von emotionellen Problemen spreche, meine ich nicht diejenigen, die von psychischen Erkrankungen verursacht wurden. Die Kunst kann keine seelischen Störungen heilen, sonst wären Künstler in psychologischer Hinsicht die gesündesten Menschen der Welt, was sie aber nicht sind.

Bei den emotionellen Problemen, auf die ich mich beziehe, handelt es sich um existentielle; sie bilden die wichtigsten Probleme des Menschen und sind der legitime Gegenstand der Kunst. Es sind Fragen wie »Wer ist der Mensch?«, »Hat das Leben einen Sinn?« und »Wenn ja, worin besteht er?«. In Zeiten allgemeiner Religiosität galt die alles beherrschende Frage der Beziehung zwischen Gott und dem Menschen. Heutzutage steht die Religion nicht mehr im Mittelpunkt unseres Lebens, und die Frage lautet: »Wie kommen wir mit den Schwierigkeiten und Widersprüchen zurecht, die uns das Leben in endloser Folge aufbürdet?« Die Aufgabe der Kunst besteht darin, uns in angemessener Form Antworten auf alle wichtigen existentiellen Fragen zu geben. Ein Kunstwerk muß unser Bewußtsein und unser Unbewußtes gleichermaßen berühren. Um wirksam zu sein, muß es allgemeine menschliche Belange ansprechen, die gleichzeitig von großer individueller Bedeutung sind.

Weil im Film das Visuelle dominiert, müssen seine Antworten auf die existentiellen Fragen als Visionen des Menschen gegeben werden. Im besten Fall sollen uns diese Visionen statt Antworten Vorstellungen geben, die uns vermitteln, woher wir kommen, warum wir hier sind, wie wir leben sollten, was uns die Zukunft bringen könnte oder sollte. Hinter diesen existentiellen Fragen verbirgt sich immer ein Zweifel hinsichtlich der Bedeutung des Lebens. Große Kunst beseitigt diesen Zweifel, und dies macht sie groß. Ich bin überzeugt, daß man nicht Kunst wahrhaft erfahren und außerdem den Sinn des Lebens in

Frage stellen kann, weil Kunst die Verkörperung von Schönheit ist und Schönheit immer Sinn in sich birgt.

Meine These lautet, daß die Kunst des bewegten Bildes sich wie alle große Kunst damit beschäftigen sollte, was es bedeutet, ein Mensch zu sein. Sie muß das Menschsein bestätigen, ja feiern, alle Ebenen der Existenz und alle Arten menschlicher Erfahrung erforschen, doch stets auf eine Weise, die ihrem besonderen Medium angemessen ist. Sie sollte uns ein tieferes Verständnis geben, was Heroismus bedeutet oder sogar Kriminalität, was Sex bedeutet oder der Tod; was das Heranwachsen bedeutet und die Selbstfindung oder die Selbstbestätigung durch Mutproben und Leidensbereitschaft. Sie müßte uns auf ihre Art mitteilen, woher wir kamen, wo wir sein und wohin wir gehen sollten. Wir müssen mit unserer Vergangenheit als Individuen und als Teil der Gesellschaft verknüpft sein, auch als Teil unserer Spezies. Wir brauchen Überzeugungen für die Zukunft, für unsere eigene und die unseres Planeten. Für all dies, für ein Verständnis unserer Vergangenheit und für eine Perspektive in die Zukunft, brauchen wir Mythen.

Da die Tatsachen unzureichend sind, die über unsere Vergangenheit zur Verfügung stehen, weil die Zukunft unerforschlich ist und die Gegenwart zu verwirrend, braucht der Mensch die Bestärkung, die Mythen und vor allem die Religion zu bieten pflegten: Er braucht die Überzeugung, daß die Gesellschaft ihn und seine Arbeit überdauern und auf diese Weise seine allzu begrenzte Existenz transzendieren und sie über seine Lebenszeit hinaus ausdehnen wird, so daß er nicht umsonst gelebt haben wird. Mit einer solchen Überzeugung werden wir nicht aus Angst vor dem Tod zittern müssen, denn er ist nicht das Ende von allem.

Mythen und Religion sowie ihre Verkörperung in der Kunst haben seit langem die Antworten auf existentielle Fragen gesucht und gefunden. Es dauerte lange, bis die Kunst anfing, unabhängig von der Religion zu existieren, und selbst dann fuhren bei der darstellenden Kunst die Malerei und die Bildhauerei fort, der religiösen und mythischen Erfahrung konkreten Ausdruck zu verleihen.

Kunst ist jedoch noch mehr. Griechische Skulpturen feierten den Menschen selbst, indem sie sich dem menschlichen Körper und dessen Schönheit zuwandten. Das griechische Drama erzählte die Geschichte von den Ursprüngen der griechischen Kultur und verfeinerte diese gleichzeitig. Seine Themen waren die Beziehung Gottes zum Menschen und der Weg des Menschen zur Größe trotz seines von den Göttern oder von der Vorsehung bestimmten Schicksals. Die ›Ilias‹, mit der die Geschichte der abendländischen Kultur beginnt, bot eine Vision, was Griechentum bedeutete und wie wahre Humanität beschaffen sein sollte. Homers Vision gab den verschiedenen griechischen Stämmen oder halbzivilisierten Königreichen die Vorstellung einer gemeinsamen heroischen Kultur, welche dem Dasein des Individuums Sinn verleihen konnte. Diese Vision erhellte das abendländische Leben über Tausende von Jahren hinweg.

Die Legende von der Gefangenschaft der Juden in Ägypten und ihrer Befreiung durch Gott ist ein zweiter großer Ursprung abendländischer Kultur. Dieser Mythos verwirft den Gedanken, daß das gesellschaftliche Geschehen auf Sklaverei gründen muß. Er ist eine Vision von der Würde des einfachen Menschen und hat viele Generationen von Menschen inspiriert, nach der Befreiung von Knechtschaft zu streben.

Noch schwerwiegender als die Beschäftigung mit unseren Ursprüngen ist das Problem, Ordnung in eine Existenz zu bringen, die chaotisch bleibt, die keinen Zweck und somit keine Bedeutung hat. Das Kardinalproblem der Kunst ist, in diesem Chaos Ordnung zu schaffen, damit wir nicht in seinen Sog geraten und fortgerissen werden und von unserem Leben keine Spur mehr übrigbleibt.

So wie Homer vom Griechentum erzählte, berichten Shakespeares Stücke, was es bedeutet, Engländer zu sein, und beide kommen darauf zu sprechen, was es heißt, ein Mensch zu sein. Alle Stücke Shakespeares – seine historischen Dramen, seine Tragödien und auch seine Komödien – feiern das Menschsein und seine Größe, trotz aller Schwächen, Irrtümer und Versäumnisse. ›Hamlet‹ setzt sich mit dem Problem auseinander, wie eine gesellschaftliche Ordnung zu errichten und aufrechtzuerhalten ist, etwa dadurch, daß die rechtmäßige Thronfolge gesichert wird. Von Belang ist auch der Gedanke des Königtums: was es bedeutet, wie es erlangt wird und welche Funktion es hat, um das Chaos zu bekämpfen, unter dem die Menschen zu leiden haben. Doch sein Hauptthema ist, den Menschen zu feiern und die Könige; zu zeigen, wie Menschenwürde erreicht werden kann, und wie sie trotz aller Widrigkeiten des Lebens, in welche die Menschen fortwährend geraten, aufrechterhalten werden kann. Laertes und Claudius, Polonius, Rosenkranz und Güldenstern haben alle durch Taten gesündigt, Hamlet aber durch Unterlassungen – weil er seiner Verpflichtung als Sohn, den Mord an seinem Vater zu rächen, nicht gerecht wurde; weil er seine Pflicht als Kronprinz, den Thron zu besteigen und den Usurpator zu bestrafen, nicht erfüllte. Weil Hamlet unfähig ist, bei der Konfusion und den Ängsten in seinem Inneren Ordnung zu schaffen und draußen im Königreich ebenfalls, vernichtet er Ophelia und sich selbst.

Die Tragödie endet, sobald das Chaos aufgehoben und Ordnung in Dänemark wiederhergestellt ist durch Fortinbras, der die Königswürde übernimmt. Doch zuerst muß Hamlet Würde und Größe zurückerhalten: Fortinbras ordnet für ihn ein königliches Begräbnis an. Wenn es Hamlet auch nicht gegeben war, wie ein König zu leben, so wird er doch im Tode angemessen gefeiert. Am Schluß des Stückes herrscht wieder Ordnung im Leben des einzelnen Menschen und in der Gesellschaft. Die Fähigkeit des Menschen, sich selbst positiv einzuschätzen und das Leben zu genießen, wird wiederhergestellt.

Erst nachdem die Wiederherstellung der ordnungsgemäßen Thronfolge die gesellschaftliche Kontinuität gesichert hat, erst nachdem die Fähigkeit des Menschen gefeiert wurde, seine Würde selbst unter äußerst tragischen Umständen aufrechtzuerhalten, kann der Mensch entspannen und sich der Komödie zuwenden. Wenn wir überzeugt sind von der potentiellen Größe des Menschen, können wir es uns leisten, über Schwächen zu lachen, die uns selbst nicht fremd sind; sie tragen dann zu unserer Belustigung bei und schmälern sie nicht.

Das ewige Streben der Kunst ist, den Mythen Ausdruck zu verleihen, die wir brauchen, um nach ihnen zu leben, und in der Tragödie wie auch in der Komödie das Leben zu bestätigen. Die Aufgabe der Kunst ist, den Menschen und sein Schicksal zu feiern; uns zu helfen, daß wir unsere Sterblichkeit akzeptieren, indem sie uns überzeugt, daß das, was dem menschlichen Leben Sinn verleiht, unsere individuelle Existenz transzendiert. Die Kunst gibt unserem Leben Würde, indem sie uns zeigt, wieweit unsere Geschichte zurückreicht und worin ihre tiefere Bedeutung liegt; indem sie uns von unserer durch ein Gesetz der

Nachfolge gesicherten Zukunft erzählt, demzufolge das Kind den elterlichen Platz einnimmt in einer ununterbrochenen Kette des Seins und Werdens.

Die hauptsächlichen künstlerischen Errungenschaften einer Epoche setzen sich aus allen Künsten zusammen, wir hingegen halten diese getrennt. Der Schauplatz des griechischen Dramas war ein Theater von unübertroffener architektonischer Meisterschaft. Die Schönheit der Natur brachte es noch mehr zur Geltung, und so wurde die Natur ein wesentlicher Teil des Theaters. Eine Aufführung war ein religiöses, künstlerisches und gesellschaftliches Ereignis, aber vor allem ein menschliches Ereignis, zu dem eine künstlerisch einbezogene Natur und alle Künste ihren Beitrag leisteten, nämlich die Architektur, die Dichtung, die Schauspielkunst, der Tanz und die Musik.

Bis vor kurzem war die Kirche der allgemein anerkannte Ort für die spirituellen Erfahrungen des Menschen. Dort verbanden sich die verschiedenen Künste und bildeten den angemessenen Hintergrund für die Entstehung einer Vision von der wahren Bedeutung des Lebens; dank dieser Vision erhob sich der Mensch über seine Alltagssorgen und wurde aus seiner gewöhnlichen Existenz herausgeholt. Verschiedene Künste wirkten dabei zusammen: die Architektur, die Bildhauerei, die Malerei, die Kunst der feierlichen Rede, die Musik und das Schauspiel. Keine Kunstform hätte für sich allein auch nur annähernd eine solche Wirkung erzielen können. Die Geschichte von Christus und dem Baum des Lebens, abgebildet in dem durch Buntglasfenster strömenden Licht, war ein weiteres visuelles Element von Bedeutung, das mithalf, den Menschen aus seiner gewöhnlichen Existenz in eine Welt zu geleiten, in der er das Erhabene erfahren konnte. Auf diese Weise wurde die Natur durch die Einbeziehung der Lichtwirkung wiederum ein Element in einem umfassenden Kunstwerk.

Seit viele von uns der Religion in ihrer organisierten Form den Rücken gekehrt haben, erwarten wir von den verschiedenen Künsten, daß sie uns emporheben. Wir brauchen unbedingt eine Vision, wer wir sind und was das Leben bedeutet, und sie sollte so stark sein, daß sie uns auch in der schlimmsten Not helfen kann. Da sogar in Zeiten stärkster Religiosität alle Kunstformen benötigt wurden, um dem Menschen eine Vision zu vermitteln, die ihm Kraft spenden konnte, kann dies heute nur von einer Kunst erreicht werden, zu der alle ihre Gattungen einen Beitrag leisten. Es muß eine künstlerische Leistung sein, die uns alle zu fesseln vermag, weil sie unserer Zeit und unserer Umwelt angemessen ist.

Wenn ich hier vom Film als der authentisch amerikanischen Kunstform unserer Zeit spreche, denke ich nicht an »hohe« Kunst. Wer die Kunst auf ein Podest stellt, beraubt sie ihrer Vitalität. Als die großen Kathedralen des Mittelalters und der Renaissance errichtet und innen wie auch außen mit Kunstgegenständen geschmückt wurden, handelte es sich um volkstümliche Werke, die jedem etwas bedeuteten. Manche bildeten große Kunstwerke, andere nicht, doch jedes Einzelstück hatte seine Bedeutung, und jeder war stolz darauf. Manche Menschen erhalten durch Meisterwerke innere Erfahrungen, andere gewinnen sie durch mittelmäßige Werke, welche dieselbe Vision zum Ausdruck bringen, nur in verständlicherer Form. Dies trifft für die Kirchenmusik ebenso zu wie für Kirchen, Gemälde und Plastiken. Diese Vielgestaltigkeit der Kunstgegenstände erreicht eine Einheit, bei der Qualitätsunterschiede von Bedeutung sind, sofern alle Teile auf ihre Weise die überwölbende Vision und Erfahrung eines größeren Kosmos darstellen.

Eines der schwersten Hindernisse für die gesunde Entwicklung der Kunst des bewegten Bildes sind die Bemühungen von Ästheten und Kritikern, den »künstlerischen Film« von volkstümlichen Filmen und vom Fernsehen zu trennen. Nichts könnte dem wahren Geist der Kunst stärker zuwiderlaufen. Wann immer die Kunst Vitalität besitzt, hat sie beim einfachen Mann und bei den kultiviertesten Menschen immer die gleiche Popularität. Hätten die griechischen Tragödien und Komödien nicht den Beifall der Mehrheit gefunden, dann hätten die Menschen nicht den ganzen Tag lang verzaubert auf einem harten Stein gesessen, auch hätte die gesamte Bevölkerung keineswegs Preise verliehen an die besten Schauspieldichter. Die mittelalterlichen Festspiele und Mysterienspiele, die Vorläufer des modernen Dramas, waren volkstümliche Unterhaltung, und Shakespeares Stücke waren es ebenfalls.

Michelangelos David stand in Florenz an einem jedermann zugänglichen Ort und verkörperte die Vision der Bevölkerung, daß die Tyrannei beseitigt werden müsse; gleichzeitig wurde mit der Darstellung des Mythos von David und Goliath die religiöse Vision vermittelt. Ein jeder bewunderte die Statue; sie war sowohl volkstümliche als auch große Kunst, aber niemand dachte in diesen Kategorien. Wir sollten es auch nicht tun. Um gut leben zu können, brauchen wir beides: Visionen, die uns emporheben, und völlig irdische Unterhaltung. Die Unterhaltung hat nicht nur ihren Platz, sie wird auch gebraucht. Je eintöniger unser Leben, je mehr Freizeit uns zur Verfügung steht, desto größer ist unser Verlangen nach Unterhaltung. Auch die Unterhaltung sollte eine Affirmation des Lebens sein, ein Teil der Vision, die unser Leben lebenswert macht.

In der Vergangenheit gaben kirchliche Feiertage, Gedenktage zu Ehren von Heiligen oder Königen oder Festtage beim Wechsel der Jahreszeiten die Anlässe für die Unterhaltung und für die Bestätigung des Menschen und des Lebens. Dabei wurde die Unterhaltung, auch wenn sie gelegentlich grobschlächtig war, auf bedeutsame Weise mit dem verbunden, das der menschlichen Existenz tiefere Bedeutung verleiht, und die Künste trugen zu einer Steigerung dieser Feste bei.

Kunst und Unterhaltung sind, jeweils in ihrer eigenen Form und auf ihre eigene Weise, Darstellungen derselben Vision vom Menschen. Wenn die Kunst nicht jeden von uns anspricht, einfache Menschen wie auch Eliten, wendet sie sich nicht an die wahre Humanität, die uns allen gemein ist. Eine Aufteilung in Kunst für Eliten und Kunst für den Durchschnittsmenschen reißt die Gesellschaft auseinander; diese Aufteilung verstößt gegen das, was wir am meisten brauchen: Visionen, die uns mit gemeinsamen, das Leben und den Menschen bestätigenden Erfahrungen zusammenführen. Solche Affirmationen gibt es nicht, wenn falsche Darstellungen das Leben nur von der angenehmsten Seite zeigen. Das Leben läßt sich am besten feiern in Form von Kämpfen gegen seine Ungerechtigkeiten, von Mühsal, von Würde in der Niederlage, von der Größe der Entdeckung des Ich und des Du.

Verschiedene Filme haben solche Visionen vermittelt. In Akira Kurosawas ›Kagemusha‹ trugen die große Schönheit historischer Kostüme, die Geschichte einer Intrige mit ihrem betörenden fernöstlichen Milieu, die prunkvollen Verhandlungen, das Schauspiel marschierender und kämpfender Armeen, die prachtvolle Wiedergabe der Natur und eine meisterhafte

Schauspielkunst dazu bei, uns zu verzaubern und uns von der Stimmigkeit dieser Vision zu überzeugen: der Größe der einfachsten Menschen. Der Held, ein zum Hochstapler gewordener kleiner Dieb, erlangt vor unseren Augen Größe, die ihm allerdings das Leben kostet. Die Handlung spielt im Japan des 16. Jahrhunderts, doch paßt der Held in jede Zeit und an jeden Ort: Er nimmt ein Schicksal an, das ihm der Zufall auferlegt hat, und verwandelt eine falsche Existenz in eine echte. Allein aus dem Wunsch heraus, seinem neuen Selbst treu zu bleiben, setzt er am Schluß sein Leben aufs Spiel; so erreicht er den Gipfel des Leidens und menschliche Größe. Niemand fordert ihn dazu auf; niemand außer ihm wird je wissen, daß er es tat. Er tut es nur für sich selbst; seine Handlung hat keinerlei Folgen für andere. Ein Leben, das dem geringsten aller Menschen solche Würde erlaubt, ist lebenswert, selbst wenn es ihn am Schluß besiegt, so wie es alle besiegt, die sterblich sind.

Zwei weitere Spielfilme ganz anderer Art bieten Parallelen zu der Vision, die das Leben feiert; als Zuschauer nehmen wir an dieser Feier stellvertretend teil, obwohl wir betrübt sind über die Niederlage des Helden. Der erste Film wurde in den Vereinigten Staaten unter dem englischen Titel ›The Last Laugh‹ bekannt, sein Originaltitel ›Der letzte Mann‹ war jedoch passender. Er erzählt die Geschichte eines Hotelportiers, der zum Toilettenmann degradiert wird. Der zweite Film ist ›Patton‹. Im ersten steht der Held auf der untersten Stufe der Gesellschaft und der Existenz; im zweiten befindet er sich auf der höchsten Gesellschaftsebene. Beide Spielfilme erwecken Bewunderung in uns für den Kampf eines Menschen, sein wahres Selbst zu entdecken, weil er dabei tragische Größe erreicht. Diese – willkürlich herausgegriffenen – Filme bestätigen den Menschen und das Leben, und dadurch geben sie uns Visionen, die uns stärken können.

Unsere Gesellschaft leidet heute am meisten unter dem Fehlen eines Konsenses darüber, wie sie selbst sein sollte und wie das Leben in ihr. Auf der Basis des gegenwärtigen Zustands der Gesellschaft oder aus Wunschvorstellungen, wie sie sein sollte, kann dieser Konsens nicht erreicht werden. Eine Übereinstimmung in der Gegenwart kann nur durch ein allen gemeinsames Verständnis der Vergangenheit erzielt werden, so wie Homers Epen den Menschen späterer Jahrhunderte kundtaten, was es bedeutet, Grieche zu sein, mit welchen Vorbildern und Idealen sie ihr Leben verbringen und ihre Gesellschaft aufbauen sollten.

Die meisten Gesellschaften leiten den Konsens aus ihrer langen Geschichte ab, aus einer gemeinsamen Sprache, aus einer gemeinsamen Religion, von gemeinsamen Vorfahren. Die Mythen, nach denen sie leben, gründen auf all diesen Aspekten. Die Vereinigten Staaten hingegen sind ein Land der Einwanderer; diese stammen aus einer Vielzahl von Nationen. Unlängst wurde ausgeführt, für die Amerikaner sei jetzt ein asoziales, narzißtisches Persönlichkeitsbild kennzeichnend, und dies hindere uns daran, einen Konsens zu erreichen, welcher einem Hang zum Rückzug in das Privatleben entgegenwirken könnte. In seiner Studie über den Narzißmus (deutsch: ›Das Zeitalter des Narzißmus‹) schreibt Christopher Lasch, daß der moderne Mensch »von Selbstbefangenheit gequält, sich neuen Kulten und Therapien zuwendet, nicht um sich aus persönlichen Obsessionen zu befreien, sondern um im Leben Sinn und Zweck zu entdecken, um etwas zu finden, für das sich leben ließe«. Vielfach herrscht Beunruhigung, weil nationale Wertvorstellungen schwinden und wir frühere Vorstellungen von der Zukunft und den Zielen der Nation verloren haben.

Im Gegensatz zu starren religiösen Dogmen und politischen Doktrinen, wie man sie in totalitären Gesellschaften findet, sind für unsere Kultur große individuelle Unterschiede kennzeichnend, zumindest im Prinzip und in der Theorie. Dies führt jedoch zu Uneinigkeit, sogar zum Chaos. Amerikaner legen Wert auf Vielgestaltigkeit, aber gerade weil unsere Gesellschaft auf individueller Verschiedenheit basiert, braucht sie einen Konsens hinsichtlich einiger Leitgedanken dringender als Gesellschaften, die auf der einheitlichen Herkunft ihrer Bürger basieren. Daraus folgt: Wenn es einen Konsens geben soll, muß er auf einem Mythos gründen – einer Vision von einer gemeinsamen Erfahrung, von einer Eroberung, die uns zu Amerikanern machte, so wie der Mythos von der Eroberung Trojas die Griechen formte.

Nur ein gemeinsamer Mythos kann von der Furcht befreien, das Leben sei ohne Sinn und Zweck. Mythen gestatten uns, unseren Platz in der Welt im Lichte einer gemeinsamen Idee zu überprüfen. Mythen sind gemeinsame Wunschvorstellungen, die das Band bilden, welches das Individuum mit anderen Mitgliedern seiner Gruppe verknüpft. Solche Mythen wehren Gefühle der Isolation, der Schuld, der Angst und der Sinnlosigkeit ab – kurz, sie bekämpfen Vereinzelung und Anomie.

Wir hatten einmal einen Mythos, der uns verband. In ›The American Adam‹ faßt R.W.B.Lewis den Mythos zusammen, nach welchem die Amerikaner zu leben pflegten: »Gott beschloß, den Menschen noch einmal eine Chance zu geben und öffnete ihnen in Übersee ein neues Land. Dieses prächtige Land war praktisch unbewohnt und besaß nahezu unerschöpfliche Bodenschätze. Viele Menschen zogen in diese neue Welt. Diese Menschen waren mit besonderer Energie, mit Selbstvertrauen und intuitiver Intelligenz ausgestattet sowie mit einem reinen Herzen ... Der besondere Auftrag dieser Nation in der Welt würde sein, anderen Nationen als moralisches Vorbild zu dienen.«

Der Film pflegte diesen Mythos zu verbreiten. Insbesondere die amerikanischen Wildwestfilme zeigten die Herausforderung, die Zivilisation dorthin zu bringen, wo es zuvor keine gegeben hatte. Dieselben Filme deuteten auch an, wie gefährlich jenes Chaos war; die Wagenburg symbolisierte die Gemeinschaft, welche die Menschen auf einer derart gefahrvollen Reise in die unbezwungene Wildnis bilden müssen, und diese wurde wiederum zum Symbol für alles, was in uns unbezwungen ist. Auf diese Weise gab uns der Western eine Vision von der Notwendigkeit der Zusammenarbeit und der Zivilisation, ohne die der Mensch umkommen würde. Ein weiteres oft verwendetes Symbol in diesen Filmen war die Eisenbahn; sie bildete die Verbindung zwischen der Wildnis und der Zivilisation. Die Eisenbahn war das Symbol für die zivilisatorische Rolle des Menschen.

Robert Warshow schreibt in ›The Immediate Experience‹, der pistolentragende Westernheld symbolisiere das Potential des Menschen, entweder ein Gesetzloser oder ein Sheriff zu werden. In der Rolle des Sheriffs war der Revolverheld der Held der Vergangenheit, und sein Beitrag zur Erschließung des Westens war unser Mythos, unser Trojanischer Krieg. Wie alle Helden dieser Art, kannte der Sheriff Siege wie auch Niederlagen, doch durch diese Erfahrungen wurde er weiser und verstand die Begrenzungen zu akzeptieren, welche die Zivilisation auferlegt.

Das war eine wunderbare Vision vom Menschen oder von den Vereinigten Staaten in der Neuen Welt; es war ein Mythos, nach dem man leben und wachsen konnte, und er diente als Konsens dafür, was es bedeutet, Amerikaner zu sein. Obwohl sich die meisten von uns immer noch an diesem Mythos erfreuen, hat er inzwischen seine Vitalität weitgehend eingebüßt. Wir sind uns der Tatsache bewußt geworden, daß zur Realität der Erschließung des Westens die Zerstörung der Natur und die Vernichtung der Indianer gehörte. Ebenso wichtig ist, daß diesem Mythos eine unbegrenzte Ausdehnung zugrunde lag, die nicht mehr möglich ist. Doch die nostalgische Begeisterung für den Western deutet an, wie sehr wir einen Mythos über die Vergangenheit brauchen, der von den Realitäten des Tages nicht entwertet werden kann. Wir sollten eine gemeinsame Vision haben, die uns vermittelt, was es heute bedeutet, Amerikaner zu sein, so daß wir nicht nur auf unsere Vergangenheit stolz sein können, sondern auch auf die Welt, die wir zusammen bauen.

Science-fiction-Filme können als Mythen über die Zukunft dienen und eine gewisse Zuversicht geben. Filme wie ›2001‹ oder ›Star Wars‹ (deutsch: ›Krieg der Sterne‹) sprechen vom Fortschritt, der die Macht und die Erfahrungen des Menschen über alles hinaus steigern wird, was man jetzt für möglich hält; gleichzeitig wird uns versichert, daß dieses Vordringen den Menschen und das uns vertraute Leben nicht auslöschen wird. Eine große Zukunftsangst, daß es für den jetzigen Menschen keinen Platz geben werde, wird damit von solchen Mythen besänftigt. Sie versprechen außerdem, daß die wesentlichen Belange des Menschen selbst in der fernsten Zukunft und trotz aller Fortschritte in der materiellen Welt dieselben sein werden: Der Kampf zwischen Gut und Böse, das zentrale moralische Problem unserer Zeit, wird seine Bedeutung nicht verlieren.

Die Vergangenheit und die Zukunft sind die beständigen Dimensionen unseres Lebens, die Gegenwart ist nur ein kurzer Augenblick. Diese Zukunftsvisionen enthalten daher auch unsere Vergangenheit; in George Lucas' ›Star Wars‹ und den Fortsetzungen dazu werden Schlachten ausgetragen, deren Konfliktthemen den Menschen auch in der Vergangenheit motivierten. Für Yodas Auftreten in der ersten Fortsetzung ›The Empire Strikes Back‹ (deutsch: ›Das Imperium schlägt zurück‹) gibt es gute Gründe: Er ist nichts anderes als eine Wiedergeburt des Teddybären unserer Kindheit, bei dem wir Trost suchen. Und der Jedi-Ritter ist der weise alte Mann aus der hilfreichen Tiergeschichte oder dem Märchen, also das Versprechen aus unserer fernen Vergangenheit, daß wir imstande sein werden, mit den schwierigsten Aufgaben fertig zu werden, vor die uns das Leben stellen mag. So basiert jede Zukunftsvision in Wirklichkeit auf Visionen der Vergangenheit, weil nur sie Gewißheit enthält.

Wie unsere religiösen Mythen über die Zukunft nie über das Jüngste Gericht hinausgingen, so können auch unsere modernen Zukunftsmythen nicht weiter gehen als bis zur Suche nach dem tieferen Sinn des Lebens. Der Grund liegt darin: Nur solange die Wahl zwischen Gut und Böse das große moralische Problem des Menschen darstellt, bleibt dem Leben jene besondere Würde erhalten, die aus unserer Fähigkeit resultiert, zwischen den beiden zu wählen. Eine Welt, in der dieser Konflikt auf Dauer gelöst worden ist, würde den uns bekannten Menschen eliminieren. Sie könnte ein von Engeln bewohntes Universum bilden, doch böte sie keinen Platz für den Menschen.

Was die Amerikaner am meisten brauchen, ist ein Konsens, der den Gedanken individueller Freiheit ebenso einschließt wie die Akzeptanz der ethnischen Vielfalt und der zahlreichen in der Bevölkerung verwurzelten Glaubensrichtungen. Ein solcher Konsens muß auf gemeinsamen Überzeugungen in bezug auf moralische Werte und die Gültigkeit einer Leitidee beruhen. Eine Haupteigenschaft der ästhetischen Erfahrung ist, daß sie solch unterschiedliche Elemente zusammenhält. Doch nur die herrschende Kunst einer Epoche vermag eine derartige Einheit zu schaffen. Für die Griechen war es die klassische Kunst; für die Briten war es die Elisabethanische Kunst; für viele deutsche Kleinstaaten war es ihre klassische Kunst. Für die Vereinigten Staaten muß es heute die Kunst des bewegten Bildes sein, diese zentrale Kunstform unserer Zeit, weil keine andere Kunsterfahrung so offen und für jedermann zugänglich ist.

Der Film stellt eine visuelle, auf Betrachtung basierende Kunst dar. Indem er sich an unser Vorstellungsvermögen wendet, sollte er uns die Visionen bieten, die uns befähigen, ein gutes Leben zu führen; er sollte uns Einblicke in uns selbst gewähren. Vor etwa einem Jahrhundert schrieb Tolstoi: »Die Kunst ist eine menschliche Tätigkeit, deren Zweck darin liegt, anderen die höchsten und besten Gefühle zu vermitteln, zu denen Menschen befähigt waren.« Später definierte Robert Frost die Dichtung als etwas, das »mit Entzücken beginnt und mit Weisheit endet«. Man könnte also sagen, daß sich der Zustand der Kunst des bewegten Bildes einschätzen läßt nach dem Grad, in dem sie der »mythopoetischen« Aufgabe gerecht wird, uns geeignete Mythen zu geben, nach denen wir in unserer Zeit leben können, und die uns die höchsten und besten Gefühle vermitteln, zu denen Menschen befähigt waren. Wir wollen hoffen, daß die Kunst des bewegten Bildes, diese so authentisch amerikanische Kunst, sich bald der Herausforderung stellt, zur wahrhaft großen Kunst unseres Zeitalters zu werden.

Ins Deutsche übertragen von Rüdiger Hipp.

Kindliche Wahrnehmung der Stadt*

Wie wir auf das Stadtleben reagieren, und wie wir die Stadt erfahren, wird von den Gedanken bestimmt, die wir darüber im häuslichen Umfeld lange vor dem Kennenlernen des Städtischen entwickelt haben. Diese frühen Eindrücke sind vage, unzusammenhängend und höchst subjektiv, und doch sind sie entscheidend für die Auswirkungen, die das Stadterlebnis bei einem Kind hat; sie bestimmen auch, wie ein Mensch in späteren Jahren die Stadt und ihr Leben erfahren wird.

Es gibt viele Einflüsse auf das kindliche Erleben der Welt und des Platzes in ihr: Sie gehen von den Menschen aus, die das Umfeld des Kindes bilden und von den Beziehungen, die diese zwischen sich und dem Kind aufbauen; von dem häuslichen Geschehen zwischen den Eltern und dem Kind und auch von den gemeinsamen Ausflügen in die Stadt. Diese Erfahrungen entscheiden darüber, ob sich das Kind dem Stadterlebnis freudig öffnen oder ob es vor ihm zurückschrecken wird. Von großer Bedeutung ist dabei, wie ihm seine Erfahrungen von den Eltern vermittelt werden; dies wiederum hängt davon ab, was sie selbst von der Stadt halten, ob sie diese als Bereicherung ihres Lebens betrachten oder als Existenzbedrohung. Ob sie das Großstadterlebnis kennen und verwerten, oder ob sie es meiden und ablehnen, liefert die Rahmenbedingungen dafür, wie das Kind die Stadt sieht und kennenlernt.

Das Stadterlebnis wird deshalb von Menschen bestimmt, und nicht von Gebäuden, Straßen, öffentlichen Plätzen, Parkanlagen, Denkmälern, Institutionen oder Verkehrseinrichtungen, obwohl all dies in unser Bild von der Stadt eingeht und in unsere Vision davon, was es bedeutet, in einer Stadt zu wohnen. Zur Großstadtexistenz gehört meist das Zusammenleben mit einer großen Zahl unterschiedlichster Menschen, die jeweils mit ein paar anderen sinnvolle Beziehungen unterhalten und

* Dieser Essay ist eine stark überarbeitete und erweiterte Version einer Vorlesung, die bei einer Konferenz über Literatur und das Erleben der Stadt an der Rutgers-Universität, der staatlichen Universität von New Jersey, im April des Jahres 1980 gehalten wurde. Die Vorlesung wurde in ›Literature and the Urban Experience‹ abgedruckt (New Brunswick, N. J. 1981).

gegenüber der Mehrheit anonym bleiben. Aus dieser riesigen Ansammlung von Menschen zählen für uns nur sehr wenige. Für das kleine Kind sind dies seine Familie, ein paar Nachbarn und Bekannte sowie andere Personen, mit denen es häufig Kontakt hat. Später kommen Lehrer und Mitschüler hinzu. Was uns vorgelesen wird, was wir lesen oder im Fernsehen verfolgen, hat ebenfalls vom frühen Kindesalter an einen Einfluß auf unsere Vorstellung von der Stadt. Doch sind es immer Menschen, die im Grunde bestimmen, was das Stadtleben für uns bedeutet, denn das Stadterlebnis beruht auf einer großen Zahl von Menschen.

Für die Stadtbewohner kommt es sehr darauf an, ob sie gut oder unzureichend untergebracht sind, ob die Stadt ihnen die Annehmlichkeiten des Lebens bietet, wo sich die Stadt befindet und wie sie verwaltet wird. Diese Faktoren entscheiden darüber, ob das Stadtleben angenehm oder schwierig ist, ob das Dasein der Einwohner gesichert oder ungeschützt verlaufen wird. Doch solange viele von ihnen eng beisammenwohnen, gibt es selbst bei Bürgern einer äußerst tyrannisch regierten Stadt, die unter den gesundheitsgefährdenden Bedingungen leben, eine Stadtexistenz.

Aus literarischen Quellen läßt sich ähnliches entnehmen. Dort wird geltend gemacht, die ausschlaggebenden Merkmale des Stadterlebnisses seien die einzigartigen Gelegenheiten für zwischenmenschliche Begegnungen und der unproblematische Zugang zu ihnen. Sosehr es auch ein Schriftsteller vorziehen mag, in ländlicher Abgeschlossenheit zu leben, weit weg von der Geschäftigkeit und den Zwängen der Großstadt: die Metropole ist der Nährboden für Hochkultur, und damit für seine literarischen Schöpfungen. Shakespeare schrieb seine Stücke nicht in Stratford, sondern in London, einer der größten Städte der westlichen Welt. Nur dadurch, daß im 8.Jahrhundert in Kioto eine Großstadt und eine permanente Hauptstadt entstand, konnte die japanische Literatur aufblühen. Am Anfang der gegenwärtigen, von der Technik bestimmten Zivilisation sagte Goethe, nachdem er die meiste Zeit seines Lebens in einer kleinen Stadt verbracht hatte, das kulturelle Leben in Deutschland sei mittelmäßig, weil kultivierte und talentierte Menschen verstreut lebten und nicht in einer großen Stadt, wie etwa in Paris, wo die bedeutendsten Talente eines großen Königreiches alle auf einem Fleck versammelt seien und durch täglichen Umgang, Zwist und Wettstreit einander belehrten und einander nacheiferten. Solche Bedingungen ermöglichen oder erleichtern zumindest die Entstehung von großer Literatur. Goethes Persönlichkeit und sein Talent wurden nicht in der ländlichen Stadt Weimar geformt, sondern in Frankfurt, das schon damals zu den wichtigsten Großstädten Deutschlands zählte.

Fast zweieinhalb Jahrtausende vor Goethe brachte Aristides der Gerechte den gleichen Gedanken zum Ausdruck: »Weder wohlüberdachte Häuser oder die Steine gut zusammengefügter Mauern noch Kanäle und Hafenanlagen machen die Stadt aus, sondern Männer, die fähig sind, die sich bietenden Gelegenheiten zu ergreifen.« Thukydides sagte es noch knapper: »Menschen machen die Stadt, nicht Mauern oder Schiffe.« Wie nicht anders zu erwarten, fand Shakespeare die prägnanteste Formel: »Die Menschen sind die Stadt.«

»Die erste Vorbedingung für Glück« ist nach Euripides, »daß ein Mann in einer berühmten Stadt geboren wird.« Im gesamten Mittelalter und bis in unsere Zeiten hinein war man überzeugt, daß Stadtluft frei mache, denn vielerorts bestimmte das Gesetz, daß ein Leibeigener, der in eine Stadt gelangte oder der sich dort mindestens ein Jahr lang durchgeschlagen hatte, ohne weiteres ein freier Mann wurde. Ferner hatte der Durchschnittsmensch in der Stadt relativ umfangreiche Möglichkeiten, sich geistig weiterzuentwickeln und eine gewisse Freiheit, nach seinen Überzeugungen zu leben und sich zu verwirklichen. Die hohen Stadtmauern boten Sicherheit, wie es sie unter der Willkürherrschaft eines Feudalherren und angesichts häufig auftretender Hungerperioden nicht gab, von den verheerenden Kriegen ganz zu schweigen, welche die ungeschützten ländlichen Gebiete heimsuchten.

Heute denken viele Menschen, das Leben in den Städten vergifte unsere Lungen und pferche uns so dicht zusammen, daß wir keinen Platz für uns selbst haben, und es beschädige unser Dasein. In der Vergangenheit waren die Großstädte natürlich viel stärker vergiftet als heute, und die Bewohner hausten in Verhältnissen, die uns unglaublich beengt vorkommen. Was das Stadterlebnis anbetrifft, zählen objektive Tatsachen wenig, wenn man sie mit den Bildern vergleicht, die wir über sie haben; diese Bilder stammen überwiegend aus literarischen Quellen.

Das Leben ist bei den Menschen, und nirgendwo ist dies so sehr der Fall wie in den Städten; die obigen Zitate haben den Beleg geliefert. Wie das Leben ist, wie die Leute sind, wie das Zusammenleben mit Menschen ist, das erfahren wir erstmals, wenn wir auf dem Schoß unserer Mutter sitzen, und zwar meist aus Büchern, die sie fürs Vorlesen ausgewählt hat. Die Ansichten unserer Eltern über die Stadt und das Leben in ihr hängen hauptsächlich davon ab, wie sie es erfahren; heutzutage wird dies weitgehend davon beeinflußt, was sie durch ihre Lektüre und das Fernsehen über das Stadtleben mitgeteilt bekommen.

Da wir unsere ersten Eindrücke vom Stadtleben so oft von unseren Müttern erhalten, ist es nicht überraschend, daß wir die Stadt in unserem Unbewußten oft als Frau erleben. Die griechische Göttin Pallas Athene war das Symbol, die Beschützerin, die Verkörperung des Geistes der Stadt, in welcher große Literatur erstmals blühte. Doch im wirklichen Leben und noch mehr in unserem Unbewußten gibt es auch böse, destruktive Mütter. Die Stadt kann also bildlich als eine gute oder schlechte Mutter erlebt werden.

Mütter werden sowohl als gut wie auch als schlecht erlebt; je nach der individuellen Erfahrung dominiert einer dieser beiden Gegensätze, doch wird der andere selten völlig verschwinden. Da wir alle diese beiden entgegengesetzten Urerfahrungen oder archetypischen Bilder in uns tragen, hängt viel davon ab, ob wir einen spezifischen Teil unseres Erlebens, etwa das der Stadt, auf unser Bild von der guten oder der schlechten Mutter beziehen.

Hier kann die literarische Interpretation des Stadterlebnisses von ausschlaggebender Bedeutung sein. Nicht ohne Grund habe ich zum Lob der Stadt drei berühmte Athener zitiert. Obwohl das Leben in Athen oft abscheulich war, stellt die Interpretation des Stadterlebnisses, die wir diesen drei Autoren der Antike verdanken, das Athen ihrer Zeit in ein helles Licht, und die Stadt beschäftigt unsere Vorstellungskraft auch noch nach zweieinhalb Jahrtausenden.

Was auf so viele Erlebnisse zutrifft, gilt auch für das Stadterlebnis: Schönes und Häßliches liegen gewöhnlich im Auge des Betrachters. Es würde zum Beispiel sehr darauf ankommen, ob wir uns bei unserer Meinungsbildung über Paris von Goethes Lob oder von der Verdammung durch Céline leiten ließen, die dieser in ›Reise ans Ende der Nacht‹ niedergeschrieben hat.

Gleichwohl kann man sich unmöglich vorstellen, daß Céline ein so bedeutender Schriftsteller hätte werden können, wenn sein Talent nicht durch den Aufenthalt in einer Stadt wie Paris gefördert worden wäre.

Die literarischen Bilder des Stadterlebnisses wachsen oft aus wesentlich älteren heraus, die in der Kindheit entstanden sind. Wenden wir uns also der Überlegung zu, wie der Sinn für das Stadterlebnis zu Anfang erworben wird. Wie schon erwähnt, neigt das Kind dazu, die Stadt so zu betrachten wie diejenigen, mit denen es zusammenlebt. Aus sich heraus beginnt es seine Sicht der Stadt auf der Grundlage dessen zu entwickeln, was es über das Leben in seiner unmittelbaren Umgebung weiß. Ein paar Häuserblocks sind alles, was die meisten Kinder von der Stadt kennen, in der sie wohnen, und diese bilden den Nährboden für ihre Ansichten.

Dieser Nährboden ist wie eine Gebärmutter und wird auch unbewußt als solche empfunden. Die Gebärmutter kann als der sicherste, bequemste und zufriedenstellendste aller Aufenthaltsorte empfunden werden, wo vollkommene Glückseligkeit möglich war. Die Empfindung kann aber auch genau umgekehrt sein: etwas Ablehnendes und Einengendes, das einen loswerden wollte, das einen auf gräßliche Weise in eine feindselige Welt schob und dem Leiden, wenn nicht dem Verderben aussetzte. Auf welche dieser beiden Arten die Gebärmutter empfunden wird, hängt nicht davon ab, was dort während des Wachstumsprozesses geschah, sondern vielmehr von den ersten Erlebnissen nach dem Verlassen der Gebärmutter – also davon, wie man nach der Geburt von der Mutter behandelt wurde. Auf ähnliche Weise vermag das Kind seine Gefühle gegenüber dem ersten Wohnort auf alle späteren zu projizieren.

Wenn alles gut geht, hat das Kind das Empfinden, der Nährboden seines Lebens, die unmittelbare Nachbarschaft, sei wie die Gebärmutter ein Schutz und biete in der Hauptsache positive Erlebnisse. Der nur ganz flüchtig wahrgenommene oder völlig unbekannte Rest der Stadt wird als Erweiterung gesehen. Ist der Stadtteil, in dem das Kind wohnt, der sichere Aufenthaltsort, der alles ihm bekannte Glück gewährt, dann ist es überzeugt, daß diese Stadt der beste Platz auf der Welt ist, wenn sie auch Mängel haben mag, deren das Kind beim Heranwachsen wohl oder übel gewahr wird. Derartige Nachteile werden ihm dann relativ unwichtig vorkommen aufgrund der früh gewonnenen Überzeugung von der Vollkommenheit der Stadt, die auf einer unbewußten Gleichsetzung mit der guten Mutter beruhte; diese Gleichsetzung beeinflußt dann auch alle späteren, reiferen Einschätzungen.

Das entspricht meiner eigenen Erfahrung im Hinblick auf meine Geburtsstadt Wien. Meine Überzeugung, daß das Großstadtleben erstrebenswert sei, hing mit der Sicherheit zusammen, die ich von zu Hause kannte; sie wurde durch das verstärkt, was meine Eltern und Großeltern über die Stadt berichteten. Mein Bild von der Stadtexistenz stammte hauptsächlich aus drei Quellen: aus einer eindrucksvollen Geschichte, die mir meine Mutter erzählte, aus einer anderen, die sie mir vorlas, und aus der Reklame auf einer Anschlagtafel. Meinen bewußten Erinnerungen zufolge war es das Letztgenannte, das mit größter Bestimmtheit darlegte, was am Leben in meiner Heimatstadt gut sei. Die Reklamebotschaft hätte mich aber nicht erreicht oder nicht so stark beeindruckt, wenn sie nicht mit einfachen, ungekünstelten Worten die Botschaft verstärkt hätte, die mir bereits von meinen Eltern und Verwandten zugegangen war.

In Wien, wo ich geboren wurde und aufgewachsen bin, waren auch meine Eltern geboren worden; so war es für mich Teil meines Erbes. Meine Sicht des Stadtlebens war nur eine Widerspiegelung der elterlichen Sicht; andere Leute mochten auf dem Land oder in anderen Städten leben, doch für mich kam das nicht in Frage. Für mich war unsere Stadtexistenz eine Selbstverständlichkeit; keine andere schien möglich, denkbar oder wünschenswert. Ich dachte nicht darüber nach, was eine Stadtexistenz bot oder verlangte, ich überlegte nicht, woraus die besondere Kultur Wiens bestand und stellte sie auch nicht in Frage; dies kam erst viel später. Wie das Kind überzeugt ist, seine Mutter sei schön, ohne daß es wüßte, warum und auf welche Weise, so war auch ich von den einzigartigen Vorzügen meiner Heimatstadt überzeugt. Ich überlegte nicht, welche ganz besonderen Chancen mir die Stadtexistenz zu bieten hatte; die vorhandenen Chancen waren alles, was es überhaupt gab oder geben könnte. Gerade so, wie ein Kind sich nicht um Beschädigungen kümmert, die ihm das Familienleben zufügt, machte ich mir auch keine Gedanken wegen irgendwelcher Schäden, die die Stadt bei mir anrichten könnte – dabei gab es im Wiener Alltag zu jener Zeit und auch später Risiken und Gefährdungen, wie sie in jeder Umgebung auftreten.

Die Geschichte, die mir meine Mutter erzählte, und eine andere, die mir mein Vater erzählte, bildeten wesentliche Bestandteile der mündlichen Überlieferung in unserer Familie. Ich bin sicher, daß sie zu einem frühen Zeitpunkt einen solch tiefen Eindruck auf mich machten, weil sie so viele Elemente einer anderen literarischen Tradition enthielten, mit der ich recht vertraut war: der Märchen. Die traditionellen Märchenelemente waren: die böse Stiefmutter, die das Kind aus der früheren Ehe ihres Gatten hinauswirft, um ihre eigenen Kinder voranzubringen; ein schwacher Vater, der seiner zweiten Frau nicht Paroli bieten und auch das Kind seiner ersten Frau nicht beschützen konnte; schließlich ein Knabe, der von seiner Stiefmutter beschimpft und dann in jungen Jahren aus seinem Zuhause hinausgedrängt wird in eine seltsame unbekannte Welt, in der er sein Glück machen oder umkommen muß. Dieser Knabe überwand schließlich große Schwierigkeiten und machte sein Leben dank seines Mutes und seiner Entschlossenheit zu einem wunderbaren Erfolg.

Das war tatsächlich die Lebenserfahrung meiner beiden Großväter. Für mich als Kind waren es nicht ihre wahren Geschichten, die den vielen mir bekannten Märchen Glaubwürdigkeit verliehen, vielmehr überzeugten mich die Märchen von der Wahrhaftigkeit der Geschichten meiner Großväter. Obwohl die Lebensgeschichte meines Großvaters väterlicherseits in vieler Hinsicht noch bemerkenswerter war als die meines Großvaters mütterlicherseits, war ich als Kind weniger beeindruckt von ihr, da er vor meiner Geburt gestorben war und ich ihn also nicht gekannt hatte. Ich beginne deshalb mit der Geschichte meines Großvaters mütterlicherseits, den ich gut kannte.

Die Mutter dieses Großvaters starb im Kindbett, nachdem sie meinem Urgroßvater den Sohn geboren hatte. Mein Urgroßvater verheiratete sich bald wieder, und es gab noch einige Kinder. Die in einem kleinen tschechischen Dorf wohnende Familie war ziemlich arm. Mein Urgroßvater mütterlicherseits verdiente seinen Lebensunterhalt als Hausierer. Er fuhr die ganze Woche lang von Dorf zu Dorf und versuchte Waren zu verkaufen, die er auf seinen Pferdewagen geladen hatte. Da er ein frommer Jude war, kehrte er zum Sabbat nach Hause zurück, den er in der örtlichen Synagoge verbrachte. So war er kaum jemals daheim und hatte keine Kontrolle darüber, was dort die Woche hindurch vorging.

Seiner zweiten Frau war der älteste Sohn zuwider, da sie und ihre eigenen Kinder das Wenige, das sie hatten, mit ihm teilen mußten. Sie hatte außerdem das Gefühl, er werde von seinem Vater begünstigt, und sie befürchtete, dieser werde ihn gegenüber ihren eigenen Kindern bevorzugen. Von solchen Gefühlen getrieben, behandelte sie den Jungen im Verlauf der Woche während der Abwesenheit des Vaters sehr schlecht. Als der Junge älter wurde, lag sie ihrem Mann in den Ohren, bis er einwilligte, ihn nach seiner Bar-Mizwa – für die jüdische Glaubensgemeinschaft das Erreichen des Mannesalters – von zu Hause wegzuschicken.

Mein Großvater, der das Dörfchen nie verlassen hatte, in dem er geboren worden war, wurde also kurz nach seinem dreizehnten Geburtstag in die Welt hinausgeschickt. Alles, was er besaß, war ein guter Anzug, den er anläßlich seiner Volljährigkeit geschenkt bekommen hatte, sowie fünf Gulden, die ihm sein Vater bei seinem Weggang zugesteckt hatte. Um sein einziges Paar Schuhe zu schonen, legte der Junge die hundert Meilen von seinem Dorf bis zur Großstadt Wien barfuß zurück. Dort gelang es ihm schließlich nach harten Anstrengungen, ein großes Vermögen zu erwerben.

Für meinen Großvater und seine Tochter, meine Mutter, sowie dadurch auch für mich war es unsere Heimatstadt Wien, die ihn gerettet hatte, indem sie ihm seine Chance gab. Es war diese Stadt, die sein Leben auf wunderbare Weise umwandelte von Niedergeschlagenheit in Erfolg. Nirgendwo anders als in Wien oder an einem Märchenort, so glaubte ich, würde ein hinausgeworfenes Kind sein Glück machen. Offensichtlich hatte ich noch nichts davon gehört, daß die Straßen von New York mit Gold gepflastert sind.

Die Geschichte meines Großvaters väterlicherseits war ähnlich. Er sprach nie über seine Eltern, sei es, weil er so früh Waise geworden war, daß er nichts über sie wußte, oder weil er unehelich geboren und von seiner Mutter verlassen worden war, die ihre Schande verheimlichen wollte. Was auch immer die wahre Geschichte seiner Geburt gewesen sein mag, er wurde als Kleinkind in ein jüdisches Waisenhaus gebracht und dort aufgezogen. Bald stellte man fest, daß er sehr intelligent war, und er wurde für eine Tätigkeit als Rabbiner ausgebildet.

Als dieser Großvater noch recht jung war, suchte der reichste Mann des Reiches, der Wiener Baron Rothschild, gerade einen geeigneten Mann als Hauslehrer für seine Söhne. Mein Großvater väterlicherseits wurde ausgewählt; man holte ihn aus der kleinen Provinzstadt, in der er zum Rabbiner ausgebildet wurde, und er gelangte von einem Leben in schrecklicher Armut in das großartige Wiener Palais der Rothschilds. Dort unterrichtete er seine Zöglinge, und diese waren ihm dann so zugetan und von seinen Fähigkeiten so beeindruckt, daß sie ihn, nachdem sie die Leitung der Rothschild-Bank übernommen hatten, mit vielen wichtigen Aufgaben betrauten. In der Folge wurde er nicht nur sehr reich, sondern übte auch großen Einfluß auf das gesellschaftliche Leben der jüdischen Gemeinde in Wien aus. Wieder war es der Umzug des Großvaters nach Wien gewesen, der sein Leben auf wunderbare Weise umgestaltet hatte. Als Kind hatte ich den Eindruck, daß derartiges nur in Wien geschehen konnte, weil meine Heimatstadt eben einzigartig sei.

Die Geschichten von meinen beiden Großvätern, die in Wien ihr Glück gemacht hatten, wurde durch andere Geschichten untermauert, die mir meine Mutter erzählte oder vorlas. So schilderte Peter Rosegger, der damals als Heimatschriftsteller sehr geschätzt wurde, in seiner Autobiographie ›Als ich noch der Waldbauernbub war‹ den märchenhaften Wandel in seinem Leben als eine Folge seines Umzugs nach Wien. Der Teil, an den ich mich noch erinnern kann und der auch bedeutungsvoll war für meine Ansichten über den großen Vorzug eines Lebens in Wien, ist die Geschichte, wie er ungefähr mit dreizehn Jahren – wie mein Großvater – nach seinem Schulabschluß barfuß nach Wien ging, vom Glanz der Stadt angezogen. Ganz besonders bewegend war seine Schilderung, wie er vom Glück überwältigt wurde, als er endlich auf einen Hügel gelangt war, von dem aus er Wien in der Ferne erkennen konnte. Diese Stelle war in Sagen schon lange berühmt, weil dort der Überlieferung nach die Ehefrauen der Kreuzfahrer am Spinnrad gesessen und darauf gewartet hatten, daß ihre Männer aus dem Heiligen Land zurückkehrten. Der Hügel war durch ein altertümliches Kreuz markiert, das ich kannte. Dort habe er Furcht vor der Zukunft verspürt, schrieb Rosegger, aber er sei auch äußerst glücklich gewesen, weil er den Weg nach Wien geschafft hatte, und es ihm möglich sein würde, dort zu leben. Und in der Tat erlangte er dort großen Ruhm.

Diese drei Geschichten verschmolzen in mir und schienen den unwiderlegbaren Beweis dafür zu bieten, daß meine Heimatstadt der Ort war, an dem jedermann leben wollte und an dem es möglich war, das Erstrebte zu erreichen: die Reichtümer meiner Großväter, den Ruhm des Schriftstellers.

Als Heranwachsender besuchte ich einmal bei einem Ausflug in die Berge das armselige Dorf, in dem Rosegger geboren worden war und von dem aus er sich nach Wien aufgemacht hatte. Der Anblick des Ortes bestätigte mir, welches Glück er gehabt hatte, daß er nach Wien entrinnen konnte. Ich besuchte nie die Geburtsorte meiner Großväter, doch war ich sicher, daß sie dem Dorf des Schriftstellers glichen.

Selbst in jenen weit zurückliegenden Tagen, lange bevor es das Radio oder das Fernsehen gab, machte sich die Reklame bemerkbar. Die Werbebotschaften gehören zu den Schriftwerken, mit denen ein Kind sehr früh in Berührung kommt; sie stellen meist die ersten Wörter dar, die es zu lesen vermag und zählen zu seinen ersten literarischen Erfahrungen. Während meiner Kindheit bestand die eindrucksvollste Reklame Wiens aus riesigen Plakatanschlägen; sie verkündeten, die Wiener schätzten Wiener Wasser am meisten – das wegen seiner Reinheit und Frische sehr gelobt wurde, seit es erstmals aus fernen Gebirgsgegenden in die Stadt geleitet worden war –, und sie priesen Anker-Brot, das Produkt der größten Brotfabrik der Stadt und die Marke, die in den meisten Haushalten verzehrt wurde, so auch bei uns. Diese Werbung schuf auf schlaue und effektive Weise eine enge Verbindung zwischen der Stadt, dem Brot und dem Wasser – die Grundnahrungsmittel waren von jeher die Symbole für den Erhalt des Lebens. Für mich entstand eine sehr überzeugende Assoziation: Wie von meiner Mutter, wie in meinem Zuhause, wurde ich von der Stadt, dieser größeren Heimstatt, in der wir alle wohnten, gut genährt.

Wie die meisten Wiener Kinder liebte ich ein weiteres Produkt derselben Bäckerei: die warmen Anker-Semmeln, die ich zum Frühstück und oft zwischendurch aß. Als viele Jahre später Prousts Meisterwerk erschien, war ich überhaupt nicht überrascht, daß der Geschmack der kleinen Kuchen bei ihm

Kindheitserinnerungen wachrief, auch an Ereignisse und an die Orte, an denen sie stattgefunden hatten. Ich war mit solchen Assoziationen durch meine Vorliebe für warme Anker-Semmeln vertraut. Sie schmeckten köstlich, doch die enge, von den Werbeplakaten geschaffene Verbindung zwischen diesen Semmeln und Wien machte sie mir viel bedeutungsvoller: ein Symbol, das sowohl für die Heimatstadt als auch für das liebste Nahrungsmittel stand.

Selbst in dem Alter, von dem hier die Rede ist, werden von einem Kind nicht alle literarischen Aussagen über das Leben in der Stadt unkritisch akzeptiert. Damals waren – und sie sind es heute noch – zwei Musikstücke äußerst beliebt, die ein sehr attraktives, wenn auch allzu sentimentales Bild von Wien vermitteln. Ich hörte sie von Leuten, die mir nahestanden und sie sehr mochten. Das eine preist die Schönheit der blauen Donau, in der anderen behauptet der Vortragende, Wien werde stets die Stadt seiner Träume sein. Trotz meiner starken Bindung an das Leben in Wien lehnte ich beide ab. Es lag nicht so sehr daran, daß sie mir kitschig vorkamen, denn mein ästhetisches Feingefühl war dafür noch zu unterentwickelt. Ich lehnte die erste Komposition ab, weil sie die blaue Donau feierte. Ich wußte, daß der Fluß in Wirklichkeit eine schmutziggraue Farbe hatte. Keine starken positiven Emotionen banden mich an den Fluß, es gab also keinen Grund, daß ich, ein Augenzeuge seines Zustandes, ihn mir glorifiziert vorstellen sollte. Wenn literarischen Feststellungen die Erfahrung eines Kindes entgegensteht, so werden diese gewöhnlich verworfen.

Wien spielte in meinen Träumen eine Rolle, manchmal eine angenehme, doch die Stadt tauchte auch oft in Alpträumen auf, in denen ich mich auf den Straßen verirrte. Das gab mir Grund genug, ein Lied abzulehnen, das behauptete, Wien werde stets die Stadt meiner Träume sein. Ich wollte, daß meine Heimatstadt nicht die Stadt meiner Träume sei, sondern die Stadt, in der diese sich verwirklichten. Deshalb gibt es bei der Heranbildung der Vorstellung eines Kindes von städtischer Existenz für die Literatur Grenzen, selbst im frühen Kindesalter. Als ich aus meiner naiven Vorstellung des Stadterlebnisses herauswuchs, wurde es unter dem Eindruck anspruchsvollerer Literatur modifiziert. Damals vereinten sich beispielsweise die Einflüsse von Karl Kraus' extrem kritischem Standpunkt gegenüber der Wiener Kultur mit der scharfen, aber nichtsdestoweniger liebevollen Ironie, die Robert Musil verwendet, wenn er das Leben in Wien in seinem ›Mann ohne Eigenschaften‹ beschreibt, und auch mit der romantischen Nostalgie des ›Rosenkavalier‹ von Richard Strauss und Hugo von Hofmannsthal. Dies waren einige wenige Beispiele meiner späteren Beschäftigung mit einer umfangreichen Literatur, die Wien gewidmet ist; ihr erlaubte ich, daß sie meine frühen, unkritischen Bilder von einer städtischen Existenz veränderte.

Darüber hinaus beeinflußten literarische Bilder meine Haltung gegenüber anderen Großstädten, die ich zuerst über literarische Quellen erlebte und erst später in der Realität kennenlernte. Meine Ansichten über Paris wurden hauptsächlich durch Balzac, Zola und Proust bestimmt. Wie viele Tage ich auch in Paris verbringen mochte, die anders waren als die von diesen und weiteren Autoren beschriebenen, so fuhr ich doch fort, viel von Paris so zu sehen, wie ich es durch meine Lektüre erfahren hatte.

In meinen Dreißigern mußte ich mich an eine Stadtexistenz anpassen, die ganz anders war als meine bisherige. Es ist schwer, sich zwei unterschiedlichere Städte vorzustellen als Wien und Chicago. Doch meine Anpassung gründete auf meine seit der Kindheit gültige Auffassung, daß eine Stadtexistenz meinen Bedürfnissen und Bestrebungen am besten gerecht werde. Es war nur erforderlich, mein inneres Bild von der Stadt als dem einzigen passenden Nährboden meines Lebens von spezifisch wienerischen Merkmalen zu befreien und es entsprechend meinen Wahrnehmungen von Chicago zu modifizieren, das äußerlich so ganz anders war.

Auch hier halfen mir aus der Literatur gewonnene Bilder, eine Vorstellung von Chicago entwickeln, die negative und positive Aspekte enthielt, mir aber das Gefühl erlaubte, eine unbekannte Größe, mit der nicht zurechtzukommen wäre, bilde die Stadt nicht. Den stärksten Eindruck von Chicago erhielt ich vor meinem Eintreffen aus der Lektüre von Upton Sinclairs ›The Jungle‹ (deutsch: ›Der Sumpf‹). Doch als ich dort wohnte, erlaubten mir James Farrells ›Studs Lonigan‹ und seine anderen in Chicago angesiedelten Romane, ein viel positiveres Bild vom Leben in dieser Stadt zu entwickeln. Wenige Jahre nach der Lektüre von Farrells Büchern hatte ich das Glück, ihn näher kennenzulernen. Mit ihm durch die Straßen der South Side von Chicago zu gehen, wo er aufgewachsen war und wo ich damals wohnte und arbeitete, war eine einzigartige Erfahrung, durch die ich mich in der Stadt viel stärker heimisch fühlte. Ich erkannte, wie anders ein Romancier seine Heimatstadt sieht und erlebt, als zum Beispiel ein Politiker oder ein Gesellschaftswissenschaftler sie betrachten würden. Ansichten dieser Art erhielt ich von Paul Douglas, der damals Senator des Staates Illinois war, und von dem Soziologen Louis Wirth; beide waren als Professoren an der Universität von Chicago meine Freunde und Kollegen.

Der Vergleich, wie diese drei Persönlichkeiten, die allesamt Autoren waren, als Individuen und als Schriftsteller auf ihre Heimatstadt reagierten, öffnete mir die Augen. Sie halfen mir, Chicagos besondere Vorzüge schätzen zu lernen, so wie mich zuvor bestimmte Schriftsteller auf die besonderen Vorzüge Wiens aufmerksam gemacht hatten. Mitbestimmend für das Erlebnis der beiden Städte, die über so viele Jahre hinweg mein Zuhause bildeten, war also die Vision von ihnen, die ich aus literarischen Quellen gewonnen hatte. Chicagos Schriftsteller halfen mir beispielsweise, vergnügliche Ausflüge in den Wienerwald und das Baden in der Donau durch ganz andere, aber ähnlich erfreuliche Unternehmungen zu ersetzen: durch Ausflüge ans Seeufer und das Schwimmen im Lake Michigan. Wien hatte seine weit zurückreichende Geschichte und seine historischen Bauwerke, doch Chicago hatte eine erregende Vitalität und moderne Architektur.

So, wie ich aus der Literatur eigene Bilder von Wien entwickelt und andere verworfen hatte, war es auch mit Chicago. Als ich noch in Wien war, hatte ich unkritisch akzeptiert, daß Chicago eine Stadt der Gangster und Schlachthöfe sei, wobei die zweite Vorstellung aus meiner Lektüre Upton Sinclairs stammte. Als ich mich in Chicago niederließ, begriff ich, daß mein dortiges Leben nichts mit Gangstern oder Schlachthäusern zu tun hatte und das Ambiente der Viehhöfe nicht zum Nährboden meines Lebens werden würde. Die Bilder von Chicago, die ich jahrelang in meinem Innern aufbewahrt hatte, zerfielen daher angesichts der Wirklichkeit der Stadt in wenigen Wochen; sie wurden durch Bilder ersetzt, die mit einer ganz anderen Literatur und mit meinen Stadterlebnissen in Verbindung standen. Daß ich die frühere Bejahung einer Stadtexistenz als die für mich am besten geeignete Lebensgrundlage auf Chicago übertragen konnte, half mir jedoch sehr dabei, ein Bild der Stadt zu erwerben, das ein glückliches Leben ermöglichte. Das ist ein Beispiel dafür, wie in der Kindheit gewonnene Bilder des Stadtlebens spätere Einstellungen zur Stadtexistenz bestimmen.

Bisher habe ich darzulegen versucht, welch prägende Wirkung meine frühen Kindheitserfahrungen vom Stadtleben für mein Stadterlebnis hatten, wie meine positive Grundeinstellung zur Stadt als einem äußerst wünschenswerten Nährboden meines Lebens zu einem großen Teil auf mündlich überlieferter und gedruckter Literatur beruhte, und wie meine Überzeugungen in bezug auf das Stadtleben ohne Schwierigkeiten auf eine andere Stadt übertragen werden konnten, selbst wenn sich diese in vieler Hinsicht sehr deutlich von meiner Heimatstadt unterschied.

Dies berücksichtigend, sollen nun Bilder des Stadtlebens untersucht werden, mit denen unsere Kinder in einem frühen Lebensabschnitt in Berührung kommen; in diesem Alter entstehen Einstellungen, die von grundlegender Bedeutung dafür sind, wie sie das Leben in der Großstadt erfahren, in der viele von ihnen ihr Leben verbringen werden.

Da die ganz entscheidenden frühkindlichen Erfahrungen in der eigenen Familie zu vielfältig sind, als daß man verallgemeinernde Feststellungen treffen könnte, befasse ich mich mit einer Literatur, mit der amerikanische Kinder in Berührung kommen: mit den Lesebüchern, die im Unterricht dazu dienen, ihnen das Lesen beizubringen und die in vielen Fällen ihre erste Begegnung mit Literatur darstellen. Obwohl die überwiegende Mehrheit der amerikanischen Kinder in größeren Städten wohnt, geht diese Tatsache aus dem Inhalt der Bücher nicht hervor, die sie in den ersten drei oder vier Schuljahren lesen, also in einem sehr aufnahmefähigen Alter. Die für das Vorschulalter und die unteren Klassen bestimmten Lesebücher stellen das Leben als rundum vergnüglich dar. Die Umgebung, in der sich dieses angenehme Leben abspielt, ist jedoch nicht städtisch, sondern ländlich oder vorstädtisch. Folglich wird dem Kind vermittelt, zu einem angenehmen Leben gehöre eine stadtferne Umgebung. Sogar in einem Buch mit dem Titel ›City Days, City Ways‹ wohnen die in den Geschichten vorkommenden Kinder durchweg in freistehenden Einfamilienhäusern, die an Straßen mit Alleebäumen stehen. Die Wirklichkeit des Stadtlebens wird hier zwar nicht ausdrücklich als unangenehm beschrieben, doch wird ihr durch völlige Vernachlässigung die Bedeutung genommen, was dann dem Kind suggeriert, sie sei nicht beachtenswert.

All die angenehmen Beschäftigungen unterschiedlicher Art, denen Kinder in diesen Lesebüchern nachgehen, finden in Umgebungen statt, die nichts vom städtischen Leben vermitteln, obgleich sie manchmal auf einem Spielplatz angesiedelt sind. Wenn Kinder im Freien sind, rennen sie hinter Kaninchen und Eichhörnchen her, baden sie im Schwimmbecken, halten sie Picknicks ab, unternehmen sie Motorbootfahrten auf Seen und reiten Ponys; sie reisen sogar mit der Bahn und in Flugzeugen. Ein Zoobesuch mag zwar an eine städtische Einrichtung denken lassen, doch drückt er eher ein Verlangen aus, der Beengung der Stadt zu entrinnen, als wirklich etwas mit der Stadtexistenz anzufangen. Wenn Kinder tatsächlich in eine einigermaßen städtische Umgebung gelangen, dann nur vorübergehend, und zwar zum Einkaufen in Geschäften. Auf diese Weise wird viel über die Vergnügungen gesagt, die auf dem Land möglich sind, doch über die Stadt wird nichts Gutes erzählt, abgesehen davon, daß man dort Jacken, Schuhe und andere Sachen kaufen kann.

Die Titel der Geschichten in Lesebüchern für Anfänger aus einer weitverbreiteten Serie von Unterrichtstexten verdeutlichen, welche Betonung das ländliche Leben erfährt: ›Auf der Wiese‹, ›Zuviel Klee‹, ›Im grünen Wald‹, ›Eine Farm weit weg‹ – um nur einige wenige zu nennen. Kein einziger Titel läßt an eine städtische Umgebung denken, und keine der siebenundvierzig Geschichten dieses Buches ist in einem städtischen Umfeld angesiedelt.

In den ersten fünf Bänden dieser Serie wird das Stadtleben nur einmal direkt erwähnt, und zwar im Lesebuch für Zweitkläßler, wo es eine Geschichte gibt, in der ein Hund sein früheres Leben auf dem Land mit seinem gegenwärtigen in der Stadt vergleicht. Da der Hund der Held eines dreißig Seiten umfassenden Lesebuchteiles ist, wird offensichtlich von Kindern erwartet, daß sie sich auf positive Weise mit ihm identifizieren, auch mit seinen Ansichten über das gar nicht erstrebenswerte

Stadtleben, denn er erfährt in der Geschichte keinerlei Widerspruch. Typisch für die unterschwellige Haltung gegenüber dem Stadtleben, die von diesen Lesebüchern vermittelt wird, sind die folgenden Zeilen: »Bevor wir hierher kamen, lebten wir in einem Städtchen namens Hillside. Wir wohnten am Rand der Stadt. Dort hatten wir genug Platz, um herumzurennen, zu spielen und Spaß zu haben. Es war nicht meine Schuld, daß wir in die Stadt zogen. Weißt du, was eine Stadt ist? Eine Stadt, das sind Häuser und Garagen, Autos und Leute. Für etwas anderes gibt es keinen Platz. Stadt bedeutet, daß alle fort und fort sagen: ›Spielt nicht auf der Straße.‹ ›Lauft nicht in ein Auto hinein.‹ ›Bleibt weg vom Rasen.‹ ›Bleibt stehen, schaut euch um und hört euch um, bevor ihr über die Straße geht.‹ ... Nach meinem ersten Umzug in die Stadt *haßte* ich sie.« Braucht man da nach dem Grund zu fragen?

Betrachten wir nun die Bilder einer Stadtexistenz, die durch Lesebücher vermittelt werden, die speziell für Kinder von Minderheiten gedacht sind, welche in Großstadtgebieten leben. Eines der Lesebücher dieser Serie trägt den Titel ›Uptown, Downtown‹ und verspricht somit, in seinen Geschichten eine Stadtexistenz widerzuspiegeln. Eine Geschichte mit der Überschrift ›Was glaubst du?‹ lautet folgendermaßen: »Das kleine Mädchen kam aus ihrem neuen Haus. Was sah sie wohl? Nur eine Ecke. Sie ging um die Ecke. Was sah sie wohl? Noch eine Ecke. Sie ging auch um diese Ecke. Was sah sie wohl? Noch einmal eine Ecke. Also ging sie auch um diese Ecke. Was glaubst du wohl, was sie dann sah?« Die hier dargestellte Leere und Sinnlosigkeit einer Stadtexistenz stellt gegenüber dem sonstigen Inhalt dieser neuen Lesebuchserie für Großstadtkinder keinen isolierten Einzelfall dar.

Das Elementarbuch dieser Serie trägt den Titel ›Around the City‹. Es verspricht, beim Lesen der Geschichten werde das Kind etwas über das Leben in der Stadt erfahren. Diese Geschichten vermitteln jedoch ausnahmslos das niederdrückende Bild einer leeren, langweiligen Stadtexistenz. Eine typische Geschichte lautet so: »Überall in den großen und kleineren Städten rennen Jungen und Mädchen die Straße hoch, laufen Jungen und Mädchen die Straße hinunter. Jungen kommen heraus in die Sonne. Jungen kommen heraus, um zu spielen und herumzurennen. Mädchen kommen heraus, um herumzurennen und zu spielen. In der ganzen Stadt, den ganzen Tag lang. Überall in den großen und kleineren Städten rennen Jungen und Mädchen die Straße hoch, laufen Jungen und Mädchen die Straße hinunter.«

Auf diese Weise sagen wir unseren Kindern, von denen die meisten in Städten wohnen, daß das Stadtleben nichts Positives zu bieten hat. Es überrascht kaum, daß sie der Stadt wenig abgewinnen, in welcher die meisten von ihnen ihr Leben verbringen werden. Wenn sie lesen müssen, der Nährboden ihres Lebens sei öde und enttäuschend, so ermuntert sie dies auch nicht zur Lektüre, und dies um so weniger, wenn Hinweise fehlen, wie eine Besserung der Lage erzielt werden könnte. Ein derartiger Lesestoff hat die Tendenz, das Interesse an Literatur wie auch am Leben in Städten zu beseitigen.

Ich habe mich vorwiegend mit literarischen Eindrücken beschäftigt, die ich in meiner Kindheit erhielt, weil mir diese eine Haltung gegenüber dem Stadtleben vermittelten, die es mir selbst in schwierigen Augenblicken erlaubte, mit einer Stadtexistenz sehr zufrieden zu sein. Diese Haltung ermutigte mich, in jenen Bereichen Verbesserungen anzustreben, die ich meiner Meinung nach beeinflussen konnte. Zu wünschen wäre, daß der Eindruck, den unsere Kinder aus ihrer Schullektüre erhalten, eine ähnliche Wirkung hat. Wenn dies der Fall wäre, dann könnte die Stadtexistenz der nächsten Generation gegenüber der der gegenwärtigen eine gewaltige Verbesserung darstellen.

Ins Deutsche übertragen von Rüdiger Hipp.

Kinder und Museen*

In Museen gehen die Menschen aus sehr unterschiedlichen Gründen, die ihnen keineswegs bewußt sind. Manche suchen eine interessante und vergnügliche Unterhaltung, die gleichzeitig lehrreich ist; ich glaube jedoch, daß viele etwas suchen, das man einem semi-religiösen Erlebnis gleichsetzen könnte. So besuchen viele Menschen Museen an Sonntagen, und der traditionelle Geist des Sonntags ist von dem, was man in Museen zu finden hofft, nicht sehr weit entfernt. Die meisten Besucher möchten dort etwas finden, das die engen Grenzen sprengt, in denen sich ihr Leben sonst abspielt. Der Museumsbau, der oft wie ein Königspalast aussieht und sogar in manchen Fällen einer war, oder der an einen Tempel erinnert, hilft mit, die Stimmung zu schaffen, die sie suchen.

Das Museum von heute hat seine Ursprünge im Altertum. Der griechische – und zuvor der ägyptische – Tempelbezirk umfaßte Schatzhäuser, in denen alle Arten von Wertgegenständen aufbewahrt wurden: Kunstobjekte, Goldwaren, Geschmeide und andere Kostbarkeiten. Auch Kirchen waren Orte der Anbetung und der Kunst und gleichzeitig Aufbewahrungsstätten für allerlei wunderbare, seltene, kostbare oder seltsame Gegenstände. Sie enthielten nicht nur Skulpturen und Gemälde, sondern auch Juwelen und technische Meisterstücke wie unglaublich komplizierte astrologische Uhren, außerdem Wunderwerke der Natur und Gegenstände von historischer Bedeutung. Im Schiff der Kathedrale von Sevilla hängt beispielsweise ein ausgestopfter Alligator neben einem Elefantenstoßzahn von der Decke, und in unmittelbarer Nähe befinden sich Heiligenbilder und andere Gegenstände von künstlerischem und historischem Interesse.

Während Tempel und Kirchen in der ganzen Welt Gotteshäuser sind, in denen man eingeladen ist, Seltenes, Schönes, hi-

* Dieser Essay entstand aus einem Vortrag beim Internationalen Symposium über Kinder in Museen, der im Oktober 1979 in der National Gallery of Art gehalten wurde. Er wurde von der Smithsonian Institution im Jahr 1982 als Teil des Konferenzberichtes veröffentlicht. Man hatte mich gebeten, über das Thema ›Neugier – ihre Beziehung zu der Umgebung in einem Museum‹ zu sprechen. Für diese Buchveröffentlichung wurden Änderungen vorgenommen und der Text erweitert.

storisch Interessantes und auf sonstige Weise Bedeutungsvolles zu bestaunen, steht das moderne Museum eher in Verbindung mit Palästen, wie etwa dem Vatikan. Die meisten großen Museen der westlichen Welt hatten ihren Ursprung in fürstlichen Schatzkammern und Kuriositätensammlungen.

Der Zweck dieser fürstlichen Sammlungen bestand darin, daß sie dem Geschmack und der Neugier derer entsprachen, die sie angelegt hatten. Diese Sammlungen dienten jedoch auch dazu, den Reichtum, die Macht und die Größe des Fürsten zur Schau zu stellen; um die Betrachter mit einer Pracht zu beeindrucken, die diese Gegenstände widerspiegelten und zu der sie selbst beitrugen. In den meisten fürstlichen Sammlungen war das Seltene, das Kostbare und das Schöne unauflöslich mit dem Religiösen, dem Magischen und Übernatürlichen verbunden, so etwa bei der Unterbringung der Gebeine eines Heiligen in einem Reliquienschrein, der sowohl ein großes Kunstwerk als auch – wegen der Verwendung von Gold und Edelsteinen – ein Gegenstand von unschätzbarem Wert war. Die meisten der frühen Gemälde hatten eine religiöse Thematik. Die Sammlungen von Schätzen und Seltenheiten enthielten außerdem zahlreiche Merkwürdigkeiten der Natur wie Straußeneier oder Stoßzähne, die dem Einhorn zugeschrieben wurden. Es gab seltene oder bizarr geformte Mineralien neben Gegenständen wie dem Kopfschmuck des Montezuma, außerdem Objekte, die durch ihre technische Perfektion verblüfften: Spieluhren, Sternhöhenmesser und Automaten. Gegenstände wurden speziell für diese Sammlungen hergestellt, die man auch »Kunst- und Wunderkammern« nannte.

Francis Bacon sagte vor langer Zeit: »Das Erstaunen ist die Saat, aus der Wissen wächst.« Diese Feststellung erlaubt keine Umkehrung: Vernunftwissen erzeugt kein Erstaunen, da dies eine Emotion ist. Allzu viele Museen versuchen heute, den Kindern ein Wissen zu vermitteln, aus dem kein Erstaunen wachsen wird. Ich glaube, das beste, was wir tun können, besteht darin, Kinder in das Erstaunen zu versetzen, aus dem allein sinnvolles Wissen erwächst. Dieses Wissen stellt eine wahre Bereicherung unseres Lebens dar, indem es uns erlaubt, die Grenzen unseres alltäglichen Lebens zu transzendieren; diese Erfahrung brauchen wir, wenn wir unser Menschsein in vollem Umfang verwirklichen wollen. Neugier bildet nicht den Antrieb bei der Suche nach Kenntnissen und Wissen; Tatsache ist, daß Neugier größtenteils sehr leicht befriedigt wird. Ich glaube, es ist das Erstaunen, das zu einem immer tieferen Eindringen in die Geheimnisse der Welt führt, und zu echter Wertschätzung für die Errungenschaften des Menschen.

In Wien, wo ich aufwuchs, gab und gibt es viele Museen. Von diesen waren für mich drei die wichtigsten: die Museen für Kunstgeschichte und für Naturgeschichte sowie das Museum der Technik. Ich möchte mich mit den ersten beiden befassen, die in eindrucksvollen, genau gleichen Gebäuden untergebracht sind, die wie riesige Paläste aussehen; sie stehen einander gegenüber, so daß sie wie Spiegelbilder wirken. Als ich ein Kind war, kam es mir unverständlich vor, daß diese beiden Museen mit ihren völlig verschiedenen Inhalten und unterschiedlichen Zielsetzungen in gleich aussehenden Gebäuden untergebracht waren. Erst viel später kam ich auf den Gedanken, daß sich die für die Gestaltung dieser beiden Bauten Verantwortlichen von der Tatsache hatten leiten lassen, daß beide ungeachtet ihrer Unterschiede in Inhalt und Zweck Museen darstellten. Denjenigen, die diese Museen erbauten und in ihnen zwei derart unterschiedliche Sammlungen unterbrachten, muß es wichtiger erschienen sein, den *Gedanken* des Museums und seinen Zweck, nämlich die Erweiterung unseres Horizonts, angemessen darzustellen, als auf den Inhalt Rücksicht zu nehmen. Sie betonten einen Gedanken, den man die platonische Idee des Museums nennen könnte, und nicht irgendeine spezifische und damit relativ nebensächliche Verkörperung dieser Idee, von der das einzelne Museum doch nur ein matter Abglanz ist.

Diese Auslegung fiel mir ein, als ich nicht nur über die äußerliche Gleichheit der beiden Bauwerke nachdachte, sondern auch über den überwältigenden Eindruck, den man beim Betreten der Gebäude durch die Grandiosität der identischen Eingangshallen und der prächtigen Treppenaufgänge erhielt. War es bei der Umsetzung der platonischen Idee des Museums wichtig, daß der Besucher gleich beim Eintreten von Ehrfurcht erfüllt wird? Was diese beiden Wiener Museen betrifft, wäre es leicht, alles mit dem Bestreben der habsburgischen Herrscher in Verbindung zu bringen, dem Besucher darzutun, wie hochherzig es von ihnen war, einen großen Teil ihrer kaiserlichen Sammlungen der Öffentlichkeit zu überlassen; auch ein im

19. Jahrhundert vorhandener Hang zum Prunkvollen käme in Betracht. Andere Sammlungen wie etwa die im Louvre könnten auf ähnliche Weise interpretiert werden. Doch wenn man Bauten des 20. Jahrhunderts wie das Guggenheim-Museum besucht oder das vor wenigen Jahrzehnten errichtete National Museum of Art samt seinem Ostflügel, der zu den neuesten Museumsbauten gehört, ist man genauso beeindruckt von der Grandiosität der Bauwerke und der Eingangshallen; dort werden keine bedeutenden Objekte gezeigt, und es wird auch nichts vermittelt außer der eigenen Großartigkeit.

Vielleicht sind diese grandiosen Bauwerke und Eingangsbereiche, die in uns Gefühle der Kleinheit und der Ehrfurcht wecken, dazu bestimmt, uns aus der Geschäftigkeit der Stadt herauszuholen, in der sich das Museum befindet, und in etwas hineinzuführen, das ein geheiligter Ort zu sein scheint. Wenn dem so ist, erfüllen sie einen wichtigen Zweck: uns einzustimmen auf Bewunderung und Erstaunen, uns auf eine Verzauberung vorzubereiten, indem sie uns das Gefühl vermitteln, daß uns in diesen Gebäuden erstaunliche Dinge erwarten. Vielleicht trifft dieser Gedanke generell auf Museen zu: daß sie uns plötzlich in Erstaunen und Verwunderung versetzen. Sind wir so veranlagt, können sie eine Neugier in uns wecken, die nicht leicht zu stillen ist, sondern dazu führt, daß wir die wunderbare Welt dieses Museums unser ganzes Leben lang verehren.

Es gehörte nicht viel dazu, den Rummel und das Kommerzdenken bei der Ausstellung der »Schätze des Tutanchamun« abstoßend zu finden. Die Ausstellungsstücke waren jedoch Objekte religiöser Natur. Davon wurden die Massen angezogen, außerdem vom hohen Alter und der großen Seltenheit der Gegenstände, vom Überfluß an Gold und wegen der Legenden um die Entdeckung des Grabmals. Die Massen kamen, um sich beeindrucken zu lassen, sie waren begierig darauf, Verehrung zu zeigen; sie waren glücklich, daß auf einmal von ihnen erwartet und ihnen somit auch gestattet wurde, daß sie verblüfft waren, trotz all der Rationalität, die ihnen sonst in anderen Situationen abverlangt wurde. Vielleicht sind Museen also insbesondere für Kinder dazu da, um zu verzaubern, um ihnen Gelegenheit zum Staunen zu geben, das sie dringend brauchen, weil das tägliche Leben all der Wunder beraubt wurde, die ein religiöses Zeitalter überall entdeckt hatte.

In diesem Fall bestünde die Aufgabe des Museums darin, in den Menschen die Bereitschaft zum Staunen und zum Entrücktsein zu fördern, damit ihre Fähigkeit, Erstaunliches zu erleben, nicht auf wenige Objekte und seltene Gelegenheiten beschränkt bleibt. Viele der gut eingeordneten, rational und systematisch arrangierten Ausstellungsstücke von heute, die hauptsächlich der Belehrung dienen sollen, vermögen es deshalb kaum, uns in Erstaunen zu versetzen. Für einen unkomplizierten Menschen, etwa für ein Kind, mag es zwischen dem Erstaunlichen und dem Belehrenden einen Gegensatz geben: je mehr vom einen, desto weniger vom anderen.

In der Smithsonian Institution gibt es zum Beispiel eine faszinierende Ausstellung von Kunstgegenständen aus Ozeanien. Sie gehören zu den am schönsten arrangierten Exponaten, die ich je gesehen habe, und doch frage ich mich, was die Ausstellung Kindern bedeutet, die das Glück haben, sie zu besuchen. Auf Tafeln wird uns genau mitgeteilt, um was für einen Gegenstand es sich handelt; außerdem erfahren wir, daß er in einem geheimen Ritual Verwendung fand, daß er für Frauen verboten war, daß er dazu diente, geheimnisvolle Verbindungen mit den Ahnen herzustellen, oder daß er mit den Ursprüngen des Stammes in einem geheimnisvollen Zusammenhang stand. Diese Hinweise erzählen uns jedoch wenig oder nichts über das spirituelle Vermögen der einzelnen Objekte; dies allein verlieh ihnen Bedeutung gegenüber ihren Schöpfern. Wir erhalten auch keine Erläuterung, daß ihnen durch Merkmale, die wir eher als dekorative Elemente betrachten, magische Eigenschaften verliehen wurden.

Das Okkulte und das Magische sind seltsame Bereiche für ein amerikanisches Kind von heute, das zu rationalem Denken erzogen wurde. Die meisten Kinder wissen nicht aus eigener Erfahrung, was mythische oder transzendentale Erlebnisse sind; oft verlangen die Eltern von ihrem Kind, daß es sich – je früher desto besser – von seinem kindischen Glauben an Zauberei befreit. Die Information, daß ein Gegenstand Teil eines Geheimrituals gewesen sei, das allein imstande war, dem Leben eine höhere Bedeutung zu geben, bedeutet einem Kind nichts, wenn es nicht selbst mystische Erlebnisse hatte. Glaubt das Kind nicht an das Übernatürliche, hat es dafür keinen Sinn und auch keine Ehrfurcht, dann wird es bestenfalls von ganz äußerlichen

Aspekten dieser Gegenstände beeindruckt sein und das Wesentliche übergehen, nämlich ihre Verwendung in diesem bestimmten Kulturkreis. Wenn Sex einem Kind auf rationale Weise erklärt wurde, wie es jetzt an den Schulen geschieht, hat er viel von seinem Mysterium und seinen Geheimnissen verloren. Ist dies der Fall, dann kann das Kind die geheimnisvollen Aspekte der Sexualität nicht nachfühlen, die in den zarten Gestalten Ausdruck finden, welche sowohl männliche als auch weibliche Geschlechtsmerkmale aufweisen.

Wenn wir nicht dadurch in Ehrfurcht versetzt wurden, daß wir Teil einer endlosen Kette von Generationen sind, die ihren Ursprung in einem Gott oder einem Totem-Tier hatte; wenn unser Platz in dieser Kette nicht Anlaß gibt, unablässig zu staunen; wenn dies nicht bestimmend ist für unsere eigene Stellung im Leben und in der Gesellschaft; wenn die Fortpflanzung für uns kein Wunder ist, dann werden wir nicht verstehen können, was es mit den Exponaten der Ausstellung auf sich hat, und das Betrachten mit eigenen Augen wird uns wenig nützen.

Manche Leute glauben, die Besucher verstünden mit Hilfe dieser Ausstellungsstücke eine andere Kultur besser. Wir werden aber leider so erzogen, daß wir nur in unseren eigenen Kategorien verstehen können, die den meisten anderen Kulturen fremd sind. Um eine andere Kultur zu verstehen, muß man aus dem eigenen kulturellen Bezugssystem heraustreten und in ein neues hineingehen. Doch gerade die Methode, mit der Objekte in unseren Museen so herrlich zur Schau gestellt werden, bringt sie in das Bezugssystem unserer Kultur und nicht in ihr eigenes. Wie soll ein Kind, das Objekte nach ihrem praktischen Wert einzuordnen gelernt hat, einen Sinn dafür haben, daß die Figuren auf einer Fliegenklatsche nicht bloß nette Verzierungen sind oder daß die Schnitzereien auf dem Pfosten eines Hauses den Zweck haben, diesen Gegenstand mit magischen Eigenschaften von tiefster Bedeutung und mit übernatürlicher Kraft auszustatten?

Zu dem Thema, daß unsere Kinder mit anderen Kulturen vertraut gemacht werden müßten, wäre noch anzufügen: Ich glaube, wir sollten von unseren Kindern nicht erwarten, daß sie etwas verstehen, was wir als Erwachsene nicht verstehen. Ich bezweifle, daß die meisten Museen wirklich so ausgestattet sind, daß sie andere Kulturen getreulich vermitteln können, und aus meiner Erfahrung mit Kindern schließe ich, daß diese zuerst in ihrer eigenen Kultur stark verwurzelt sein müssen, bevor sie zu einem Verständnis anderer Kulturen gelangen können.

Robert Herrick lehrte uns das »Lob der Dinge, die seltsam sind und nicht vertraut«. Kinder haben eine ausgeprägte Neigung, das Vertraute als selbstverständlich zu betrachten. Es bedarf einiger Verfeinerung, um das zu bewundern, mit dem wir völlig vertraut sind. Doch wenn wir fähig sind, in Museen seltsame Objekte zu bestaunen – Gegenstände aus der Natur, Maschinenteile, Kunstwerke –, dann fangen wir allmählich an, gegenüber dem Menschen und dem, was wir sind, Verwunderung zu zeigen. Die Ehrfurcht, die wir bei den wunderbaren Schöpfungen der Natur empfinden und bei jenen, die durch Talente und den Erfindungsreichtum des Menschen entstanden sind, erstreckt sich schließlich bis hin zu uns. Ich glaube, daß alle Kinder diese Erfahrung wirklich brauchen. Wenn die Objekte aber zu Erstaunen und Entzücken führen sollen, braucht der Betrachter nicht rationale Informationen, sondern Geduld und ruhige Zielstrebigkeit, bis es schließlich zu einer echten Konfrontation zwischen dem Gegenstand seiner Betrachtung und ihm selbst kommt.

Wenden wir uns nun einigen Erhebungen von Barbara Y. Newsome und Adele Z. Silver in ›Art Museum as Educator‹ zu, die erläutern, wie die Menschen dazu kommen, regelmäßig ein Museum zu besuchen, insbesondere ein Kunstmuseum. Diesen Angaben zufolge führen nur drei Prozent der regelmäßigen Besucher von Kunstmuseen ihr Interesse auf die Schule oder auf schulische Exkursionen zurück, während 60 Prozent ihr Interesse mit der Tatsache verknüpfen, daß sie von einem Familienmitglied, meist von ihren Eltern, in jungen Jahren beeinflußt wurden. Bei 77 Prozent stammt der Einfluß aus einer Kombination von Eltern, Freunden und Lehrern; sie weckten in ihnen dieses Interesse. So wird ein lebenslanges Interesse an Museumsbesuchen durch sehr persönliche Erfahrungen geschaffen und aufrechterhalten und nicht durch eine Interessenberücksichtigung nach dem Gießkannenprinzip, wie sie von den Lehrplänen geboten wird.

Bei mir war dies ganz gewiß der Fall. Meine Mutter nahm mich mit in Museen, und ihr Entzücken über das, was es dort zu sehen gab, beeindruckte mich so sehr, daß ich selbst herauszufinden versuchte, was sie so zauberhaft fand. Später wurde dieses Interesse durch Freunde verstärkt, doch wurde es erst zu einer Beschäftigung fürs Leben, als ich über die anfänglichen Hilfestellungen hinausgewachsen war.

Ich glaube, daß ich als Kind der Museumsbesuche nie überdrüssig wurde und nie von ihnen enttäuscht war, weil mir niemand sagte, wie ich Dinge betrachten und was ich in ihnen erkennen sollte; auch wurde mir nie ihre tiefere Bedeutung erklärt. All dies mußte ich selbst entdecken. Ich streifte ganz allein umher und suchte mir, wie ich es bei meiner Mutter gesehen hatte, zur näheren Betrachtung das aus, was meiner jeweiligen Stimmung oder meinen momentanen Vorlieben entsprach.

Da mich niemand darauf hinwies, was an dem Werk, das ich anschaute, besonders wichtig sei, sah ich an verschiedenen Tagen im selben Gegenstand ganz unterschiedliche Dinge. Dies weckte meine Neugier und machte das Werk viel faszinierender, als wenn ich jedesmal von einem Experten dieselben Dinge gezeigt bekommen hätte. Da mir niemand half, in diesem oder jenem Werk etwas Bedeutsames zu entdecken, mußte ich es auf meine Art finden. Mir stand es deshalb frei, in den Museen vieles zu verwerfen, ohne daß mir jemand sagte, ich hätte etwas überaus Wichtiges oder Großartiges abgelehnt und mir so zu einem schlechten Gewissen verhalf wegen meiner mangelnden Urteilskraft. Ohne es zu wissen, versuchte ich damals die ganze Zeit, trotz großer Unsicherheiten mein eigenes Urteil zu bilden über Dinge, die mir wichtig waren.

Wenn eine Autoritätsperson mich angewiesen hätte, alles so einzuschätzen, wie ich es ihrer Meinung nach tun sollte, hätte mich dies in meinem Urteil nicht sicherer gemacht, und die Erfahrung hätte für mich ihre Bedeutung verloren. Wenn mich ein Museumsführer gebeten hätte, etwas anzuschauen, das er und alle anderen für bedeutungsvoll hielten, hätte ich dies abgelehnt, sofern das Werk nicht schon von selbst eine Saite in mir angeschlagen hätte, denn sonst wäre ich gezwungen gewesen, einer Wertung beizupflichten, die nicht wirklich meine eigene war.

Ohne daß ich eine besondere Anleitung bekommen hätte, wurden die Museumsbesuche für mich auf diese Weise zu einer lebenslangen Beschäftigung. Viele Jahre später entdeckte ich, daß ich in Schopenhauer meinen Mentor hätte haben können. Man müsse ein Kunstwerk wie einen großen Mann behandeln, meint Schopenhauer, sich also vor das Kunstwerk stellen und warten, bis es zu sprechen geruhe. Genau dies tat ich. Ich entschied mich ganz allein, was für mich – oft aus recht unzutreffenden Gründen – ein großes Kunstwerk bildete, und dann wartete ich, bis es mit mir redete. Bei anderen Gelegenheiten traf mich plötzlich ein Erkenntnisschock in meinem innersten Wesen. Dazu wäre es nicht gekommen, wenn mir alles erklärt worden wäre, denn dann wäre es nicht meine ureigenste Entdeckung gewesen, mein ganz persönlicher Augenblick der Wahrheit. Irgendwie muß ich gewußt haben, was ich dann später bei Ruskin fand: »Niemand kann erklären, wie die Noten einer Melodie von Mozart oder die Falten in einem Stück von Tizians Faltenwurf die wesentlichen Effekte erzielen. Wenn man es selbst nicht fühlt, kann einen niemand durch Erläuterungen dazu bringen, es zu fühlen.«

Manche glauben, daß eigene Betätigung im Zeichnen oder Malen das Verständnis fördere, doch bin ich anderer Ansicht, denn ich erhielt mehrere Jahre lang Zeichen- und Malunterricht. Ich erkannte dabei lediglich den Abgrund, der meine eigenen Bemühungen von jenen trennte, die ich im Museum bewunderte. Wer die handwerkliche Seite des Kupferstichs gemeistert hat, verfügt noch nicht über einen Zugang zum Verständnis Rembrandts. Dabei wird nur das Zufällige und Nebensächliche betont, das Wesentliche aber vernachlässigt. Ähnliches geschieht in romantisch ausgestalteten Geschichten über Rembrandts Leben oder seine finanzielle Notlage. Ich glaube, Erwin Panofsky hat recht, wenn er in ›Meaning in the Visual Arts‹ schreibt: »Ich glaube nicht, daß einem Kind oder einem Heranwachsenden nur das vermittelt werden sollte, was ihm völlig verständlich erscheint. Ganz im Gegenteil, die halbverdaute Phrase, die halbrichtige Bezeichnung, der halbverstandene Vers werden, wenn sie mit ihrem Klang und Rhythmus statt mit ihrer Bedeutung erinnerbar sind, im Gedächtnis haften bleiben und die Phantasie beschäftigen ...«

Für den größten Wert, den ein Museum ungeachtet seines Inhalts für ein Kind hat, halte ich dies: daß es seine Phantasie anregt und, was noch wichtiger ist, bezaubert; daß es seine

Neugier weckt, so daß das Kind immer tiefer eindringen möchte in die Bedeutung dessen, was es im Museum vorfindet; daß es die Gelegenheit erhält, ganz nach Belieben Dinge zu bewundern, die über seinen Horizont hinausgehen; und vor allem, daß es ein Gefühl der Ehrfurcht für die Wunder der Welt bekommt. Es ist kaum der Mühe wert, in eine Welt hineinzuwachsen und ganz in einer Welt zu leben, die nicht voller Wunder ist.

Ins Deutsche übertragen von Rüdiger Hipp.

Kinder und Fernsehen*

Historisch betrachtet kann es kaum überraschen, daß Eltern, Erzieher und andere Tugendwächter unserer Zeit höchst besorgt sind über den Schaden, den das Fernsehen bei uns allen und ganz besonders bei Kindern anrichtet. Moralisten haben schon immer von Natur aus die Neigung gehabt, sich über die neueste vorherrschende Form populärer Unterhaltung Sorgen zu machen und sie zu verpönen. In Platons idealem Staat sollte alle dichterische Literatur verboten werden wegen des schlechten Einflusses, den sie angeblich ausübte, und doch ist genau diese Literatur seit ihrer Entstehung bewundert worden als eine der stolzesten Errungenschaften des Menschen.

Rauchen, der Besuch von Kaffeehäusern, Tanzen – all dies wurde nacheinander als jugendverderbend betrachtet. Weder Opern noch Varietés entgingen scharfer Mißbilligung. Sogar einem Meisterwerk wie Goethes ›Werther‹ wurde vorgeworfen, es habe zu einer Welle von Selbstmorden geführt, obwohl es damals keine statistischen Unterlagen gab, aus denen feststellbar gewesen wäre, ob die Zahl der Selbstmorde tatsächlich zugenommen hatte.

Jede neue Form der Massenunterhaltung wird mit viel Argwohn betrachtet, bis sie eine Zeitlang im Schwange war. Sie wird meist akzeptiert, sobald die Leute merken, daß das Leben denselben zufälligen Verlauf nimmt wie zuvor. Dann rückt ein aktuelleres Unterhaltungsmedium in den Mittelpunkt derselben Besorgnisse. Als ich ein Kind war, schrieb man alle schlechten Einflüsse dem Film zu; heute legt man sie dem Fernsehen zur Last. Als ich ein junger Mann war, wurden Comics verteufelt, weil sie angeblich die unschuldige Jugend zu Gewalt anstachelten.

Selbst damals sah man jedoch ein, daß Kinder gar nicht so unschuldig waren. Es war bekannt, daß sie böse, gewalttätige, destruktive und sogar sexuelle Phantasien entwickeln, die alles andere als unschuldig sind. Auch heute sollten diejenigen, die sich mit der Wirkung des Fernsehens auf Kinder befassen, ge-

* Dieser Artikel erschien zuerst in ›Channels Magazine‹.

nau verstehen lernen, wie Kinder wirklich sind; sie sollten sich nicht von viktorianischen Vorstellungen leiten lassen, wie vollkommen Kinder sein könnten, wenn sie nicht schlimmen Einflüssen ausgesetzt wären, und sie sollten auch nicht alles, was Kindern Spaß macht, als böse verdammen. Neue Formen der Unterhaltung erscheinen Erwachsenen, die keine Gelegenheit hatten, sie in ihrer Jugend zu genießen, besonders verdächtig. Die meisten Eltern, die jung genug sind, um in ihrer Kindheit mit Begeisterung ferngesehen zu haben, machen sich über nachteilige Wirkungen weniger Kopfzerbrechen. Sie wissen, daß sie durch jene Stunden vor dem Fernseher nicht von ihrer Ausbildung abgehalten wurden oder von einem sinnvollen Leben. Wenn ihnen nicht ganz wohl ist, dann wegen der Verwendung des Fernsehgeräts als Babysitter ihrer eigenen Kinder.

Trotz aller Besorgnisse und der unzähligen Artikel über Auswirkungen des Fernsehens auf unsere Kinder sind genaue Tatsachen rar und schwer erhältlich. Wir wissen über das Thema sowenig, wie die Generation meiner Eltern Bescheid darüber wußte, was Filme bei uns bewirkten. Meine Eltern machten sich Sorgen über Kinder, die soviel Zeit in den dunklen Kinopalästen verbrachten – den Schlössern, in denen wir uns Träumen hingaben, sooft unsere bescheidenen Geldmittel es erlaubten. Durch das Fernsehen haben es Kinder wenigstens nicht nötig, das Haus zu verlassen und fast das ganze Taschengeld für Eintrittskarten auszugeben.

Was Filme verlockend machte, lag – ohne daß wir uns dessen bewußt gewesen wären – auch daran, daß sie uns halfen, dem wachsamen Blick der Eltern bei uns zu Hause und dem Wettstreit mit anderen Kindern beim Spielen zu entrinnen. Wenn wir Filme ansahen, träumten wir davon, im Leben und in der Liebe so erfolgreich zu sein wie unsere Helden oder Heldinnen. Wir beteiligten uns an aufregenden Phantasien, die unser eintöniges oder ziemlich unangenehmes Dasein erträglicher machten. Hatten wir uns einen Film angesehen – oft nicht nur einmal, sondern zwei- oder dreimal, sofern die Platzanweiser es zuließen –, dann kehrten wir gestärkt ins alltägliche Leben zurück.

Unsere Kinder machen dasselbe in ihrem Zuhause, und kein Platzanweiser hält sie davon ab, ein im wesentlichen gleichbleibendes Programm immer wieder anzuschauen. Sie langweilen sich nicht und verdummen auch nicht dabei; wir alle möchten den gleichen Wunschtraum träumen, bis wir genug haben. In der öffentlichen Debatte über die Auswirkungen des Fernsehens auf Kinder wurde die Tatsache, daß TV-Programme Material für Wunschträume bieten, sosehr als Selbstverständlichkeit betrachtet, daß kaum über sie gesprochen wurde. Es scheint kaum einen Zweifel daran zu geben, daß die meisten von uns Wunschträume brauchen – und je frustrierender die Wirklichkeit ist, desto größer ist unser Bedarf.

Obwohl wir uns in dem Glauben wiegen, das Leben kleiner Kinder sei sorgenfrei, sind sie tatsächlich von Enttäuschung und Frustration erfüllt. Kinder wünschen sich so viel, können aber kaum etwas selbst bestimmen in ihrem eigenen Leben, das so oft von Erwachsenen beherrscht wird, die kein Verständnis für die Prioritäten der Kinder haben. Aus diesem Grund haben Kinder einen größeren Bedarf an Wunschträumen als Erwachsene. Und weil ihr Leben in recht engen Grenzen verlaufen ist, brauchen sie um so mehr Material, aus dem Wunschträume entstehen können. In der Vergangenheit nährten Kinder ihr Vorstellungsvermögen mit volkstümlichen Erzählungen, Mythen und Geschichten aus der Bibel. Selbstverständlich wäre es ihnen viel lieber gewesen, die Geschichten nicht nur zu hören, sondern auch zu sehen, die schauspielerische Darstellung selbst zu betrachten, wenn dies möglich gewesen wäre.

In den Geschichten des Alten Testaments gibt es Gewaltanwendung und Verbrechen, wie auch in den Märchen. In der griechischen Tragödie gibt es viel Grausamkeit und Feindschaft in der Familie, Totschlag und sogar Vatermord und Inzest; dasselbe trifft auf Shakespeares Stücke zu. Dies deutet darauf hin, daß die Menschen immer ein gewisses Maß an Gewaltphantasien brauchten als Bestandteil volkstümlicher Unterhaltung. Aristoteles sagte, solche Kost sei nötig für die Katharsis, also für die Befreiung von unseren inneren Spannungen. Kinder brauchen diese Befreiung ebenso wie Erwachsene, vielleicht sogar noch mehr, und dies wird immer so bleiben.

Die schwerste von den Besorgnissen über die Auswirkungen des Fernsehens auf unsere Kinder lautet, daß es sie zur Gewaltanwendung anstacheln könne. Wahrscheinlich ist keine Befürchtung gründlicher erforscht worden als diese. Ich selbst mag zwar keine Gewalt auf dem Bildschirm, doch muß ich einräumen, daß sie, solange sie nicht tückisch oder grausam ist – was aber häufig der Fall ist –, eine gewisse Faszination ausübt.

Viele Kinder freuen sich nicht nur über aggressive Phantasien, sie brauchen diese auch. Sie brauchen Material für Wunschträume der Aggression und der Vergeltung, in denen sie ihre feindseligen Gefühle ersatzweise ausagieren können, ohne nahe Verwandte zu verletzen. Ein sehr kleines Kind mag eine Puppe verprügeln (wobei es die ganze Zeit an das Baby denkt, das ihm im Weg steht) oder nach dem Vater oder der Mutter schlagen, doch ein etwas älteres Kind kann es sich nicht mehr leisten, seine Aggression so direkt auszudrücken. Bei gesunder Entwicklung geht ein Kind bald zu Wunschträumen über, in denen nicht das Kind, sondern ein imaginärer Stellvertreter seiner Wut auf eine andere realitätsferne, imaginäre Gestalt freien Lauf läßt. Aus diesem Grund ist es so wohltuend, wenn ein Cartoon ein hilfloses kleines Tier wie eine Maus zeigt, das viel größere und stärkere Tiere zum Narren hält.

Als Teil einer im Jahr 1976 veröffentlichten Untersuchung über Gewalt und Fernsehen wurden in einem Experiment Zeichentrickfilme mit gewalttätigen Szenen sowohl normalen als auch emotionell gestörten Kindern gezeigt. Da letztere instabil waren, nahm man an, sie seien den Einflüssen der Cartoons stärker ausgesetzt. Doch nach dem Betrachten der gewalttätigen Szenen waren Kinder in beiden Gruppen beim Umsetzen ihrer Aggressivität weniger chaotisch, und sie taten es nicht mehr so wahllos. Da die Kinder Aggressionsgefühle beim Betrachten des Films in der Phantasie mit Stellvertretern ausagieren konnten, hatten die meisten von ihnen ein geringeres Bedürfnis, in der Realität aggressiv zu handeln.

Auf der anderen Seite wurden einige der stark gestörten Kinder nach dem Betrachten der Cartoons gewalttätiger. Manche Jugendliche erhalten durch das, was sie auf dem Bildschirm sehen, tatsächlich Anleitungen für aggressives Verhalten, die sie dann in der Realität in die Tat umzusetzen versuchen. Die entscheidenden Faktoren sind nicht die jeweiligen Bildschirmereignisse, sondern die eigene Persönlichkeit des Kindes (die zu Hause unter dem Einfluß der Eltern ausgebildet wird) und, wenn auch in einem viel geringeren Ausmaß, die gegenwärtige Situation des Kindes.

Auch für normale Kinder bietet das Fernsehen eine Vielzahl von Modellen, nach denen phantasiert und experimentiert werden kann. Kinder neigen dazu, sich anzuziehen, sich zu bewegen, zu gehen und zu reden wie TV-Darsteller, die sie bewundern. Ob dies einem jungen Menschen hilft oder schadet, scheint von der Person abzuhängen, mit der er sich identifiziert. Dies wiederum wird viel stärker durch die eigene Persönlichkeit und von den aktuellen Problemen determiniert als durch das, was auf dem Bildschirm gezeigt wird.

Wilbur Schramm und andere Forscher erkannten vor mehr als zwei Jahrzehnten: »Die dominierende Rolle, die das Fernsehen im Leben von Kindern spielt, beruht mindestens ebensosehr darauf, was das Kind zum Fernsehen mitbringt wie darauf, was das Fernsehen dem Kind bringt.« Und je jünger ein Kind ist, desto stärker ist dies der Fall.

In ›Child Development‹ wurde im Jahr 1978 über ein Experiment berichtet, bei dem Zweitkläßler einen Programmbeitrag anschauen und dann die Geschichte so erzählen sollten, »daß jemand, der sie nicht gesehen hat, darüber Bescheid weiß, was geschehen ist«. Daraufhin reihten die Kinder Vorfälle wahllos aneinander. Sie zeigten kein Verständnis oder Erinnerungsvermögen für die Zusammenhänge der Ereignisse. Kinder, die einige Jahre älter waren, zum Beispiel Fünftkläßler, konnten sich ziemlich gut erinnern, was sie gesehen hatten. Je jünger das Kind ist, desto weniger reagiert es also auf den tatsächlichen Inhalt der Sendung. Nur ein Kind, dessen Gefühlsleben sehr öde ist oder dessen Lebensbedingungen äußerst destruktiv sind, wird in der Welt der Fernsehdarbietungen »leben«. Dies mag dem Kind besser erscheinen, als sich den Tatsachen zu stellen, welche es dazu bringen könnten, alle Hoffnung aufzugeben oder Gewalt gegen jene anzuwenden, die sein Leben unerträglich machen.

Tatsache ist, daß die meisten Kinder gelegentlich bei einer vom Fernsehen gespeisten Phantasiewelt Zuflucht suchen; sie lassen es aber nicht zu, daß diese für mehr als einen eng begrenzten Teil ihres Lebens bestimmend wird. Das Fernsehen ist für diesen Zweck ein ideales Medium, denn es erlaubt dem Kind, sofort aus der Phantasiewelt ins wirkliche Leben zurückzukehren und ebenso rasch in die Fernsehwelt zu entrinnen, wenn die Wirklichkeit zu schwierig wird. Ein Knopfdruck ist alles, was dazugehört.

Wir sollten uns daran erinnern, welchen Einschränkungen das Leben der Kinder unterliegt. Einst war es möglich, Kinder fast den ganzen Tag lang auf eigene Faust oder zusammen mit anderen, die Zufallsbekanntschaften waren, herumstromern zu lassen. Sie spielten irgendwo in der Nachbarschaft oder in einem Schuppen oder zogen durch die Wälder und Felder. Dort konnten sie ihre eigenen Wunschträume träumen, ohne daß die Eltern in der Nähe waren und verlangten, sie sollten ihre Zeit für etwas Nützlicheres verwenden. Mit Rücksicht auf die Sicherheit unserer Kinder können wir es heutzutage nicht zulassen, daß sie sich auf diese Weise selbst durchschlagen. Und doch braucht jedes Kind genügend Zeit und genügend Platz für sich selbst, um gut heranwachsen zu können. Das Fernsehen gibt ihm diese Gelegenheit. Die Sendung auswählen zu können, mit der sie in einen Traum versinken möchten, ist für die Kinder von heute zu einer Möglichkeit der Selbstbestimmung geworden, zu einer wichtigen Erfahrung im Erwachsenwerden.

Seltsamerweise kommt bei all der schwindelerregenden Aktivität, die Fernseh-Fiktionen bieten, eines zu kurz: das persönliche Wachstum. Was Kinder am nötigsten brauchen, ist, aus ihren Erfahrungen zu lernen und durch sie zu wachsen. Am meisten nützen den Kindern Sendungen, die zeigen, wie sich Menschen durch Erfahrungen wandeln – in ihrer Persönlichkeit, in ihrer Sicht des Lebens, in den Beziehungen zu anderen und in der Fähigkeit, mit zukünftigen Ereignissen zurechtzukommen. Nicht nur bei Sendungen für Kinder, sondern auch in Serien für Erwachsene, die von Kindern gesehen werden, sollte es keine stereotypen Figuren geben, die sich bekanntermaßen niemals ändern werden.

Selbst bei einer außergewöhnlichen Serie wie ›All in the Family‹ standen Figuren im Mittelpunkt, die sich nie änderten und nie etwas dazulernten, ganz gleich, wie deutlich die Lektionen vorangegangener Episoden gewesen waren. In dieser wie in vielen anderen weniger bedeutenden Serien lernen die Helden so wenig aus ihren Erfahrungen wie die Schurken. Selbst nach den unglaublichsten Ereignissen bleiben die Personen so, wie sie vorher waren. Wachstum und Entwicklung sowie Bilder von diesen Vorgängen bilden jedoch das, was Kinder brauchen, wenn sie glauben sollen, daß sie selbst ebenfalls wachsen können. Ein Kind muß Phantasien haben, wie es sich verändern wird, wie es lernen wird und wie es ein besserer Mensch werden wird: durch das, was es im Leben gelernt hat.

Im Fernsehen lernen die dargestellten Personen nichts aus ihren Erfahrungen, und zudem stellen ihnen die Serienautoren bei all ihren Schwierigkeiten einfache Sofortlösungen zur Verfügung, die so wohlfeil sind wie die in der Werbung versprochenen. Ein bestimmtes Haarspray garantiert Erfolg im Leben und in der Liebe; nach der Einnahme von Pillen verschwinden alle Sorgen. Serien und Werbung sind für Kinder gleichermaßen irreführend, indem sie den Anschein erwecken, daß es eine einfache Lösung für alle auftretenden Probleme gibt oder geben müßte, und daß etwas mit ihnen, mit ihren Eltern oder mit der Gesellschaft nicht stimmt, wenn diese so leicht verfügbaren Antworten ausbleiben. Irreführend sind in dieser Hinsicht selbst Programme mit didaktischer Zielsetzung, wie sie das nichtkommerzielle Fernsehen sendet. Sei es ›Sesamstraße‹ oder ›Nova‹, sie erzeugen die Illusion, eine gute Ausbildung sei leicht und schnell zu erreichen. Ob einem Kind nun in der Zahnpastawerbung Beliebtheit versprochen wird oder Wissen vom Kanal PBS: Es wird in der Annahme bestärkt, daß der Erfolg mühelos erreichbar sei. Dies ist natürlich nicht der Fall, und das Kind wird unzufrieden mit sich und der Gesellschaft.

Das Problem ist in der Hauptsache ein Teil des Mediums. Um die Zuschauer bei der Stange zu halten, müssen Fernsehserien Sachverhalte vereinfachen; sie können den mühseligen Prozeß nicht schildern, der erforderlich ist, um Wissen zu erwerben. In manchen Sendungen ist davon die Rede, wie langsam und schwierig der Fortschritt sei, doch machen diese Worte auf Kinder kaum einen Eindruck, wenn Personen in derselben Serie mit größten Schwierigkeiten innerhalb von dreißig oder sechzig Minuten fertig werden.

Das Fernsehen ist eben ein Medium, das sich am besten für die Unterhaltung eignet; es taugt nicht so gut für das ausgewogene Urteil, um das Für und Wider einer Angelegenheit zu erörtern. Wir sollten von diesem Medium nicht erwarten, was seinem Wesen widerspricht. Die aus Fernsehsendungen stammende Information wird immer eine Tendenz zur Einseitigkeit, zur Parteilichkeit und zur Vereinfachung haben. Deshalb wird wirkliches Lernen für ein Kind nicht einmal möglich sein, wenn es die besten Sendungen anschaut – nicht einmal bei denen, die für seine Altersgruppe bestimmt sind, denn seine Lebenserfahrung ist zu begrenzt. Erwachsene oder nahezu erwachsene Menschen können beim Fernsehen ihre gesamte Lebenserfahrung einbringen und auf diese Weise eine angemessene Perspektive finden. Kinder brauchen zu diesem Zweck Hilfe von Erwachsenen.

Es gibt kaum eine Sendung, aus der ein Kind nicht vieles lernen könnte, sofern ein verantwortungsbewußter Erwachsener die notwendigen Instruktionen gibt. Selbst Sendungen mit gewalttätigen Szenen sind keine Ausnahme, doch darf das Kind nicht so verängstigt oder so wütend sein, daß es vom Geschehen völlig überwältigt wird. Es ist für Kinder sehr wichtig, daß sie die richtigen Einstellungen zur Gewalt entwickeln; die Augen vor existierender Gewalt zu verschließen, kann wohl kaum als konstruktive Haltung gelten. Jedes Kind muß lernen, was an der Gewaltanwendung falsch ist und aus welchem Grund, warum es Gewalt gibt und wie man mit ihr bei sich selbst und bei anderen umgehen sollte.

Notwendig ist, daß Eltern zusammen mit dem Kind erforschen, was es selbst mit dem Gesehenen und Gehörten anzufangen weiß. Das Kind soll uns erzählen können, was die Sendung ihm gegeben hat, und wir müssen dies zum Anlaß nehmen, ihm bei der Einordnung zu helfen: welche Eindrücke aus seinem Inneren und welche aus der Sendung kamen, welche gut waren und welche nicht, und wie die Gründe lauten.

Dies setzt natürlich voraus, daß der Erwachsene zusammen mit dem Kind fernsieht. Auf diese Weise können die Eltern das Fernsehen nicht mehr als Rechtfertigung dafür benutzen, daß sie sich nicht mit dem Kind abgeben. Ich glaube, daß die wirkliche Gefahr des Fernsehens auf menschliches Versagen zurückgeht und nicht im Medium liegt. Wir sollten weder unseren Kindern noch dem Medium die Schuld geben, wenn der Grund fürs Fernsehen darin zu suchen ist, daß wir, die Eltern, nicht besonders interessiert daran sind, uns mit ihnen zu beschäftigen. Wir sollten uns überlegen, daß sie um so weniger Zeit vor dem Fernsehapparat verbringen, je mehr wir uns ihnen widmen. Je mehr Zeit wir aufwenden, um mit ihnen über das Gesehene zu reden, desto intelligenter und anspruchsvoller werden sie sich beim Zuschauen verhalten. Tatsache bleibt, daß unsere Persönlichkeit und unsere Wertordnung eine viel größere Prägekraft auf unsere Kinder und ihre Vorstellung vom Leben haben werden als das Fernsehen.

Ins Deutsche übertragen von Rüdiger Hipp.

Das »Wunderkind« und seine Lehrerin*

Die Geschichte, wie es Anne Sullivan gelang, Helen Kellers geistige Fähigkeiten wiederherzustellen, war für mich von besonderem Interesse, weil dies meines Wissens das erste Mal war, daß eine neue Therapiemethode angewandt wurde, die so einzigartig war, daß man keine Bezeichnung für sie hatte, während man ihr gleichzeitig Wunder zutraute. Als ich Anfang der vierziger Jahre an der Sonia Shankman Orthogenic School in Chicago die Milieutherapie einführte als Behandlungsmethode für schwer gestörte Kinder, hatte ich von Anne Sullivans Neuerung, die im Grunde aus derselben Art der Behandlung bestand, keine Kenntnis. Als ich im Jahre 1948 über meine Methode schrieb, gab ich ihr den Namen »Milieutherapie«. Alle wesentlichen Elemente dieser neuen Methode, in äußerster Isolation lebende, verschlossene und aggressive Kinder zu therapieren, waren bereits von Anne Sullivan angewandt worden, und zwar bei ihren Bemühungen, die junge Helen Keller in die menschliche Gemeinschaft einzugliedern. Um eine umfassende Beziehung zu Helen herzustellen, mußte Anne sie aus ihrer Familie herausholen und dazu zwingen, Tag und Nacht ausschließlich in ihrer Nähe zu leben. Anne akzeptierte selbst die empörendsten und gewalttätigsten Verhaltensformen ihres Schützlings und versuchte diese zu verstehen. Sie bemühte sich, Helens Bedürfnissen auf die fürsorglichste Weise zu entsprechen und erreichte schließlich, daß sie von Helen als Bezugsperson angenommen wurde. Die Ergebnisse solch außergewöhnlicher Bemühungen, unerreichbar erscheinende Kinder zu therapieren, mögen Außenseitern tatsächlich wie Wunder vorkommen. In Wirklichkeit bilden sie das Resultat äußerst schwieriger Arbeit, großer Hingabe sowie des Akzeptierens unverständlich erscheinender Verhaltensformen, welches auf einem Mitgefühl beruht, das aus den eigenen schwierigen und oft sehr schmerzlichen Erfahrungen stammt.

* Dieser Essay erschien unter dem Titel ›Miracles‹ in ›The New Yorker‹ vom 4. August 1980. Er basiert auf dem Buch ›Helen and Teacher. The Story of Helen Keller and Anne Sullivan‹ von Joseph B. Lash, New York 1980.

Wir sind von dem Wunder Helen Keller fasziniert und – durch William Gibsons Stück ›The Miracle Worker‹ – auch von Anne Sullivan, die dies ermöglicht hat. Für den Rest ihres Lebens bildeten die beiden ein unzertrennliches Paar und waren zu Recht weltberühmt. Helen Keller schrieb viel über beider Leben, andere ebenfalls. Diese Frauen gaben uns Vorbilder, an die wir gerne glauben möchten; sie selbst wollten diese Vorbildfunktion aus anderen Gründen nicht beeinträchtigen. Unser großes Verlangen, Wundern Glauben zu schenken, macht uns weitgehend blind für die verborgene und schmerzliche Realität dieser Geschichte. Lashs Buch ›Helen and Teacher: The Story of Helen Keller and Anne Sullivan‹ öffnet uns jedoch die Augen für die Diskrepanz zwischen dem sorgsam gepflegten Image von Helen und Anne und der schwierigen Wirklichkeit, die ihnen durch schwerste, schon seit Helens Kindheit bestehende Behinderungen aufgezwungen wurde.

An diese Realität heranzukommen ist nicht leicht. Wir möchten uns in dem Glauben wiegen, es sei möglich, die schwersten physischen Benachteiligungen ganz zu überwinden – selbst völlige Blindheit und eine durch partiellen Mutismus erschwerte Taubheit –, wenn ein Wille vorhanden ist und ein hingebungsvoller Helfer. Tatsächlich versucht Lashs Buch ausführlich, das Bild wiederzugeben, das Millionen Durchschnittsmenschen und auch große Persönlichkeiten kannten und schätzten. Alle, die Helen sahen und hörten oder sie kennenlernten, waren bewegt von ihrem Mut und der Fröhlichkeit, die sie trotz größter Schwierigkeiten an den Tag legte. Lash läßt die beiden Frauen aber auch des öfteren selbst zu Wort kommen; die Lektüre wird zwar durch die ständigen Wiederholungen etwas mühsam, doch zeigt sie Helen und Anne, wie sie wirklich waren.

Wer war das Wunder, wer die Wundertäterin? Bei einer symbiotischen Beziehung auf Lebenszeit ist dies schwer feststellbar, es mag unwichtig sein und sogar die falsche Fragestellung bilden. Nach einem alten chinesischen Sprichwort ist derjenige, der ein Leben rettet, von da an dem Geretteten verpflichtet; die allzu offensichtliche Tatsache, daß der Gerettete sein Leben dem Retter verdankt, wird in dem Sprichwort nicht erwähnt. Das Leben von Anne und das Leben von Helen waren so ineinander verwoben, daß es schwer feststellbar ist, wer aus ihrer

Beziehung mehr gewann. Anne verwandelte ein blindes, taubes, stummes und wildes Mädchen in einen ganz wunderbaren Menschen; die uns bekannte Helen Keller war ihre Schöpfung. Während sie Helen formte, verwandelte sich Anne von einer sehr aufgeweckten und lebhaften, doch eher einseitigen, jungen Frau von wilder Entschlossenheit, in eine der bedeutendsten Erziehergestalten aller Zeiten. Zwei im Grunde durchschnittliche Menschen, die bis dahin nur hinsichtlich der erlittenen Verluste ungewöhnlich gewesen waren, verwandelten in diesem Prozeß sich selbst und einander in Genies.

Gibsons Stück endet damit, daß Helen das erste Wort von sich gibt und, was noch viel wichtiger ist, zum erstenmal die Macht der Wörter versteht: daß man nur durch Wörter die Welt für sich begreiflich machen und mit anderen kommunizieren kann. Doch ist dies nur der dramatischste Augenblick in der Erschaffung Helens durch Anne; Anne hatte in dem Augenblick mit der Erschaffung Helens begonnen, als sie ihr begegnete. Helen war eine Widerspiegelung dessen, was sie Annes Absichten zufolge sein sollte, obwohl diese aufgrund ihrer pragmatischeren Haltung oft skeptisch war gegenüber Helens idealistischen Vorstellungen, die von mangelnder Erfahrung mit der Alltagswirklichkeit herrührten. Ab und zu machten Helen und Anne schwache Versuche, ein eigenes Selbst zu entwickeln, doch waren diese nie ernst gemeint. Im Jahr 1905 nahm John Macy Anne Sullivan zur Frau, aber er heiratete damit ein Paar, das darauf bestand, daß sich durch diese Ehe nichts ändern würde. Nach neun Jahren zerbrach die Ehe, obwohl Anne John Macy sehr liebte. Sie liebte ihn auch noch, als er sie verlassen hatte, ja sogar nach seinem Tod. Doch die ganze Zeit wußte Anne, daß sie Helen nicht verlassen konnte. Die Schöpferin konnte sich nicht von ihrem Geschöpf befreien und wollte es auch nicht.

Anne Sullivan wußte sehr wohl, daß die gute Lehrerin, sosehr sie auch preisgekrönte Schüler behalten möchte, die Verpflichtung hat, diesen zu helfen, sich selbst von ihrer Lehrerin zu befreien und hinaus in die Welt zu gehen. Als Anne am Helen-Keller-Tag des Jahres 1915 bei der Panama-Pazifik-Ausstellung in San Francisco mit der Lehrermedaille ausgezeichnet wurde, sagte sie in ihrer Dankesrede: »Schon seit Jahren bin ich mit der höchsten Belohnung der Lehrerin vertraut, die darin besteht, daß das von ihr unterrichtete Kind vor ihren Augen zu einer lebendigen Kraft wird.« Aus ihrer eigenen Erfahrung kannte Anne auch die unausweichlichen Schwierigkeiten, die der preisgekrönte Schüler durchstehen muß, wenn er sich vom Lehrer befreien will. Sie war mit vierzehn Jahren in Boston in die Perkinssche Blindenanstalt eingetreten und zur Musterschülerin des Direktors Michael Anagnos geworden. Er liebte sie wie seine eigene Tochter und wollte sie bei sich behalten; die durch Anne veranlaßte Trennung war für ihn eine Tragödie.

Anne hatte eine starke Bindung an Anagnos gehabt und sehr wohl gewußt, was sie ihrem Mentor schuldete; es war für sie äußerst schmerzhaft gewesen, sich von seinem besitzergreifenden Einfluß zu befreien. Anne konnte jedoch Helen nicht loslassen, da es dieser wegen ihrer Behinderungen nicht möglich war, ein von Anne unabhängiges Leben zu führen. Deshalb mußte Anne auf Lebenszeit Helens Lehrerin bleiben. In der Rede, aus der ich oben zitiert habe, sagte Anne außerdem: »Sie sehen eine Lehrerin vor sich, deren Erwachsenenjahre ganz im Zeichen einer einzigen Aufgabe standen: der Ausbildung eines menschlichen Wesens.«

Helen war keine Schülerin, welche von der Lehrerin vertrauensvoll in die Welt hinausgeschickt werden konnte, weil Helen mit der Welt nicht zurechtkam ohne eine Lehrerin, die sie stets im wahrsten Sinne des Wortes an der Hand hielt. Dafür, daß sie eine solche Lehrerin war, bezahlte Anne einen hohen Preis. Selbst als sie die Lehrermedaille entgegennahm, fand das Ereignis nicht am »Anne-Sullivan-Tag«, sondern am »Helen-Keller-Tag« statt. Als Helen von der Radcliffe-Universität den akademischen Grad eines Bachelor of Arts erhielt, gab es für Anne keine Anerkennung. Dabei hatte sie bei allen Lehrveranstaltungen an Helens Seite gesessen und ihr die Ausführungen der Professoren in die Hand buchstabiert; außerdem hatte sie Helen die zahlreichen obligatorischen Bücher vorgelesen. Die Schöpferin wurde zugunsten ihres Geschöpfes vernachlässigt.

Helen, die Anne sehr liebte und ohne sie nicht leben konnte, wußte, daß deren größte Auszeichnung nicht darin bestand, die hingebungsvolle Freundin oder die überaus geschätzte Begleiterin zu sein, sondern darin, daß sie die »Lehrerin« war. Helen verwendete stets diese Bezeichnung; sie war das höchste Lob, das Helen der Frau zukommen lassen konnte, die es ganz allein erreicht hatte, ihr das Leben möglich und erträglich zu machen. Und so blieb Anne zeitlebens die Lehrerin einer einzigen Schülerin. Doch das war für beide eine Lehr- und Lernerfahrung.

Je eifersüchtiger Anne an ihrem Geschöpf festhielt, desto mehr wurde sie von den Anforderungen erdrückt, die dieses an sie stellte. Sie wurde die treibende Kraft für Helens Wachstum. Alles Wissen ging durch Anne hindurch, als sie die gesammelte Weisheit der Jahrhunderte in Helens Hand buchstabierte, doch es war Helen, die davon profitierte und es ausbaute. Da sie Annes Lebensinhalt darstellte, ist es verständlich, daß Anne sie unter ihrer Kontrolle behalten wollte. Als beispielsweise vorgeschlagen wurde, Helen das Sprechen beizubringen, entgegnete Anne sofort: »Ich möchte nicht, daß sie spricht.« Helen lernte das Sprechen trotzdem, doch redete sie ganz selten mit eigener Stimme; sie schrieb jedoch, und schließlich sagte sie Worte, die Anne ihr eingegeben hatte. Da Helen nur durch den Tastsinn, den Geschmackssinn und den Geruchssinn direkten Kontakt mit der Welt hatte, konnte sie Worte benutzen, um abstrakt, ja sogar dichterisch zu denken, doch kaum jemals, um konkret zu denken. Es gab eine Ausnahme: Helen bestand darauf, daß blinde und taube Menschen die Möglichkeit bekommen sollten, ihren Lebensunterhalt selbst zu bestreiten, damit sie Selbstachtung gewännen.

Zu dieser ungewöhnlichen Beziehung zwischen der Schöpferin und dem Geschöpf gehört auch, daß Helen, der Anne nur das beste von dem gab, was in ihr steckte, schließlich der bessere, wenn auch etwas wirklichkeitsferne Mensch wurde. Helen blieb wegen ihrer Behinderungen immer etwas eindimensional, sie war die Verkörperung des Guten, soweit dies einem lebendigen Wesen möglich ist. Anne, die dieses Gute erschaffen und ermöglicht hatte, strebte selbst weniger danach. Sie konnte ihre eigenen Mängel erkennen und akzeptieren, aber auch ihretwegen Gewissensbisse empfinden. Helen konnte sich diesen Luxus nicht leisten; sie fühlte sich verpflichtet, stets Liebenswürdigkeit und Akzeptanz zu zeigen, außer in ihrem Kampf für die Taubblinden und bei ihrer Ablehnung von Personen, deren politische Zielsetzungen ihrer oft voreingenommenen und naiven Meinung nach die Liebe zur Menschheit vermissen ließen.

Wie verfügte Anne als unerfahrene Frau von zwanzig Jahren, deren Schulbildung dürftig war, über das Wissen, was erforderlich sein würde, um ein wildes kleines Wesen in einen kreativen und sensiblen Menschen zu verwandeln, der einen höheren Bildungsstand hatte als sie selbst? Was Anne bei der Behandlung Helens unternahm, basierte zum Teil auf der Arbeit ihrer Vorgänger, und zwar in erster Linie auf Dr. Samuel Gridley Howe von der Perkinsschen Anstalt; er hatte erstmals einer Taubblinden, nämlich Laura Bridgman, durch Zeichenübermittlung Sprachunterricht erteilt. Sein Werk wurde von Michael Anagnos fortgeführt, der Anne in die Perkinssche Anstalt aufnahm und der in ihrer Entwicklung und in ihrem Leben eine so wichtige Rolle spielte. Er bereitete sie darauf vor, daß sie Helens Erzieherin wurde. Von diesen beiden Männern lernte Anne viel, doch die für Helen geeignete Methode fand sie selbst; niemand hätte ihr beibringen können, wie der Zugang zu Helen möglich war, denn das wußte keiner.

Daß Anne Sullivan ihre Inspiration aus sich selbst bezog, stimmt zwar, doch damit ist noch nichts erklärt. Wenn wir die inneren Ressourcen erkennen, mit deren Hilfe sie den Zugang zu Helen fand, verstehen wir auch, woher die Inspiration einer wirklich großen und innovativen Lehrerin stammt. Annes Entdeckung geht wie so viele andere auf einfache Ursachen zurück. Sie hatte sich frühkindlichen Erfahrungen nicht verschlossen, wie es die meisten Menschen in einem Prozeß tun, der zur Entstehung einer sogenannten Kindheitsamnesie führt. Anne wußte und vergaß niemals, was es bedeutete, ein schrecklich einsames, völlig depraviertes, nahezu blindes Kind zu sein, das unter den elenden Bedingungen eines Armenhauses des 19. Jahrhunderts gerade noch dahinvegetieren konnte. Noch schlimmer war, daß sie den einzigen Menschen verloren hatte, zu dem sie tiefe Zuneigung empfand und für den sie sich verantwortlich fühlte: ihren kleinen Bruder. Sie vergaß nie, was sie sich damals am meisten gewünscht hatte: daß jemand für sie die gleiche Zuneigung empfinden würde, die sie ihrem Bruder entgegengebracht hatte, daß jemand sie nicht nur lieben, sondern auch entschlossen festhalten würde und es nicht zuließe, daß irgend jemand diese Beziehung störte, die ihre ganze Welt sein würde.

Anne behielt diese Kindheitserfahrung als ihren ganz privaten Besitz. Erst spät im Leben erzählte sie Helen davon, und selbst dann geschah es nur widerwillig. Anne ließ es nie zu, daß ihre Kenntnisse, die sie von anderen über die Erziehung der Taubblinden erfuhr, ihr aus eigener Erfahrung gewonnenes Wissen auslöschten. Der Ursprung ihrer Genialität lag darin: Um Helen als menschliches Wesen zum Leben zu erwecken, mußte Anne ihre ganze Welt werden; das hatte sich Anne gewünscht, das hatte sie auch für ihren kleinen Bruder sein wollen. Sie war entschlossen, kein zweites Mal zu verlieren. Das ist das Geheimnis, das dem von ihr vollbrachten »Wunder« zugrunde lag.

An dem Tag, als Anne Helen begegnete, buchstabierte sie die Worte »Puppe« und »Kuchen« in ihre Hand; beides hatte sie Helen bei diesem ersten Zusammentreffen mitgebracht. In den Jahren, in denen die kleine Anne im Armenhaus untergebracht war und weder Spielsachen noch gutes Essen erhielt, hatte sie sich wohl nach solchen Dingen gesehnt. Anne wollte also schon vom Anfang ihrer Beziehung an, daß Helen bekommen sollte, was sie sich selbst so sehr gewünscht hatte. Anne wußte außerdem, daß wir einem Kind Wörter geben müssen, die unsere Liebe beinhalten und unseren Wunsch, dem Kind das Ersehnte zukommen zu lassen, wenn wir wollen, daß das Kind Wörter versteht, liest und vor allem mag. Dem Kind den sprachlichen Ausdruck zu geben, aber nicht den Inhalt, für den er steht, ist didaktisch falsch. Leider verläuft so der Leseunterricht in unseren Schulen, und die nachteiligen Folgen sind bekannt. Was Anne bei ihrem ersten Zusammentreffen mit Helen wußte, haben wir immer noch nicht gelernt: daß Nahrung und Spielzeug für das Kind Zuwendung symbolisieren, und daß auf diesen Symbolen und ihrem Bedeutungsgehalt Beziehungen aufgebaut werden können, die das Kind wirklich zum Menschen machen.

Helen war mit neunzehn Monaten blind und taub geworden und bald darauf stumm; ihr Leben hatte sich in eine tierähnliche Existenz zurückentwickelt. Fünf Jahre danach begann ihr Leben als Mensch von neuem, als all ihre Bedürfnisse wie bei einem Kleinkind von einer einzigen sie bemutternden Person gestillt wurden: von Anne. Sie wußte – oder, genauer gesagt: sie nahm einfühlsam wahr –, daß Helen nur durch solch ein umfassendes Bemuttern wiederhergestellt werden konnte. Anne bestand also darauf, daß zumindest in den Anfangswochen niemand das kleine Haus betrat, in dem sich die beiden Tag und Nacht aufhielten. Dort kümmerte sich Anne einen Monat lang um alles, was Helen brauchte; dort ließ Helen es zu, daß Anne sie auf den Schoß nahm, sie herzte und mit ihr im selben Bett schlief. So wurde es möglich, daß Helen wieder an dem Punkt anfangen konnte, an dem sie bei ihrer Erkrankung aufgehört hatte; sie empfand wieder, was ein anderer Mensch für sie bedeuten könnte, ihr geben könnte, und sie unternahm den Versuch, sich Anne mitzuteilen.

Es war reiner Zufall, daß das erste Wort, das Helen verstand und auszudrücken versuchte, das Wort »Wasser« war. Damit will ich nicht sagen, daß es jedes andere Wort gewesen sein könnte. Es mußte ein Wort von großer emotioneller Bedeutung sein, oder vielmehr mußte sein Inhalt für sie sehr wichtig sein: ein Lieblingsspielzeug, ein Grundnahrungsmittel oder ein lieber Mensch. (Aus demselben Grund lautet bei den meisten Kindern das erste Wort »Mama« oder »Papa«.) Helen wußte nicht, daß alles Leben im Wasser angefangen hatte, daß das Leben ohne Wasser nicht möglich ist. Und doch begannen ihre Bemühungen um ein Verständnis der Welt mit einer Reaktion auf das Symbol für das wichtigste aller Nahrungsmittel; dazu kam sie erst, als ihr das Symbolwort in die eine Hand buchstabiert wurde, während die andere dessen Bedeutungsinhalt berührte. Der Tastsinn erlaubte Helen, mit der Realität »in Berührung« zu kommen. Annes Genialität lag darin, daß sie all dies aus ihrer eigenen, wenn auch undeutlichen oder unbewußten Erfahrung bezog. Daß sie selbst mehrmals fast blind gewesen war und sich auf ihren Tastsinn hatte verlassen müssen, muß ihr dabei geholfen haben, die Verbindung zu Helen zu finden.

Es dauert Jahre, um einem durchschnittlichen Kind das Lesen und Schreiben einer begrenzten Anzahl von Wörtern beizubringen, die alle wesentlich einfacher sind als die von Helen mit soviel Eifer und Schnelligkeit gemeisterten. Vielleicht bildet dies eine Lektion für die Ausbildung aller Kinder. Was das schulische Lernen anbetrifft, sollten wir es vielleicht zulassen, daß Kinder einige Jahre lang ihren eigenen Neigungen folgen; sie wären geistig viel eher in der Lage, sich mit abstraktem Denken zu befassen, wenn sie ein ausreichendes Maß an selbst ausgesuchten konkreten Erfahrungen gehabt hätten. Anne war ganz gewiß dieser Meinung. Sie sagte: »Jedes Kind beginnt sein Leben als eifriges, aktives kleines Wesen, das immer etwas tut, das immer das zu kriegen versucht, was es dringend haben möchte ... Unser Erziehungssystem durchkreuzt diesen schönen Enthusiasmus ... Unsere Schulen ... töten die knospende Phantasie ab. Sie reißen die kreativen Ideale der Kindheit heraus und pflanzen statt dessen Ideale ohne Wert ... Der prächtige Nährboden der Kindheit ist viel wichtiger als gute Noten, doch das System veranlaßt die Schüler, gute Noten höher einzuschätzen als das Wissen.«

Als Helen Zugang zur Welt des Wortes gefunden hatte, lernte sie äußerst rasch; sie fuhr ihr ganzes Leben lang mit dem Lernen fort und verschlang alles, was ihr in Brailleschrift zur Verfügung stand. Dies war der Fall, obwohl ein geistiger Lernvorgang für Helen von ihrem neunzehnten Lebensmonat bis fast zu ihrem siebenten Lebensjahr nicht möglich gewesen war. Mit ihrem Lerneifer absolvierte sie das Studium an der Radcliffe-Universität und noch viel mehr; ihr Umgang mit Wörtern und der Gebrauch, den sie trotz vorhandener Einschränkungen von ihrer Intelligenz machte – man stellte fest, daß ihre Intelligenz und selbst ihr Tastsinn nur etwa durchschnittlich waren –, setzten die ganze Welt in Erstaunen.

Helen Keller widmete ihr Leben der Arbeit für die Taubblinden. Obwohl sie meist für die American Foundation for the Blind und unter deren Schirmherrschaft tätig war, galt ihre besondere Aufmerksamkeit denen, die so isoliert waren von der Welt, daß sie – wie einst Helen – ganz auf andere angewiesen waren, um Wissen zu erlangen. Daß Helen so viel erreichte, wurde vor allem durch Anne ermöglicht, aber auch durch die weltweite Bewunderung. Helen brauchte diese Reaktion; sie reiste deshalb unablässig in der ganzen Welt herum, konnte nie genug Menschen treffen und widmete sich einer Arbeit, die so anstrengend war, daß fast alle anderen Menschen von ihr überfordert gewesen wären. Sie setzte diese Arbeit bis ins hohe Alter fort. Warum erfuhr sie diese außergewöhnliche Verehrung? Warum wurde sie von allen geliebt und überall begeistert gefeiert? Und warum versuchte kaum einer von all diesen Millionen, ein enges Freundschaftsverhältnis aufzubauen? Tatsache ist, daß diejenigen, die sie so sehr bewunderten und alles für sie in die Wege leiteten, doch zurückschreckten, wenn es darum ging, für sie zu sorgen, für diese wunderbare Person Zeit zu erübrigen, ihr Worte in die Hand zu buchstabieren. Nur die Lehrerin tat dies, niemand sonst. Nach Annes Tod versuchte Polly

Thomson, die Rolle der Lehrerin zu übernehmen, doch konnte sie nie auch nur annähernd soviel für Helen tun und wurde dadurch zu Helens Leidwesen um so besitzergreifender.

Helen wurde in der ganzen Welt gefeiert, weil sie uns die Illusion erlaubte, man könne als blinder und tauber Mensch ein erfülltes, glückliches Leben führen. Wir möchten uns einreden, daß Schwerbehinderte nicht vom Leben ausgeschlossen seien, daß wir ihnen deshalb kein Mitgefühl schulden, das über Worte hinausgeht, das seinen Ausdruck in Taten finden muß. Annes Wunsch war, daß Helen durch sie ein erfülltes Leben haben sollte, und sie setzte ihr eigenes Leben ein bei dem Versuch, diesen Wunsch Wirklichkeit werden zu lassen. Anne gab Helen die Kraft dazu, ein eigenes erfülltes Leben vorzutäuschen, und diese Vortäuschung befreite uns, die Öffentlichkeit, von unserer Verpflichtung, der Hüter unseres behinderten Bruders zu sein. Deswegen wurde Helen bewundert und geliebt – aus einiger Entfernung. Ihre öffentlichen Auftritte, ihre Schlagfertigkeit, ihr Sinn für Humor – all dies ließ uns vergessen, wie sehr sie gelitten hatte.

Da Helen trotz aller gegenteiligen Behauptungen nie wirklich fähig war, eine eigenständige Person zu sein, blieb Anne für sie immer die Lehrerin. Helen konnte nie über die Schülerrolle hinausgelangen. Sie konnte weder sich selbst noch ihre Lehrerin hinters Licht führen, wenn sie den Eindruck erweckte, ein erfülltes Leben zu führen, wenn sie vorgab, sie wisse durch Berühren, wie eine Skulptur, wie Blumen, wie Bäume aussehen, daß sie durch die Worte anderer den Anblick des Himmels oder der Wolken kenne, oder wenn sie tat, als könne sie durch das Berühren vibrierender Instrumente Musik hören. Doch wir liebten sie dafür, daß sie uns die Täuschung ermöglichte, die behinderten Menschen hätten nicht ihr ganzes Leben lang schwer zu leiden. Und wegen der Angst, wir könnten selbst das Sehvermögen oder das Gehör verlieren, geben wir uns solchen Illusionen hin. Helens Vortäuschungen haben uns in der Ansicht bestärkt, gar so entsetzlich würde dies nicht sein. Dafür liebte man sie und ging über die Bewunderung hinaus, die sie so sehr verdiente wegen ihres Mutes und ihrer Entschlossenheit, ein möglichst nützliches Leben zu führen.

Nicht alle ließen sich täuschen. Manche erkannten die schreckliche Einsamkeit, in der Helen lebte. Will Cressy, der im

›New York Star‹ eine Kolumne über Berühmtheiten schrieb, sagte folgendes:

»Ich habe nie einen Menschen getroffen, der mich so faszinierte wie Helen Keller ... Was immer sie tut, ich schaue ihr zu. Und irgendwie werde ich das Gefühl nicht los, sie sitze in jener Zelle aus Stahl, allein, in völliger Stille und absoluter Dunkelheit, sie strecke die Hände aus, um mit der Welt in Berührung zu kommen, die ihr so weit entfernt vorkommen muß. Ich habe in ihrem Zimmer gesessen und zugesehen, wie sie so geduldig und doch so begierig darauf wartete, zu erfahren, was vor sich ging, was gesagt und getan wurde. Ihre Hände suchten fortwährend Miß Sullivans Lippen, um herauszufinden, ob diese gerade etwas sagte, oder sie huschten zu Miß Sullivans Händen hin, um eine Frage zu buchstabieren.
Da sitzt sie, in ihrer unsichtbaren Zelle aus Stahl.«

Als Helen siebenundsiebzig Jahre alt war, brachte sie es schließlich über sich, es öffentlich zu sagen: »Niemand kennt und niemand kann die bitteren Entsagungen wegen des Behindertseins besser kennen als ich. Ich täusche mich nicht über meine Lage. Es stimmt nicht, daß ich nicht traurig oder rebellisch bin, ich habe mich aber vor langer Zeit entschlossen, nicht zu klagen. Die tödlich Verwundeten müssen um anderer Menschen willen danach streben, ihre letzten Tage fröhlich zu verbringen.«

Ich bin nicht sicher, daß Helen uns einen Dienst erwies, als sie uns das Elend nicht erblicken ließ, das hinter ihrer meisterhaft zur Schau gestellten Fröhlichkeit lauerte. Joseph Lashs Buch könnte uns dabei helfen, daß wir es vermeiden, den Schwerbehinderten ein solches Leben der Täuschung aufzuzwingen, und es könnte uns auch helfen, daß wir ihnen statt dessen erlauben, hinauszuschreien, wie sie in Wahrheit leiden. Dieses Buch macht uns begreiflich, daß es zwar Wundertäter geben mag, aber keine Wunder, und daß die Welt voll von leidenden Menschen ist, die dringend unsere Aufmerksamkeit und unsere Hilfe brauchen.

Ins Deutsche übertragen von Rüdiger Hipp.

»Wildkinder« und autistische Kinder*

In der Wissenschaft trägt die Berichtigung eines weitverbreiteten Irrtums oft mehr zur Lösung eines heiklen Problems bei als eine neue Entdeckung oder Theorie, denn irrige Annahmen können das gültige Wissen, das wir bereits haben, daran hindern, sich voll durchzusetzen.

Das demonstriert hinlänglich William Fielding Ogburns Aufsatz ›The Wolf Boy of Agra‹, der die angebliche Wildherkunft des indischen Jungen Parasram widerlegt. Aufgrund meiner Erfahrungen mit stark autistischen Kindern bin ich schon seit Jahren der Überzeugung, daß die meisten der sogenannten »Wildkinder« in Wirklichkeit an der schwersten Form von infantilem Autismus litten und die anderen schwachsinnig waren, was auch bei dem »Wildknaben von Aveyron«, den Itard** beschreibt, der Fall gewesen sein dürfte.

Für Kinder, die an infantilem Autismus leiden, ist typisch, daß sie von Lebensbeginn an unfähig sind, sich auf übliche Art und Weise zu Menschen und zu Situationen in Bezug zu setzen; ihre extreme Isolierung kapselt sie von der Außenwelt ab. Manche erlangen die Sprechfähigkeit, andere bleiben stumm, aber so oder so benutzen sie die Sprache nicht dazu, sich anderen mitzuteilen. Das Gesamtverhalten des autistischen Kindes wird bestimmt von einer zwanghaften Veränderungsangst.

* In den vierziger Jahren erregten zwei Publikationen weltweites und unter Kinderpsychologen natürlich ganz besonderes Interesse, denn sie behaupteten, in Indien seien zwei von Wölfen aufgezogene Mädchen entdeckt worden. Das belebte wieder den alten Glauben an die Existenz von »Wolfskindern«.
Daß Arnold Gesell diese Story durch seine Autorität stützte, führte dazu, daß man sie im Westen ernst nahm, schien sie doch bestimmte Thesen des Behaviorismus zu bestätigen. Als ein Jahrzehnt später abermals von der Auffindung eines Wolfskindes, des indischen Jungen Parasram, berichtet wurde, ging William Fielding Ogburn von der University of Chicago der Sache nach und stellte fest, daß die Geschichte nicht der Wahrheit entsprach.
Sein Bericht ›The Wolf Boy of Agra‹ erschien um die gleiche Zeit wie dieser – im März 1959 im ›American Journal of Sociology‹ veröffentlichte – Artikel von mir. Seitdem hat es keine weiteren Behauptungen über irgendwo von Wölfen aufgezogene Kinder mehr gegeben, und so steht zu hoffen, daß es diesen beiden Abhandlungen gelungen ist, einem zählebigen Mythos den Garaus zu machen. Der Glaube an Wolfskinder ist jedoch so alt und hat so interessante Gründe, daß ein Neuabdruck meiner Abhandlung gerechtfertigt scheint.

** Siehe J. M. C. Itard: The Wild Boy of Aveyron. New York 1932.

Mit »Wildkind« wird dagegen keine definitiv umrissene diagnostische Kategorie bezeichnet, sondern bloß mehr oder weniger dehnbar ein sich völlig unkultiviert gebärdendes, wie wild aufgewachsenes oder gar wie von Tieren aufgezogenes, quasi »undomestiziertes« Kind. Aus den historischen Berichten über Wildkinder läßt sich meist keine Diagnose stellen. Je detaillierter sie aber sind, um so deutlicher wird, daß es sich um autistische Kinder gehandelt haben dürfte. Glücklicherweise liegen im Fall von Amala und Kamala, den berühmten »Wolfsmädchen« von Midnapore, einigermaßen präzise Beschreibungen vom Verhalten des älteren dieser beiden Kinder und von den Stufen seiner teilweisen Heilung vor.*

In dem Bericht über das Verhalten dieser Mädchen findet sich vieles wieder von unseren Erfahrungen mit autistischen Kindern an der Sonia Shankman Orthogenic School, einer Versuchsklinik der University of Chicago, die sich der Behandlung und Erziehung von schwer gestörten Kindern widmet. Die Kinder dort haben niemals unter wilden Tieren gelebt und sind von niemand anders als von Menschen aufgezogen worden. Die Parallelen sind so groß und unmißverständlich, daß keine andere Schlußfolgerung bleibt, als daß die beiden »Wolfsmädchen« ebenfalls an schwerem infantilem Autismus litten, für dessen Erklärung es keiner Vorgeschichte von einem nur unter Tieren verbrachten Leben bedarf.

An der Glaubwürdigkeit von Reverend Singhs Beschreibung des Verhaltens und der Entwicklung von Amala und Kamala konnte ich nicht zweifeln, weil das uns allen, die wir tagtäglich mit autistischen Kindern zusammen sind, so bekannt klang. Wohl noch geneigter als die meisten meiner Kollegen, an den Wahrheitsgehalt des Berichtes zu glauben, beging ich den Fehler, auch die Passagen über die Auffindung der Mädchen für bare Münze zu nehmen.

Doch als ich einige Zeit nach der Lektüre von Singh die Darstellung Ogburns las, fiel es mir wie Schuppen von den Augen: Singhs Bericht über seine Verbindung mit den Mädchen mochte

* J. A. L. Singh und R. M. Zingg: Wolf Children and Feral Man. New York 1940 (dt. in gekürzter Form: J. A. L. Singh: Die Wolfskinder von Midnapore. Tagebuch eines Missionars. Heidelberg 1964) und A. Gesell: Wolf Child and Human Child. Being a Narrative of the Life History of Kamala the Wolf Girl. New York–London 1940.

durchaus den Tatsachen entsprechen; was aber nicht stimmte, war die Begründung, die er für das Verhalten von Amala und Kamala gab: daß sie beide von Wölfen aufgezogen worden seien.

Bei eben dem Umstand, auf dem seine ganze Argumentation fußt, nämlich wie man die Kinder gefunden habe, hatte er sich von seiner Phantasie davontragen lassen. Seiner Beschreibung nach waren aus der Höhlung »eines Termitenhügels von der Höhe eines zweistöckigen Hauses« drei ausgewachsene Wölfe herausgescheucht worden, und darin fand man dann »zwei Nestwölfe und die beiden anderen grauslichen Wesen, die alle vier eng beieinander in einer Ecke kauerten«. Gefragt, ob Wölfe denn oft Termitenhügel als Bau benutzen, gab Singh zur Antwort: »Dies ist der einzige, von dem ich je gehört habe, daß Wölfe darin leben.«

Hinterher ist man meist klüger. So kann ich jetzt die Ähnlichkeiten sehen zwischen Singhs Geschichte vom Auffinden der Mädchen und den Vermutungen über die Vergangenheit neu aufgenommener Kinder, die wir in der Orthogenic School anstellten. Unsere Spekulationen waren zum Teil Ausdruck unseres Bestrebens, gefühlsmäßig befriedigende Annahmen für ihr nahezu unerklärliches und völlig inakzeptables Verhalten zu finden. Später ging uns dann auf, daß diese Spekulationen vornehmlich zwei verschiedenen seelischen Bedürfnissen von uns, die wir mit den sehr schwierigen Kindern arbeiten mußten, entsprangen. Erstens war da unser narzißtischer Unwille zuzugeben, daß diese tierartigen Geschöpfe von gleicher Abstammung waren wie wir; es ist derselbe Narzißmus, der sich gegen die Evolutionstheorie gesperrt hatte. Zweitens leisteten sie unserem Wunsch Vorschub, das Verhalten dieser Kinder zu verstehen und es erklären zu können, denn je ungewöhnlicher und weniger hinnehmbar ein Phänomen ist, um so größer ist unser narzißtisches Bedürfnis nach Erklärung. Vielleicht kam noch hinzu, daß wir, je abstoßender das Benehmen war, um so weniger darüber nachdenken wollten, und es einer emotionellen Reaktion oder einer ähnlichen simplen Ursache zuschrieben, über die man nicht weiter nachzugrübeln brauchte.*

* So wurden beispielsweise während des Zweiten Weltkrieges ein paar Jahre lang die deutschen Nationalsozialisten wegen ihres unmenschlichen Verhaltens als ›Untermenschen‹ angesehen und Theorien, alle Nazis seien wahnsinnig, schienen glaubwürdig, selbst bei Psychiatern.

In der Story von Amala und Kamala wurden das fremdartige Verhalten der Kinder und die Glaubwürdigkeit von Singhs Berichten als Beweis dafür gesehen, daß auch alles andere, was er erzählte, den Tatsachen entsprechen müsse, nämlich wie er sie gefunden habe und daß sich ihr Verhalten allein durch ihr früheres Leben unter Wölfen erklären lasse. Hier schien folgender Mechanismus am Werke gewesen zu sein: Der rationale Verstand hatte sich mit seiner anfänglichen Zurückweisung der schier unglaublichen Geschichte von Kamalas Verhalten als unzuverlässiges Instrument erwiesen, denn sie beruhte ja tatsächlich auf Fakten. Folglich wurde die kritische Stimme des rationalen Verstandes zum Schweigen gebracht und hinfort alles in diesen Berichten wortwörtlich geglaubt.

Für uns in der Orthogenic School war das nicht verwunderlich. Wenn wir das Verhalten einiger unserer extrem autistischen Kinder beschrieben – daß sie mitten im Laufen oder Umhertoben urinierten, daß sie keine Kleider auf dem Leib ertrugen, sondern nackt gehen wollten, daß sie nicht sprechen, sondern bloß kreischen und heulen konnten, daß sie keine gekochten Speisen annahmen, daß sie uns nicht selten so sehr bissen, daß wir ärztlicher Behandlung bedurften –, reagierten oft selbst Leute, die mit gestörten Kindern vertraut waren, mit mehr oder weniger höflicher Skepsis. Erlebten sie die Kinder später dann selbst, waren ihre Zweifel restlos ausgeräumt und sie waren bereit, uns nahezu alles abzunehmen, was wir ihnen über die Kinder oder ihre Vergangenheit erzählten.

Dank Ogburns Untersuchungen wissen wir jetzt, daß Parasram nicht in Gesellschaft von Wölfen aufgefunden worden war. Wir haben deshalb guten Grund zu der Annahme, daß es bei Amala und Kamala nicht anders gewesen sein dürfte. Da aber stimmt, daß Parasram wild im Walde gelebt hatte, scheint das auch bei Amala und Kamala glaubwürdig.

Wie aber haben diese Kinder allein in der Wildnis überlebt? Wie waren sie überhaupt verlorengegangen? Aufgrund unserer Erfahrung mit autistischen Kindern meine ich, sehr lange hätten sich die Wildkinder nicht am Leben halten können, selbst wenn man das milde Klima Indiens berücksichtigt. Weder ihre Abgezehrtheit noch das Fehlen von Kleidung oder der von Singh beschriebene »häßliche Wust verfilzter Haare« beweisen, daß sie lange Zeit fern von Menschen gelebt hatten: Manche unserer autistischen Kinder bestehen darauf, ihr wildes Aussehen beizubehalten; in Minutenschnelle reißen sie sich jegliche Kleidung vom Leibe. Selbst nach Jahren bei uns konnte eines unserer autistischen Mädchen innerhalb von ein paar Stunden seine ordentliche Frisur in einen »häßlichen Wust verfilzter Haare« verwandeln, beklebt mit Speichel, Speiseresten, Schmutz und was sonst noch allem. Ein anderes Mädchen hielt monatelang sein Gesicht hinter einem solchen Vorhang aus verfilzten Haaren verborgen.

Ogburn meint, daß es sich bei den indischen Wildkindern um verlorengegangene beziehungsweise verirrte, um schwachsinnige oder um ausgesetzte Kinder von Prostituierten gehandelt haben kann. Meine eigene Vermutung geht dahin, daß man diese Kinder einfach emotionell und vielleicht auch physisch im Stich gelassen hatte. In dem Bericht über die zwei Mädchen von Midnapore sagt Bischof H. Pakenham-Walsh: »Die sehr primitiven Bewohner jenes Landstrichs, in dem diese Kinder, die keine Bengali sind, gefunden wurden, setzen öfters Babys aus.« Wenn diese Leute bereit sind, Babys auszusetzen oder sich einfach nicht mehr um sie zu kümmern, ist es dann so weit hergeholt, daß sie vielleicht auch ältere Kinder aussetzen, die sich wie Babys benehmen – so wie dies autistische Kinder tun – oder solche, die ihnen extrem unnormal vorkommen? Außerdem: Wie alt sind »Babys«? Von welchem Alter ab setzt man Kinder dort nicht mehr aus? Diese Fragen bleiben in dem Bericht über Amala und Kamala unbeantwortet.*

Aus unseren eigenen Erfahrungen bietet sich als Erklärung an, daß die beiden Mädchen aus diesem oder jenem Grunde für ihre Eltern völlig unakzeptabel gewesen waren. Und für ihre Eltern sind ja alle autistischen Kinder, egal welchen Alters, nicht annehmbar. Die Eltern entledigen sich ihrer, indem sie sie in eine Anstalt bringen, was üblich ist, oder indem sie sie aussetzen, damit sie in der Wildnis für sich selber sorgen, oder da-

* Während Pakenham-Walsh, der jene Gegend kannte, nur von »Babys« spricht, erwähnt R. R. Gates in seinen einleitenden Bemerkungen zu dem Bericht über die Wolfsmädchen, in den Dschungelgebieten Indiens würden »auch heute noch ab und an weibliche Kinder ausgesetzt«.

durch, daß sie sie (so wahrscheinlich der Fall bei Amala und Kamala) gar nicht suchen, wenn sie weggelaufen sind.

Unsere Erfahrung mit den Eltern von autistischen Kindern, von denen viele aus solidem und gebildetem Mittelstand kommen, läßt wenig Zweifel, daß sie im tiefsten Innern diese gänzlich unlenksamen Nachkommen loswerden möchten. Sich solcher Wünsche bewußt zu werden oder gar entsprechend zu handeln, können sie sich natürlich nicht erlauben, denn da sind ja die Gebote des Gewissens, das in unserer Gesellschaft erwartete Elternverhalten und die Quasi-Unmöglichkeit, daß in unseren Städten ein Kind für immer verlorengeht. Und doch gibt es kaum einen Vater oder eine Mutter im Amerika des zwanzigsten Jahrhunderts, deren autistisches Kind es ab dem Alter von drei Jahren nicht mehrmals geschafft hätte verlorenzugehen, trotz bester Aufsicht. Also darf man annehmen, daß es unter primitiven Lebensbedingungen bei solchen Kindern recht leicht zu einem Getrenntwerden von den Eltern kommen kann.

Was aber fördert den Glauben, daß es Wildkinder und insbesondere Wolfskinder geben könne? Erstens sprechen so bezeichnete Kinder nicht, obgleich sie von Natur aus nicht stumm sind, und die Sprache ist ja das eigentliche Attribut – mehr noch als alles andere –, was den Menschen vom Tier unterscheidet. Da Tiere nicht sprechen, müssen diese Kinder logischerweise etwas mit Tieren gemein haben. Zweitens brauchen Kinder normalerweise Menschen, die sie versorgen und immer für sie da sind, wogegen diese Kinder die Gesellschaft von Menschen scheuen. Drittens greifen manche von ihnen Menschen sogar an, fallen wie Tiere mit Krallen und Zähnen über sie her. Darüber hinaus kann ich zu Wildkindern lediglich Spekulationen anbieten. Möglich wäre zum Beispiel, daß die Bewohner der Region, wo Amala und Kamala gefunden wurden, an die Wiedergeburt glaubten, dann können sie aus dem Verhalten der beiden Mädchen geschlossen haben, diese Kinder seien in einer früheren Inkarnation Wölfe gewesen oder seien jetzt in einer Inkarnation halb Wolf, halb Mensch. Solch heidnisches Denken wäre zwar für den christlichen Missionar Singh indiskutabel, aber vielleicht war ihm eine solche Denkweise noch aus der Zeit vor seinem Studium am Bishops College in Kalkutta geläufig.

Ich habe bereits darauf hingewiesen, welche Rolle die Eigenliebe des Menschen dabei spielen kann, die Geschichten von

Wildkindern eingängig zu machen. Solange wir noch zu glauben vermochten, daß Geisteskranke von Geistern oder Teufeln besessen seien, war ihre »Wildheit« kein so großer Schock für unser Selbstbild als Menschen. Doch in unserem aufgeklärten Jahrhundert sucht man die Ursachen für das unmenschliche, tierhafte Verhalten natürlich nicht mehr in der Welt der Geister, sondern in ihrem Kindheitsmilieu. Aber ihre Wildheit, ihre völlige Selbstabsperrung von der Außenwelt, ihre »Widerborstigkeit«, ihre Gewalttätigkeit, ihre diversen Äußerungen unmenschlichen, tierhaften Verhaltens überwältigen uns und unser Bemühen um rationales Begreifen, und trotz unseres Wissens werden auch wir für Augenblicke zurückgeworfen und haben das Gefühl, sie seien besessen – seien »Tiere«. Hier die typische Reaktion eines Besuchers auf ein eher mildes Beispiel solchen Verhaltens, gezeigt von Anna, einem unserer wilden Kinder: »Als ich dieses Mädchen beobachtete, wie es sich in einem fort sämtliche Körperteile bespeichelte und die Zehen in den Mund nahm, um daran zu knabbern, dachte ich bei mir: Das ist ein Tier, das sich selbstzerstörerisch wäscht.« So neigt man zu der einfachsten Erklärung des Verhaltens dieses Kindes, nämlich es als Folge eines Aufwachsens unter Tieren zu sehen.

Es gibt andere, überzeugendere Gründe, die es nahelegen, diese schwer gestörten autistischen Kinder mit Tieren zu vergleichen. Eine unserer Schwestern in der Orthogenic School mußte innerhalb eines einzigen Jahres über ein dutzendmal ärztlich versorgt werden, weil sie von Anna gebissen worden war. Alle Kinder dort blecken regelmäßig die Zähne, wenn sie sich belästigt fühlen oder in Wut geraten. Ebenfalls an Tiere erinnert ihr nächtliches Umherstreifen, obwohl sie sich tagsüber meist still und ruhig in eine Ecke zurückziehen. An eines dieser Mädchen konnten wir schließlich herankommen und es dazu bringen, die Nähe von Menschen zu dulden, jedoch nur, wenn seine Lieblingspflegerin mit ihm nachts stundenlang durch das Gebäude streifte. Und nur dann nahm es Nahrung von uns an.

Zu erwähnen ist ferner, daß diese Kinder viel lieber Ungekochtes essen, besonders Gemüse. Einige sind ganz gierig auf rohe Zwiebeln, Kopfsalat und dergleichen und geraten in Wut, wenn sie dies nicht sofort bekommen. Andere lecken stundenlang Salz, aber stets nur aus der Hand. Wieder andere richten sich Höhlen in dunklen Ecken oder Wandschränken ein, schlafen nirgendwo anders und verbringen am liebsten den ganzen Tag und die ganze Nacht darin. Manche bauen sich aus Matratzen, Schlafdecken oder anderem geeigneten Material Schlupfwinkel. Sie erlauben uns nicht, sie oder ihre Zufluchtstätten auch nur zu berühren, und mindestens zwei von ihnen essen nur, wenn sie die Speisen in ihre Höhle bringen können, wo sie sie dann ohne Besteck verzehren.

Auf den Anblick von Tieren reagieren einige dieser Kinder so, als hätten sie einen lieben, lange verlorengeglaubten Freund wiedergefunden. Ein Mädchen wurde zum Beispiel immer ganz aufgeregt, wenn es einen Hund sah; es zeigte ein starkes Verlangen, zu ihm hinzustürzen, und schrie oder heulte wie ein Tier, fast wie ein Wolf. Es ging auf alle viere nieder, streckte die Unterarme flach nach vorn, richtete das Hinterteil hoch und hüpfte in dieser Haltung hin und her, das heißt, es machte das, was Ethologen bei Hunden einen Spielantrag nennen. Hätten wir dieses Mädchen nun für ein echtes Wildkind gehalten – uns war aber seine gesamte Lebensgeschichte bekannt –, wären wir wahrscheinlich überzeugt gewesen, daß ihm beim Anblick dieses wolfartigen Wesens Erinnerungen an seine glückliche Zeit unter Wölfen kamen und es zurückfiel in das, was es von ihnen gelernt hatte.

Es könnte aber sein, daß solche Ähnlichkeiten zwischen dem Verhalten mancher autistischen Kinder und dem von Wildkindern, die in der Literatur beschrieben sind, nur oberflächlich und zufallsbedingt sind und sich bei näherer Untersuchung doch wesentliche Unterschiede herausstellen. Um zu entscheiden, ob Amala und Kamala autistische Kinder waren, müssen wir also prüfen, ob sie alle die Merkmale zeigten, die in der Literatur als typisch für das Verhalten autistischer Kinder und für infantilen Autismus beschrieben werden.

Als besonders typisch am Verhalten der beiden Wolfsmädchen nennt Singh ihre Verschlossenheit und ihre Scheu:

»Die Anwesenheit anderer im Raum hielt sie ab von jeglichem Tun und Treiben, ja jeder Bewegung, selbst bloßem Kopfdrehen oder Wechseln des Standbeines. Schon angeschaut zu werden, war ihnen unangenehm. Sie wollten für sich allein sein und wichen jeder menschlichen Gesellschaft aus. Wenn wir uns ihnen näherten, zogen sie Gesichter und bleckten mitunter sogar die Zähne, um zu zeigen, daß sie uns nicht dahaben und schon gar nicht von uns berührt werden wollten. Dieses Verhalten war immer zu beobachten, selbst nachts ... Nahezu drei Monate lang ... ergingen sie sich in totaler Abkapselung und Abneigung, nicht nur gegen uns, sondern auch gegen das Leben bei uns, gegen Betätigung und Spiel – kurz, gegen alles Menschliche.«

Ein Kinderpsychoanalytiker beschrieb das seiner Meinung nach Charakteristische an einem unserer autistischen Mädchen mit folgenden Worten: »Der beherrschendste Zug im Verhalten dieser Zehnjährigen ist ihre übermäßige Angstreaktion auf die leiseste Einmischung oder Störung von außen, oft ohne daß dieser Anlaß erkennbar ist.«

Das ist ein für alle autistischen Kinder typisches Verhalten. Singh und Zingg erklären die Abkapselung von der Umwelt so:

»Nach ihrer Auffindung und Mitnahme suchten sie ständig die Wölfe und ihre Jungen. Man merkte, daß sie mit ihnen zusammensein wollten. Als ihnen jedoch aufging, daß das hier nicht möglich war, suchten sie aber auch die Gesellschaft der Kinder oder anderer Personen zu meiden ...
Sie konnten ihre Gespielen aus dem Dschungel nicht finden, konnten nicht mehr mit den Wölfen umherstreifen, sie vermißten ihre behagliche Höhle und ihre gewohnte Nahrung aus Fleisch oder Milch. Folglich lastete die Erinnerung an ihre alte Umgebung schwer auf ihrem Gemüt, und sie sehnten sich danach, zu ihrem früheren Heim und ihren Gefährten zurückzukommen. Das machte sie trübsinnig.«

Woran aber konnte man denn »merken«, daß sie mit Wölfen zusammensein wollten, und woraus schließen, daß »die Erinnerung an ihre alte Umgebung schwer auf ihrem Gemüt lastete« und sie »ihre behagliche Höhle vermißten«? Ehemals autistische Kinder, bei denen wir mit der Heilung so weit gelangt waren, daß sie uns etwas über ihre autistische Vergangenheit erzählen konnten, wußten nur noch ganz, ganz wenig von den vagen Phantasien, die sie während ihres Zustandes totaler Verschlossenheit beschäftigt hatten. Wir können mit Sicherheit sagen, daß jene, die lange Zeit stumm gewesen waren und später darüber nachdenken konnten, sich lediglich erinnerten, in unbestimmten Angstzuständen gelebt zu haben, unterbrochen von unbestimmten Glücksgefühlen, wie sie in der Literatur als »Wiedervereinigungsphantasien« der oralen Phase besprochen worden sind. Doch selbst diese Erklärung mißt dem, was ja bloß entweder vage und im Grunde leere Zustände des Rückzugs von den Inhalten und Bezügen der Umwelt oder Intervalle relativen Behagens sind, viel zuviel Bedeutung bei.

Singhs Beschreibungen spiegeln – bei aller sonstigen Glaubwürdigkeit – so eindeutig sein Überzeugtsein von der Wildvergangenheit der Mädchen wider, daß ich, bevor ich sie mit unseren eigenen Erfahrungen und mit der Literatur vergleiche, den einzigen anderen Augenzeugenbericht über Kamalas Verhalten zitieren möchte, weil er prägnanter und weniger durch Spekulationen verschattet ist. Wir verdanken ihn Bischof H. Pakenham-Walsh, der Kamala beobachtete, als sie schätzungsweise vierzehn Jahre alt war – rund sechs Jahre nach ihrer Auffindung. Er war wahrscheinlich der gebildetste und wohl auch der intelligenteste Mensch, der sie sah. Er berichtet:

»Als ich Kamala erlebte, konnte sie sprechen, ganz klar und deutlich, und zwar etwa dreißig Wörter. Wurde sie aufgefordert, einen bestimmten Gegenstand zu benennen, war sie dazu in der Lage, aber von sich aus sprach sie nie. Wollte sie zum Beispiel etwas haben, bat sie nicht mit dem entsprechenden Wort darum, sondern wartete still, bis Mrs. Singh sie fragte und nacheinander aufzählte, ob sie dies oder das haben wolle, und beim Richtigen nickte Kamala dann. Wurde sie angesprochen, lächelte sie geradezu lieblich auf, aber gleich nahm ihr Gesicht wieder einen beschränkten Ausdruck an. Allein gelassen, zog sie sich in die dunkelste Ecke zurück, kauerte sich dort hin und blieb mit dem Gesicht zur Wand hocken, völlig teilnahmslos und mit leeren Augen. Zu Mrs. Singh hatte sie eine Zuneigung gefaßt, und zur Zeit meines Aufenthaltes dort reagierte sie auch auf ihre Anweisungen. Sie interessierte sich weder für irgend etwas, noch hatte sie vor irgend etwas Angst, und die anderen Kinder samt ihren Spielen waren ihr gleichgültig. Sie ging aufrecht, konnte allerdings nicht rennen.

Zwei Jahre später – inzwischen war sie etwa sechzehn – sah ich sie wieder, und abgesehen davon, daß sie inzwischen viele weitere Wörter gelernt hatte, entdeckte ich keinerlei geistige Veränderung.«

In den vergangenen Jahren haben wir in der Orthogenic School mindestens neunzehn Kinder betreut, bei denen die eindeutige Diagnose auf infantilen Autismus lautete. Jedes davon hat mindestens ein Jahr bei uns gelebt, viele sogar mehrere Jahre. Hätte der intelligente und interessierte Laie Pakenham-Walsh die meisten davon während ihres ersten Jahres bei uns – und einige sogar während ihres zweiten und dritten Jahres – etwa gleich lange beobachtet wie seinerzeit Kamala, wäre seine Beschreibung wohl genauso ausgefallen wie jene, die er von diesem »Wolfsmädchen« gegeben hat. Gegenwärtig haben wir zwölf solcher Kinder, von denen zehn ein, zwei Jahre lang das gleiche Verhalten zeigten, die meisten aber inzwischen geistig viel weiter fortgeschritten sind. Drei, die noch keine zwei Jahre bei uns leben, befinden sich jetzt in jenem Verhaltensstadium, das Pakenham-Walsh bei der vierzehnjährigen Kamala beobachtete; ein viertes ist noch nicht soweit, denn es hat bis jetzt noch kein einziges Wort gesprochen, nach rund einem Jahr bei uns.

Interessanterweise begannen zwei der Kinder ihre ersten Wörter nach etwa einem Jahr bei uns zu sprechen, was dem über Kamala Berichteten sehr ähnelt – daß sie ihre ersten Wörter nach dreizehn Monaten gesprochen habe, als sie anfing »zu plappern wie ein Baby«, wie Singh schreibt. Aufgrund unserer Erfahrungen wie auch von dem, was Pakenham-Walsh über Kamala schreibt, bezweifle ich, daß sie »wie ein Baby plapperte«, denn dies geschieht aus freiem Antrieb und aus Freude am Hervorbringen von Lauten und später auch am Verbalisieren. Diese autistischen Kinder dagegen, selbst wenn sie die Fähigkeit erworben haben, ein paar Wörter zu sprechen – besser gesagt, nachdem sie ihr Widerstreben so weit überwunden haben, um ein paar Wörter zu wagen –, bedienen sich nicht gern der Sprache, sondern lassen uns für sie reden, so wie das auch noch nach sechs Jahren bei Kamala bemerkt wurde. Das leise und zögernde, oft sinnlos-mechanische Nachsprechen von vorzugsweise nur kurzen Einzelwörtern, das die Sprache autistischer Kinder kennzeichnet, unterscheidet sich gewaltig von dem, was sich aus dem gemeinhin glücklichen Plappern von Babys entwickelt. Ebenfalls im Gegensatz zu den Lautäußerungen normaler Kinder steht das wilde, ohrenbetäubende Kreischen autistischer Kinder, das ihr kaum hörbares angestrengtes Sprechen von Einzelwörtern begleitet.

Die Schilderung von Kamalas Verhalten deckt sich auch mit dem, was in der Fachliteratur als typisch für Kinder gilt, die an infantilem Autismus leiden. In ihren klassischen Beschreibungen dieser Krankheit nennen Kanner und Mahler* als charakteristische Merkmale von infantilem Autismus eine Abkapselung von Menschen und eine obsessive Veränderungsangst bei intelligentem und nachdenklichem Gesichtsausdruck. Kennzeichnend sei ferner entweder Stummheit oder aber eine Art von Sprache, die offensichtlich nicht als Kommunikation gedacht ist. Die Kinder seien von Lebensbeginn an unfähig, zu Menschen und Situationen in Beziehung zu treten, genügten sich selbst, benähmen sich so, als wären andere gar nicht da, und erweckten den Anschein, als sei ihr Schweigen ein Ausdruck von Weisheit.

Von seinem ersten Fall, dem fünfjährigen Donald, sagt Kanner, »er zeigt eine solche Geistesabwesenheit, daß er seine Umgebung überhaupt nicht wahrnimmt. Ständig scheint er in Gedanken versunken, und will man von ihm beachtet werden, muß man geradezu eine geistige Barriere zwischen seinem inneren Bewußtsein und der Außenwelt niederreißen.« Das klingt nach Kamala, wenn sie stundenlang in einer Ecke hockte, als meditiere sie über ein großes Problem, und alles um sie herum ihr so gleichgültig war, daß sich ihre Aufmerksamkeit auf rein nichts lenken ließ.

Und über seinen »Fall 9« berichtet Kanner: »... am bemerkenswertesten an dem Jungen sind seine Abwesenheit und seine Unzugänglichkeit. Er geht so, als befinde er sich in einem Schatten, lebe in einer eigenen Welt, in der er nicht erreichbar ist. Er hatte keinerlei Gefühl für Beziehungen zu Menschen, dann plapperte er eine Zeitlang eine bestimmte Person nach und gab niemals etwas Eigenes von sich. Seine Konversation erschöpft sich im Wiederholen von dem, was man zu ihm sagt.«

* L. Kanner: Autistic Disturbances of Affective Contact. In: Nervous Child, II (1942/43); Early Infantile Autism. In: Journal of Pediatrics, XXV (1944); Child Psychiatry. Springfield/Ill. 1948; Early Infantile Autism. In: American Journal of Orthopsychiatry, XIX (1949). M. Mahler: On Child Psychosis and Schizophrenia. In: Psychoanalytic Study of the Child VII (1952); M. Mahler und G. Gosliner: On Symbiotic Child Psychosis. In: Psychoanalytic Study of the Child, X (1955).

Die Ähnlichkeit mit der Verschlossenheit und der Scheu, die Singh bei den Wolfsmädchen erwähnt, ist verblüffend, auch daß dieser Junge niemals aus eigenem Antrieb gesprochen habe, kommt Pakenham-Walshs Beschreibung von Kamala nahe.

Ein paar Besonderheiten in Kamalas Verhalten (Amala war um einiges jünger und starb so früh, daß sich wenig von dem, was Singh berichtet, speziell mit ihr befaßt) sind dennoch so verschieden von dem autistischer Kinder, daß man sich fragt, ob Singh nicht doch recht hatte, wenn er dies auf eine Wildvergangenheit zurückführt. Um das herauszufinden, habe ich das Verhalten der Wolfskinder einer Content-Analyse unterzogen. Nun ragt aus Singhs Beschreibung nur ein Detail als sehr seltsam heraus, von dem er wiederholt sagt, daß es sich allein durch tierhaftes Leben erklären lasse. Es ist auch das einzige Verhalten, für das wir bei unseren autistischen Kindern in der Orthogenic School keine Parallele haben: Amalas und Kamalas Unfähigkeit, aufrecht zu gehen, als sie aufgefunden wurden. Zwar sind manche unserer autistischen Kinder eine Zeitlang lieber auf allen vieren gekrochen und andere mehr oder weniger gebückt gelaufen, aber zu aufrechtem Gang unfähig war bei seiner Einlieferung kein einziges.

An Hand einiger Angaben in Singhs Bericht über das Leben der Kinder läßt sich dieses Phänomen aber wohl erklären. Nachdem man sie eingefangen hatte, wurden die Mädchen sofort eingesperrt »in ein Gatter, das aus hohen Pfählen bestand und aus dem ein Entweichen unmöglich war. Es hatte ein Grundmaß von acht mal acht Fuß.« In diesem engen Pferch ließ Singh sie, und als er nach fünf Tagen zurückkam, fand er sie alleingelassen; ihre Wärter hatten sich davongemacht, ohne ihnen etwas zu essen und zu trinken dazulassen. »Es war sehr schlimm ... Die Kinder lagen in ihrem eigenen Schmutz, rangen vor Hunger, Durst und Angst nach Atem ... Sie zu ernähren, erwies sich als ein Problem. Sie wollten nichts in den Mund nehmen.« Schließlich erreichte er, daß sie an einem in Tee getauchten Stoffetzen saugten. Ehe die Mädchen Zeit hatten, sich zu erholen, wurde eine Reise von siebzehn Meilen unternommen, die sieben Tage dauerte und in einem rumpelnden Ochsenkarren erfolgte. So verbrachten sie nochmals sieben oder acht Tage auf engstem Raum. Als sie in Midnapore ankamen, »waren sie so geschwächt, daß sie sich nicht mehr richtig bewegen konnten«.

Hätten einige unserer autistischen Kinder völligen und längeren Mangel an Essen, Trinken und Bewegungsmöglichkeit auszuhalten gehabt, wäre ein totaler Rückfall in Infantilismus, wie die Unfähigkeit zu laufen und Nahrung anders als durch Saugen aufzunehmen, erklärbar. Die Beschreibungen, die wir von den indischen Mädchen haben, beziehen sich größtenteils auf ihre Zeit in Midnapore. In einer Eintragung vom 24. November 1920 (also zwanzig Tage nach ihrer Ankunft dort) erwähnt Singh »ausgedehnte wunde Schwielen auf den Knien und auch auf den Handflächen nahe den Gelenken, die vom Laufen auf allen vieren herrührten«. Etwas später schreibt er, die wunden Stellen seien zwar geheilt, doch erst »am 19. Dezember fanden wir die Mädchen imstande, ein wenig auf Händen und Füßen umherzukrabbeln«.

So war bei Amala und Kamala nach ihrer Auffindung also tatsächlich eine Gehunfähigkeit beobachtet worden, und wahrscheinlich hielt diese an, bis sie anfingen, wie normale Kleinkinder zu krabbeln: eine Verhaltensart, die sich vollauf erklären läßt durch die tiefe Regression, die sie in jeder Hinsicht erfahren hatten. Daß das Laufen der Mädchen auf Händen und Füßen eine Folge ihres Lebens mit den Wölfen gewesen sei, ist bloße Mutmaßung.* Weit begründeter scheint die Annahme, daß es bei den beiden zu einem Rückfall ins Krabbelstadium kam, wie wir ihn häufig bei unseren autistischen Kindern erleben.

Der Wildvergangenheit der »Wolfskinder« wird auch zugeschrieben, daß sie nachts die Augen weit geöffnet haben, so wie Katzen oder Hunde. Und es wird auch behauptet, sie hätten bei Nacht besser sehen können als bei Tage, obwohl dies durch keine objektive Prüfung gestützt wird. Über diese ungewöhnliche Augenaktivität wird am 2. Dezember berichtet, dem Tag nach ihren ersten Krabbelversuchen, als sie noch kaum ihre Bewegungsunfähigkeit und Schwäche überwunden hatten. Wieso Singh sicher sein konnte, daß sie nachts besser sahen als tags und das zu einer Zeit, als sie doch kaum fähig waren, sich zu bewegen, ist mir unverständlich.

* In einer Fußnote zu der beschriebenen Fortbewegungsart von Amala und Kamala erwähnt R. R. Gates, daß A. Hrdlicka in seinem 1931 erschienenen Buch ›Children Who Run on All Fours‹ 387 solcher Fälle gesammelt habe. Das beweist, daß Laufen auf allen vieren weder einmalig ist, noch auf ein Aufwachsen unter Tieren zurückgehen muß.

Ebenfalls auf ihre angebliche Wildvergangenheit zurückgeführt hat man ihre Fähigkeit, wie Tiere Fleisch und auch anderes aus großer Entfernung zu wittern. Kaum jemand, der mit psychotischen Kindern gearbeitet und darüber berichtet hat, läßt ihre seltsame Übersensibilität auf Geruchs- und Berührungsreize unerwähnt, die in Gegensatz zu längeren Perioden von Unempfindlichkeit für optische Reize steht. Das Gehör nimmt oft eine Mittelstellung ein, ist zuweilen blockiert und zu anderen Zeiten oder in besonderen Fällen sehr gut. Im allgemeinen ist die Schärfe der Sinne für Nahes (Gefühl und Geruch) und die für Fernes (Gehör und Gesicht) bei psychotischen Kindern umgekehrt als üblicherweise bei normalen Menschen. An anderer Stelle habe ich über die extrem starke Geruchsempfindlichkeit von schizophrenen Kindern berichtet, die Dinge zu riechen vermochten, die unsere Nasen überhaupt nicht wahrnahmen.*

Daß Kamala sich im Dunkeln zurechtfinden konnte, wird als ungewöhnlich bezeichnet und als weiterer Beweis ihres Aufwachsens unter Tieren gewertet. Aber über diese Fähigkeit verfügen auch viele unserer autistischen Kinder, die sich sonst recht wenig nach ihrem Gesichtssinn orientieren. Zum Beispiel hielt eines unserer autistischen nicht sprechenden Mädchen tagelang die Augen fest geschlossen. Das hinderte es aber in keiner Weise, sich zurechtzufinden, selbst wenn wir ihm versuchsweise Hindernisse in den Weg stellten, weil wir hofften, es dadurch zum Öffnen der Augen zu veranlassen. Das Mädchen tat das aber nicht, sondern ahnte genau die Stelle, wo das Hindernis stand, und lief drum herum.

Gegessen und getrunken haben Amala und Kamala »wie Hunde aus einer Futterschüssel«, und eine Fußnote bemerkt dazu: »Ihre Eßgewohnheiten waren bedingte Reflexe, erlernt von den Wölfen.« Joe, dessen Fallgeschichte weiter unten erzählt wird, hat unseres Wissens nie anders gegessen und ißt nach über einem Jahr bei uns noch immer so. Andere autistische Kinder schaufeln ihr Essen wie mit einer Pfote in den Mund, während andere nur von ihrer eigenen Haut essen.**

* Siehe mein Buch: Truants from Life. Glencoe/Ill. 1955 (dt.: So können sie nicht leben. Stuttgart 1973).

** Zu diesen und ähnlich seltsamen Eßgewohnheiten siehe meinen Aufsatz: Childhood Schizophrenia as a Reaction to Extreme Situations. In: American Journal of Orthopsychiatry, XXVI (1956).

Das Empfinden von Kälte oder Hitze war ihnen unbekannt, berichtet Singh über Amala und Kamala, und in einer Fußnote wird das als »ein weiterer bedingter Reflex aus ihrer Zeit unter Wölfen« erklärt. Doch einige unserer autistischen Kinder versuchten manchmal, nackt auf die Straße zu rennen, sogar im Chicagoer Winter, wo ja ganz andere Temperaturen herrschen als in Midnapore. Wir fingen sie zwar immer wieder ein, doch schienen sie für solche Erfahrungen völlig unempfindlich und holten sich auch nie eine Erkältung.

Schizophrene Kinder verhalten sich oft so, als wären sie gegen Hitze und Kälte völlig immun. Amalas und Kamalas mangelndes Gefühl dafür war also kaum ungewöhnlich und beweist nichts über ein Aufwachsen unter Tieren.*

Desgleichen ist der Grad von Schmerzunempfindlichkeit bei psychotischen Kindern ganz anders als bei normalen Kindern und hängt von der Art ihres Gestörtseins ab; Unempfindlichkeit läßt sich jedenfalls nicht auf eine Wildvergangenheit zurückführen.**

So bleibt auf meiner Liste nur noch ein einziges »nichtmenschliches« Merkmal: daß die »Wolfskinder« nicht lachen konnten. Auch dieses Unvermögen ist ganz charakteristisch für den Großteil der autistischen Kinder. Soweit ich mich erinnern kann, haben unsere autistischen Kinder nie gelacht bis zu jener Zeit, da wir glaubten, daß sie sich endgültig von infantilem Autismus zu schwerer Neurose, einem weit günstigeren Grad emotionalen Gestörtseins, hin entwickelt hatten.

Die Liste von tierhaften Verhaltensweisen der »Wolfsmädchen« ist eigentlich kurz. Angesichts dessen, was uns Tierpsychologen wie Konrad Lorenz über die Bandbreite tierischer Verhaltensweisen erzählen können, von der unglaublichen Vielfalt der menschlichen ganz zu schweigen, dürften selbst unsere autistischsten Kinder nur wenige Verhaltensmerkmale zeigen, die den Vergleich mit Tieren nahelegen. Doch sind diese

* Siehe mein Buch: Love Is Not Enough. Glencoe/Ill. 1950 (dt.: Liebe allein genügt nicht. Stuttgart 1970).

** Mahler beschreibt in ›On Child Psychosis and Schizophrenia‹, wie eine ihrer psychotischen Patientinnen sich absichtlich mit einem Feuerzeug die Lippen ansengte und keine Reaktion zeigte. Sie sagt dann weiter, die Sensibilität dieses Mädchens scheine weit unter dem Normalen zu liegen, und sieht darin »ein Zeichen für einen Mangel beziehungsweise einen Defekt der peripheren Speicherung bei autistischen Kindern«.

wenigen Verhaltenscharakteristika so schockierend für uns, daß ihnen eine Bedeutung und ein Ausmaß zugemessen werden, die in keiner Relation zu ihrer tatsächlichen Häufigkeit oder Wichtigkeit im Gesamtleben des Kindes stehen. Müßten wir die Verhaltensweisen selbst wild tobender autistischer Kinder auflisten, würden sich zwei Fakten ergeben: erstens, daß sie die meiste Zeit über gar nichts tun und jeden Kontakt mit der Welt meiden (vgl. die Verschlossenheit der Wolfskinder), und zweitens, daß sie selbst dann, wenn sie für kurze Zeit aus ihrer Selbstabkapselung herauskommen, im Vergleich zu anderen Kindern ihres Alters immer noch recht wenig tun. Verhalten sie sich gelegentlich einmal tierähnlich, neigen wir dazu, davon so stark beeindruckt zu sein, daß wir das übrige aus den Augen verlieren.

Was hat es mit der Vergangenheit der »Wolfskinder« wirklich auf sich? Wenn ihr Verhalten nicht durch Wilderfahrungen zu erklären ist, wodurch dann? Die Vorgeschichte der beiden Wolfsmädchen ist unbekannt, bei den Vorgeschichten unserer autistischen Kinder sind wir nicht bloß auf Vermutungen angewiesen. Ich möchte hier betonen, daß wir uns weiterhin intensiv mit dem Studium dieser Kinder beschäftigen, uns aber zu diesem Zeitpunkt ein Urteil darüber, wodurch infantiler Autismus bewirkt wird, noch vorbehalten. Wir waren uns ziemlich sicher über die sehr wichtige Rolle bestimmter Faktoren, hatten aber noch keine Gewißheit, ob sie Ursache waren oder nur stark dazu beigetragen hatten.*

Es sei abermals betont, daß nur eine kleine Minderheit der bekannten autistischen Kinder »wild« ist. Zum Beispiel zeigten nur wenige von Kanners Fällen einige der Züge, die Kamala und wahrscheinlich auch Amala charakterisierten; die meisten anderen ähnelten mehr Parasram. In der Orthogenic School haben wir es sowohl mit dem Parasram-Typ zu tun wie auch mit Kindern, die mehr Kamala gleichen; beide Gruppen haben alle die wesentlichen Merkmale, ausgenommen Kamalas tierhafte Wildheit.

Was verursacht diese Verhaltensdifferenz? Eine Zeitlang glaubten wir, sie könne auf Unterschiede im Herkunftsmilieu

* 1967 veröffentlichte ich dann eine umfassende Studie über infantilen Autismus: The Empty Fortress. (dt.: Die Geburt des Selbst. Erfolgreiche Therapie autistischer Kinder. München 1977).

zurückgehen. Bei allen Fällen von Kanner handelt es sich um Kinder von hochintelligenten Eltern, und das trifft auch für viele unserer neunzehn autistischen Kinder zu. Einige der wildesten davon hatten in frühester Kindheit Ungewöhnliches durchgemacht, wie das beispielsweise bei Anna der Fall war; ihre Eltern konnte man nicht als geistig hochstehend bezeichnen, hingegen sind die Eltern von zwei anderen wilden autistischen Kindern Intellektuelle. Mindestens fünf von unseren ruhigeren autistischen Kindern, die sehr den von Kanner beschriebenen ähneln, kommen aus nichtintellektuellen Familien und vier aus einem Milieu, in dem die Eltern bestenfalls eine ganz bescheidene Bildung haben.

Über den ruhigeren, Parasram gleichenden Typ von autistischen Kindern ist genügend Material vorhanden, vor allem in den von Kanner veröffentlichten Fallstudien. Deshalb möchte ich als Beispiel für den anderen Typ die Lebensgeschichte der bereits erwähnten Anna erzählen, einem wilden Kind mit tierhaften Zügen.

Anna kam im Alter von etwa zehn Jahren zu uns in die Orthogenic School. Davor hatte ihr unbändiges wildes Gebaren ihrer Familie das Leben unerträglich gemacht. Ihr sechs Jahre jüngerer Bruder schwebte, da Anna so gewalttätig war, in ständiger Lebensgefahr und mußte Tag und Nacht vor ihr beschützt werden. Oft holten Nachbarn die Polizei, weil Anna ihre Kinder bedrohte.

Mehrere Versuche, Anna in Heilanstalten unterzubringen, scheiterten. In einem sehr bekannten Heim für gestörte Kinder durfte sie kaum einen halben Tag bleiben; innerhalb dieser wenigen Stunden hatte sie das Heim so in Tumult versetzt und so viel Schaden angerichtet, daß man sie dort nicht behalten konnte. Selbst in einer psychiatrischen Klinik schickte man sie nach einem Monat wieder nach Hause, weil man auch hier nicht für die Behandlung eines so wilden Kindes eingerichtet war. Sie mußte dort in einem Raum ohne jedes Mobiliar gehalten werden, und zwar nackt, da sie sich alle Kleidung, die man ihr anzog, vom Leibe riß. Die meiste Zeit kauerte Anna in totaler Verschlossenheit in einer Ecke; aus dieser kam sie nur einmal für kurze Zeit heraus, um laut zu schreien, wild herumzuspringen und gegen Wände und Tür zu schlagen. Da dieses Verhalten ein Verbleiben Annas in der Kinderstation unmöglich machte, mußte die Klinik sie in die Sicherheitsabteilung für Erwachsene stecken, was auf die Dauer natürlich ebenfalls keine Lösung war.

Annas Leben hatte in einem Erdloch unter einer Bauernkate in Polen begonnen, in dem sich ihre jüdischen Eltern vor den Deutschen und ihren Konzentrationslagern versteckten. Die Eltern paßten ganz und gar nicht zusammen. Die Mutter, die den Vater höchst unattraktiv fand, hatte sein jahrelanges Werben um sie abgewiesen. Beide waren sich ihres ungleichen Naturells und Niveaus bewußt. Als der Krieg ausbrach, hatte der Vater inzwischen die Hoffnung aufgegeben, die Mutter doch noch zu gewinnen, aber der deutsche Einmarsch in Polen veränderte sehr bald die Lage. In weiser Voraussicht, was nach der Besetzung Polens durch die Deutschen passieren würde, sammelte dieser dann einen größeren Vorrat Wolle an und traf mit einem befreundeten nichtjüdischen Kleinbauern ein Abkommen, dieses Material in dem kleinen Keller unter dessen Kate lagern und dort auch einen Webstuhl aufstellen zu dürfen. Als die Deutschen mit ihrer Judenvernichtung begannen, nahm Annas Vater in diesem Keller mit bloßen Erdwänden eine bleibende Zuflucht.

Zuvor aber versuchte er noch einmal, die Frau, die er liebte, zu überreden, sich ihm anzuschließen. Sie lehnte auch diesen Antrag sofort ab; sie wolle ihn nicht, erklärte sie ihm, und würde sich lieber umbringen als mit ihm zusammenleben. Bald verschlimmerten sich die Dinge: Der größte Teil ihrer Familie wurde umgebracht. Da machte ihr Annas Vater, der sein Versteck nicht mehr verlassen konnte, durch seinen arischen Freund abermals das Angebot, zu ihm in den Keller zu ziehen. Inzwischen war sie ganz allein und hatte keinen Ort, wo sie vor den Deutschen untertauchen konnte. Sehr gegen ihren Willen nahm sie dann doch Zuflucht in seinem Erdloch, machte jedoch zur Bedingung, daß er keine intime Beziehung zu ihr verlangte.

Durch sein Weben in der winzigen unterirdischen Werkstatt erarbeitete der Mann den Unterhalt für sie beide und teilweise auch noch für den Bauern, der ihnen ja während der ganzen deutschen Okkupation Unterschlupf gewährte. Der Bauer verkaufte die Jacken, die aus dem gewebten Stoff genäht wurden, und von dem Erlös (Kleidung war nur für teures Geld zu haben) konnten er und die zwei Versteckten leben. Nun war der

Keller aber so klein, daß die beiden sich nachts nicht einmal ausstrecken konnten. Nur wenn der Webstuhl auseinandergenommen wurde, war es ihnen möglich, sich zum Schlafen hinzulegen, wobei die Wolle sowohl als Bett wie auch als Bettdecke diente. So wurde dann Abend für Abend der Webstuhl auseinandergebaut und jeden Morgen wieder zusammengesetzt. Mehrmals durchsuchten die Deutschen das Haus, entdeckten aber die beiden nicht in ihrem Keller, denn dessen Falltür war mit gestampftem Lehm bedeckt, woraus auch der Fußboden der gesamten Kate bestand.

Zumindest einmal (nach anderen Versionen, die das Paar erzählte, sogar mehrmals) schossen die Deutschen in das Haus hinein. Unter solchen Verhältnissen wurde das Leben mit der Zeit immer schwieriger, denn die beiden waren ja ohne Unterbrechung beieinander. Dennoch verweigerte sich Annas Mutter ein Jahr lang dem Mann, weil sie ihn sozial und kulturell als unebenbürtig und obendrein als körperlich abstoßend empfand. Nach der Darstellung von Annas Vater erzürnte ihn die ständige Zurückweisung zwar, doch respektierte er ihre Wünsche und drängte sich ihr nicht auf.

Über das, was dann geschah, gehen die Schilderungen der beiden Beteiligten auseinander. Er erinnerte sich, daß beide tagtäglich um ihr Leben bangten, er habe aber wenigstens seine Arbeit gehabt, die ihn aufrechterhielt, während seine Frau allen Lebensmut zu verlieren begann. Die Verzweiflung habe ihn dann auf den Gedanken gebracht, daß ihr ein Kind den Lebensmut zurückbringen und vielleicht sogar bewirken würde, daß sie dessen Vater akzeptierte. So habe er ihr dann eingeredet, daß ein Kind gut für sie wäre, und sie habe sich dann bereit erklärt, lediglich zu diesem Zweck eine sexuelle Beziehung mit ihm einzugehen. Nur deshalb sei es zu der Schwangerschaft gekommen.

Nach Darstellung der Mutter hatte der Vater sie schon die ganze Zeit sexuell belästigt. Nach einem Jahr habe er die Anwesenheit einer Frau, die er so liebte, die ihn aber zurückstieß, nicht länger ertragen können oder wollen und ihr gedroht, sie aus seinem Versteck hinauszuwerfen: Entweder sie sei ihm zu Willen, oder sie müsse gehen – was gleichbedeutend damit war, von den Deutschen umgebracht zu werden. Nur unter solcher Nötigung habe sie schließlich nachgegeben.

Als Anna, das Kind dieser Verbindung, im Frühjahr 1943 zur Welt gekommen war, gab sie ihrer Mutter zwar den Lebenswillen zurück, machte aber das Hausen in dem engen Verlies noch schwieriger. Wenn Anna zu schreien begann, wie Säuglinge das nun mal tun, mußte ihr die Mutter oder der Vater den Mund zuhalten, da Lärm, zumal Babygeschrei, sie alle verraten hätte. Außerdem hatte der Bauer allen Grund um sein Leben zu fürchten, wenn die Juden bei ihm entdeckt würden, und er geriet in Zorn, wenn das Kind Lärm verursachte. So taten die Eltern und der Bauer in ihrer Angst vor den Deutschen jeder sein Bestes, damit das Kind immer absolut still blieb und überhaupt so wenig störte wie nur möglich.

Solange die Mutter Anna stillen konnte, bekam sie immerhin genug Nahrung. Doch die Milch versiegte, als Anna noch keine anderthalb Jahre alt war. Der Säugling konnte nun bloß noch mit rohem Gemüse und dergleichen ernährt werden, da sie ja nicht kochen durften. Erst 1945, als die Russen die Deutschen in Polen ablösten, besserten sich die Verhältnisse, aber inzwischen hatte sich Anna zu einem Kind entwickelt, das nicht zu bändigen war. Nachts rannte sie stundenlang umher, zuweilen bis in die Morgenstunden; nie fiel sie vor zwei oder drei Uhr früh in Schlaf. Wenn sie nicht brüllte oder sich sonstwie wild gebärdete, tat sie rein gar nichts, »dachte nur immer vor sich hin, saß für sich allein da, total versunken in ihr eigenes Leben«.

Nach einiger Zeit gelang es den Eltern, nach Deutschland zu fliehen, wo sie in einem DP-Lager unterkamen, dann in ein zweites und schließlich in ein drittes verlegt wurden. Jetzt in relativer Freiheit lebend, ging die Frau ein außereheliches Verhältnis ein. Als ihr Mann dahinterkam, gab es neuen heftigen Streit mit Tätlichkeiten zwischen ihnen. Die Mutter wollte den Vater für immer verlassen, doch dem stand Anna im Wege. Sie war zwar bereit, das Kind herzugeben, weil sie mit ihrem Liebhaber zusammenziehen wollte, ihrem Mann aber mochte sie Anna auf keinen Fall lassen. Mit ihrem Vorschlag, das Kind zu ihrer Mutter zu geben, war wiederum der Mann nicht einverstanden; er wollte zu Verwandten in die Vereinigten Staaten auswandern und seine Tochter dorthin mitnehmen.

Während der Jahre in Deutschland einigten sich Annas Eltern des öfteren auf eine Scheidung, aber im letzten Augenblick willigte der Mann dann doch nie ein, weil er befürchtete, das Sorgerecht für das Kind könne der Mutter zugesprochen werden, obwohl diese es genausowenig brauchen konnte wie ihn. Häufig kam es zu heftigen Szenen vor den Augen und Ohren Annas. »Die ganze Zeit«, sagte uns die Mutter, »schrien wir uns an und gerieten uns in die Haare. Immer des Kindes wegen.« Die Gefühle für seine Frau drückt am treffendsten seine Klage aus: »Hab ich so oft riskiert Leben für ihr, und hat sie mich betrogen nur.«

Lange bevor Anna hierher nach Amerika kam, ja noch vor der Geburt ihres Bruders, war sie in einem der deutschen DP-Lager von einem amerikanischen Arzt untersucht und sogleich als autistisches Kind erkannt worden, das der Behandlung in einem Heim bedurfte. Da wir uns hier mit der Vergangenheit sogenannter Wildkinder befassen und Anna im Alter von fünf, sechs Jahren erkennbar wild und autistisch war, braucht über ihre Vorgeschichte nicht mehr gesagt zu werden. Weil ich schon erwähnt habe, daß Anna im ersten Jahr bei uns eine unserer Kinderschwestern, die besonders intensiv mit ihr arbeitete, gebissen hatte, so daß sie über ein dutzendmal in ärztliche Behandlung mußte, sollte noch berichtet werden, daß Anna in ihrem zweiten Jahr bei uns abrupt damit aufhörte, das Pflegepersonal zu beißen. Und das kam so: Sie hatte die betreffende Schwester, die ihr inzwischen sehr zugetan war, wieder einmal gebissen. Während sie zuvor stets versucht hatte, Anna, so gut sie konnte, am Beißen zu hindern, sagte sie diesmal aus ihrer Zuneigung zu Anna und trotz der Schmerzen, die ihr der Biß verursachte: »Sei vorsichtig, Anna, du bekommst dabei Zahnweh.«

Durch die inzwischen entstandene Beziehung muß das auf Anna tiefen Eindruck gemacht haben. Es schien sie zu erschüttern, als ihr gesagt wurde, die Sorge der Schwester gelte weniger ihren Schmerzen durch den Biß, als denen, die sie, Anna, beim Beißen erlitt, und sie ließ augenblicklich los. Von da an biß Anna diese Schwester nie wieder, und bald danach hörte sie ganz zu beißen auf. Sie wurde weniger wild und »menschlicher«.

Trotz solch guten Fortschritts von wildem autistischem Verhalten zu menschlicheren Reaktionen mußten wir nach weiteren eineinhalb Jahren die Arbeit mit ihr einstellen, denn es wurde uns immer klarer, daß ihre erlittenen Frühschäden zu gravierend waren, um jemals unser Ziel, nämlich eine völlige Rehabilitation, zu erreichen.

Daß unsere beiden wildesten Mädchen im Ausland geboren wurden und die Welt zuerst im Kriegszustand erfuhren, ist Zufall, soviel können wir mit Gewißheit sagen. Schließlich sind Tausende von Kindern in DP-Lagern zur Welt gekommen und haben sich normal entwickelt, und es stammen ja die meisten unserer autistischen Kinder aus augenscheinlich gutbürgerlichen Verhältnissen. Mehr noch als eine starke innere Ablehnung seitens der Eltern führt totale gefühlsmäßige Isolierung zu autistischer Abkapselung, obwohl wir uns eines endgültigen Urteils noch enthalten, bis wir mehr wissen. Im allgemeinen scheinen unsere autistischen Kinder potentiell recht gescheit und sehr sensibel zu sein; deshalb reagieren sie ja so stark auf Emotionen ihrer Eltern, die sie irgendwie als Bedrohung ihrer Existenz auffassen. Um ihr Leben zu schützen, ziehen sie sich vom Menschsein zurück, zumindest erscheint es so.

Ein anderes Beispiel ist Joe, eines unserer wilden autistischen Kinder, das aus einer Familie des Mittelstands kam. Joe war der Sohn intelligenter und ehrgeiziger gebürtiger Amerikaner, also genau das, was Kanner als typisch für alle autistischen Kinder beschreibt. Bei unserem ersten Gespräch mit seinen Eltern war Joe bereits neun Jahre alt. Ihre Erinnerungen an die Einstellung zu ihm als Kleinkind waren inzwischen zwar stark durch Schuldgefühle gefärbt, aber es handelte sich eindeutig um einen Fall von extremer Vernachlässigung und Isolierung.

Zum ersten Mal war Joes Vorgeschichte erörtert worden, als er noch keine drei Jahre alt war. Weitere psychiatrische Untersuchungen waren seiner Aufnahme in die Orthogenic School und unserem Gespräch mit den Eltern vorausgegangen. Jedesmal hatte sich dasselbe Bild von Joes frühester Lebenszeit ergeben. Beide Eltern waren ein paar Jahre nach Joes Geburt in psychotherapeutischer Behandlung gewesen, und sie gaben ihr Einverständnis, daß wir uns mit ihren Therapeuten in Verbindung setzten. Diese bestätigten uns, daß sowohl der Vater, wie auch die Mutter uns wahrheitsgemäße Angaben über ihre damalige Behandlung gemacht hatten – Angaben, die auch zu ihren Persönlichkeiten und ihren damaligen wie gegenwärtigen Einstellungen paßten, die während der Therapie offenbar geworden waren.

Joe kam zehn Monate nach der Hochzeit seiner Eltern zur Welt, zu einer Zeit, da beide überlastet und physisch wie psychisch erschöpft waren. Der Vater stand im dritten Jahr seines Medizinstudiums und unterhielt die Familie durch zwei Jobs, der eine davon war Nachtarbeit. Begreiflicherweise war er ständig nervös. Ein Baby versorgen zu müssen ängstigte beide Eltern. Nun schlug Angst bei dem Vater schon seit jeher in Aggressivität um. Und daß die Mutter des Babys ebenfalls in Angst und Panik geriet, versetzte ihn nur noch mehr in Zorn. Was er als Zorn und Sich-zur-Wehr-Setzen gegen das Baby bezeichnete, beschrieb die Mutter als gewalttätige Wutanfälle, die sie in ständiger Furcht hielten. Schließlich habe sie dann, nachdem sie »stets in schlotternder Angst« gelebt hatte, plötzlich eine Kehrtwendung gemacht und zum Gegenangriff angesetzt, wobei ihr Mann ihr schlicht als ein Feind vorgekommen sei, den es zu vernichten galt.

Während die Mutter angab, sie sei von dem Gedanken, ein Kind zu haben, »hellauf begeistert« gewesen, berichtete der Vater, ihre Einstellung hätte sich gleich nach Joes Geburt gewandelt. Sie sei depressiv geworden und jedesmal fast in Panik geraten, wenn sie ihn stillen mußte. Überhaupt habe sie bei allem, was Joe betraf, Angst gehabt, besonders ob er denn auch genug Nahrung bekomme. Gleichzeitig aber sei sie unglücklich über ihre wunden Brustwarzen gewesen und habe manchmal das Stillen versäumt.

Joe war offensichtlich kein glückliches Baby. Er war ständig unruhig, wiegte sich sehr viel hin und her, zerkratzte sich das Gesicht und schrie oft. Am Ende seines ersten Lebensmonats hatten ihn beide Eltern schon »satt«. Sie folgten der Empfehlung eines Kinderarztes, sich einfach nicht um ihn zu kümmern, wenn er schreie. Froh, ein Mittel gegen das als Quälgeist empfundende Baby zu haben, hielt sich die Mutter strikt an diesen Rat, auch dann noch, als Joes tägliche lange Schreianfälle nach ein paar Wochen aufgehört hatten. So erzählte sie: »Als Joe etwa sechs Monate alt war, hatten wir eines Tages wieder einmal einen heftigen Streit. Wir brüllten uns an und wurden handgreiflich, eine halbe Stunde lang oder gar noch länger. Zuvor hatte ich Joe gerade hingelegt, und er konnte alles mit anhören. Er lag bloß da, ohne sich zu rühren oder sonstwie zu reagieren.«

Als Joe noch keine eineinhalb Jahre alt war, mußte die Mutter zur Vermeidung einer Fehlgeburt in eine Klinik, und da der

Vater eben dort als Assistenzarzt arbeitete, schien es am einfachsten, den Jungen für diese Zeit in der Säuglingsstation unterzubringen. Das führte bei Joe zu Rückfällen ins Babystadium: Er wiegte sich wieder, lutschte ständig am Daumen und verlernte die paar Wörter, die er bereits sprechen konnte. Einige Wochen später kam es bei der Mutter dann doch zu einer Fehlgeburt, so daß sie abermals für etliche Zeit in die Klinik mußte, und obwohl man wußte, wie schlimm sich das bei ihm auswirkte, wurde Joe aus Bequemlichkeit wieder zu den Säuglingen gesteckt. Mittlerweile verloren beide Eltern das Interesse an ihm. Der Vater zog sich ganz in seine Arbeit zurück, die Mutter wurde von einer neuen Schwangerschaft in Anspruch genommen, und so war Joe die meiste Zeit sich selbst überlassen, entweder im hinteren Hausgarten oder an einem nahegelegenen Strand. Da niemand mit ihm spielte, blieb er einfach dort sitzen, tat nichts weiter, als sich an irgendein Spielzeug zu klammern, etwa einen Ball.

Wie schwer Joe gestört war, merkten die Eltern erst, als er schon zweieinhalb war und die Geburt eines Brüderchens seine Symptome verstärkte: Wiegen, Daumenlutschen, Stummsein. Als sie ihn in einen Kindergarten schickten, trat sein totales Zurückgezogensein dort noch deutlicher zutage. Behandlungsversuche blieben erfolglos.

Die Eltern hofften, seine Schwierigkeiten seien organisch bedingt, doch Volluntersuchungen in drei renommierten medizinischen Zentren ergaben nichts, was das bestätigte; jedes kam zu dem Schluß, daß sie psychischen Ursprungs seien. Die Befunde konstatierten einhellig extremes geistiges Zurückgebliebensein und schwere emotionale Gestörtheit, erkennbar durch totale Selbstabsperrung infolge Unfähigkeit zu emotionalen Beziehungen zu anderen, ja zu überhaupt irgendwelchen sinnvollen Kontakten, trotz des Bemühens anderer um körperlichen Kontakt; der Patient verharre in seiner autistischen Eigenwelt, und es gebe keinerlei greifbaren Beweis für einen Phantasiegehalt seines infantilen Für-sich-allein-Spielens oder seiner primitiven Hand-Mund-Aktivität.

Die eine Diagnose lautete auf Kindheitspsychose, die beiden anderen deuteten infantilen Autismus an. Man empfahl Behandlung fern vom Elternhaus, und so wurde der fast vier Jahre alte Joe in eine Anstalt gegeben, in der er blieb, ohne sich sonderlich zu verändern, bis er etwa neun war und dann in die Orthogenic School kam.

Zu der Zeit gab er keine artikulierten Laute von sich, obwohl er einfache Kommandos verstand. Er zerfetzte sein Essen mit den Händen, leckte vom Teller wie ein Hund, fiel auf alle möglichen Weisen über andere her, kratzte auch und biß – kurz, er benahm sich wie ein »Wildkind«.

Zusammenfassend lassen die Untersuchung des Verhaltens der sogenannten Wildkinder und der Vergleich mit dem von bekannten und aufmerksam beobachteten autistischen Kindern darauf schließen, daß ihr Zustand zum großen Teil, wenn nicht gar ganz, auf extreme emotionale Isolierung, verbunden mit Erfahrungen, die von ihnen als absolut vernichtend empfunden wurden, zurückzuführen ist. Eine solche Psychose scheint also die Folge der Unmenschlichkeit einiger Menschen, in der Regel ihrer Eltern zu sein, und ist nicht der vermeintlichen Menschlichkeit von Tieren, wie etwa Wölfen, zuzuschreiben. Anders gesagt: Zu Wildkindern scheint es nicht dadurch zu kommen, daß sich Wölfe wie Eltern verhalten, sondern dadurch, daß Eltern aus diesem oder jenem Grund eines ihrer Kinder so ablehnen, daß es in frühem Alter den Glauben gewinnt, es werde gar nicht als Mensch akzeptiert. Daß sich das Kind vor Menschen zurückzieht, sich gegen sie versperrt, ist seine Reaktion auf das, was ihm seine innere Erfahrung sagt: Du bist nicht nur unerwünscht, sondern solltest am besten gar nicht leben.*

Ins Deutsche übertragen von Otto P. Wilck.

* Zu unseren Erfolgen und Mißerfolgen bei der Behandlung autistischer Kinder siehe mein Buch: Die Geburt des Selbst. Kindler, München 1977.

Teil III
Über Juden und die Lager

Janusz Korczak: Ein Gerechter in unserer Zeit*

»Der Tod seiner Heiligen wiegt schwer vor dem Herrn«, sagt der Psalmist. Wenn wir uns fragen, weshalb der Tod und nicht das Leben der Heiligen diese Anerkennung findet in den Augen des Herrn, dann lautet die Antwort: Der Herr ist zwar über die Gerechten erfreut, während sie ein rechtschaffenes Leben führen, doch erst nach ihrem Tod kann die Gewißheit bestehen, daß sie nie vom Pfade der Rechtschaffenheit abgewichen sind.

Nach einem über eineinhalb Jahrtausende alten jüdischen Mythos müssen zu allen Zeiten mindestens sechsunddreißig Gerechte auf Erden leben. Nur die Existenz dieser Gerechten rechtfertigt in den Augen des Herrn den Fortbestand der Menschheit; gäbe es sie nicht, würde Gott sein Angesicht von der Erde abwenden, und wir würden alle umkommen.

Solange diese Gerechten auf Erden weilen, darf niemand wissen, wer sie sind; sie bleiben allen anderen Menschen gegenüber unbekannt, und erst nach ihrem Tod dürfen wir entdecken, wer sie wirklich waren. Dann werden manche bekannt, und die Nachwelt kann ihre außergewöhnliche Tugend erkennen und ihnen, ihrem Leben und ihren Taten Bewunderung zollen.

Wer auch immer zu unseren Lebzeiten die übrigen Gerechten waren, wir können sicher sein, daß es zwei gab, obwohl diese erst nach ihrem Märtyrertod in das öffentliche Bewußtsein gelangten. Und wie um die Wahrheit der Worte des Psalmisten zu beweisen, war es ihr selbstgewähltes Ende, das schließlich die ganze Rechtschaffenheit ihres Lebens offenbarte.

Der eine von diesen beiden war der Franziskanerpriester Pater Maximilian Kolbe. Der andere war der jüdische Arzt und Erzieher Dr. Janusz Korczak. Beide starben während des Zweiten Weltkriegs freiwillig in deutschen Konzentrationslagern.

Pater Kolbe ging freiwillig in den Hungertod, stellvertretend für einen anderen Häftling, dem er damit ermöglichte, weiter-

* Dieser Beitrag ist die erweiterte und revidierte Fassung einer Vorlesung über Janusz Korczak, die als ›Flora Levi Lecture in the Humanities‹ an der Universität von Südwest-Louisiana gehalten wurde. Ein Auszug wurde als Einführung zu ›King Matt the First‹ veröffentlicht (New York 1986), der amerikanischen Erstausgabe von Korczaks ›König Hänschen der Erste‹.

zuleben und zu seiner Frau und seinen Kindern zurückzukehren. So wurde Pater Kolbe ermordet, indem man ihn verhungern ließ, der gerettete Gefangene lebte weiter und konnte die Geschichte erzählen; dies taten auch andere Häftlinge, die Zeugen von Kolbes Tod geworden waren, sowie einige der SS-Wachen, die nicht umhin konnten, von dem Mut tief beeindruckt zu sein, mit dem Kolbe sein schreckliches Schicksal ertrug.

Der zweite dieser beiden rechtschaffenen Männer, Dr. Janusz Korczak, lehnte zahlreiche Angebote zur Rettung vor der Vernichtung in einem Todeslager standhaft ab. Er weigerte sich, die Waisenkinder in ihrer äußersten Not alleinzulassen, deren Wohl er sein Leben gewidmet hatte, damit diese selbst angesichts des Todes ihren Glauben an das Gute im Menschen behalten könnten: an den Mann, der ihren Leib gerettet und ihren Geist befreit hatte; der sie aus größtem Elend geholt und ihren Glauben an sich selbst und an die Welt wiederhergestellt hatte; der in praktischen Dingen und in geistiger Hinsicht ihr Mentor gewesen war.

Korczak opferte sich, um dem Vertrauen der Kinder gerecht zu werden, obwohl er leicht hätte gerettet werden können. Von polnischen Bewunderern und Freunden wurde er wiederholt zur Flucht aufgefordert, denn er war zu jener Zeit sehr bekannt im kulturellen Leben Polens. Wohlgesonnene Menschen boten an, ihm gefälschte Papiere zu besorgen, die ihm ein unbehelligtes Leben ermöglichen würden; sie trafen Vorkehrungen für eine Flucht aus dem Warschauer Getto und sorgten für einen sicheren Aufenthaltsort. Erwachsene, die er als Kinder aus ihrer Notlage befreit hatte, flehten ihn an, er solle ihre Hilfe annehmen, denn er sei ihr Retter gewesen. Doch Janusz Korczak, der dreißig Jahre lang Direktor des Waisenhauses in Warschau und dessen Leitfigur gewesen war, hatte sich entschlossen, die Kinder nicht im Stich zu lassen, die ihr Vertrauen auf ihn setzten. Denen, die ihn zur Flucht aufforderten, sagte er: »Ein krankes Kind läßt man nicht in der Nacht allein« und »In einer Zeit wie dieser darf man Kinder nicht alleinlassen.«

Nach der Eroberung Warschaus durch die Deutschen wurden alle Juden in ein Getto getrieben, wo sie dem Untergang geweiht waren. Das von Korczak geleitete Waisenhaus wurde ebenfalls dorthin verlegt. In voller Kenntnis der großen persönlichen Risiken ging Korczak zur deutschen Kommandantur, um die Sache dieser Kinder zu vertreten. Wie auch bei ähnlichen Gelegenheiten, trug er dabei seine alte polnische Armeearzt-Uniform, aber nicht den vorgeschriebenen Gelben Stern. Als man ihm sagte, er solle sich nicht um jüdische Kinder kümmern, sondern sein ärztliches Geschick auf polnische Kinder verwenden, erklärte Korczak, er sei Jude. Er wurde daraufhin ins Gefängnis gesteckt und wegen seines »ungebührlichen Verhaltens« verurteilt.

Wie schon zuvor und wie auch später, kamen ihm einige seiner früheren Schützlinge zu Hilfe; sie kauften ihn frei. Von da an bemühten sie sich noch eifriger und immer häufiger, Korczak dazu zu überreden, das Getto zu verlassen und sich in Sicherheit zu bringen. Obwohl Korczak wußte, was ihm bevorstand, weigerte er sich standhaft, seine Kinder zu verlassen. Er kümmerte sich sogar noch stärker um das Wohlergehen seiner Schützlinge; er nutzte seinen Einfluß und seine alten Verbindungen, um Nahrungsmittel, Medikamente und andere Bedarfsgüter zu erbitten, und er war dabei recht erfolgreich. Selbst die Schmuggler kannten und bewunderten Korczak und seine Arbeit; deshalb halfen sie ihm und seinen Kindern, so gut sie konnten.

Die Nazis befahlen, daß die zweihundert Kinder, die sich noch im jüdischen Waisenhaus des Warschauer Gettos aufhielten, am 6. August 1942 zu einem Bahnhof geschafft und dort in Eisenbahnwaggons verladen werden sollten. Wie die meisten anderen Erwachsenen im Getto, wußte Korczak zum damaligen Zeitpunkt, daß die Waggons dazu bestimmt waren, die Kinder zu den Gaskammern von Treblinka zu schaffen.

Korczak bemühte sich mit Erfolg, die Besorgnisse der Kinder zu zerstreuen; er erzählte ihnen, sie würden alle zusammen einen Ausflug aufs Land machen. An dem fraglichen Tag ließ er das älteste Kind vorangehen; es hielt die Fahne der Hoffnung in die Höhe, ein goldenes vierblättriges Kleeblatt auf grünem Grund – das Emblem des Waisenhauses. Selbst in dieser schrecklichen Situation hatte Korczak wie immer dafür gesorgt, daß nicht ein Erwachsener, sondern ein Kind der Anführer der übrigen Kinder war. Er selbst ging direkt hinter diesem Anführer und hielt dabei die beiden kleinsten Kinder an der Hand. Dann folgten all die anderen Kinder in Viererreihen, auf die sehr ordentliche und gewohnte Art, die sie sich im Waisenhaus zu eigen gemacht hatten.

Leute, die die Kinder vorüberziehen sahen, hatten den Eindruck, sie gingen mit erhobenen Köpfen, um stummen Protest auszudrücken oder Verachtung für ihre Mörder zu zeigen; was diese Augenzeugen sich dachten, ging wohl nur auf das Selbstvertrauen der Kinder zurück, das sie von ihrem Mentor bekommen hatten. Als die Schar an der befohlenen Stelle ankam, standen die Polizisten, die bis dahin Juden mit Schlägen und unter Beschimpfungen in die Waggons getrieben hatten, beim Anblick Korczaks und der Kinder plötzlich stramm und salutierten. Der deutsche SS-Offizier, der die Wachen befehligte, war von der Würde Korczaks und der Kinder so beeindruckt, daß er verwundert fragte: »Wer ist dieser bemerkenswerte Mann?« Es ist überliefert, daß selbst im Bahnhof letzte Versuche unternommen wurden, Dr. Korczak zu retten. Einer der Wachtposten sagte zu ihm, er solle weggehen, es seien doch nur die Kinder zum Bahnhof befohlen worden, und er versuchte, Korczak wegzudrängen. Doch Korczak weigerte sich wiederum, die Kinder alleinzulassen, und er ging mit ihnen nach Treblinka.

Dr. Janusz Korczak war zuvor viele Jahre lang in ganz Polen als »der alte Doktor« bekannt gewesen; diese Bezeichnung verwendete er bei seinen zahlreichen Rundfunkvorträgen über Kinder und Kindererziehung. Durch diese Sendungen war er denen ein Begriff, die keinen seiner vielen Romane gelesen hatten – einer davon war mit dem höchsten polnischen Literaturpreis ausgezeichnet worden –, die seine Theaterstücke nicht gesehen, all seine Artikel über Kinder nicht gelesen und auch von seiner Arbeit mit Waisen noch nichts gehört hatten. Als der polnische Theologieprofessor Tarnowski im Jahr 1981 an einem Symposium über Janusz Korczak teilnahm, berichtete er, wie er als junger Mensch die Rundfunkplaudereien des »alten Doktors« bewundert hatte, ohne zu wissen, daß es sich dabei um den bekannten Autor handelte, der eines von seinen Lieblingsbüchern geschrieben hatte, nämlich ›König Hänschen der Erste‹. Korczaks Rundfunkbeiträge waren für den jungen Tarnowski wie auch für fast alle anderen Zuhörer sensationell, weil sie ihm zum ersten Mal in seinem Leben zeigten, daß ein Erwachsener ganz leicht und natürlich in die Welt des Kindes gelangen konnte. Korczak verstand nicht nur die Perspektive des Kindes, er respektierte sie auch und schätzte sie sehr, während alle anderen Erwachsenen nicht fähig zu sein schienen, der Welt der Kinder gerecht zu werden.

Was Korczak am besten vermittelte, bringt der Titel eines seiner bedeutendsten Bücher zum Ausdruck: ›Wie man ein Kind lieben soll‹.

Korczak liebte Kinder sehr; er widmete ihnen jeden Augenblick seines Lebens. Er studierte sie so genau und verstand sie so gut wie kaum ein zweiter. Da er Kinder wirklich kannte, idealisierte er sie nicht. Wie es gute und schlechte Erwachsene gab, die unterschiedlichsten Exemplare, so gab es für Korczak auch alle Arten von Kindern. Während er sein ganzes Leben lang auf vielfältige Weise für sie tätig war und im Waisenhaus mit ihnen zusammen wohnte, sah er den innersten Kern der Kinder und war stets zutiefst überzeugt von ihrer Integrität. Er litt darunter, daß Kinder oft schlecht behandelt werden, daß ihre Intelligenz und ihre elementare Ehrlichkeit nicht genug anerkannt werden.

Korczak stand unserem Erziehungssystem sehr kritisch gegenüber, das Kinder – damals wie heute – mit irrelevanten und unwichtigen Informationen belastet, wo doch die Hauptaufgabe der Erziehung darin bestehen sollte, den Kindern zu helfen und sie darauf vorzubereiten, ihre gegenwärtige Realität in eine bessere Zukunft zu verwandeln. Korczak war vor allem der Überzeugung, daß die Machtbefugnisse zwischen Erwachsenen und Kindern völlig falsch verteilt seien; er trat dafür ein, sie so zu verändern, daß die Erwachsenen es nicht länger als ihr Recht – oder auch als eine Verpflichtung – betrachteten, das Leben und die Welt des Kindes nach ihren eigenen Vorstellungen zu ordnen, ohne die Ansichten des Kindes zu berücksichtigen. Korczak meinte, nur die Erziehung könne den Zustand der Welt zum Besseren wenden, welche die Perspektive des Kindes sehr ernst nimmt. Er war zutiefst davon überzeugt, daß Kinder aus einer natürlichen Anlage heraus, in sich selbst ein lebensfähiges Gleichgewicht herzustellen, nach Kräften um Verbesserungen bemüht sind, wenn man ihnen dazu nur die Chance, die Freiheit und die Gelegenheit gibt. Den Kindern diese Möglichkeit zu geben, stand im Mittelpunkt all seiner Bemühungen.

Die Motivation der Menschen, die sich wie Korczak der Aufgabe widmen, eine bessere Welt für die Kinder zu schaffen, liegt meist in ihrer eigenen unglücklichen Kindheit. Was sie erlitten haben, hinterläßt in ihrem Leben einen bleibenden Eindruck; folglich streben sie nach Veränderungen, damit andere Kinder nicht ein ähnliches Schicksal erleiden müssen.

Janusz Korczak wurde als Henryk Goldszmit geboren; er stammte aus einer Familie gebildeter Juden, die sich von jüdischer Tradition gelöst hatten, um in der polnischen Kultur aufzugehen. Korczaks Großvater war ein sehr geachteter und erfolgreicher Arzt, sein Vater ein ebenfalls sehr erfolgreicher und bekannter Rechtsanwalt. Was die äußeren Umstände angeht, verbrachte Henryk seine Kindheit in sehr angenehmen Verhältnissen, nämlich in dem stattlichen Haus seiner zur oberen Mittelklasse zählenden Eltern. Dennoch waren ihm emotionelle Probleme von klein an nicht fremd: Sein Vater hatte oft großartige und unrealistische Vorstellungen von der Welt und konnte manchmal nicht mit der Wirklichkeit zurechtkommen. Er versäumte es beispielsweise, die Geburt seines Sohnes ins Standesamtsregister eintragen zu lassen, deshalb steht auch heute nicht fest, ob Henryk am 22. Juli des Jahres 1878 oder des Jahres 1879 geboren wurde.

Als Henryk ein kleines Kind war, schien alles in Ordnung zu sein, doch seine Familie lebte in einer Atmosphäre seelischer, kultureller und sozialer Entfremdung, die für die psychische Labilität seines Vaters mitverantwortlich gewesen sein mag. Da sie als Juden geboren wurden, waren Henryks Eltern nicht Teil der polnischen Kultur, der sie sich zuwandten. Doch indem sie sich in diese Kultur integrierten, entfremdeten sie sich von der Kultur der polnischen Juden, die damals einzigartig und sehr lebendig war. Fast alle in Polen lebenden Juden jener Zeit sprachen Jiddisch und konnten es lesen und schreiben; für ihr Leben waren die jüdischen religiösen Traditionen und Bräuche bestimmend. Alles, was sie taten und dachten, war von ihrer Religion durchdrungen. Im Gegensatz dazu waren Henryks Eltern nichtpraktizierende Juden, die nur polnisch sprachen. Obwohl Henryk als Kind gut aufgehoben war, wuße er also von klein an, was es bedeutet, ein Außenseiter zu sein. Er blieb sein ganzes Leben lang ein Außenseiter.

Als Henryk erst elf Jahre alt war, machten sich bei seinem Vater ernste geistige Störungen bemerkbar, und er mußte schließlich in eine Heilanstalt eingeliefert werden. Er starb dort, als Henryk achtzehn Jahre alt war. Die Familie geriet in finanzielle Schwierigkeiten, als sich der Zustand des Vaters verschlechterte. Henryk mußte zuerst einen Beitrag zum Lebensunterhalt der Familie leisten und dann ganz für sie aufkommen. Als Schüler verdiente er ein bißchen Geld, indem er Nachhilfeunterricht erteilte. Als er sein Universitätsstudium begann, verdiente er seinen eigenen Unterhalt sowie den seiner Mutter und seiner Schwester als Autor.

Zu dieser Zeit legte er sich das Pseudonym zu, unter dem er später bekannt wurde. Er wollte an einem literarischen Wettbewerb teilnehmen, glaubte aber, daß er wegen seines offensichtlich jüdischen Namens keine Chance haben werde; er reichte seine Arbeit deshalb unter dem polnisch klingenden Namen Janusz Korczak ein, auf den er bei der Lektüre eines Romans gestoßen war. Er hatte zwar bei diesem Wettbewerb keinen Erfolg, doch benutzte er das Pseudonym weiterhin.

Korczak studierte zwar Medizin, doch war er schon damals entschlossen, sein Leben darauf zu verwenden, das Los der Kinder zu verbessern. Bezeichnenderweise stellte er sich einmal einer Mitstudentin vor, indem er sagte, er sei »der Sohn eines Verrückten und fest entschlossen, der Karl Marx der Kinder zu werden«. So, wie sich Karl Marx der Revolution verschrieben hatte, die das Proletariat befreien sollte, so wollte Korczak sein Leben der Befreiung der Kinder weihen. Dies würde revolutionäre Veränderungen in der Betrachtungs- und Handlungsweise der Erwachsenen erfordern, denn die Kinder wurden von ihnen noch härter unterdrückt, als es nach der Ansicht von Marx beim Proletariat der Fall war. Als Korczak gefragt wurde, was diese Befreiung der Kinder im einzelnen bedeuten würde, antwortete er, es sei von elementarer Bedeutung, daß Kinder das Recht auf Selbstregierung erhielten. Schon in jenem Lebensabschnitt war er überzeugt, daß Kinder ihre eigenen Angelegenheiten mindestens so gut entscheiden könnten wie ihre Eltern und Erzieher, vielleicht sogar besser. Während seines Studiums gelangte Korczak zu der Überzeugung, er könne Kindern am besten als Kinderarzt helfen, und dies wurde er dann auch.

Schon zu einem frühen Zeitpunkt entschloß sich Korczak, nicht zu heiraten, denn er wollte keine Kinder zeugen. Ein

Kommilitone, dem er von diesem Lebensplan erzählte, fragte ihn erstaunt, warum er sein Leben den Kindern widmen, aber selbst keine haben wolle. Korczak antwortete, er werde nicht nur ein paar, sondern Hunderte von Kindern haben, um die er sich kümmern werde. Soweit uns bekannt ist, begründete er nie, warum er sich gegen eine Heirat und gegen eigene Kinder entschieden hatte; zu vermuten ist, daß er befürchtete, er habe von seinem Vater die Tendenz zur Geisteskrankheit geerbt und daß er diese nicht weitergeben, vor allem aber verhindern wollte, daß ein Kind in jene Lage geriete, in die er durch die geistige Labilität seines Vaters gekommen war.

Als Medizinstudent der Fachrichtung Kinderheilkunde arbeitete Korczak in den Armenvierteln von Warschau. Dadurch, daß er die medizinische Behandlung mit seelischem Beistand verband, wollte er grundlegende Veränderungen in den Lebensbedingungen der Kinder erreichen. Sein erster Roman ›Kinder der Straße‹, der im Jahr 1901 erschien, entstand aus Zorn über die entwürdigenden Umstände, in denen diese Kinder ihr Leben verbringen mußten.

Nach dem Abschluß seines Medizinstudiums arbeitete Korczak von 1905 an in einem Kinderkrankenhaus, in dem er auch wohnte, um stets in der Nähe der Kinder zu sein. Zwischendurch veröffentlichte er unter anderem Schriften über literarische, pädagogische, medizinische und gesellschaftspolitische Themen. Ein weiterer Roman, der auf seinen eigenen Lebenserfahrungen basierte, trug den Titel ›Das Kind des Salons‹. Hier griff er Themen auf, die ihn seit seinem fünften Lebensjahr beschäftigt hatten; schon damals hatte er es für erforderlich erachtet, das Geldwesen abzuschaffen, damit es keine schmutzigen, verwahrlosten und hungrigen Kinder geben würde (mit denen er als Fünfjähriger keinen Kontakt aufnehmen durfte). Wie es keine in eleganten Salons lebende Kinder geben sollte, die von den weniger glücklichen Kindern abgeschirmt waren, so sollte es auch keine Kinder in Elendsvierteln geben.

Im Jahr 1912 beendete Korczak seine Tätigkeit am Kinderkrankenhaus und wurde Leiter des jüdischen Waisenhauses in Warschau. Von da an arbeitete und wohnte er bis zu seinem Tod im Waisenhaus; die einzige Unterbrechung bildete sein Militärdienst im Ersten Weltkrieg als Arzt in der russischen Armee.

Doch selbst als Korczak an der Front war und kaum Zeit für sich selbst hatte, beschäftigte er sich mit den Kindern. Anstatt sich von seinem anstrengenden Dienst als Militärarzt zu erholen und nachts zu schlafen, schrieb er das Buch ›Wie man ein Kind lieben soll‹, das wohl seine wichtigste und wirkungsvollste Veröffentlichung war. Nach dem Ersten Weltkrieg wurde er auch stellvertretender Direktor eines katholischen Waisenhauses, das er »Unser Zuhause« nannte und das sowohl katholische als auch jüdische Kinder aufnahm.

Die meisten Schriften Korczaks über Kinder behandeln die Themenbereiche, wie eine verständnisvolle Beziehung zu Kindern aufzubauen sei, wie man sie behandeln und erziehen sollte und vor allem, wie man sie respektieren und lieben sollte. Seine Schriften sind ihrem Wesen nach aphoristisch, denn er glaubte, daß eine systematische Abhandlung über diese Themen zu abstrakt werden könnte und damit dem in dauerndem Wandel begriffenen Ausdruck kindlicher Vitalität nicht gerecht werden würde. Korczak legte wiederholt und an den verschiedensten Beispielen dar, daß die meisten Experten Kinder nicht wirklich kennen, weil sie sich mit ihnen unter Laborbedingungen oder in einem abstrakten Bereich befassen, anstatt klinisch vorzugehen und sie in einem tagtäglichen gemeinsamen Leben zu betrachten. Einer seiner Idole im Hinblick auf das Studium lebender Wesen war der französische Entomologe Jean-Henri Fabre, der sein ganzes Leben lang Insekten beobachtete und studierte, ohne einem einzigen Tier etwas zuleide zu tun, geschweige denn, es zu töten; Fabres Kollegen hingegen töteten schließlich das, was sie zu studieren versucht hatten.

Korczak war viele Jahre lang am Warschauer Institut für Pädagogik tätig. Bezeichnend für seine Lehrmethode ist, daß er seinen Studenten die Herztätigkeit eines Kindes auf dem Röntgenbildschirm zeigte. Das Kind hatte sich in einem abgedunkelten Raum hinter den Bildschirm zu stellen und war begreiflicherweise wegen der Dunkelheit, der ungewohnten Umgebung und der seltsamen Maschinerie etwas verängstigt. Korczak war von dem Röntgenbild sehr bewegt und forderte die Studenten mit leiser Stimme auf – er wollte das Kind nicht noch mehr beunruhigen –, sich das Bild ganz genau einzuprägen: »Wie stürmisch das Herz eines Kindes schlägt, wenn es Angst hat, und dies ist noch viel mehr der Fall, wenn sein Herz auf die Verärgerung eines Erwachsenen reagiert, ganz zu schweigen von der Furcht vor einer Bestrafung.«

Viele von Dr. Korczaks Gedanken sind jetzt Allgemeingut, doch waren sie zu Beginn des Jahrhunderts, als er sie entwickelte, radikal neu. Er betonte immer wieder, wie wichtig es sei, das Kind und alle seine Ideen zu achten, selbst wenn man nicht immer mit ihnen übereinstimmen könne. Er bestand darauf, daß es falsch sei, den Erziehungsmaßnahmen unsere eigenen Vorstellungen davon zugrunde zu legen, was das Kind in der Zukunft wissen müsse; wirkliche Erziehung müsse sich vielmehr mit dem befassen, was das Kind jetzt ist – nicht damit, wie es unserer Meinung nach in der Zukunft sein sollte. Wir sind uns heutzutage gar nicht bewußt, in welchem Ausmaß das »moderne« Denken über Kinder auf Dr. Korczaks Einfluß zurückgeht. Manche von diesen Gedanken wurden auch von einigen wenigen zeitgenössischen Erziehern geteilt, wie etwa von Dewey. Doch während Erzieher wie Dewey Begriffe entwickelten, setzte Korczak seine Ideen in die Praxis um, indem er mit den Kindern auf einer Grundlage zusammenlebte, die sie mit seiner Hilfe entdeckt und verwirklicht hatten.

Andere, wie etwa der mit Summerhill berühmt gewordene A.S. Neill, fingen über ein Jahrzehnt später damit an, Korczaks Pionierarbeit in die Praxis umzusetzen; Neill bezog seine Überzeugungen teilweise aus Korczaks Arbeit und aus dessen Erfahrungen. Doch selbst Neill, der wahrscheinlich nach Korczak der radikalste Reformer des Lebens der Kinder war, ging nicht so weit, wie Korczak es mit seinem Beharren auf Selbstregierung für Kinder getan hatte. Korczak half seinen Zöglingen, einen Kindergerichtshof zu bilden, und er selbst unterwarf sich dessen Urteilen.

Korczak wußte genau, daß er trotz seiner völligen Hingabe an Kinder das Produkt einer fehlerhaften Erziehung und deshalb nicht frei von Mängeln war; sein Charakter war bis zu einem gewissen Grad durch die Erziehung verpfuscht worden, wie es bei uns allen der Fall ist. Für ihn persönlich war deshalb der Kindergerichtshof eine um so wichtigere Institution der Gesellschaft der Kinder, die er im Waisenhaus geschaffen hatte, als selbst das Kinderparlament, ihre Zeitung und ihre sonstigen unabhängigen Einrichtungen. Er berichtete, daß er in einem

Zeitraum von sechs Monaten mindestens fünfmal vor diesem Kindergerichtshof gestanden habe. Einmal war dies der Fall gewesen, weil er die Beherrschung verloren und ein Kind geschlagen hatte, von dem er stark provoziert worden war. Er gab seine Schuld bereitwillig zu und räumte ein, daß die Schwere der Provokation nicht als Entschuldigung für die Tätlichkeit dienen könne. Eine weitere Missetat bestand darin, daß er ein lärmendes Kind aus dem Schlafsaal gewiesen hatte, damit es die anderen nicht störe. Seine Schuld bestand darin, daß er aus eigenem Entschluß gehandelt und nicht den Kindern die Entscheidung überlassen hatte, ob sie um den Preis schlafen wollten, daß der Störenfried des Raumes verwiesen wurde. Ein andermal wurde er angeklagt und für schuldig befunden, weil er während einer Verhandlung einen der kindlichen Richter beleidigt hatte. Und dann hatte er ein Kind des Diebstahls beschuldigt, statt den Kindergerichtshof entscheiden zu lassen, ob es schuldig war oder nicht.

Einem der kindlichen Richter, die Korczak eines fünften Vergehens schuldig befanden, verdanken wir eine lebendige Schilderung der Gerichtssitzung. Korczak hatte ein kleines Mädchen im Spiel auf einen Baum gesetzt und hatte sie, als sie ängstlich wurde, gehänselt. Er wurde gemäß der Regel 100 des Kindergerichtshofes für schuldig befunden. Die Entscheidung lautete: »Der Angeklagte hat zwar seine Handlung nicht zu entschuldigen, zu verteidigen oder zu billigen versucht, doch hält ihn das Gericht dennoch für schuldig.« Sobald das Urteil verkündet war, warf sich das kleine Mädchen, das Korczak angeklagt hatte, weinend in seine Arme und umschlang ihn liebevoll.

Man könnte annehmen, unter diesen Voraussetzungen sei das Leben im Waisenhaus chaotisch oder anarchisch gewesen. Das war jedoch keineswegs der Fall, dafür sorgten schon die Selbstverwaltung der Kinder und der Kindergerichtshof. Korczak wußte selbst sehr wohl, daß für eine gute Lebensführung Selbstbeherrschung unerläßlich war. Wenn alles erlaubt sei, meinte er, dann könne sich die Willenskraft nicht entwickeln, doch sei diese unerläßlich, wenn ein Kind den Widrigkeiten des Lebens trotzen wolle.

Der »alte Doktor« unterwarf sich nicht nur freudig dem Urteil der Kinder, wenn er unter Anklage stand, er suchte ihr Urteil bei allem, was er tat. So las er ihnen aus seinen Büchern vor und bat um Kritik, die er dann sehr ernst nahm. Immer wieder sagte und schrieb er, die Kinder seien seine besten und wichtigsten Lehrer, und er habe all sein Wissen von ihnen bezogen.

Das Einzigartige an Korczak war, mit wieviel Mut und mit welch innerer Überzeugung er seine Ideen verwirklichte. Seine Antwort auf eine Frage nach den Prinzipien, die seinen Handlungen zugrunde lagen, vermittelt einen Eindruck davon, wie tief seine Überzeugungen waren: »Ich umarme die Kinder mit meinen Augen, mit meinen Gedanken, und ich frage mich: Wer seid ihr, die ihr für mich ein so wunderbares Geheimnis bildet? Wie lauten die Fragen, die ihr nicht zu stellen wagt? Ich umarme euch, indem ich zu entdecken versuche, auf welche Weise und bei welchen Problemen ich euch helfen kann. Ich nehme die Kinder in Gedanken in mich auf, so wie der Astronom in seinem Denken den Stern zu erfassen versucht, den es gibt, den es gegeben hat und den es geben wird.« Kinder waren in der Tat die Sterne, die er zu erreichen versuchte, nach denen er sein Leben ausrichtete.

Korczaks Denken findet vielleicht seinen besten Ausdruck in den Worten, die er bei der Verabschiedung einer Gruppe von Waisenkindern sprach. Sie besaßen ihr »Abschlußexamen« und brauchten die Unterstützung des Waisenhauses nicht mehr. Er sagte zu ihnen:

»Wir verabschieden uns von euch und wünschen euch auf eurer langen Reise in ein fernes Land alles Gute. Diese eure Reise hat nur einen Namen und ein Ziel: euer Leben. Wir haben lange nachgedacht, wie wir uns von euch verabschieden sollten, welchen Rat wir euch mitgeben sollten. Leider können wir es mit Worten nicht ausdrücken, weil sie zu armselig und zu schwach sind. Daher können wir euch nichts mit auf den Weg geben.

Wir geben euch keinen Gott, weil ihr Ihn in eurer Seele suchen müßt mit eigenem Bemühen. Wir geben euch kein Vaterland, weil ihr dieses mit den Anstrengungen eures eigenen Herzens finden müßt und durch eure eigenen Gedanken. Wir geben euch die Liebe zu euren Mitmenschen nicht, weil es keine Liebe ohne Vergebung gibt und die Vergebung eine mühevolle Aufgabe ist, bei der jeder selbst entscheiden muß, ob er sie auf sich nehmen will. Wir geben euch nur eines: die Sehnsucht nach einem besseren Leben, das noch nicht existiert, das es aber eines Tages geben wird, ein Leben der Wahrheit und der Gerechtigkeit. Vielleicht wird auch die Sehnsucht danach zu Gott führen, zu einem wahren Vaterland und zur Liebe. Lebt wohl, vergeßt es nicht.«

Um Erwachsenen und Kindern bei der Überwindung der lebensbedrohenden Entfremdung zu helfen, schrieb Korczak den Roman ›Wenn ich wieder klein bin‹. Dort trat er als Erwachsener und als Kind auf, als Lehrer und als Schüler, und er versuchte jeden dazu zu bringen, die Probleme, Freuden und Frustrationen des anderen zu verstehen, das Leben des anderen zu begreifen. Es stellte sich jedoch heraus, daß diese Vorgehensweise seinen Zielen nur ungenügend gerecht wurde.

Korczak machte deshalb einen weiteren Versuch und verfaßte ein Buch, das sein erfolgreichstes und meistgelesenes Werk wurde: ›König Hänschen der Erste‹, das im Jahr 1928 erschien. Professor Tarnowskis Kindheitserinnerungen zufolge war es das Buch, das ihn dazu brachte, seine Ansichten über Erwachsene zu ändern, weil er merkte, daß zumindest der Verfasser dieses Romans die Kinder und ihr Fühlen und Handeln wirklich verstand. ›König Hänschen der Erste‹ ist die Geschichte eines Jungen, der nach dem Tod seines Vaters König wird. Er macht sich sofort daran, das Königreich zum Wohle der Kinder und der Erwachsenen umzugestalten. Sowohl im polnischen Original wie auch in der deutschen Übersetzung wurde diese Geschichte ein Lieblingsbuch der Kinder; im Jahr 1986 erschien es schließlich auch in den Vereinigten Staaten.

König Hänschen ist niemand anders als Korczak selbst, wie er in Gestalt eines Kindes mutig gegen die Ungerechtigkeiten der Welt ankämpft, vor allem gegen die ungerechte Behandlung von Kindern. Alles wird aus der Perspektive dieses völlig aufrichtigen Jungen erzählt, der zwar immer ein Kind bleibt, doch mit viel Mut und Entschlossenheit sein Ziel verfolgt: eine Welt, die der unseren sehr ähnlich ist, umzugestalten in eine Welt, die für Kinder gut ist, und dabei auch eine bessere Welt für Erwachsene zu schaffen. Korczak taucht in dieser Geschichte auch als Erwachsener auf, nämlich als der alte Arzt, der ahnt, in welche Schwierigkeiten König Hänschen geraten wird, und der tiefes Mitgefühl für ihn empfindet. Der alte Arzt versucht zu helfen, doch dies mißlingt ihm: Die Welt ist gegenüber den Bedürfnissen der Kinder zu unsensibel; sie versteht nicht, was für sie gut ist, weiß ihre Aufrichtigkeit und ihre Selbständigkeit sowenig zu schätzen wie ihren Beitrag zur Schaffung einer besseren Welt für uns alle.

Einzigartig an dieser Erzählung ist das ausgezeichnete Verständnis der kindlichen Psyche, auch ihrer manchmal unausgereiften Pläne, die sich schließlich fatal auswirken. In dieser Geschichte existieren eine moderne Welt und ihre Menschen Seite an Seite mit einer Phantasiewelt, die durch die Hoffnungen, Bestrebungen und Vorstellungen eines draufgängerischen, sehr aufgeweckten, phantasievollen, sensiblen und überaus ehrlichen kleinen Jungen entsteht.

›König Hänschen der Erste‹ zeigt uns mit großer Meisterschaft, wie ein Kind die Welt der Erwachsenen und deren Wirkungsweise sieht, und wie es, wenn es die nötige Freiheit erhält, spontan darauf reagiert. Aus Hänschens Erlebnissen erfahren wir, wie ein Kind immer wieder sein Vertrauen auf Erwachsene setzt und von ihnen zutiefst enttäuscht wird. Das Buch zeigt, welcher Verschlagenheit Erwachsene im Umgang mit Kindern und auch mit anderen Erwachsenen fähig sind, und wieviel geradliniger und ehrlicher Kinder im Umgang mit Erwachsenen und mit anderen Kindern sind. Es zeigt außerdem, daß selbst einige wohlmeinende Erwachsene unfähig sind, die tiefsten Besorgnisse, Sehnsüchte und Hoffnungen der Kinder in ihrem Wesensgehalt zu verstehen. Das Beeindruckendste an diesem Buch ist, daß es wahrheitsgetreu schildert, wie die tiefe Ernsthaftigkeit und die naive, aber echte Weisheit des Weltverständnisses bei Kindern stets unauflöslich verbunden sind mit dem Verlangen nach dem Spielerischen, nach Freundschaft mit Erwachsenen und Altersgenossen, nach dem Reich der Phantasie und vor allem einem Leben in Freiheit, Würde und Verantwortung.

Mit ›König Hänschen dem Ersten‹ entwickelte die ehrwürdige Tradition des Bildungsromans, die aufklärerische Werke hervorgebracht hat, eine späte Blüte. Goethes ›Wilhelm Meister‹, Gottfried Kellers ›Der grüne Heinrich‹ und Romain Rollands ›Jean-Christophe‹ bilden drei Beispiele dieses Typus; er schildert die seelische, moralische und charakterliche Entwicklung eines Helden durch die wunderlichen Ereignisse, die Entbehrungen und Leiden auf seinem Lebensweg. Während alle anderen Romane dieser Art das innere Wachstum des Helden bis zu seiner Reife verfolgen, erzählt ›König Hänschen der Erste‹ nur von der Persönlichkeitsentwicklung in der Kindheit. In dieser Hinsicht wie auch in vielen anderen ist Korczaks Roman wirklich einzigartig.

Daß Korczak diesen aufklärerischen Roman schrieb, überrascht nicht, denn sein ganzes Leben diente dem Zweck, bei Kindern aufklärerisch zu wirken. ›König Hänschen‹ ist nicht nur recht unterhaltsam, es bietet auch eine Fülle von Einblicken, wie Kinder Erwachsene sehen, was sie von ihnen und vom Leben erwarten. Besonders enthüllend ist die Liste der Reformen, die König Hänschens Kinderparlament verwirklicht sehen möchte.

Von den vorgeschlagenen Reformen sagte mir eine aus persönlichen Gründen am besten zu: der Wunsch der Kinder, das Geküßtwerden durch Erwachsene abzuschaffen. Ohne zu wissen, daß Korczak denselben Gedanken schon viel früher geäußert hatte, machte ich vor langen Jahren diesen Vorschlag, weil alle mir bekannten Kinder, die ihre diesbezügliche Meinung frei zu äußern wagten, einmütig dagegen waren, aufs Geratewohl abgeküßt zu werden. Mein Vorschlag stieß auf schärfsten Widerspruch. Dies lehrte mich neben anderen Erfahrungen, wie schwierig es für einen Erwachsenen ist zu akzeptieren, daß Kinder manches ganz anders erfahren als sie selbst, und wie leicht Erwachsene vergessen, was sie als Kinder empfunden haben. Die meisten Erwachsenen sind überzeugt, was für sie der Ausdruck von Liebe und Zuneigung sei, müsse für Kinder genauso gelten; sie sind sich nicht im klaren darüber, daß Kinder und Erwachsene denselben Vorgang ganz unterschiedlich erfahren können. Kinder mögen und brauchen den Körperkontakt nicht in der Form, die Teil der Sexualität der Erwachsenen ist, etwa als Geküßtwerden, sondern vielmehr in der Form, daß sie gehalten, getragen und umschlungen werden. Das heißt, daß der ganze Körper in angenehme kinästhetische Erlebnisse einbezogen wird, statt daß es einen Kontakt gibt, der nur auf ein bestimmtes Körperorgan wie den Mund beschränkt ist. In mündlichen und schriftlichen Äußerungen erzählte Korczak immer wieder, wie entzückt Kinder sind, wenn Erwachsene ihnen ihre Zuneigung so zeigen, wie sie diese erhalten möchten: erstens, indem sie Kinder ernst nehmen und zweitens, indem sie Kinder so behandeln und so mit ihnen spielen, wie diese es gern haben.

Zu der Tradition der Aufklärung, in der ›König Hänschen der Erste‹ steht, gehört Rousseaus Vorstellung vom edlen Wilden, der zwar primitive Ansichten, Sitten und Verhaltensformen hat, aber in Wirklichkeit anständiger und moralischer ist als sein europäisches Gegenstück. Diese Vorstellung findet sich auch in ›König Hänschen‹, und zwar in Verbindung damit, daß Kinder anständiger und moralischer als Erwachsene seien. Ein schwarzer König ist in ›König Hänschen‹ gerne bereit, die von Hänschen vorgeschlagenen Reformen in die Praxis umzusetzen, um ein besserer Mensch zu werden und Nützliches für sein Volk zu erreichen. Nur die schwarzen Könige sind Hänschens wahre Freunde, die bereit sind, ihr Leben für ihn hinzugeben, während ihn die weißen Könige trotz schöner Versprechungen am Schluß schändlich verraten. Die Geschichte endet damit, daß König Hänschens sorgfältig, aber allzu kindisch geplantes Reformwerk vereitelt wird, weil ihn die Erwachsenen auf schlimme Weise verraten und weil die Kinder, da sie nun einmal Kinder sind, mit seinen Plänen allzu sorglos und kindisch umgehen und manchmal auch zu eigensinnig.

Während Korczak bei den Kindern immer erfolgreicher wurde, sah er sich von der Außenwelt zunehmend isoliert. Je bekannter er wurde, mit welchem Eifer er für die Freiheit der Kinder kämpfte, ihr Leben selbst zu bestimmen und sich nach ihren eigenen Vorstellungen zu entwickeln, desto mehr wurde er zum Außenseiter. Ich habe bereits erwähnt, daß seine Eltern als Juden in der vorherrschenden polnischen Kultur, die sie zu ihrer eigenen gemacht hatten, Außenseiter waren, und daß sie für die Juden Außenseiter waren, weil sie sich der polnischen Umwelt angepaßt hatten. Neben dieser von seinen Eltern ererbten Entfremdung ergab sich nun eine Entfremdung zur polnischen Rechten, weil er ein radikaler Reformer war, und zur polnischen Linken, weil er beharrlich für die Befreiung der Kinder kämpfte und nicht glaubte, daß sich diese automatisch aus einer sozialistischen Revolution ergeben würde.

Den verschiedenen literarischen Gruppierungen in Polen war Korczak ungeachtet seiner großen Erfolge als Schriftsteller verdächtig, weil er nicht als Anhänger einer der literarischen Bewegungen auftrat und seine Impulse nicht von ihnen, sondern von den Kindern erhielt. Erzieher fürchteten ihn und lehnten ihn ab, weil er ihre Methoden scharf kritisierte. Von all diesen Erwachsenenzirkeln entfremdet, wandte er sich um so mehr den Kindern zu, die wie er der Erwachsenenwelt entfremdet waren. Und doch war die Aufhebung der beiderseitigen Entfremdung zwischen Kindern und Erwachsenen das Ziel, für das er sein ganzes Leben lang arbeitete.

Als Polen im Jahr 1939 von den Deutschen besetzt wurde, wußte Korczak, daß das Ende nahe war. Als das Gefühl der Trostlosigkeit immer stärker wurde, wollte er ein Vermächtnis hinterlassen. Das Tagebuch, das er in seinen letzten Lebensmonaten im Getto verfaßte, in der Hauptsache vom Mai bis August 1942, bildet nach seinen Worten »nicht sosehr den Versuch einer Synthese, sondern ein Grab für Versuche, Experimente und Irrtümer. Es mag vielleicht für jemand von Nutzen sein, irgendwann, in fünfzig Jahren ...« Das waren prophetische Worte, denn bald werden es fünfzig Jahre her sein, seit der »alte Doktor« sie schrieb, und seine Werke und Taten werden jetzt immer bekannter, und sie werden mehr gewürdigt als je zuvor.

Im Juli 1942, weniger als einen Monat vor Korczaks Tod, machten seine Anhänger und Freunde einen weiteren Versuch, ihn zu retten. Sein arischer Mitarbeiter und Freund Igor Newerly brachte ihm gefälschte Papiere, die es ermöglicht hätten, das Getto zusammen mit Newerly zu verlassen. Korczak ließ sich durch Newerlys Bitten nicht von seinem Entschluß abbringen, bei seinen Kindern zu bleiben, doch als ein Zeichen der Wertschätzung für Newerlys Bemühungen versprach er, ihm das Tagebuch der Gettojahre zu schicken. Korczak hielt wie immer Wort, und Newerly erhielt das Tagebuch wenige Tage nachdem Korczak und die Kinder nach Treblinka gebracht worden waren. Er versteckte es in einem sicheren Haus hinter einer Mauer und konnte es nach Kriegsende bergen. Die Ausgabe als ›Ghetto Diary‹ und die Übersetzung ›King Matt‹ sind die einzigen von Korczaks zahlreichen Büchern, die bisher auf englisch erschienen sind.

In seinem Tagebuch erwähnt Korczak das letzte Stück, das er für eine Aufführung im Getto durch die Kinder ausgewählt hatte, kurz bevor er und die Kinder ermordet wurden. Obwohl es für Juden verboten war, Stücke arischer Autoren aufzuführen, hatte er Tagores Drama ›Das Postamt‹ ausgesucht. Er ließ sich dabei auch nicht abschrecken durch das Risiko einer Bestrafung durch die SS. Die Hauptfigur des Stückes ist ein sterbender Junge, dem das Ende dadurch erträglich gemacht wird, daß man ihn glauben läßt, der König werde ihn besuchen und seinen sehnlichsten Wunsch erfüllen. Korczak muß dieses Stück ausgewählt haben, weil er bereits wußte, daß er den Kindern das Sterben erträglich machen mußte. Als er gefragt wurde, warum er gerade dieses Stück aufgeführt habe, antwortete er, man müsse lernen, den Engel des Todes gelassen zu empfangen.

Korczak hatte dies gelernt, und er ermöglichte es auch seinen Kindern. Auf den letzten Seiten seines Getto-Tagebuches schrieb er dieses Bekenntnis: »Ich zürne niemandem. Ich wünsche niemandem Böses. Ich bin dazu nicht fähig. Ich weiß nicht, wie man das tun kann.« Bis zuletzt handelte er nach dem, was die Rabbinerväter einst geschrieben hatten. Auf die Frage »Was sollte ein Mensch tun, wenn jeder unmenschlich handelt?« lautete ihre Antwort: »Er sollte menschlicher handeln.« Dies tat Korczak bis zum Schluß.

Das Leben und das Werk Janusz Korczaks wurden nach dem Zweiten Weltkrieg nicht nur in Polen zu einer Legende. In Europa und in vielen Ländern der Welt sind Erzieher mit seinem Schaffen vertraut. An europäischen Universitäten studiert man seine Werke und widmet ihnen Symposien. Zu seinen Ehren wurden viele Denkmäler errichtet, und das Theaterstück ›Korczak und die Kinder‹ von E. Sylvanus ist vielerorts aufgeführt worden. Über sein Werk hat man Bücher geschrieben; seine eigenen Schriften sind neu aufgelegt und in viele Sprachen übersetzt worden. Er erhielt 1972 postum den Friedenspreis des Börsenvereins des deutschen Buchhandels. 1978/1979, das Jahr seines hundertsten Geburtstages, wurde von der UNESCO sowie in Polen und in vielen anderen Ländern zum »Korczak-Jahr« erklärt. Papst Johannes Paul II. sagte einmal, für die heutige Welt sei Janusz Korczak ein Symbol wahrer Religion und wahrer Moral.

In Treblinka besteht die Gedenkstätte für die 840000 ermordeten Juden aus großen Steinblöcken, die das Gebiet kennzeichnen, wo sie umkamen. Diese Steine tragen als Inschrift nur den Namen der Stadt oder des Landes, von wo die Opfer stammten. Nur bei einem Stein enthält die Inschrift einen Eigennamen: »Janusz Korczak (Henryk Goldszmit) und die Kinder«. Ich glaube, er hätte sich gewünscht, daß man sich seiner so erinnern würde: als des treuesten Freundes der Kinder.

Ins Deutsche übertragen von Rüdiger Hipp.

Hoffnung für die Menschheit*

Das Buch ›Anne Frank Remembered‹ (›Meine Zeit mit Anne Frank‹) von Miep Giese hat mich tief bewegt. Miep Giese, von der Anne Frank in ihrem Tagebuch schrieb, ihre Gedanken scheinen nie weit weg von der Familie Frank gewesen zu sein, kannte Anne gut, hatte sie aufwachsen sehen und sie ins Herz geschlossen. Und so kann sie uns viel über Anne Frank erzählen. Ergriffen aber hat mich Mieps Geschichte deshalb so, weil sie von der großen Menschlichkeit eines Durchschnittsmenschen erzählt.

Daß Anne Frank ihr Tagebuch überhaupt schreiben konnte, verdankte sie mehr als jedem anderen Miep Giese, denn sie war es, die unter großer Gefahr für sich selbst die Familie Frank sowie auch die anderen, die sich zusammen versteckt hatten, nicht nur mit den Nahrungsmitteln versorgte, die sie am Leben erhielten, sondern ihnen auch den menschlichen Kontakt bot, den sie brauchten, um ihre Isolierung ertragen zu können.

Miep war 1909 in Wien zur Welt gekommen. Infolge der schweren Entbehrungen, die sie während des Ersten Weltkriegs und der Hungerjahre danach erlitten hatte, war sie ein kränkliches, stark unterernährtes Kind. Für sie und viele ihrer Leidensgenossen starteten einige neutrale Länder Hilfsaktionen, und dabei nahmen holländische sozialistische Arbeiterfamilien die Kinder von Wiener sozialistischen Arbeitern bei sich auf. So kam Miep im Dezember 1920 zu der Arbeiterfamilie Nieuwenhuiz, die in sehr bescheidenen Verhältnissen lebte. Man hatte bereits fünf eigene Kinder, sagte aber, wo sieben Menschen am Tisch sitzen, da reiche es auch noch für einen achten. Diese Wiener Kinder sollten ein Vierteljahr hochgepäppelt werden und danach wieder zu ihren Eltern nach Wien zurückkehren. Doch nach Ablauf der drei Monate war Miep noch immer so krank und schwach, daß ihre Pflegeeltern sie bei sich behielten, und so wuchs sie dann – abgesehen von einer kurzen Zwi-

* Nachdem ich Janusz Korczak einen Essay gewidmet habe, um meine Leser auf ihn aufmerksam zu machen, fühle ich mich verpflichtet, auch Miep Gieses zu gedenken, wenigstens mit dieser Besprechung ihres erschütternden Buches, die in der ›Washington Post‹ erschien.

schenperiode bei ihren Eltern in Wien – bei den Nieuwenhuizes auf, als wäre sie deren eigenes Kind.

Man möchte meinen, da sie selber einmal gerettet worden war, habe Miep sich verpflichtet gefühlt, nun anderen zu helfen. Doch nachdem ich ihre Geschichte gelesen habe, bin ich überzeugt, daß sie nicht aus einem Gefühl der Pflicht ihr Leben zur Rettung anderer aufs Spiel gesetzt hatte, sondern aus rein menschlichem Empfinden. Sie tat, was sie für richtig hielt, ohne Rücksicht auf ihre eigene Sicherheit, weil sie als Mensch einfach so war.

Miep schreibt, wie sie sich damals sah und auch heute noch sieht:

»Ich bin keine Heldin ... In jenen Jahren haben über zwanzigtausend Holländer Juden und anderen, die sich verbergen mußten, beim Untertauchen geholfen. Ich habe bereitwillig getan, was ich konnte, um dabei nicht abseits zu stehen. Und mein Mann ebenso. Es war nicht genug.
An mir ist nichts Besonderes. Ich habe nie gewollt, daß Aufhebens um mich gemacht wird. Ich habe ja lediglich getan, worum man mich gebeten hatte und was damals nötig schien.«

1933, als Miep vierundzwanzig war, nahm sie mehr oder weniger durch Zufall eine Stelle bei Annes Vater an, der erst vor so kurzer Zeit aus Deutschland geflohen war, daß er seine Frau und seine beiden kleinen Töchter noch nicht hatte nachkommen lassen können. Als er seine Familie schließlich wieder bei sich hatte, entwickelte sich zwischen Miep sowie ihrem späteren Mann Henk mit der Zeit ein freundschaftliches Verhältnis zu den Franks und auch zu den jüdischen Emigranten, die bei ihnen verkehrten. Ihr Leben verlief normal und ohne Zwischenfälle, bis sich dann 1938 Hitlers Drittes Reich Österreich einverleibte. Da mußte Miep zum deutschen Konsulat und ihren österreichischen Paß gegen einen deutschen eintauschen. Kurze Zeit später wurde sie bei ihren Pflegeeltern, wo sie wohnte, von einer jungen Deutschen aufgesucht, der man im Konsulat ihren Namen und ihre Adresse gegeben hatte. Diese Frau forderte Miep auf, der NS-Organisation »Bund Deutscher Mädel« beizutreten. Als Miep ablehnte, verlangte die Besucherin, daß sie ihr die Gründe für ihre Weigerung nenne. In ihrer

Antwort führte Miep unter anderem die Behandlung der Juden in Deutschland an. Sie maß dieser Geschichte weiter keine Bedeutung bei, doch nach der Besetzung Hollands durch die Deutschen sollte die Äußerung ernste Konsequenzen für sie haben. Miep wurde nämlich abermals aufs Konsulat bestellt, und weil sie sich geweigert hatte, in die Nazi-Organisation einzutreten, nahm man ihr den Paß ab mit der Auflage, binnen drei Monaten nach Wien zurückzukehren. In ihrer Verzweiflung wandte sie sich um Hilfe an die holländischen Behörden; um aber im Lande bleiben zu dürfen, mußte sie einen niederländischen Staatsbürger heiraten. Sie und Henk hatten zwar ohnehin schon des längeren vor zu heiraten, waren aber noch auf der Suche nach einer Wohnung. Nun beschlossen sie die rasche Heirat. Sie schafften es im letzten Moment der gesetzten Frist, denn Miep hatte Schwierigkeiten, die nötigen Papiere aus Wien zu bekommen.

Bald nach der Besetzung Hollands wurde die Verfolgung von Juden, vor allem der Emigranten aus Deutschland unerträglich, und es begannen die Deportationen in die Lager. So beschloß Annes Vater 1942, sich im hinteren Teil seines Geschäftshauses einen Schlupfwinkel einzurichten. Seine Firma hatte er bereits arischen Holländern übertragen, er arbeitete jedoch weiterhin dort mit. Bevor er mit seiner Familie in dieses Versteck zog, fragte er Miep: »Würden Sie uns während unseres Untertauchens versorgen?« Ohne zu zögern, gab sie zur Antwort: »Selbstverständlich.« Herr Frank warnte sie: »Miep, Juden zu helfen wird schwer bestraft, womöglich gar mit Zuchthaus, und außerdem ...« Sie ließ ihn nicht ausreden: »Ich habe ›selbstverständlich‹ gesagt. Und dabei bleibe ich.« Damit war die Sache für sie erledigt; weitere Fragen wurden nicht gestellt. Je weniger man wußte, um so weniger konnte man im Falle eines Verhörs verraten.

Lange bevor die Franks mit den Vorbereitungen zum Untertauchen fertig waren, mußten sie in das Versteck übersiedeln, denn Annes Schwester Margot erhielt einen Gestellungsbefehl zur Zwangsarbeit in Deutschland. Obwohl jeglicher Verkehr mit Juden strafbar war, gingen Miep und ihr Mann in Franks Wohnung und holten so viel an notwendigen Dingen heraus, wie sie in die Taschen stecken und unter ihren Mänteln verbergen konnten, um sie zu dem Versteck zu bringen.

Damals mußten alle Juden den gelben Davidsstern tragen, und für einen Arier war es riskant, mit einem Juden zusammen auf der Straße gesehen zu werden. Dennoch begleitete Miep am nächsten Morgen Margot zu dem Versteck. Herr Frank erschien zum regulären Arbeitsbeginn, und am späten Vormittag kamen auch Frau Frank und Anne dorthin, angeblich um Herrn Frank zu besuchen. Solche Täuschungen waren notwendig, damit die Mieter in dem Haus, in dem die Franks wohnten, keinen Argwohn schöpften oder gar errieten, wo sie sich versteckt hielten. Das heimliche Verschwinden von Juden den deutschen Behörden nicht zu melden, galt als Verbrechen.

Bald nahmen die Franks noch das Ehepaar van Daan mit seinem Sohn Peter, der später eine wichtige Rolle in Annes Leben spielte, in ihrem Versteck auf. Mit welcher Vorsicht beim Untertauchen vorgegangen werden mußte, sieht man am Beispiel des Zahnarztes Dr. Dussel, einem deutschen Juden. Er hatte Miep gefragt, ob sie nicht jemanden wisse, dem er vertrauen und der ihm einen Unterschlupf gewähren könne. Sie erzählte den Franks davon, und die erklärten sich bereit, ihn aufzunehmen. Wo sich das Versteck befand, wagte Miep nicht einmal ihm zu sagen, denn er hätte es sicher seiner Frau mitgeteilt, und es konnte ja passieren, daß die sich einmal verplapperte und damit alles ans Licht kam.

So ließ man ihn und seine Frau in dem Glauben, Miep werde ihn irgendwo draußen auf dem Lande unterbringen. Miep sagte ihm nur, daß er am nächsten Vormittag um elf Uhr vor dem Hauptpostamt auf und ab gehen solle. Wie zufällig werde ihn ein Mann auffordern, ihm zu folgen. Das müsse er dann ohne weitere Fragen tun, er dürfe nichts bei sich tragen, denn das könne Verdacht erregen. Danach wünschte sie ihm eine gute Reise. Weiter sprachen sie nichts; sie wußten ja, daß für einen Juden, der untertauchen wollte, überall Gefahren lauerten. Der Mann, der ihn dann in der beschriebenen Weise ansprach, war Herr Koophuis, der Holländer, dem Herr Frank sein Geschäft übergeben hatte. Er kannte Dr. Dussel nicht, hatte ihn nie zuvor gesehen, und ebensowenig war Dr. Dussel jemals im Geschäft von Herrn Frank gewesen. So hatte Dr. Dussel also seine Sicherheit einem Fremden anvertraut. Er war höchst erstaunt, als er dann nicht stadtauswärts geleitet wurde, sondern dorthin, wo sich die Franks versteckt hielten. In der Folgezeit brachte

Miep Frau Dussel jede Woche einen Brief ihres Mannes, und seine Frau gab ihr Briefe und Päckchen für ihn mit. Sie fragte nicht und glaubte wohl, Miep tausche diese Dinge über ferne Mittelsmänner aus. Nur so war gesichert, daß Frau Dussel, sollte sie über ihren Mann vernommen werden, nichts über dessen Aufenthalt verraten konnte.

Wie notwendig absolute Geheimhaltung war, geht auch daraus hervor, daß Henk – der die gefälschten Lebensmittelkarten besorgte, mit deren Hilfe Miep die Untergetauchten ernährte – seiner eigenen Frau erst Monate später von seiner Tätigkeit in der Widerstandsbewegung erzählte, und das auch nur, damit sie Bescheid wisse, falls er verhaftet werde oder plötzlich selber in den Untergrund gehen müsse.

Einen relativ sicheren Platz für einen Juden oder anderen Gefährdeten zu finden, war nur das erste Glied einer endlosen Kette von schwierigen Problemen für jene, die ihn versteckten. Jeden Tag mußte man sich von neuem fragen, wie man ihn durchfüttern sollte, denn die kleinen Rationen reichten ja kaum für die, welche Lebensmittelkarten bekamen. Entweder mußte man über die Widerstandsbewegung gefälschte Karten beschaffen, was riskant war, denn die Fälschungen konnten ja entdeckt werden, oder aber Lebensmittel auf dem schwarzen Markt kaufen, was teuer, nicht so ganz einfach und ebenfalls gefährlich war. Besonders ernste Probleme ergaben sich, wenn ein Versteckter krank wurde, wie das einem dänischen Studenten passierte, den Miep und ihr Mann bei sich in der Wohnung verbargen. So schlimm die Krankheit auch sein mochte, man durfte keinen Arzt rufen und den Erkrankten nicht in eine Klinik bringen, denn dabei konnte nicht nur der Patient sein Leben verlieren, indem er der Polizei ausgeliefert wurde, sondern ebenso auch derjenige, der ihn eingeliefert hatte. Miep erzählt:

»Im Winter 1943 gab es in Amsterdam keine Juden mehr. Sah man doch noch einen, dann schwamm er mit dem Gesicht nach unten in einer Gracht. Er war von jenen Leuten, die ihn versteckt hatten, dort hineingeworfen worden, denn eine der übelsten Situationen, in die wir Helfer geraten konnten, war der Tod eines Versteckten. Wohin mit der Leiche? Ein schreckliches Dilemma – ein Jude durfte ja nicht anständig beerdigt werden.«

Doch alles, was Miep, ihr Mann und ihre Helfer für die Versteckten taten, war vergebens. Wer die Franks und ihre Freunde verraten hatte, oder wie man ihr Versteck entdeckte, ist nicht geklärt. Jedenfalls erschien am 4. August 1944 die Gestapo und holte nicht nur die Untergetauchten ab, sondern ebenso Herrn Koophuis und seinen Mitarbeiter Herrn Kraler, da auf der Hand lag, daß beide von dem Versteck gewußt hatten. Wie durch ein Wunder entging Miep dem Schicksal, ebenfalls verhaftet zu werden. An seinem Dialekt erkannte sie den Anführer der Gestapo-Schergen als Wiener, und sie sagte ihm, daß auch sie aus Wien stamme. Als er das in ihrer Kennkarte bestätigt fand, wurde er unsicher. Er drohte ihr zwar und schimpfte sie eine Volksverräterin, die schwer bestraft gehöre, nahm sie dann aber, als Gunstbezeugung für eine Wiener Landsmännin, doch nicht fest.

Herr Koophuis und Herr Kraler wurden als arische Holländer bald von den Franks und ihren Freunden getrennt. Diese kamen in Konzentrationslager und die beiden Kaufleute ins Gefängnis; den ersten entließ man nach einiger Zeit wieder, und dem zweiten gelang die Flucht. Das Hinterhaus, in dem sich die Juden versteckt hatten, wurde sofort verschlossen und durfte von niemandem mehr betreten werden; alle Habe von Juden unterlag ja der Beschlagnahme und dem Abtransport. Doch bevor dies geschah, riskierte Miep, die einen zweiten Schlüssel zu dem Hinterhaus hatte, abermals ihr Leben, indem sie noch einmal dort hineinging. Als sie sich in dem verwüsteten Raum umsah, erspähte sie Annes in Leinen gebundenes Tagebuch und die alten Kontobücher, die sie ihr gegeben hatte, als der Band vollgeschrieben war. Miep sammelte das von Anne Geschriebene ein, nahm es mit und versteckte es in ihrem Schreibtisch.

Miep wußte, was für Anne das Tagebuch bedeutet hatte und wie geheimnisvoll sie damit umgegangen war. So sehr sie der Inhalt auch interessierte, meinte sie, in Annes privaten Gedanken nicht herumschnüffeln zu dürfen. Und so las Miep die Bücher damals nicht, sondern verwahrte und hütete diese in der Hoffnung, sie eines Tages Anne zurückgeben zu können. Diese Hoffnung sollte sich leider nicht erfüllen.

Nach Kriegsende kehrte nur Herr Frank zurück. Seiner Familie beraubt, zog er zu Miep und ihrem Mann und blieb die nächsten sieben Jahre bei ihnen wohnen. Dann wanderte er in die Schweiz aus, wo noch seine alte Mutter lebte. Nachdem feststand, daß Anne umgebracht worden war und ihr Vater bereits die Veröffentlichung einiger Auszüge gestattet hatte, konnte er Miep endlich bewegen, das gesamte Tagebuch zu lesen. Bis dahin hatte sie sich aus den genannten Gründen standhaft geweigert, das zu tun. Bei der Lektüre wurde ihr – wie sie schreibt – klar:

»Ich staunte, wieviel in dem Versteck geschah, wovon ich gar nichts wußte. Ich war dankbar, daß ich nach der Verhaftung keinen Blick in das Tagebuch geworfen hatte, und auch die letzten neun Monate der Besetzung hindurch nicht, wo ich es ständig unmittelbar neben mir in meiner Schreibtischschublade liegen hatte. Hätte ich es damals gelesen, hätte ich es verbrennen müssen, denn es wäre für Leute, über die Anne geschrieben hatte, zu gefährlich geworden.«

So war es das menschliche Empfinden einer einfachen Frau, durch das Anne Frank lange genug in ihrem Versteck am Leben bleiben konnte, um das Tagebuch zu schreiben. Allein Mieps Mut unter Mißachtung der Gefahr für sich und ihren Mann sowie ihre Achtung vor Annes Privatsphäre haben der Nachwelt das Tagebuch der Anne Frank erhalten. Ohne sie gäbe es dieses erschütternde Dokument heute nicht. Ihre Zivilcourage, ihre Menschlichkeit und ihr Anstand geben uns Hoffnung für die Menschheit.

Ins Deutsche übertragen von Otto P. Wilck.

Kinder des Holocaust*

Das schreckliche Schweigen von Kindern, die gezwungen sind, das Unerträgliche zu ertragen! Trotz ihrer Qualen sind sie stumm, denn sie müssen all ihre Kraft aufwenden, in den Tiefen ihrer Seele eine Wunde zu überdecken, einen Schmerz, der sie nie verläßt, ein Leid, das so grausam ist, daß es jeder Beschreibung spottet. So bleibt es nicht nur während des zerstörerischen Geschehens und der unmittelbar darauffolgenden Zeit und in der ganzen Kindheit, in der es jedem von uns schwerfällt, unseren Abscheu, unsere tiefe Besorgnis und unsere Ängste in Worte zu fassen; es bleibt so das ganze Leben lang. Diese Verwundung schmerzt dermaßen, sie ist so allgegenwärtig, so grenzenlos, daß es unmöglich erscheint, über sie zu reden, selbst wenn ein ganzes Leben vergangen ist seit ihrer Entstehung. Für jene, die immer noch an dieser Verwundung leiden, ist es kein Geschehen der Vergangenheit; der Schmerz ist nach vielen Jahren so gegenwärtig, so real wie am ersten Tag. Für diese Opfer zurückliegender Ereignisse ist es trotz allem gegenteiligen äußeren Anschein nicht möglich, in der Gegenwart ein normales Leben zu führen.

Von den 75721 Juden, die zwischen 1942 und 1945 aus Frankreich deportiert wurden, kehrten knapp drei Prozent zurück. Eine sehr kleine Zahl jüdischer Kinder überlebte die deutsche Besetzung Frankreichs, weil sie von französischen Familien aufgenommen wurden oder auf andere Weise einen Unterschlupf fanden. Claudine Vegh gehörte zu diesen wenigen; ein kinderloses französisches Ehepaar in der unbesetzten Zone gab sie als sein eigenes Kind aus. Claudine Vegh beschreibt etwas von dieser Erfahrung in ihrem Buch, das in der Hauptsache aus Gesprächen mit siebzehn anderen Frauen und Männern besteht, die überlebten, weil sie ebenfalls abrupt von ihren Eltern getrennt wurden. Zuerst beschreibt Claudine Vegh, wie das Buch entstand: Bei einer Bar-Mizwa-Feier war sie so erschüttert, daß sie bald darauf die Forschungsarbeit

* Dieser Essay erschien in ähnlicher Form auf französisch als Nachwort zu Claudine Veghs ›Je ne lui ai pas dit au revoir‹, Paris 1979. Er wurde in der vorliegenden Form erstmals auf englisch veröffentlicht.

aufgab, die sie für ihre Zulassung als Psychiaterin gebraucht hätte.

Statt dessen beschloß sie, den Schleier zu heben, der über mehr als fünfunddreißig Jahre hinweg ihre eigene Vergangenheit und die anderer jüdischer Kinder verdeckt hatte, welche wie sie in Frankreich die Deportationen der Hitler-Jahre überstanden hatten. Sie versuchte zu entdecken, was diese Erfahrungen bei ihnen allen angerichtet hatten, auf welche Weise und durch was für ein Wunder sie überlebt hatten. Claudine Vegh beginnt ihren bewegenden Bericht, indem sie schildert, was sie bei einer Feier erlebte, die unter normalen Umständen ein freudiges Ereignis gewesen wäre: bei der Bar-Mizwa eines Freundes ihrer Tochter. Statt Stolz und Glück zu zeigen, wie man es von einer Mutter bei der religiösen Feier des Eintritts ihres Sohnes ins Erwachsenenalter erwarten würde, wirkte die Mutter dieses Jungen verschlossen; sie verhüllte ihr Gesicht und begann zu weinen, als die Zeremonie ihren Höhepunkt erreichte. Von diesem Kummer bei einem Freudenfest war eine andere Mutter so betroffen, daß sie Claudine Vegh darauf ansprach. Frau Vegh erinnerte sich nun daran, was sie selbst empfunden hatte, als ihr eigener Sohn ein Jahr zuvor seine Bar-Mizwa gefeiert hatte. Auch für sie war es damals sehr schmerzlich gewesen.

Sie erkannte jetzt, daß jene Augenblicke im Leben, die normalerweise Glück bedeuten, auf Menschen, die in ihrer Kindheit schwere seelische Verstümmelungen erlitten hatten, ganz andere Auswirkungen haben. Für sie erhalten die wichtigen Augenblicke ihres Lebens ganz andere Bedeutungen und Dimensionen. Wegen des in der Vergangenheit Erlittenen tritt ihr Gram in diesen Augenblicken noch stärker hervor. Diese besonderen Ereignisse reaktivieren die schrecklichen Traumata der Kindheit und bringen sie in ihrer ganzen Schwere ins Bewußtsein. Alle Ereignisse, die unter normalen Umständen als beglückend erfahren werden, machen diesen Verwundeten um so schmerzlicher bewußt, welch irreparable Verluste sie in der Kindheit erlitten haben, und sie erkennen dadurch um so deutlicher, daß das normale Leben ihnen für immer verschlossen bleibt.

Charles, einer der Gesprächspartner von Claudine Vegh, bemerkte: »Ich weiß nicht, was es bedeutet, glücklich zu sein; ich weiß es nicht, und ich habe es nie gewußt.« Ein Mann namens Lazare drückt dies noch deutlicher aus: »Im Augenblick des Glücks ist es am schrecklichsten.« Louise, die sich ruhig und gefaßt geben wollte, wußte tief in ihrem Inneren, ihr Leben sei in Wirklichkeit »ein dauerndes Schwanken zwischen Zorn und Tränen«.

Es gehört ein Abstand von zwanzig und mehr Jahren dazu, um erkennen zu können, wie die in der Kindheit erlebte Tragödie das eigene Leben verwandelt hat. Saul Friedländer schreibt in seinem Buch ›When Memory Comes‹: »Erst in einem späteren Lebensabschnitt, als ich über dreißig war, begriff ich, in welchem Ausmaß die Vergangenheit alle meine Ansichten bestimmte, wie ich alles Wesentliche abgewandelt wahrnahm, als betrachtete ich es durch ein ganz besonderes Prisma, von dem ich nicht loskam.« Sobald Claudine Vegh bewußt wurde, daß sie die Vorgänge bei der Bar-Mizwa wie durch ein solches Prisma erfahren hatte und dadurch Emotionen geweckt worden waren, die sich völlig von den als normal zu bezeichnenden unterschieden, beschloß sie, die weit fortgeschrittene Arbeit an ihrer Dissertation in Psychiatrie abzubrechen. Sie beschloß, statt dessen ganz andere Erkundungen anzustellen, die ihr wichtiger erschienen: das Wesen jenes Prismas zu untersuchen, durch das sie die Welt erblickte.

Für einen Menschen, der sich auf die Laufbahn eines Psychiaters vorbereitete, war dies eine logische Entscheidung. Um anderen bei ihren Lebensproblemen helfen zu können, muß ein Psychiater verstehen, wie ein Patient zu dem Menschen geworden ist, der er jetzt ist. Überdies müssen Psychiater wissen, wie sie selbst so geworden sind, wie sie jetzt sind, und inwieweit sie Dinge anders sehen und erfahren als die Menschen, die sie behandeln wollen. Das ist ein guter Grund, nicht nur die eigene Lebensgeschichte, sondern auch die anderer Menschen zu erforschen, die ähnliches erlitten haben. Was sich bei Claudine Veghs Nachforschungen ergab, hat weit mehr Bedeutung als eine übliche Dissertation in Psychiatrie.

Durch die Gespräche, die sie mit Menschen führte, denen wie ihr im Kindesalter Leid widerfahren war, erforschte Claudine Vegh eine der größten Tragödien unserer Zeit und deren bleibende Folgen bei den Opfern. Sie wollte feststellen, wie diesen Opfern ein Überleben möglich geworden war, und sie war vermutlich von der Hoffnung erfüllt, ihre Arbeit könne dazu beitragen, daß sie sich selbst von der schrecklichen Last ihrer Vergangenheit befreite. Vielleicht spürte sie, wenn auch unbewußt, daß sie wie ihre Leidensgenossen die Last mit anderen teilen könnte, sobald sie verstand, um was es eigentlich ging.

Wir, die Leser, schulden ihr Dank für den Mut, mit dem sie sich einer äußerst schwierigen und schmerzhaften Aufgabe unterzog. Ihre Forschungen zeigen Leidensgeschichten, die unbekannt waren und deren Ausmaß wir teilnahmsvoll verstehen müssen, wenn wir in Frieden mit uns selbst leben wollen. Wir leben, ob in der Nähe oder in weiter Entfernung, ebenfalls in einer Welt der Massenverhaftungen, der Deportationen, der Konzentrationslager und der Vernichtungslager. Wir sind Teil dieser Welt der leidenden Kinder, auch wenn wir uns jeweils ganz woanders aufhalten. Das dortige Geschehen und das Schicksal der Opfer hat seine Spuren bei uns allen hinterlassen und in der Welt, in der wir leben.

Warum waren die kindlichen Opfer nicht fähig, über das Geschehene zu sprechen? Warum ist es für sie auch nach zwanzig oder dreißig Jahren so überaus schwierig, über die Ereignisse in ihrer Kindheit zu reden? Und warum ist es dennoch für sie und für uns so wichtig, darüber zu reden? Ich glaube, diese Fragen sind eng miteinander verknüpft: Das, worüber man nicht sprechen kann oder will, ist genau das, was man nicht verarbeiten und bewältigen kann – eben dies muß jedoch geschehen, und sei es auch noch so schmerzhaft. Wenn diese alten Wunden nicht behandelt werden, werden sie von einer Generation zur anderen weiterschwären. Ein Mann namens Raphael sagte zu Frau Vegh: »Die Welt muß wissen, daß diese Deportationen (der Eltern und auch der Kinder) uns bis in die dritte Generation gezeichnet haben. Es ist entsetzlich.«

Wenn noch irgendein Zweifel bestehen sollte, daß diese alten Leidenserfahrungen die nachfolgenden Generationen prägen, dann wird er von Helen Epsteins Buch ›Children of the Holocaust‹ (deutsch: ›Die Kinder des Holocaust‹) weggefegt. Helen Epsteins Eltern waren Überlebende eines Vernichtungslagers. Daß ihre Eltern darüber nicht sprechen konnten, beschädigte ihr Leben, obwohl sie in den gesicherten Verhältnissen der Vereinigten Staaten geboren wurde und dort aufwuchs. Im Gegensatz zu den Gesprächspartnern von Claudine Vegh war sie niemals von ihren Eltern weggerissen worden; sie mußte sich nie verstecken und ihre Identität verleugnen, um ihr Leben zu retten, wie dies bei den Kindern der Fall war, deren Biographie Claudine Veghs Buch schildert. Im Gegenteil: Helen Epsteins Eltern unternahmen die größten Anstrengungen, um ihr Kind abzuschirmen von ihrer leidvollen Vergangenheit. Dennoch litt ihre Tochter unter der Last ihrer Eltern, weil sie spürte, wie sehr diese, auch wenn sie nie darüber sprachen, gelitten hatten. Als Erwachsene wollte Frau Epstein feststellen, ob ihr Schicksal eine Ausnahme war, oder ob andere Kinder, deren Eltern ähnliches widerfahren war, es geteilt hatten. Sie suchte diese Menschen auf und brachte sie – nicht viel anders als Claudine Vegh – dazu, sich zu äußern. Helen Epsteins Gesprächspartner waren wie sie in einer sicheren Umwelt aufgewachsen. Dennoch zeigte sich, daß auch sie von den Erfahrungen ihrer Eltern bedrückt waren. So unterschiedlich ihre Lebensgeschichten auch waren, sie hatten alle unter der Unfähigkeit ihrer Eltern gelitten, über ihre Leidenszeit und deren Folgen zu sprechen.

Helen Epstein beschreibt ihren Schmerz mit einem ergreifenden Bild: Wie ein eiserner Behälter geschmiedet wurde, den sie tief in ihrem Inneren vergrub und der ihr Leben sehr schwierig und schmerzvoll machte: »Jahrelang lag mein Elend in einem kleinen eisernen Kästchen, das so tief in meinem Inneren versenkt war, daß ich nie wußte, was es eigentlich war. Ich wußte, es enthielt Dinge, die geheimnisvoller waren als Sex und gefährlicher als jeder Spuk oder Geist. Geister haben Umrisse und Namen. Das, was in meinem Kästchen lag, hatte keinen. Was immer sich in meinem Inneren befand, es war so gewaltig, daß Worte zerfielen, bevor sie es beschreiben konnten.«

Die Unfähigkeit, das Bedrückende zu benennen und zu beschreiben, zwingt einen dazu, die belastenden Erfahrungen so weit wegzuschieben, daß sie nicht mehr erreichbar sind. Das Verdrängte scheint aber ein Eigenleben zu führen, es zerfrißt unsere Existenz, zerstört das Anrecht auf Lebensfreude, sogar die Überzeugung, daß man ein Recht auf Leben hat. So fragt Jean, einer von Claudine Veghs Gesprächspartnern: »Warum kann ich dem Leben nichts abgewinnen?« Er äußert die Befürchtung, in seinem »eisernen Kästchen« könnten gewalttätige Regungen eingeschlossen sein, die Folgen dessen, was ihm angetan worden war. Er sagt: »Wissen Sie, ich fürchte mich vor der Gewalt, die manchmal in mir aufsteigt. Ich bekomme ein Gefühl, als würde ich gegen das Leben selbst rebellieren. Und was am unglaublichsten ist: Ich habe das Gefühl, ich hätte kein Recht zu leben!«

Saul Friedländers Eltern hatten ihren einzigen Sohn einer katholischen Französin anvertraut. Um ihn zu retten, ließ sie ihn taufen, und aus Sicherheitsgründen wurde er in einer Jesuitenschule unterrichtet. Friedländer fühlte sich so sehr als Katholik, daß er die Absicht hatte, bei den Jesuiten Pfarrer zu werden. Doch als er aufs Priesterseminar gehen wollte, teilte man ihm seine Herkunft mit, und er erfuhr, daß seine Eltern in Auschwitz umgekommen waren. Von diesem Augenblick an war sein Leben ein Ringen mit diesem Schicksal, wie er es in seinem bewegenden Buch ›Wenn die Erinnerung kommt ...‹ schildert. Er fand schließlich den Weg zurück zu seinem Judentum. Obwohl er jetzt glücklich verheiratet ist, Kinder hat und als Geschichtsprofessor an der Universität von Tel Aviv und an der Universität von Kalifornien in Los Angeles viel erreicht hat, leidet auch er weiterhin an einem inneren Schmerz. Er beschreibt ihn nicht viel anders als Helen Epstein: »Ich verwahre tief in meinem Inneren gewisse unzusammenhängende, nicht miteinander zu vereinbarende Existenzfragmente ... wie jene Granatsplitter, die manchmal im Körper derer stecken, die große Schlachten überlebt haben.«

Er schreibt auch folgendes: »Ich brauchte sehr lange, um den Weg zurück in meine Vergangenheit zu finden. Ich selbst hatte keine Erinnerung an die betreffenden Ereignisse, doch als ich über sie zu sprechen versuchte oder anfing, sie zu beschreiben, fühlte ich sofort eine seltsame Lähmung.«

Was ist die Ursache für diese Paralyse? Warum errichteten die Gesprächspartner Claudine Veghs und sie selbst eine Mauer des Schweigens, als sie ihre Eltern verloren? Diesen Widerwillen oder vielmehr diese Unfähigkeit, darüber zu sprechen, schildert Frau Vegh auf dramatische Weise. Als ihre eigenen Eltern von ihrer späteren Pflegemutter bedrängt wurden, sich von ihrer Tochter zu trennen und sich selbst durch ein Untertauchen zu retten, zögerten diese, ihr einziges Kind aufzugeben; daraufhin trieb Claudine sie an: »Schnell, geht, ich bleibe hier.« Vermutlich war der Schmerz über diese Art des Abschieds und darüber, daß sie ihren Vater nie wiedersah, der Grund dafür, daß sie ihrem Buch den Titel gab ›Je ne lui ai pas dit au revoir‹ – ›Ich habe ihm nicht Auf Wiedersehn gesagt‹.

Daß Claudine ihre Eltern drängte, sie schnell zu verlassen, geschah wohl nur zu einem kleinen Teil aus Sorge um deren Sicherheit. Wahrscheinlicher ist, daß das kleine Mädchen den Aufenthalt bei den neuen Eltern nicht hätte akzeptieren können, wenn sie geglaubt hätte, sie werde ihre wahren Eltern nie wiedersehen. Hätte sie geglaubt, sie könnte ihre Eltern für immer verlieren, dann hätte sie mit allen Mitteln versucht, bei ihnen zu bleiben. So aber drängte sie ihre Eltern zum Weggehen, um eine Trennung zu verkürzen, die sie sonst ganz zerstören würde. Hätte sie sich die Zeit gelassen, um ihren Gefühlen zu folgen und sich von ihren Eltern zu verabschieden, dann hätte sie die Trennung von ihnen nicht zugelassen. Indem sie sie zum Gehen aufforderte, nahm sie sich selbst die Zeit zum Denken und Fühlen. Sie konnte sich nur von ihnen trennen, indem sie so tat, als wäre es nur eine zeitweilige Trennung.

Als die Mutter nach der Befreiung zu Claudine zurückkehrte und ihr sagte, daß ihr Vater gestorben war, reagierte sie ebenso prompt und entschieden. Beim Wiedersehen sagte sie ohne eine Träne zu ihrer Mutter: »Ich weiß. Ich habe wenigstens noch einen von euch beiden. Wir wollen nicht mehr darüber reden.« Und sie war dann zwanzig Jahre lang nicht fähig, darüber zu sprechen; sie konnte nicht einmal das Wort »Vater« aussprechen und ließ nicht zu, daß dieser Aspekt ihrer Kindheit erwähnt wurde.

Ihre Reaktion auf das Geschehen war nicht außergewöhnlich. Im Gegenteil, sie scheint typisch gewesen zu sein für Kinder, die ihre Eltern im Holocaust verloren hatten. Die Welt der elternlosen Kinder sei eine seltsame Welt, schreibt Claudine Vegh. Diejenigen, denen sie nach der Befreiung in einem französischen Lager für solche Kinder begegnete, sprachen nie über ihre Eltern, ihre Familien, ihre Vergangenheit oder ihr Zuhause. »Niemals über diese Angelegenheiten zu sprechen, war keine Regel, die von jemandem aufgestellt worden war. Über ihr Unglück, ihre Sorgen, ihre Tränen zu sprechen, war völlig unerträglich für sie, und für mich auch.« Warum verdrängten sie ihre Gefühle gänzlich? Warum verleugneten sie Tatsachen, die so offenkundig waren und von so großer Wichtigkeit für sie, Tatsachen, welche die bedeutendsten Aspekte ihres Lebens darstellten?

Was denen in der Kindheit angetan worden war, die schließlich dank Claudine Veghs Bemühungen das Geschehene in

Worte fassen konnten, hatte sie so zerstört, hatte ihre ganze Existenz vernichtet, daß sie einfach nicht fähig waren, darüber zu sprechen, nicht einmal mit den Menschen, die ihnen am nächsten standen. Einer von ihnen sagte: »Ich habe nie darüber gesprochen, nicht einmal mit meiner Frau, und schon gar nicht mit meiner Mutter.« Es gibt eine Reihe von Gründen, warum sie nicht darüber sprechen können, nicht darüber sprechen möchten. Es liegt nicht daran, daß sie vermeiden möchten, über das vergangene Geschehen nachzudenken, denn sie konnten es niemals auch nur einen Augenblick lang vergessen; sie waren ihr ganzes Leben lang davon besessen.

Ein Grund dafür, daß Claudine Veghs Interviewpartner nicht reden wollten, liegt darin, daß sie überzeugt waren, Worte reichten nicht aus, um auszudrücken, was ihnen angetan wurde; mit Worten könnte es nicht bewältigt werden. Ein tieferer Grund liegt darin, daß sie merken oder zumindest vermuten, daß andere wünschen, sie sollten ihren Frieden schließen mit der Vergangenheit; sie wissen jedoch, daß dies unmöglich ist. Wer zuhört, mag denken, daß er versteht, was für Qualen das Opfer erlitten hat; das Opfer weiß jedoch, daß der andere bestenfalls bloße Fakten begreifen kann und kein echtes Verständnis hat für das Wesentliche seines Leidens. Welchen Sinn hätte es also, darüber zu sprechen? Sie konnten deshalb nur bei einem Menschen wie Claudine Vegh aus sich herausgehen, der wie sie gelitten hat. Da fingen sie an zu glauben, daß sie verstanden werden könnten. Doch selbst bei ihr äußerten sie sich anfangs nur sehr widerwillig.

Das Gefühl, das der große Verlust in ihnen entstehen ließ, ist für diese Opfer so überwältigend, daß es sie zu umfassen und die Mauern zu zerstören droht, die sie aufgebaut haben, um nicht zu allen Zeiten von ihrem Leid überflutet zu werden. Sie mußten diese Mauern errichten, um der schwierigen Aufgabe gewachsen zu sein, nach den Zerstörungen ein Leben zu beginnen. Dazu waren energische Anstrengungen erforderlich, die jedoch zu unsicheren Ergebnissen führten; deshalb wollten sie nicht, daß ihr Gleichgewicht gefährdet werde.

Um einen Modus vivendi für sich erreichen zu können, versteckten die Opfer ihre wahren Gefühle so tief in ihrem Inneren, daß diese kaum mehr auffindbar sind. Dies taten sie, um weiterleben zu können, um in der Schule gut abzuschneiden, um Abschlußprüfungen zu bestehen, um sich auf den Beruf vorzubereiten; und dann, um heiraten zu können, um Kinder zu haben, um die familiären Verpflichtungen zu erfüllen. Das Gefühl wird daher so stark und so vollständig verdrängt, daß sie nur noch wissen, wie ungeheuer schwierig das Leben für sie ist, und wie leer es letztlich ist. Colette, mit der Frau Vegh ebenfalls sprach, spürte diese innere Leere so stark, daß sie ihr zu entkommen versuchte. Sie fragte sich, was es denn für einen Sinn habe, Jüdin zu sein, wenn sie deswegen so sehr hatte leiden müssen; wo ihr Mann doch gar kein Jude sei und ihre vier Kinder konfessionslos aufgezogen worden waren. Sie sagte: »Ich habe den Eindruck, daß ich mein ganzes Leben lang gekämpft habe, und mir jetzt der Sinn dieses Kampfes nicht mehr bekannt ist. Um mich herum ist nur eine Leere, die ich trotz all meiner Bemühungen nicht beseitigen kann.« Und sie sagte zusammenfassend: »Ja, es ist wirklich sehr schwer zu leben. Es ist äußerst schwer.«

Alle, die Claudine Vegh dazu gebracht hat, über ihre Vergangenheit und die Empfindungen ihr gegenüber zu sprechen, wußten, daß dabei Gefühle geweckt werden würden, die unerträglich wären. Deshalb fürchteten sie sich vor den Interviews. Von Sonia erfuhr Frau Vegh, sie gerate in Panik, wenn sie nur daran denke, was sie sagen könnte. Sie hatte ebenfalls Furcht, wieder auf die Leere zu stoßen. Sonia sagte: »Ich spüre eine Leere aus meiner Kindheit, und sie macht mir sehr zu schaffen.« Eine weitere Überlebende namens Paulette sagte zu Beginn: »Wissen Sie, ich habe zwar meine Zustimmung zu diesem Gespräch gegeben, aber ich bin sehr besorgt, ich habe große Angst davor.«

Und dabei liegen die Ereignisse, vor deren Erinnerung sie sich fürchten, etwa fünfunddreißig Jahre zurück. Man möchte annehmen, daß nach all diesen Jahren, in denen sie anscheinend ein normales Leben geführt haben, in denen sie reife Menschen geworden sind, ihren Platz in der Gesellschaft eingenommen haben, ein Zuhause geschaffen und Kinder bekommen haben, die Narben über den alten Wunden verheilt wären. Doch für diese Menschen handelt es sich nicht um längst vernarbte alte Wunden; im Gegenteil, diese Wunden sind nie ausgeheilt, und sobald sie berührt werden, fangen sie von neuem an zu bluten, stark zu bluten.

Kinder haben auch bei anderen katastrophalen Ereignissen ihre Eltern verloren – bei Erdbeben, Überschwemmungen oder Hungersnöten. Diese Kinder litten ebenfalls auf grausame Weise, doch sind sie keineswegs unfähig, ihre Gefühle auszudrücken, über ihre Eltern und den schrecklichen Verlust zu sprechen. Diese Kinder können trauern, können ohne Hemmungen weinen. Dadurch wird es ihnen allmählich möglich, ihr Schicksal zu bewältigen. Folglich kommen sie nicht auf den Gedanken, sie hätten durch den Tod ihrer Eltern das Recht auf Leben eingebüßt.

Die Tragödie der Menschen, mit denen Claudine Vegh zusammentraf, liegt darin, daß ihr Schicksal sie davon abhielt, um ihre Eltern zu trauern, und aus diesem Grund können ihre alten Wunden nicht verheilen.

Zuerst hofften diese Kinder auf eine Rückkehr ihrer Eltern, und sie klammerten sich an diese Hoffnung, solange sie konnten. Sonia berichtet, daß weder sie noch ihr Bruder ein einziges Mal nach ihren Eltern fragten oder nach dem Grund dafür, daß sie die Schule wechseln mußten. Um an ihren Hoffnungen festhalten zu können, zogen sie es vor, keine Fragen zu stellen und nicht einmal andeutungsweise das Thema zu berühren. Sie und ihr Bruder hätten untereinander nicht darüber geredet und auch mit anderen nicht, sagte Sonia, »weil wir immer warteten und hofften«. Auf ähnliche Weise machte Claudine Vegh, wie auch die anderen, im Verlauf von über zwanzig Jahren keine Anspielung auf ihren Vater. Ich glaube, der schwerwiegendste Grund für dieses Schweigen liegt darin, daß die Kinder im Unbewußten nie die Hoffnung aufgegeben hatten, der abwesende Elternteil lebe noch und werde durch irgendein Wunder zurückkehren. Andrés Worte zeigen diese unbewußte Verbindung zwischen dem Schweigen über seinen Vater und dem Lebendigbleiben in seinem Inneren: »Ich spreche nie über meinen Vater, mit niemandem, weil er in mir lebt, das ist alles, das genügt.« Robert glaubte aus demselben Grund jahrelang an eine Rückkehr seiner Eltern und glaubt auch jetzt noch in seinem Unbewußten, daß er weiter mit ihnen zusammenlebe. Deshalb sagt er: »Ich weiß nicht, was es bedeutet zu leben«, das heißt, in der Gegenwart zu leben, und er fügt hinzu: »Ich lebe in der Vergangenheit.« Sein wahres Leben ist nur in der Vergangenheit, in der Zeit, als seine Eltern noch lebten.

Selbst unter normalen Umständen ist es schwierig, die Hoffnung auf die Rückkehr eines Elternteils aufzugeben, der plötzlich spurlos verschwand. Solange kein unwiderlegbarer Beweis des Ablebens gefunden wurde, werden die Hinterbliebenen nicht akzeptieren, daß der geliebte Mensch gestorben ist. Besonders bei einem Kind ist der Wunsch, glauben zu können, die vermißte Person sei noch am Leben, so stark, daß eindeutige Beweise nötig sind, bevor die traurige Tatsache akzeptiert wird. Das gilt unter normalen Umständen, und die Lebensbedingungen dieser Kinder waren keineswegs normal.

Wenn diese schwergeprüften Kinder nicht wahrhaben wollen, daß ihre Eltern gestorben sind, oder wenn sie sich mit dem Gedanken selbst nach vielen Jahren nicht abfinden können, liegt dies nicht nur daran, daß es so schwierig ist, eine lange gehegte Hoffnung fallenzulassen. Es gibt komplexere Ursachen. Um nach einem solchen Verlust wieder leben zu können, muß man zuerst den Verlust betrauert haben. Wie Freud gezeigt hat, ist Trauer ein sehr schwieriger seelischer Prozeß, der jedoch absolut notwendig ist, wenn man die Depression überwinden will, in die man durch den Verlust geraten ist. Bei der Trauer ist es erforderlich, daß man sich eine Zeitlang ganz auf diese Aufgabe konzentriert, daß man ihr all seine seelischen Energien tage- oder monatelang widmet. Die Bestattungszeremonie ist eine Hilfe, auch die verschiedenen Bräuche, die entstanden sind, damit der Tod eines geliebten Menschen bewältigt werden kann. Unter Juden gibt es den Brauch, *shiva* zu sitzen, bei den Iren die Totenwache; es gibt Gedenkgottesdienste und Messen für die Toten. Das Ritual ermöglicht es dem Trauernden, den Verlust zu akzeptieren, zumindest in einem gewissen Ausmaß, und trotz der Depression langsam ins Leben zurückzukehren.

Die Trauerarbeit wird erleichtert, wenn wir uns einigermaßen auf den Verlust vorbereiten können. Wenn die Mutter oder der Vater vor dem Sterben eine längere Krankheitsperiode durchmacht, tragen die Bemühungen um den Patienten dazu bei, uns emotionell auf dessen Tod und auf die Trennung vorzubereiten. Selbst wenn dies nicht möglich ist, können wir uns zumindest von dem Leichnam verabschieden sowie an der Beisetzung und an dem Bestattungsritual teilnehmen. Auch wenn wir dazu gar nicht bereit sind, hilft uns dies zu verstehen, daß jener Mensch gestorben ist, und daß wir die Tatsache akzeptieren müssen.

Trotz all dieser Rituale ist es ohne die Hilfe anderer fast unmöglich, den Tod eines geliebten Menschen zu akzeptieren und ins Leben zurückzukehren. Was wir am meisten brauchen, ist die Hilfe und Unterstützung unserer Nächsten, also meist der eigenen Familienmitglieder. Wir brauchen ihre Anwesenheit und ihre direkte Anteilnahme an unserer Trauer. Ihre Gegenwart und der von ihnen gebotene Trost ermöglichen uns zu glauben, daß nicht alles verloren ist, daß es noch Menschen gibt, die uns helfen wollen, mit dem Leben fortzufahren. Nicht die Toten brauchen teilnahmsvolle Menschen, sondern der Überlebende. Aus diesem Grund gehören Bestattungsrituale seit dem Altertum zu den sinnvollsten aller religiösen Riten.

Es gibt also viele Gründe, warum die Kinder der von den Nazis Deportierten sich nicht mit Trauerarbeit befassen konnten. Vor allem hofften sie, daß ihre Eltern zurückkehren würden. Warum sollten ihre Eltern nicht unter den Wenigen sein, die wirklich zurückkamen? Solange es diese noch so ungewisse Möglichkeit gab, daß beide Eltern lebten oder wenigstens ein Elternteil, war es für die Kinder unmöglich, so zu denken oder zu reden, als wären sie tot. Gar nicht über sie zu sprechen war die einzige ihnen zur Verfügung stehende Möglichkeit, andere davon abzuhalten, daß sie von den verschollenen Eltern als Verstorbenen sprachen; andere davon abzuhalten machte es allein möglich, daß sie sich weiter an ihre Hoffnungen klammern konnten. Doch da sie nicht über ihre Eltern sprechen konnten, nicht sagen konnten, was ihnen am wichtigsten war, schien nichts von dem, was sie sagen konnten, wichtig zu sein. Da sie die Wirklichkeit des Verschwindens ihrer Eltern verleugnen mußten, schien nichts von dem, was sie sagen konnten, wirklich zu sein. Wenn für uns etwas wirklich sein soll, muß die Wirklichkeit durch andere bestätigt werden. Aus diesem Grund ist es bei der Trauer wichtig, daß wir über den verstorbenen Menschen sprechen. Es gibt anderen die Möglichkeit, uns davon zu überzeugen, daß dieser Mensch wirklich gestorben ist. Wenn wir über den Tod eines geliebten Menschen nicht reden, bleibt sein Tod für uns bis zu einem gewissen Grad unwirklich, und wir können ihn dann nicht wirklich betrauern.

Diese Kinder erhielten außerdem keinen schlüssigen und konkreten Beweis vom Ableben ihrer Eltern: Kein Leichnam konnte bestattet, kein Grab konnte besucht werden. Es gab keine Rituale, die ein Zeichen bildeten, mit der Trauerarbeit zu beginnen und sie mit den traditionellen Mitteln zu bewältigen. Selbst bei einer Teilnahme an den üblichen Ritualen, die den Lebenden bei der Trennung von den Verstorbenen helfen, dauert die Trauerarbeit lange bis zu ihrem Abschluß, gewiß viele Monate, in eingeschränkter Form viele Jahre und oft ein Leben lang. In manchen Kulturkreisen trägt man einen Monat lang Trauerkleidung, in anderen ein Jahr lang, und dies dient als Zeichen gegenüber anderen, daß man in Trauer ist. Nach jüdischem Brauch wird der Grabstein erst am Jahrestag des Todes oder des Begräbnisses gesetzt, und damit ist das Ende der offiziellen Trauerzeit gekommen. Die Kinder des Holocaust kennen das Sterbedatum ihrer Eltern nicht, und so wissen sie nicht, wann ihre Trauerzeit hätte beginnen sollen und wann sie hätte enden sollen.

Ohne solch eindeutige Daten für den Anfang und die Beendigung der Trauer scheint sie kein Ende zu haben, und es ist durchaus möglich, daß sie sich schmerzlich über das gesamte Leben eines Menschen hinzieht. Saul Friedländer bemerkt, wenn man von Menschen verlassen werde, werde ihre Gegenwart in den Zurückgebliebenen verankert und lebe weiter in deren Gedächtnis, in ihren Erinnerungen und Alltagsgesprächen sowie in den Fotoalben, die man den Kindern zeigt. Von Zeit zu Zeit legt man Blumen auf ihre Gräber, und dort sind ihre Namen auf dem Grabstein eingemeißelt. Doch diesen Kindern wurde die Möglichkeit genommen, eine bestimmte Trauerzeit zu beginnen, zu der nicht nur ein genauer Anfang, sondern auch ein genaues Ende gehörte.

Bei Jean, einem von Claudine Veghs Gesprächspartnern, zeigte sich dieses Dilemma. Weil kein greifbares Zeichen vom Leben und Tod seiner Eltern Zeugnis ablegte, war es ihm unmöglich, sie zu vergessen, aber genauso unmöglich, ein normales Leben zu führen. Er sagte: »Ich frage mich oft, warum ich unfähig bin, dem Leben etwas abzugewinnen! Wenn ich die Vergangenheit völlig vergessen könnte, dann könnte ich vielleicht leben wie andere Leute, mit dem zufrieden, was ich habe, und ich würde nicht die ganze Zeit an das denken müssen, was ich verloren habe. Ich habe keine Fotos von meinen Eltern, ich habe keinen Abschiedsbrief von ihnen, kein Grab, an dem ich ihrer gedenken könnte. Ich habe bloß einen Zettel: Verschollen ... Auschwitz 1943. Es ist schrecklich schwer.« Das Fehlen konkreter Beweise erlaubt keine normale Trauer, welche ein dauerndes Leid verhindern würde.

Bemerkungen von Sonia zeigen, warum es unmöglich ist, alle Hoffnung aufzugeben und sich von der Last zu befreien, immer enttäuscht zu sein bis zu dem Tag, an dem ein klarer Beweis eintrifft. Sie erzählte, wie ihr schließlich durch ein im Jahr 1978 veröffentlichtes Buch von Serge Klarsfeld bewußt wurde, daß ihre Eltern tot waren. Sie fand dort unter dem Datum 29. April 1944 die Namen ihrer Eltern. Selbst fünfunddreißig Jahre danach war das Auffinden dieses Beweises ein schwerer Schock. All diese Jahre hatte sie gehofft, hatte sie sich nicht davon abhalten lassen zu hoffen, weil wir ohne Trauer einfach nicht glauben können, daß der geliebte Mensch tot ist, und weil wir ohne Beweise für den Tod nicht trauern können. Erst als Sonia den Beweis für den Tod ihrer Eltern in Händen hielt, konnte sie anfangen, sie zu betrauern.

So mächtig die Faktoren sind, die diesen Kindern die Trauer um ihre Eltern unmöglich machen, sie versinken ins Bedeutungslose, wenn man sie mit dem seelischen Zustand vergleicht, in dem sich die Kinder befanden, nachdem sie von ihren Eltern getrennt worden waren.

Um überleben zu können, durften diese Kinder Trauer nicht zulassen, durften sie nicht in die dazugehörende Depression geraten. Sie brauchten ihre gesamte seelische Energie, um sich zurechtzufinden, um sich neuen Lebensformen anzupassen, um ein erfolgreiches Zusammenleben mit Menschen zu erlernen, die sie früher nicht gekannt hatten, sowie unter Lebensbedingungen, die ganz neu und ungewohnt waren. Es war keine vertraute Gestalt in der Nähe, die ihnen die liebevolle Unterstützung hätte geben können, die sie gebraucht hätten, um das, was mit ihnen geschehen war, seelisch verarbeiten zu können.

Claudine Vegh hieß damals Claudine Rozengard, und sie hatte das seltene Glück, von Pflegeeltern aufgenommen zu werden, die sie so voll und ganz liebten, als wäre sie ihr eigenes Kind. Sie boten ihr auf diese Weise recht positive Bedingungen; ihre glücklichen Lebensumstände waren äußerst selten, und doch litt sie.

Die Schilderungen ihrer Gesprächspartner zeigen, welch nahezu unvorstellbare Schwierigkeiten diese Kinder überwinden mußten, mit welchen Umwälzungen sie fertig werden mußten, nur um zu überleben. Die Geschichte eines zu jener Zeit knapp zehnjährigen jüdischen Jungen zeigt dies. Er hatte für seine Eltern eine kleine Besorgung zu erledigen. Als er zurückkam, war das Haus, in dem sie wohnten, von Polizisten umstellt. Er rannte sofort weg und versteckte sich in einem nahegelegenen Wald. Er hatte nur die Adresse einer Person, die fünfzig Kilometer entfernt wohnte. Aus Furcht, entdeckt zu werden, wagte er nicht, die Eisenbahn zu benutzen. Er versteckte sich tagsüber im Wald und marschierte nur nachts, wobei er ungeschützte Straßen mied. Als Nahrung hatte er nur die paar Lebensmittel, die er bei seiner Besorgung eingekauft hatte; davon lebte er die zwei Tage und Nächte, die er brauchte, um an sein Ziel zu kommen. Die fragliche Person wagte aber nicht, ihn bei sich zu behalten und schickte ihn weiter. Dies wiederholte sich noch zweimal. Schließlich brachte ihn ein Bauer ein paar Tage lang bei sich unter und steckte ihn dann in ein Heim für schwachsinnige Kinder.

Dort war er eine Zeitlang in Sicherheit, bis die Kinder Verdacht schöpften, weil bei ihm niemand zu Besuch kam, weil für ihn keine Briefe eintrafen und weil er anders war als sie. Sie fingen an, Fragen zu stellen, und der Direktor sah sich gezwungen, ihn in eine andere Anstalt zu schicken, wo jedoch glücklicherweise nach wenigen Wochen die Alliierten eintrafen. Dieser Junge schaffte es kaum zu überleben, aber er überlebte dennoch. Um dies zu erreichen, mußte er seine gesamte seelische Energie aufbieten und sich ganz auf das Überleben konzentrieren. Hätte er sich den Gefühlen ausgeliefert, die aus dem Wissen entstanden, daß seine ganze Familie deportiert und wahrscheinlich umgebracht worden war, hätte er nicht die Kraft zum Weitermachen gehabt. Er mußte seine Gefühle verdrängen, um das Überlebensnotwendige tun zu können; weil er das tat, ist er jetzt aus einer großen Familie der einzige Überlebende.

Ich habe bereits erwähnt, daß ein wesentlicher Bestandteil fast aller Trauerrituale die Unterstützung durch die Familie, durch Freunde und die Gemeinschaft ist, und daß es den Trauernden nur durch diese Unterstützung möglich ist, sich nach dem Verlust wieder in die Gesellschaft zu integrieren. Dies führt mich zu meiner letzten Überlegung: warum es für die jüdischen Kinder, die ihre Eltern im Holocaust der Nazis verloren haben, so ganz anders war.

Kinder, die ihre Eltern bei Katastrophen anderer Art verloren haben, können feststellen, wie die Welt auf ihr Unglück reagiert, und die Anteilnahme hilft ihnen. Sie wissen, daß die übrige Welt sie bemitleidet, ihnen zu Hilfe kommen möchte und hofft, daß ihr Schicksal sie nicht vernichtet. Daß alle froh darüber zu sein scheinen, daß wenigstens sie gerettet werden konnten und sich jedermann hilfsbereit zeigt, ermöglicht ihnen, nach dem Verschwinden der unmittelbaren Gefahren mit einem Prozeß des Trauerns zu beginnen, der ihrem Alter und ihrer inneren Reife angemessen ist. Überdies wird jegliche Anstrengung unternommen, die Leichen ihrer Eltern zu bergen und sie mit den entsprechenden Ritualen zu bestatten. All dies hilft den Betroffenen, die Tatsachen zu akzeptieren, ihre Unabänderlichkeit einzusehen, sie vor falschen Hoffnungen zu schützen und zur üblichen Trauer hinzuführen.

In den von den Nazis besetzten Ländern war die psychologische Situation genau umgekehrt. Es stimmt zwar, daß Claudines neue Eltern ihr Überleben wollten und alles taten, um es zu ermöglichen. Alle Kinder, die überlebten, hatten Menschen, die ihnen dabei halfen. Und diese Helfer nahmen große Gefahren für sich und ihre Familien auf sich. Dadurch erhielten die Kinder ihre einzige Überlebenschance, doch blieb die Tatsache bestehen, daß die Gesamtgesellschaft und die Regierung, also die bestimmenden Gewalten – deren Aufgabe es hätte sein sollen, das Leben dieser Kinder zu beschützen – darauf aus waren, sie zu vernichten, daß diese Gewalten ihnen die Eltern weggenommen und sie dann umgebracht hatten. Anders als bei Krankheiten oder Naturkatastrophen verloren diese Kinder ihre Eltern nicht durch unglückliche Umstände. Die Eltern sollten sterben, weil sie Juden waren, und ebenso die Kinder.

Es gibt keine Möglichkeit, der Rasse zu entkommen, in die man hineingeboren wurde, und dies ahnt selbst ein ziemlich kleines Kind. Es ist nicht möglich, den Verlust des Vaters oder der Mutter zu beweinen, wenn man weiß, daß man selbst umgebracht werden soll. Verzweiflung und Gefühlsstarre sind die einzig möglichen seelischen Reaktionen.

Im Laufe des Jahres, das ich in Dachau und in Buchenwald zubrachte, befand ich mich in einer ähnlichen Situation. Man war sehr traurig, wenn ein Mithäftling ermordet worden war, doch vergoß man keine Tränen, weil man selbst vom Tod nur um Haaresbreite entfernt war. Das Betrübtsein zuzulassen, das Teil der Trauer ist, hätte die Gefahr wachsen lassen, daß die Kraft nicht ausreichte für den Überlebenskampf, daß man die nötige Entschlossenheit verlieren würde. In einer solchen Situation wird Trauer ein Hindernis, welches das Überleben weniger wahrscheinlich macht.

Claudine Vegh spricht von einem überwältigenden Gefühl permanenter Bedrohung. Sie erwähnt dies in einem anderen Zusammenhang. Ich glaube, die Ursache für dieses Gefühl liegt in ihrer Angst vor dem Entdecktwerden und in ihren Gedanken daran, was andere empfanden, wenn sie sich versteckten, um nicht in ein Vernichtungslager geschickt zu werden. Sie wußten, daß sie einen Unterschlupf hatten und sich eine Zeitlang einigermaßen sicher fühlen durften, daß es aber kein Entrinnen gab vor der Herkunft. Deshalb sagte ihr ein Mann auf ihre Frage nach seinen Vorfahren, er stamme »aus Buchenwald«. Was immer man verleugnet, man entfremdet sich durch die Ablehnung oder die Verleugnung von dem, was verleugnet wird. Um das Bild von Helen Epstein nochmals zu gebrauchen: Man hat diese Gefühle in ein Kästchen gelegt und dessen Schlüssel absichtlich für immer verloren. Aber man kann das Kästchen trotzdem nicht loswerden. Es bleibt etwas Seltsames im eigenen Inneren, und es beherrscht das Leben.

Claudine Vegh schreibt am Schluß ihres Buches:

»Wir, die jüdischen Kinder, die die Nazizeit überstanden, haben alle diese Erfahrung von uns gewiesen als etwas, das ›außerhalb von uns‹ sei. Aber so geht es nicht. Was in Wirklichkeit die schwerste Prüfung unseres Lebens war, können wir nicht nach draußen verlegen. Wir müssen diese Erfahrungen akzeptieren als einen äußerst wichtigen Aspekt unseres Lebens. Die Berichte in diesem Buch haben gezeigt, daß genau dies der Fall war. Je mehr wir versuchten, diese Erinnerungen zu verdrängen, desto mehr beherrschten sie schließlich unser Leben.

Dieses Buch stellt für alle, die an seiner Entstehung beteiligt waren, einen bedeutenden Schritt nach vorne dar. Es setzte den Bemühungen um Verdrängung und Verleugnung ein Ende, und mit ihm beginnt die aufgeschobene Trauer um die ermordeten Eltern. Auf diese Weise werden die Erinnerungen ins Grab gelegt, und die Kinder können endlich ein normales Leben führen.«

Im Mittelpunkt dieses Essays stand mangelnde Trauerarbeit, nicht das Entsetzliche, das die Menschen erlitten haben, auch nicht ihr großer Mut und die viel zu schwere Last ihrer Erinnerungen. Ich habe mich hauptsächlich mit ihrer Trauer beschäftigt, weil ich glaube, daß die Gespräche mit Claudine Vegh durch diese Trauer Sinn und Bedeutung erhielten. Sie haben dies gezeigt, indem sie sich immer mehr in sich selbst zurückzogen, als sie von ihrer Vergangenheit sprachen und vom Verlust ihrer Eltern. Sie wandten sich ab von ihr und tauchten immer tiefer in ihre eigene Vergangenheit ein, sie verließen den Raum und warfen sich weinend auf ihr Bett. Das Gespräch war nach ihren Worten »ein endloser Monolog«.

Dennoch sagten sie dies schließlich einem Menschen, der ihnen mitfühlend zuhörte. Genau dasselbe geschieht bei der Trauer: Man spricht über das, was man verloren hat, und dabei spricht man hauptsächlich zu sich selbst, doch in Gegenwart eines Menschen, der bereit ist, einen Teil dieser Last zu tragen, der versteht, der helfen möchte. Dies gibt einem den Mut und die Kraft, in einem Zustand der Trauer zu sein.

Daß die Gesprächspartner in der Tat mit einer lang aufgeschobenen Trauer begannen, ist daran zu erkennen, daß sie Claudine Vegh am Tag danach sagten, sie fühlten sich besser, sie seien erleichtert.

Vielleicht würden sich viele andere Menschen besser fühlen, wenn sie sich auf ähnliche Weise dazu brächten, Trauer zu empfinden über die schrecklichen Verluste, die sie erlitten haben.

Ins Deutsche übertragen von Rüdiger Hipp.

Ein Besuch in Dachau*

Die von totalitären Gesellschaften aufgeworfenen Probleme beschäftigten mich über viele Jahre hinweg immer wieder, schon lange bevor sie durch meine eigenen Erfahrungen zu einer sehr persönlichen und mich unmittelbar berührenden Angelegenheit wurden. Ein Jahr Haft (1938/39) in den Konzentrationslagern Dachau und Buchenwald ließ mich erkennen, welch zentrale Rolle das Konzentrationslager (oder das Gefängnis) im Totalitarismus als Kontrollinstrument spielt, und wie sehr es dazu verhilft, die Persönlichkeit des Individuums umzuwandeln in den Typus, den eine derartige Gesellschaft benötigt. Ursprünglich interessierten mich also die psychologischen und soziologischen Aspekte des Konzentrationslagers am meisten.

Der erste Artikel, den ich über die Lager schrieb, erschien als Monographie während des Zweiten Weltkriegs, als die Informationen über die Lager noch dürftig waren. Die amerikanische Leserschaft nahm die Veröffentlichung mit Skepsis auf. Ich beschrieb dort, wie die Integrität des Menschen durch das Lagerregime untergraben wird und wie sich seine Persönlichkeit drastisch verändert. Das war ein Anfang, doch eine bedeutsamere Studie mußte noch geschrieben werden: Darüber, wie die Persönlichkeit nach den Erfahrungen in den Konzentrationslagern neu belebt, wiederhergestellt und reintegriert werden kann. Dieses Problem, nämlich die Rehabilitation trau-

* Dieser Essay erschien in ›Commentary‹ XXI, 2 (Februar 1956). In den vielen Jahren seit der Niederschrift hat sich die Situation in Westdeutschland grundlegend geändert. In den Baracken des Lagers von Dachau gibt es keine Flüchtlinge mehr, es gibt auch keine amerikanischen Soldaten in den früheren SS-Quartieren. Was am wichtigsten ist: Während damals die meisten erwachsenen Deutschen die Hitler-Zeit erlebt hatten, wurde die überwiegende Mehrheit der jetzigen Erwachsenen entweder nach Hitler geboren, oder sie waren in der Hitler-Zeit noch ganz klein.

Das Problem, wie man auf die Geschehnisse in Hitler-Deutschland reagieren sollte, ist jedoch immer noch akut, nicht nur für die Überlebenden jener Zeit, sondern auch für viele ihrer Kinder. Es schien deshalb angebracht, diesen Artikel in einer überarbeiteten Form abzudrucken. Obwohl die Zeit meiner Inhaftierung in Dachau über fünfzig Jahre, also mehr als eine Generation, zurückliegt, obwohl ich den Essay vor über dreißig Jahren schrieb, und obzwar ich inzwischen die Bundesrepublik Deutschland mehrfach besucht habe, finde ich jetzt bei der erneuten Lektüre, daß er meine gegenwärtigen Ansichten genau wiedergibt.

matisierter oder »zerstörter« Individuen, war viele Jahre lang mein Arbeitsgebiet, und ich habe über das Thema eine Reihe von Büchern geschrieben.

Zu den Gründen, weshalb ich eine Einladung annahm und im Jahr 1955 mehrere Monate an der Frankfurter Universität verbrachte, gehörte auch, daß ich mit einer Gruppe von Soziologen zusammenarbeiten würde, die mir vielleicht helfen könnten, den Prozeß der Rehabilitation zu verstehen. Anfangs war meine Untersuchungsmethode ganz einfach: Ich wollte Deutsche befragen, die in Konzentrationslagern gewesen waren, um zu ergründen, wie sie mit ihren Erfahrungen umgegangen waren. Doch schon nach wenigen Wochen sorgfältiger Untersuchung erkannte ich, daß ich das Problem zu vereinfacht betrachtet hatte.

Ich hatte zwar selbst schon geschrieben, daß kein Mensch, der durch ein Konzentrationslager der Nazis gegangen war, gegen dessen Auswirkungen auf seine Persönlichkeit immun sein könne, doch hatte ich nicht bedacht, welch große Bedeutung die Erfahrungen der Nazizeit für die deutsche Bevölkerung hatten. Nachdem ich im Laufe einiger Wochen mit Einheimischen aller Schichten gesprochen und ihre gegenwärtigen Lebensformen beobachtet hatte – in Universitäten, auf der Staße, am Arbeitsplatz –, drängte sich der Schluß auf, jeder Deutsche sei auf diese oder jene Weise ein Insasse jenes größeren Konzentrationslagers gewesen, welches das Dritte Reich bildete. Jeder Deutsche, der unter dem Naziregime gelebt hatte, ob er es akzeptierte oder bekämpfte, war in einem gewissen Sinn durch ein Konzentrationslager gegangen. Manche, die tatsächlichen Lagerinsassen, waren als gefolterte Sklaven hindurchgegangen, andere, die Mehrheit der Deutschen, sozusagen als Verwalter.

Im Grunde waren für einen Deutschen unter Hitler nur zwei Haltungen möglich: seine Integrität zu bewahren, indem er alle Erscheinungen des nazistischen Staates bekämpfte – was eine kleine Minderheit tat –, oder ihn weitgehend zu akzeptieren und seine Persönlichkeit nach dessen Erfordernissen zu formen, was die überwiegende Mehrheit tat. Dieser Unterschied zwischen der Minderheit und der Mehrheit existiert noch im Deutschland Adenauers, und aller Wahrscheinlichkeit nach auch in der Ostzone. Es gibt jene, die sich nicht von ihrem Kampf gegen eine Gesellschaft loslösen können, in der es Konzentrationslager gab, und jene, die sich nicht davon lösen können, daß sie dies gebilligt oder hingenommen haben.

Mit psychologischer Terminologie könnte man sagen, beide Gruppierungen seien stark traumatisiert. Da jedoch das Wesen der Traumata gegensätzlich ist, haben sie unterschiedlich reagiert. Jene, die die KZ-Gesellschaft mehr oder weniger akzeptierten, verleugnen die wahre Bestimmung der Lager und deren entsetzliche Wirklichkeit; in diesem Fall hat offensichtlich eine defensive Amnesie eingesetzt. Wenn sie durchbrochen wird, versucht sich diese Amnesie zu erneuern durch heftige Verleugnungen, durch Alibis und durch Reaktionsformen wie Klagen darüber, was Amerikaner und Russen den Deutschen antaten, was die Amerikaner immer noch den Negern antun und so fort. Ein solches Repertoire von Abwehrmechanismen kommt in Bewegung, wenn die für das Funktionieren des Individuums benötigte Amnesie von außen angegriffen wird.

Jene, die das Naziregime bekämpften, sind jedoch nicht eher in der Lage, in Frieden zu leben. Sie verleugnen die Tatsache der KZ-Gesellschaft nicht und blockieren sie nicht durch Amnesie; im Gegenteil, sie scheinen die Traumata weiter auf eine »unintegrierte« Weise zu durchleben. Ich begegnete einem Mann, der voller Hingabe ein besseres Deutschland aufbauen wollte; er war kein isoliertes Individuum, sondern eine im geistigen Leben Deutschlands aktive Persönlichkeit. Nach einer Weile kamen wir auf die Konzentrationslager zu sprechen, und er holte aus seiner Brieftasche einen zwei Jahre alten Zeitungsausschnitt und zeigte ihn mir. Dort stand, einem Besucher sei in Dachau von einem deutschen Fremdenführer mitgeteilt worden, in den Lagern habe man ausschließlich Kriminelle verwahrt, bei denen niemals Folter angewandt worden sei, und das, was die meisten Leute darüber sagten, seien doch nichts als Lügen – kein anständiger Bürger sei je in ein Konzentrationslager geschickt worden. Mein Gesprächspartner war offensichtlich so schockiert, daß diese Lügen allgemein akzeptiert wurden, daß er den Beweis einer eklatanten Verleugnung von Tatsachen nicht wegwerfen konnte. Ich war verblüfft, daß dieser Mann den Ausschnitt seit zwei Jahren in seiner Brieftasche herumtrug – gleichsam über seinem Herzen –, und dies ließ mich vermuten, daß auch er nicht in der Lage war, die Konzentrationslager zu vergessen, auch nicht einen Augenblick lang.

Bei diesem Aufenthalt hatte man mir gesagt, Dachau bleibe als eine Art Gedenkstätte erhalten, und ich hatte überlegt, ob ich sie besuchen sollte. Der Zeitungsausschnitt und die dramatische Weise, auf die er mir vorgelegt wurde, brachten mich zu dem Entschluß, dies zu tun.

Bevor ich nach Buchenwald verlegt worden war, hatte ich das Frühjahr und den Sommer des Jahres 1938 in Dachau zugebracht. In gewisser Weise wollte ich, daß der Fremdenführer die Schrecken des Lagers verleugnen würde; dies hätte meine Überzeugung bestätigt, daß die Deutschen von heute es vorziehen, die Erfahrungen der Nazizeit gänzlich zu verleugnen. Doch wie so oft war die Wirklichkeit ganz anders.

Auf meiner Reise nach Dachau stieg ich in einem der besten Münchner Hotels ab, trug mich als amerikanischer Staatsbürger ein und sprach absichtlich nur Englisch. Als ich mich erkundigte, wie ich das Gelände des Konzentrationslagers in Dachau besuchen könne, beschäftigte sich der Angestellte am Empfang, der bis dahin sehr höflich und hilfsbereit gewesen war, plötzlich mit einem anderen Hotelgast. Als ich nicht locker ließ, behauptete er, er wisse nicht, ob und wie man Dachau besuchen könne, außerdem sei dort sowieso nichts übriggeblieben, das von Interesse wäre. Ich bestand dennoch auf einem Besuch, und er wandte sich wieder von mir ab, wobei er diesmal andeutete, daß ich einen sehr schlechten Geschmack an den Tag lege. Nach vergeblichem Warten wandte ich mich an einen anderen Rezeptionsangestellten und bekam eine ähnliche Antwort.

Da ich so beharrlich war, sagten sie mir schließlich, sie wüßten nicht, wie man das Lager erreichen könne, da es ziemlich weit vom Bahnhof entfernt liege und das Mieten eines Autos sowie die Fahrt von München nach dort sehr teuer wären. Ich antwortete, ich würde den Zug nehmen und versuchen, vom Bahnhof aus per Auto weiterzukommen. Dies könnte möglich sein, sagten sie, doch seien sie gar nicht sicher, ob ich dort ein Taxi bekommen könnte. Ich sagte, ich sei bereit, das Risiko einzugehen. Ob es denn nicht ein denkwürdiger, wenn auch sinistrer Ort sei, der recht interessant sein könnte? Eisiges Schweigen war die Antwort. Dann bat ich um den Fahrplan und bekam zu hören, nach Dachau gebe es viele Züge. Wann denn der nächste abfahre? Man zeigte mir einen riesigen Fahrplan, auf dem die Abfahrtszeiten aller von München aus in sämtliche Richtungen verkehrenden Züge aufgeführt waren. Er war so auf der Empfangstheke befestigt, daß ihn die Angestellten von der anderen Seite aus lesen konnten, und ich mußte ihn verkehrt herum anschauen.

Bis dahin hatte ich auf einen Besuch in Dachau keinen allzu großen Wert gelegt, doch weckten diese Hotelangestellten allmählich einen kalten Zorn in mir, zuerst wegen ihrer impliziten Verleugnung der Bedeutung des Lagers, und dann wegen der mißbilligenden Haltung einer Person gegenüber, die an ihm interessiert war. Als ich dann in einem Vorortzug von München nach Dachau saß, ließ ich einige der Gefühle wieder aufleben, die ich in meiner Zeit im Lager gekannt hatte. Ich spürte den heftigen Kontrast zwischen dieser unkomplizierten, bequemen halbstündigen Bahnfahrt und meiner Reise vor siebzehn Jahren mit all ihrer Brutalität; damals waren einige Freunde ermordet und andere zum Krüppel geschlagen worden. Als ich dann den verschlafenen Bahnhof von Dachau verließ und zu einem von mehreren wartenden Taxis ging, war ich bereit für eine emotionelle Erfahrung.

Der Tenor des Zeitungsausschnittes, welcher mir auch einige Beweggründe geliefert hatte, sollte für mich bei dieser Fahrt bestimmend sein. Ich hatte beschlossen, mich wie ein skeptischer Österreicher aufzuführen. In meinem besten Wiener Dialekt fragte ich den Taxifahrer, wie weit es zum Lager sei, ob es dort etwas zu sehen gebe und wie lange man dazu brauchen werde. Seine Freundlichkeit und sein Geschäftseifer entwaffneten mich; er ermutigte mich zu einem Besuch und erklärte sich bereit, mir alles Sehenswerte zu zeigen, wobei er behauptete, er kenne sich gut aus.

Ich erwähnte dann beiläufig, ich hätte viele widersprüchliche Geschichten gehört und hätte, da mir ein bißchen freie Zeit zur Verfügung stand, den Drang verspürt, die Wahrheit über das Dachauer Lager herauszufinden. Ich fügte hinzu, von den Leuten werde die Sache wohl übertrieben und allzu dramatisch dargestellt – und er sagte daraufhin, es sei kaum möglich, das Schreckliche von Dachau zu übertreiben. Er erzählte mir von verschiedenen Vorfällen, und seltsamerweise hatte ich einige davon selbst miterlebt. Er sprach von den kleineren Schwierigkeiten, die er selbst mit den SS-Männern der Lagerbewachung gehabt hatte und von den größeren Schwierigkeiten, welche Bauern aus der Nachbarschaft mit ihnen gehabt hatten. Er beschrieb die Ermordung von Häftlingen in den Jahren 1938 und 1939 und die unglaublich gefühllose Haltung der beteiligten SS-Männer – genau das, was ich selbst so viele Male miterlebt hatte. Ich fing gerade an, mich darüber zu wundern, wie dieser Mann die Wahrheit über die Konzentrationslager so gelassen akzeptieren konnte, als er mir des Rätsels Lösung gab, oder vielmehr einen Hinweis darauf. Er hörte plötzlich auf, von Dachau zu erzählen, und ging über zu Erinnerungen an seine vier Jahre lange Kriegsgefangenschaft in Sibirien; er schilderte, wie er gegenüber den russischen Wachen und angesichts der Kälte, des Schmutzes und des Hungers um sein Leben hatte fürchten müssen. Es war, als fügte sich an den Bericht über ein bestimmtes Gefangenenlager ganz natürlich der Bericht über ein anderes.

Hier lag also die Lösung. Dieser Deutsche war überzeugt, daß er unter Hitler genausoviel gelitten hatte wie jene, die in Hitlers Konzentrationslagern saßen. Deshalb fühlte er sich frei von Schuld. Als Bewohner des Städtchens Dachau hatte er nicht nur gewußt, daß das Lager existierte, sondern hatte sich vor dessen Vorhandensein mehr als die meisten Deutschen gefürchtet. Solange die militärischen Erfolge der Deutschen anhielten, hatte er sich über sie durchaus gefreut, und er hob lobend hervor, daß irdische Güter (besonders Lebensmittel) unter den Nazis gleichmäßiger verteilt gewesen seien als in den Jahren nach 1945, in denen manche im Überfluß gelebt hätten, während er habe Hunger leiden müssen. Trotzdem war er voller Haß gegenüber Hitler; dafür waren jedoch hauptsächlich sehr persönliche Gründe ausschlaggebend.

Vor dem Krieg hatten die SS-Männer aus dem Dachauer Lager die örtlichen Gasthäuser in Beschlag genommen und die ledigen Mädchen für sich beansprucht. Schlimmer noch, sie hatten diesem Mann in seiner Jugend eine seiner Lieblingsbeschäftigungen vermiest, die darin bestand, mit seinen Freunden im Wirtshaus zu sitzen und zu allem, was ihm nicht paßte, seine Meinung hinauszuposaunen. Die dauernde Gegenwart der SS-Männer hatte sie daran gehindert, untereinander freimütig zu reden. Der Taxifahrer wurde noch erboster, als er mir erzählte, dieser Schuft namens Hitler habe, indem er draußen das Lager errichten ließ, seine schöne Heimatstadt in der Welt in Verruf gebracht. Wann immer er verreise, ziehe er es vor, seinen Wohnort nicht zu nennen, weil dies unweigerlich zu unschönen Diskussionen führe.

Wenn dieser kleine Vorfall irgendeine Lehre enthielt, dann war es folgende: Ein Mann wie dieser, der das Dachauer Konzentrationslager aus nächster Nähe erlebt hatte, konnte niemals dazu gebracht werden, es in einem guten Licht zu sehen. Anders als die meisten Deutschen von heute konnte er es auch jetzt nicht aus seinem Gedächtnis streichen, da er immer noch in der Nähe des Geländes wohnte. Er konnte das Lager nicht als ein höchst ungewöhnliches Erlebnis betrachten, als einen Alptraum, der sich aus der Erinnerung verdrängen ließ; für ihn war es eine Realität, mit der zu leben er im Laufe der Jahre hatte lernen müssen. Obwohl ihn das Dachauer Lager nicht zu einem Gegner des Naziregimes machte, das seiner Meinung nach für Leute wie ihn viel Gutes gebracht hatte, konnte er das Lager selbst nie akzeptieren. Da ihm das Regime aber Leidenserfahrungen gebracht hatte, die er mit denen der Häftlinge von Dachau gleichsetzen konnte, brauchte er sich nicht schuldig zu fühlen und hatte nichts zu verleugnen. Da das Lager für ihn stets gegenwärtig gewesen war, erreichte ihn das Entsetzliche nicht abrupt, sondern ganz allmählich, und es fehlten ihm die alptraumhaften Eigenschaften eines Traumas, das ein ganzes Leben überschattete oder verleugnet werden mußte. Er hatte die Realität von Dachau und alles, was sie bedeutete, auf seine eigene einfache Art verarbeitet, und seine Haltung war deshalb eine ganz nüchterne.

Als mir der Taxifahrer Dachau zeigte, fühlte ich mich in meiner Rolle des naiven Besuchers ganz wohl. Er zeigte mir, soviel er konnte; er war ruhig dabei, und was ihm bekannt sein mußte, überging er nicht und versuchte es auch nicht zu vertuschen.

Er sprach über den Turm am Eingangstor des Lagers. Er zeigte ihn mir aus einiger Entfernung und bedauerte, daß wir nicht näher herankommen konnten, weil er nun, wie ich sehen konnte, Teil einer Einrichtung der U.S.-Armee war und in einem Sperrgebiet lag. Hätte ich mich an den befehlshabenden Offizier gewandt, dann hätte ich vermutlich eine Besuchserlaubnis erhalten, doch es schien mir unnötig. Ich versuchte ja nicht, bestimmte Örtlichkeiten oder Gebäude wiederzusehen, ich wollte Eindrücke erhalten. Und dadurch, daß der schreckliche Turm jetzt Teil einer Einrichtung der amerikanischen Armee war, verlor er seinen Schrecken völlig. Was wir Häftlinge nicht zu hoffen und kaum zu träumen gewagt hatten, daß die amerikanische Flagge über dem Turm wehen würde, war zu einer alltäglichen Wirklichkeit geworden. Was hatte es da noch für einen Zweck, eine Ansammlung von Steinen aus der Nähe zu betrachten?

Wir fuhren außen an den Absperrungen entlang, am Elektrozaun, an den Wachtürmen, an dem Graben, der zuvor mit Wasser gefüllt war. Doch die Pfähle des einst gewaltigen Palisadenzaunes waren verwittert, vermodert und lose; der grausame Draht war zerrissen und baumelte umher. Der Graben war bis auf den Grund ausgetrocknet, seine steilen Wandungen zerfielen allmählich; Gras, Unkräuter und Wiesenblumen wuchsen auf ihnen. Es war derselbe Ort, aber er war es doch nicht. Nur durch einen bewußten Akt des Erinnerns konnte ich die Vergangenheit wieder erschaffen, die bei jedem Schritt von dem Erscheinungsbild der Türme, von dem Palisadenzaun und dem grasbewachsenen Graben, die alle wie altertümliche Ruinen wirkten, widerlegt wurde, und vor allem durch die Gegenwart amerikanischer Soldaten und deren Ausrüstung.

Wir fuhren die einstige Hauptstraße des Lagers entlang, die von Baracken gesäumt war. Langsam näherten wir uns jener, in der ich gewohnt hatte. Einen Augenblick lang war ich versucht, den Fahrer zu bitten, er solle anhalten und mich aussteigen lassen, doch vor dem Eingang spielten Kinder, und ich hielt es für besser, ihr Spiel und ihre Ungestörtheit nicht wegen etwas zu behelligen, das jetzt nur noch leere Neugierde war.

Im Lager sind Flüchtlinge aus der Ostzone Deutschlands untergebracht, und die Verwaltung hat versucht, das Erscheinungsbild zu verbessern. Dank der Bemühungen von Frauen, hinter ihnen ein Zuhause zu schaffen, hingen an den Fenstern Vorhänge – es waren dieselben Fenster, durch welche die ganze Nacht lang das grelle Licht der rotierenden Scheinwerfer in die Augen der Männer gedrungen war, die ein bißchen Schlaf zu ergattern versuchten oder Ruhe finden wollten vor dem nächsten Foltertag und seiner Todesdrohung. Es war wie jedes andere Flüchtlingslager, es sah ziemlich öde aus, doch seine Bewohner hatten wenigstens die Hoffnung hinauszugelangen.

Das war nicht Dachau. Es war, als hätte das Konzentrationslager nie existiert. Das war weder ein Denkmal zur Erinnerung an eine schreckliche Vergangenheit, noch ein Ort, der eine bessere Zukunft versprechen könnte. Es handelte sich einfach um eine praktische Verwertung verfügbarer Einrichtungen, so wie die amerikanischen Truppen jetzt aus Nützlichkeitserwägungen heraus die ausgezeichneten Unterkünfte benutzten, welche die Häftlinge einst unter Peitschenhieben für die SS-Mannschaften errichten mußten.

Ich glaube nicht, daß dieses Auslöschen der Vergangenheit absichtlich geschah. Die Besatzungszeit und die gesamte deutsche Nachkriegsgeschichte eigneten sich ganz hervorragend dazu, die Nazivergangenheit auszulöschen – oder vielmehr vereinen sich die tiefsten Wünsche der Deutschen mit dem Lauf der Geschichte, um genau dies zu erreichen. In dieser Umgebung und in diesem Augenblick hatte es den Anschein, als dächten nur der Taxifahrer und ich an Dachaus Vergangenheit, wenn auch aus sehr unterschiedlichen Gründen und vielleicht auch mit unterschiedlichen Gefühlen.

Gab es eine Gedenkstätte? Wir fuhren in eine scharf abgegrenzte Umfriedung, wo uns zwei amerikanische Soldaten freundlich weiterwinkten. Es gab einen kleinen Parkplatz, auf dem drei Autos abgestellt waren, die ihren Nummernschildern zufolge Eigentum der amerikanischen Besatzungstruppen waren. Die Allgegenwart der Symbole der amerikanischen Armee war zwar sehr beruhigend, doch milderte sie auch die Eindrücke vom Wesen dieses Ortes. Die Reaktion des Hotelpersonals in München hatte meinen alten Zorn neu entfacht; die im Lager untergebrachten Flüchtlinge und die Gegenwart des amerikanischen Militärs hatten ihn wieder besänftigt. Es hatte keinen Zweck, einen toten Hund zu schlagen, auch wenn er zuvor gebissen, zerfetzt und getötet hatte.

Die Gedenkstätte nahm nur einen kleinen Teil des Lagergeländes ein; zu ihr gehörte die alte Hinrichtungsstätte, der Galgen, die Gaskammer sowie zwei oder drei (der Taxifahrer war sich nicht ganz sicher) Massengräber. Den Mittelpunkt bildete die Statue eines Konzentrationslagerhäftlings in typischer Kleidung; sein Gesicht und seine Gestalt zeigten die tiefen Spuren körperlichen und seelischen Leidens. Die Darstellung war wahrheitsgetreu und gleichzeitig doch wieder eine Idealisierung. Kein großes Kunstwerk, aber anständig und gut gemeint. Vielleicht sind wir immer noch zu nahe an dem Geschehen der Lager, um es symbolhafter ausdrücken zu können, also auf eine ästhetisch überzeugendere Weise.

In diesem schönen, mit gepflegten Blumenbeeten durchsetzten Hain brachten mir nur die Statue des Häftlings und mein eigenes Nachdenken ins Bewußtsein, woran die Gedenkstätte erinnern sollte. Ich sah natürlich Hinweistafeln, die erläuterten, wozu jede einzelne Stätte des Entsetzens benutzt worden war. Bei all der Ordnung und Sauberkeit war es jedoch schwer, sich vorzustellen, daß Zehntausende von Menschen hier über viele Jahr hinweg unglaubliche Erniedrigungen und Schmerzen ertragen mußten, daß sie auf entsetzliche Weise ermordet wurden. Es stimmt, daß die Ordnungsliebe und Eilfertigkeit, mit der bürokratische Anordnungen über Menschenleben hier ausgeführt wurden, zu den schlimmsten Schreckensbildern des Lagers gehörten. Doch auch dies verschwand hinter der neuen Gefälligkeit und Ordnung.

Was mich vielleicht am meisten bedrückte, war die Kleinheit der Ausmaße. Der kleine Kasten, der einst die Tötungskammer war, konnte nicht viele Häftlinge auf einmal gefaßt haben. Es gab nur zwei Öffnungen, jeweils für einen Leichnam, zum Verbrennungsofen des Krematoriums. Die beiden Grabstätten, die eine mit einem Holzkreuz gekennzeichnet, die andere mit einem Davidstern, waren nicht viel größer als ein Einzelgrab – und es waren Gruben gewesen, in welche die Asche von Tausenden von Menschen geschüttet worden war.

Die verwelkten Kränze mit den verblichenen Schriftzügen auf den Schleifen trugen zu der Illusion bei, daß alles in eine ferne Vergangenheit gehöre. Die Mauern der Gaskammer und des Krematoriums waren mit Kritzeleien bedeckt, mit den – für ein Geschichtsdenkmal typischen – Namen und den Anmerkungen mancher Besucher, doch nicht einmal diese Embleme des Tourismus weckten mehr als einen schwachen Abscheu in mir. Schließlich waren die meisten Besucher Amerikaner jüdischen Glaubens gewesen. Warum sollte ich wütend sein auf Leute, die die Mauern der Gedenkstätte verunstaltet hatten, wenn sie tiefe Anteilnahme mit jenen empfanden, die hier gelitten hatten? Daß sie ihren Namen und das Datum ihres Besuches hinterlassen hatten, bedeutete nur, daß auch sie das Gefühl hatten, an einer historischen Stätte zu stehen, die kaum eine Verbindung zu ihrem gegenwärtigen Leben hatte, so daß sie keineswegs vor dem Geist jenes Ortes in Ehrfurcht erstarrten, sondern eine Verbindung herzustellen versuchten, indem sie auf den Mauern Zeichen ihrer Anwesenheit zurückließen. Zu manchen Inschriften gehörten auch entrüstete Bemerkungen, doch auch sie erschienen fehl am Platze oder gar kindisch, weil zwischen dem, was sie ausdrücken wollten und dem, was sie wirklich aussagten, ein Abgrund lag.

Hätte ein Einzelereignis meine Erfahrung des Lagers bestimmt, dann hätte ich vielleicht den alten Eindruck von diesem Ort wiederentdecken können. Aber was Dachau denkwürdig machte, waren zahllose Erfahrungen: der Tag, an dem ich und Hunderte meiner Mithäftlinge plötzlich für eine Zeitlang erblindeten, weil wir Ödeme an den Augenlidern hatten; die Erschießung eines Freundes; der Selbstmord eines anderen, der mit Absicht in einen unter Spannung stehenden Drahtverhau lief; und vor allem die immerwährenden kleinen Schikanen und Erniedrigungen sowie das krampfhafte und verzweifelte Bemühen, sich selbst trotz alledem am Leben zu erhalten.

Eine kleine Gruppe ging zur selben Zeit wie wir umher: Ein amerikanischer Major, ein Hauptmann und mit ihnen zwei oder drei Damen; sie waren vermutlich mit den Autos eingetroffen, die ich auf dem Parkplatz gesehen hatte. Der Major sah grimmig und erbost aus, als er die Gaskammer und das Krematorium inspizierte, doch die anderen schienen gleichgültig, sogar etwas gelangweilt zu sein, wenn ich ihren Gesichtsausdruck richtig deutete. Außerdem führte ein Lehrer eine Gruppe deutscher Schulkinder durch das Gelände, Jungen und Mädchen im Alter von zehn oder elf Jahren, etwa fünfundzwanzig an der Zahl. Sie schienen weder interessiert noch beeindruckt zu sein. Der Lehrer erzählte ihnen etwas von der Anzahl derer, die hier gestorben waren. Die Kinder machten Späße und würdigten das kleine Gebäude und die Hinweise kaum eines Blickes. Mein Eindruck war, daß sie sich freuten, dem Klassenzimmer entronnen zu sein, daß der Ort selbst ihnen aber nichts bedeutete, wenngleich der Lehrer objektive Erläuterungen gab, die aber nichts weiter als heruntergeleierte Tatsachen waren. Auch er schien uninteressiert zu sein, und nach einem kurzen Rundgang entfernte er sich mit seinen Zöglingen.

Ich weiß nicht, wie andere reagieren, wenn etwas, das einst auf schreckliche Weise Teil ihres Lebens war, zu einem Denkmal wird, das Schaulustige besuchen. Für mich war es nicht der richtige Weg, der Vergangenheit wiederzubegegnen. Meine Reaktion ähnelte der der Schulkinder. Ich hatte in meinem ganzen Leben vermieden, Massengräber zu besuchen, weil sie in mir kein Begreifen wachrufen. Das Grabmal des Unbekannten Soldaten rührt mich, das Grabmal zahlloser Menschen in Verdun tut dies nicht. Als ich dort in Dachau stand, war das Konzentrationslager für mich viel mehr abgetan, als wenn ich mich im fernen Chicago daran erinnert hätte. Das Massengedenken in Dachau an die Zehntausende von Opfern ließ ihren Tod fern erscheinen wie in einer Chronik, doch gegenüber dem Leben der Opfer empfand ich stärkere Emotionen, als mir Verwandte in Wien einige Tage danach zeigten, wo, um der Gestapo zu entrinnen, einer aus dem Fenster gesprungen war und ein anderer sich erhängt hatte. Das waren Einzelschicksale von Menschen, und dieser Verlust gab ein starkes Gefühl von Betroffenheit.

Als wir zurückfuhren in Richtung Bahnhof, schüttete mir der Fahrer sein Herz aus und machte Dachau dadurch noch einmal zu der Erfahrung, die es aus seiner Sicht darstellte. Warum war das Lager in Dachau, seiner Heimatstadt, angelegt worden und nicht woanders? Schuld daran seien ein alter Bauer und seine verkommenen Söhne gewesen, die mit dem Boden nichts anzufangen wußten. Das Gelände des Lagers sei einst ein großer Bauernhof gewesen, welcher an den Staat verkauft wurde, der dann vor dem Ersten Weltkrieg eine Munitions- oder Waffenfabrik darauf errichtete. Als die Nazis an die Macht kamen, hätten sie diese als Konzentrationslager verwendet, weil bereits Baracken vorhanden waren sowie Palisaden und ein Stacheldrahtzaun. Es hatte sich also aus praktischen Erwägungen ergeben, genauso wie bei den amerikanischen Behörden, die nun für einen Teil des Lagers Verwendung hatten, und für die Bonner Regierung, die das übrige Gelände zur Unterbringung von Flüchtlingen verwendete.

Als wir das Dachauer Lager verließen, fuhren wir wieder an den Baracken vorbei, und dann kam mein letzter Blick auf das Gelände und sein schreckliches Tor, durch das gerade einige Jeeps fuhren. Eine große Einrichtung der U.S.-Armee, ein großes Flüchtlingslager, und eine Gruppe kleiner Gebäude zum Gedenken an die Vergangenheit – ich konnte es nicht ganz akzeptieren. Um meinetwillen wünschte ich, das Lager wäre so erhalten geblieben, wie es bei der Befreiung gewesen war. Dann wäre ich wahrscheinlich in der Lage gewesen, das Vergangene besser in Erinnerung zu rufen; dann wäre Dachau lebendig geworden auf einer Woge alter Gefühle des Zorns, der Erniedrigung und der Verzweiflung. Doch die Zeitgeschichte (und das Krematorium) war in einen kleinen Bereich verbannt worden, der sich quasi symbolisch an der entlegensten Ecke des Lagers befand, weit weg vom Tagesgeschehen.

Während ich im Bahnhof auf den Zug wartete, hörte ich deutschen Flüchtlingen zu, die Bier tranken und davon sprachen, daß sie alles verloren hätten. Auf der Rückfahrt nach München blickte ich aus dem Zugfenster auf ausgebombte Bezirke. Als ich aus dem Münchner Bahnhof trat und um mich herum die immer noch vorhandene völlige Zerstörung sah, fiel mir ein, daß ich mir unbewußt von den Deutschen gewünscht hatte, sie würden das alte Dachau dem Gedenken daran widmen, was ich und andere Juden und Antifaschisten erlitten hatten, daß ich aber nicht gewünscht hatte, sie würden Denkmäler ihres eigenen Leidens errichten, das fast genauso ein Ergebnis des Nazismus war.

Gewiß waren die Insassen von Dachau hilflose Opfer des Hitler-Regimes gewesen, wogegen die Deutschen, oder zumindest die Hälfte von ihnen, es aus freien Stücken bejubelt hatten. Könnte es da nicht sein, daß ich unbewußt gehofft hatte, ein unverändertes Dachau würde eher als Mahnmal der Schändlichkeit der Folterer dienen, die es errichteten und betrieben, denn als Stätte des Gedenkens an die Opfer?

Also war dies eine Lektion, die ich lernte: daß man kein Mahnmal der Verkommenheit eines Systems errichten kann, indem man die Gräber seiner Opfer sorgfältig pflegt. Die christlichen Märtyrer selbst symbolisierten ja ihre Gläubigkeit und ihre religiöse Überzeugung; worauf es ankam, war nicht die Grausamkeit ihrer Peiniger, die uns heute eher nebensächlich erscheint. Ich merkte, daß ich nicht im richtigen Geist nach Dachau gegangen war. Für mich war Dachau jetzt weniger ein Symbol menschlichen Leidens, sondern der Grausamkeit, die menschliche Wesen packte und in Gegenstände verwandelte, die in einer Gaskammer verarbeitet wurden. Wenn man selbst ein Häftling war, kann man einfach keine steinerne oder bronzene Statue eines Konzentrationslagerhäftlings anschauen; der Überlebende kann die Gräber seiner Leidensgenossen nicht betrachten und sagen: Seht die Schwere meines Leidens und bewundert es! Dem, was man selbst erlitten hat und andere ebenfalls, kann nur abgeholfen werden, indem man lebt und handelt.

Und dann wurde mir bewußt, daß der gegenwärtige Zustand des Lagers der Wirklichkeit, der gegenwärtigen Realität eher entspricht, als wenn es so erhalten worden wäre, wie es bei der Befreiung war – wie dies anscheinend bei Buchenwald der Fall ist. Eine Stätte intakt zu halten, bedeutet, sie aus dem Strom der Geschichte zu entfernen, sie zu einem Monument zu machen, das nicht mehr in diese Zeit und an diesen Ort gehört.

In Wirklichkeit erinnert die Anwesenheit der Flüchtlinge weit besser als die Gedenkstätte an das Leid, dem menschliche Wesen durch ihre Mitmenschen ausgesetzt werden. Das äußerst schlimme Elend von Dachau gehört der Vergangenheit an, doch gibt es weiterhin Notlagen; durch Schrecken und Terror werden Menschen immer noch aus ihrem Heim vertrieben. Die augenblicklichen Opfer waren Deutsche, doch erblickte ich in dieser Tatsache keine historische Gerechtigkeit. Wenn man wie ich glaubt, daß unser Hauptaugenmerk den Lebenden gelten soll, dann wird es verständlich, daß auch für die Deutschen die Schrecken des KZ-Regimes verblassen gegenüber dem Elend der Flüchtlinge, die jetzt das Lager bevölkern.

Das also lernte ich aus meinem Besuch in Dachau: daß ich es in meinem Gedächtnis am besten bewahren konnte. Andere Überlebende der Lager, die wie ich Deutschland verlassen haben, konnten dies ebenfalls tun, weil unser Leben nicht in und um Dachau fortgeführt werden mußte. Wir hatten uns von dem Land, in dem es einst eine zentrale Einrichtung gewesen war, radikal losgesagt. Ich konnte das alte Dachau intakt halten als eine emotionelle Erfahrung. Ich konnte seine Auswirkungen bewältigen, indem ich sie emotionell und seelisch abarbeitete, und es würden die Auswirkungen eines Dachau sein, das seine alte gegenständliche Realität unverändert beibehalten hatte, da ich auch mit der äußerlichen Realität Deutschlands nicht mehr in Verbindung stand. Für mich war Dachau ein Problem der menschlichen Natur geworden und eine persönliche Erfahrung, doch es war kein bestimmter Ort des Landes, in dem ich wohnte.

Die Deutschen hingegen müssen unmittelbarer als ich mit der Erinnerung an ihre Konzentrationslager leben. Sie haben während des Krieges und die meiste Zeit nach seinem Ende jeden Tag damit gelebt. Sie konnten sich von dem Leid, das der Nazismus verursacht hatte, nicht befreien, indem sie einen Ozean überquerten und ein neues Leben anfingen. Wollten sie anders weiterleben denn als bloße Überlebende des Nazismus und der Niederlage, dann mußten die Deutschen mit einem Ort wie Dachau und auch mit dem Verbrechen von Dachau zurechtkommen. Wenn sie Dachau gänzlich erhalten hätten als Mahnmal des schändlichen Nazismus, dann hätten sie ebenso ihre zerbombten Städte erhalten müssen als Monumente des Leidens, das sie selbst erfahren haben.

Wahrscheinlich taten die Deutschen das Richtige, als sie in Dachau nur einen kleinen Bereich für das Gedenken an die Opfer abtrennten, den größten Teil für die Flüchtlinge verwendeten und die Amerikaner den Rest als Armeestützpunkt benutzen ließen. »Ließen«, schreibe ich, als hätten sie all dies selbst zu entscheiden. Dann erinnere ich mich, wie Fahrzeuge vorbeifuhren, deren Nummernschilder mit »U.S. Forces in Germany« beschriftet waren. Man sieht diese Nummernschilder überall in Deutschland, und deshalb fragte ich mich: Angenommen, das Undenkbare wäre geschehen, und die Japaner hätten die Vereinigten Staaten überrannt – wie hätten Amerikaner sich verhalten? Wie wären sie umgegangen und zurechtgekommen mit zehn Jahren der allgegenwärtigen Symbole einer völligen Niederlage, mit Siegern auf all ihren Straßen? Hätten sie ein Denkmal errichtet für irgend etwas, das sie an ihre Niederlage erinnerte? Ich weiß es nicht. Ich weiß aber, daß die einzige Möglichkeit, mit einer solchen Vergangenheit zu leben, darin besteht, sie nicht unverändert und gleichsam eingekapselt am Leben zu erhalten, sondern sie in einem immer kleiner werdenden Bereich anzusiedeln, wie es bei der Gedenkstätte in Dachau geschah.

So traurig dies angesichts meiner eigenen Erfahrungen und der Erfahrungen der Freunde und Verwandten der Millionen von Naziopfern ist: Wir können von den heutigen Deutschen nicht erwarten, daß sie gegenüber ihren Opfern eine ganz andere Haltung haben als gegenüber ihren eigenen verwüsteten Städten. Da sie angesichts der Ruinen ihrer eigenen Häuser eine viel nüchternere Haltung zeigen als ich, muß ich akzeptieren, daß sie Dachau gegenüber eine eher nüchterne Haltung an den Tag legen. Mit aller Kraft wendet sich das heutige Deutschland von der Vergangenheit ab und widmet sich wie besessen dem Aufbau der Gegenwart und der Zukunft. Ja, die Deutschen tun es mit einem Willen und mit einer Kraft, als müßten sie die Vergangenheit einschließlich Dachaus verdecken, vergessen und ungeschehen machen. Bis jetzt offenbart sich nur wilde Aktivität. Wird sie in eine bessere Zukunft führen? Das ist noch schwer zu entscheiden, doch wird viel von ihrer und von unserer Haltung gegenüber der deutschen Vergangenheit abhängen.

Ins Deutsche übertragen von Rüdiger Hipp.

Befreiung vom Gettodenken*

Es gibt kein helles Licht ohne dunkle Schatten, und neben den bedeutenden Beiträgen, welche die Juden zur menschlichen Kultur geleistet haben, gibt es auch einige dunkle Stellen. Ich glaube, es ist notwendig, daß die Juden alle Bereiche ihres Erbes betrachten. In diesem Essay spreche ich zwar als Jude zu Mitjuden, aber ich meine, daß die behandelten Themen von allgemeinem Interesse sind wegen der furchtbaren Folgen, die der Holocaust für die gesamte Menschheit hat.

Als Psychoanalytiker vertrete ich die Auffassung, daß das Verborgene, Verleugnete und Verdrängte weiterhin unser bewußtes Leben stört, wenn wir es nicht ans Tageslicht bringen und genau betrachten, um es auf Dauer loszuwerden. Andernfalls tragen wir es weiter in uns als unsere geheimgehaltene Schande.

Bekanntlich ist die jüdische Geschichte eine seltsame Mischung aus Universalismus und Provinzialismus, aus gewaltigem Drang nach geistiger Freiheit und engstirniger Bigotterie. Juden tauchen in der Geschichte zuerst als die Überbringer der größten Errungenschaften der Frühzeit der Menschheit auf; sie brachten den Monotheismus und traten für ein Leben unter dem Gesetz ein.

Die jüdische Frühgeschichte berichtet aber auch von Engstirnigkeit und einem bisweilen heftigen Nationalismus. Unter Juden geschah es dann, daß sich ein Mensch zum erstenmal einem willkürlich handelnden Gott entgegenstellte, wie es die Legende von Hiob schildert; das Thema wurde in unserer Zeit in Archibald MacLeishs Drama ›J.B.‹ (deutsch ›Spiel um Job‹) eindrucksvoll gestaltet. Doch etwa um dieselbe Zeit, als Hiob sogar gegenüber Gott für die Humanität des Menschen eintrat, finden wir religiöse Intransigenz, zum Beispiel unter den Pharisäern. Ich möchte eine überaus wichtige religiöse Bewegung, die unter diesem Namen bekannt ist, nicht verunglimpfen, son-

* Dieser Essay vereint die ›Lessing Rosenwald Lecture‹ des Jahres 1962 mit einem Artikel, der unter der Überschrift ›Freedom for Ghetto Thinking‹ im Frühjahr desselben Jahres in ›Midstream‹ erschien. Beide wandten sich an ein jüdisches Publikum. In seiner gegenwärtigen Form wurde der Essay noch nicht veröffentlicht. Er enthält auch Auszüge aus meinen Büchern ›Survival of the Jews‹ und ›Their Specialty Was Murder‹.

dern beziehe mich hier auf die engstirnige Haltung, die in der Regel gemeint ist, wenn wir von Pharisäertum sprechen. Viele Jahrhunderte danach finden wir den großen Gelehrten Spinoza als Zeitgenossen der Verfolgung Uriel Acostas durch Amtsträger des Judentums.

Sosehr Juden auch darüber hinwegsehen möchten, sind dies zwei starke, gegensätzliche Strömungen in der jüdischen Geschichte. Für Juden ist es so selbstverständlich, Stolz zu empfinden über ihre bedeutenden Beiträge zur Befreiung des Geistes, daß sie manchmal die Tatsache verleugnen, daß in ihrer Geschichte nicht alles in hellem Glanz erstrahlt. Da ich der Meinung bin, daß sich die Juden zu ihren eigenen Gunsten von allen Überbleibseln des engstirnigen Provinzialismus befreien sollten, der häufig zu ihrem Erbe gehört, werde ich mich noch genauer mit diesem kulturellen Merkmal befassen.

Zweifellos hat sich das Selbstverständnis der Juden durch Hitler und durch das, was unter seinem Regime und nach seinem Willen geschehen ist, radikal gewandelt. Wie wird die Zukunft der Juden aussehen und was wird ihre Rolle in der Welt sein? lautet die besorgte Frage. Mit der Schaffung des Staates Israel ergab sich noch eine weitere Frage: Was sollte der jüdische Standpunkt in nationalen und weltpolitischen Angelegenheiten sein? Die meisten amerikanischen Juden haben eine strikt zionistische oder nationalistische Position abgelehnt. Wenn sie aber keine Zionisten sind, werden sie bei der Erziehung ihrer Kinder unweigerlich mit diesem Problem konfrontiert: Was bedeutet es denn genau, Jude zu sein?

In meiner Kindheit im antisemitisch eingestellten Wien machte das Passahgebet um ein »nächstes Jahr in Jerusalem« auf mich einen tiefen Eindruck. Nicht weil ich nationalistisch eingestellt gewesen wäre – ich litt viel zu sehr unter pangermanischem Nationalismus und dem damit einhergehenden Antisemitismus, als daß mir irgendein Nationalismus erstrebenswert erschienen wäre –, sondern weil das Gebet ein Symbol bildete für das Ende der Judenverfolgung. Mehr als alles andere verband mich mit dem Judaismus die Solidarität, die ich denen gegenüber empfand, die ähnliche Verfolgungen erleiden mußten.

Doch die Juden in Amerika werden nicht verfolgt. Was wird sie also in Zukunft vereinen? Es fragt sich, ob eine Religion, eine gemeinsame Tradition, eine gemeinsame Geschichte oder ein so vages Konzept wie die jüdische ethnische Gemeinsamkeit die amerikanischen Juden auf längere Sicht verbinden wird. Die meisten von ihnen meinen, daß sie weiterhin als deutlich unterschiedene Gruppe existieren sollten; sie wollen dies, weil sie überzeugt sind, daß sie einen einzigartigen Beitrag leisten können. Darüber hinaus gibt es jedoch leider nicht viel Übereinstimmung, warum dies der Fall sein sollte und worin diese Einzigartigkeit besteht.

Die Juden sind nicht die einzige Gruppe, die dem Problem gegenübersteht, in Amerika eine ethnische Identität aufrechtzuerhalten.

Vor kurzem bat mich eine Gruppe von Amerikanern japanischer Abstammung, mich zu den schwierigen Problemen zu äußern, auf die sie bei der Erziehung ihrer Kinder stoßen; diese befinden sich in einem Dilemma zwischen ihrer japanischen Herkunft und ihrer Loyalität gegenüber Amerika. Als mich ein bedeutender in Amerika lebender Japaner um Rat fragte, faßte er das Problem folgendermaßen zusammen: Bei der Gruppe der Issei (Japaner, die in die Vereinigten Staaten eingewandert sind) werden mit zunehmendem Alter die Schwierigkeiten mit dem eigenen Selbstverständnis sowie die Gegensätze zwischen diesem Selbstverständnis und dem ihrer Kinder immer größer, insbesondere im Hinblick auf die kulturellen Abgrenzungen, die ihrer Ansicht nach in der heutigen Gesellschaft bestehen. Für die Nisei, die erste Generation der in Amerika geborenen Japaner, scheint es immer problematischer zu werden, ihre Identität als Amerikaner japanischer Herkunft aufrechtzuerhalten, und dieses Problem geben sie an ihre Kinder, die Sansei, weiter. Die Besorgnisse vieler Nisei-Eltern von heute spiegeln sich in Aussagen wie »Wir müssen aus unserem japanischen Erbe das Beste bewahren« und in Befürchtungen, die jüngere Generation habe ihre japanische Identität verloren. (»Sie müssen lernen, auf das japanische Erbe stolz zu sein.«)

Wie die Nisei haben Kinder in Amerika geborener Juden den Eindruck, sie müßten das Beste aus ihrem jüdischen Erbe bewahren und ihren Kindern beibringen, auf ihr jüdisches Erbe stolz zu sein. Das Problem ergibt sich also für alle Gruppen von Einwanderern, die zu Recht auf ihre unverwechselbare Tradition stolz sind. Bei der jüdischen Gruppe ist dies zum Beispiel die Tradition der Aufklärung, das Mitgefühl für andere, das

Verantwortungsbewußtsein, das Engagement für die Gemeinschaft und für die sozialen Belange.

Wie wird diese Tradition in der amerikanischen jüdischen Gemeinde von heute in die Tat umgesetzt? Die interessanteste und umfassendste Untersuchung über die Einstellungen einer amerikanischen jüdischen Gemeinde zu diesen Fragen ist wohl die Riverton-Studie des American Jewish Committee von Marshall Sklare. Dabei wurde festgestellt, daß sich Juden entgegen einer verbreiteten Annahme nicht durch gemeinsame Glaubensinhalte, sondern durch ein gemeinsames Ritual verbunden fühlen. In den meisten anderen Belangen sind die Unterschiede zwischen der Mehrheit der amerikanischen Juden und nichtjüdischen Bürgern eines ähnlichen sozioökonomischen Status recht klein. Diese kleinen Unterschiede gewinnen jedoch an Bedeutung, werden abgesichert und sogar überhöht durch sehr starke Bemühungen um ein Selbstverständnis. Es hat den Anschein, daß weniger die Religion als vielmehr der Sinn für Gemeinschaft die amerikanischen Juden miteinander verbindet, also der Wunsch, mit seinesgleichen zusammenzukommen und zusammenzuleben.

Einerseits gab es bei den Befragten darin Übereinstimmung, daß die Juden eine deutlich unterschiedene Gruppe bilden sollten, andererseits gingen die Meinungen darüber, aus welchen Gründen dies geschehen sollte, weit auseinander. Im großen und ganzen gab es aufgrund des Selbstverständnisses ein Gefühl der Überlegenheit, das jedoch durch Demut gemildert war. So wurde die Meinung vertreten, die Juden seien bessere Menschen, doch hauptsächlich deswegen, weil sie sich selbst philanthropischer einstufen als andere, weil sie der Ansicht waren, sie kümmerten sich stärker um das Wohl anderer und seien eher bereit, ihretwegen Opfer zu bringen.

Was hielten diese Juden für das »Wesentliche« eines guten Juden? Die vorgegebene Antwort, die dabei von den meisten als zutreffend ausgewählt wurde, lautete: »Ein ethisches und moralisches Leben führen«. (Etwa 93 Prozent der Befragten hielten dies für notwendig.) Die nächsten vier als »wesentlich« eingestuften Charakteristika waren:

– Akzeptieren, daß man Jude ist, und es nicht zu verbergen suchen: 85 Prozent
– Alle humanitären Bestrebungen unterstützen: 67 Prozent

- Förderung des Staatsbürgertums und des Gemeinsinns: 67 Prozent
- Die Achtung christlicher Nachbarn erwerben: 59 Prozent

Ich weiß nicht, was man von dieser Auflistung halten soll, doch als ich sie studierte, hatte ich das Gefühl, daß eine Neudefinierung des Judentums im Gange ist – genauer gesagt, eine Neudefinierung der Kriterien, nach denen die Qualität des individuellen Judentums festgestellt werden könnte. Die ethische Lebensführung wurde zwar in der jüdischen Religion schon immer betont, doch gab es daneben einen detaillierten Kodex, der vom einzelnen ebenso befolgt wurde. Die beiden waren ineinander verflochten; man war sogar der Meinung, daß das Individuum durch die gewissenhafte Einhaltung ritueller Gepflogenheiten zum ethischen Leben hingeführt werden könne.

Diese Betonung ritueller Gepflogenheiten fehlt in der erwähnten Auflistung völlig. Das eigene Judentum zu akzeptieren und es nicht zu verbergen verweist sicherlich auf eine gruppenspezifische, wenn nicht ritualistische Orientierung. Hier deutet sich jedoch eine ebenso starke Orientierung in Richtung auf die Populärpsychologie an – wie wichtig der gesunde Geisteszustand für die adäquate Selbstachtung ist.

Aus den zitierten Antworten geht hervor, daß es für amerikanische Juden gleichbedeutend ist, ein guter Jude und ein guter Mensch zu sein. Der jüdische Ritualismus, das Studium der Thora und der Gehorsam gegenüber ihren Gesetzen wird dabei durch einen verallgemeinerten Moralismus ersetzt; die Haupteigenschaften des guten Juden sind ethisches Verhalten, eine humanitäre Einstellung und tätiges Staatsbürgertum. Dies wird noch durch die Tatsache unterstrichen, daß nur 24 Prozent der Befragten es für wichtig hielten, daß ein guter Jude den Gottesdienst besuche, etwa an hohen Feiertagen. So wird die Befolgung allgemeiner Prinzipien der Moral und der Ethik für wichtiger erachtet als die Befolgung bestimmter Regeln des Judaismus. Die Befragten sagten gleichsam: »Wenn man ein guter Mensch ist, wird man ein guter Jude.« Bei den vorangegangenen Generationen hätte die typischere Antwort so gelautet: »Wenn man ein guter Jude ist, wird man ein guter Mensch.«

Während ein gutes jüdisches Leben für moderne Juden bedeutet, ein ethisches Leben im Geiste der Aufklärung und des Liberalismus zu führen, entdeckt man bei einem historischen Rückblick und bei der Betrachtung jüdischer Traditionen, daß der Geist der Aufklärung keineswegs charakteristisch war für das Leben vieler ihrer Vorväter in den europäischen Gettos. Im Gegenteil, bei ihnen waltete in vieler Hinsicht eine engstirnige Religiosität, so wie die zionistische Bewegung einen ehrenwerten, aber nichtsdestoweniger ziemlich engstirnigen Nationalismus verkörpert. Historisch betrachtet sind daher die Eigenschaften und Werte, die amerikanische Juden am meisten im Judentum aufrechthalten und weiterentwickeln wollen, nicht unbedingt Teil des alten jüdischen Erbes. Sie sind vielmehr weitgehend die Folge des Zeitalters der Aufklärung oder der Assimilation.

Ein offensichtlicher Widerspruch bestand beispielsweise zwischen dem Verlangen der Juden nach gesellschaftlicher Gleichstellung und nach der Gleichheit aller sowie dem verbreiteten gesellschaftlichen Rückzug in das Leben der jüdischen Gemeinde. Obwohl Juden darauf bestanden, daß es keine Beschränkungen des Wohnens geben sollte und alle Menschen gleichberechtigt zusammenleben sollten, zeigen sich bei einer Nachprüfung, welche Wohngegenden von Juden bevorzugt werden, sowohl subtile als auch unverkennbare Mehrdeutigkeiten. Es hat den Anschein, daß die jüdischen Vorstellungen hinsichtlich des Wohnens schlicht widersprüchlich sind. Sie haben den erklärten Wunsch, in Gemeinden zu wohnen, in denen es keine Rassentrennung gibt. Und doch fühlen sie sich nur wohl, wenn sie in der Nähe anderer Juden wohnen. Dazu ist, wie sie oft meinen, in ihrem Viertel eine jüdische Bevölkerungsmehrheit erforderlich. Im Grunde möchten sie Nichtjuden als Nachbarn, doch nur als eine Minderheit. Es ist, als wollten es die Juden den Nichtjuden heimzahlen: Sie mußten lange Zeit als Minderheit unter Nichtjuden leben, und nun möchten sie, daß die Nichtjuden unter ihnen als Minorität leben. Angesichts solcher Rückzugstendenzen in eine neuzeitliche amerikanische Form ethnischer oder religiöser Isolation können wir den Gedanken nicht völlig von der Hand weisen, daß Gettotraditionen immer noch lebendig sind; die mittelalterlichen Gettos wurden ja den Juden nicht immer aufgezwungen, sondern auch oft von ihnen gewählt, damit sie ihre Identität bewahren konnten.

Mit der Frage, ob Spuren von Gettohaltungen noch vorhanden sind und worin diese Reste bestehen, beschäftige ich mich in den nachfolgenden Teilen dieses Essays. Viele amerikanische Juden haben sich von solchen Haltungen befreit, bedrückend ist jedoch, daß dies für eine bestimmte Gruppe zutrifft, aber nicht für das gesamte Judentum.

Viele Autoren, die über den Holocaust geschrieben haben, ziehen die jüdische Geschichte heran, um das Unvermögen der Gettojuden zu erklären, das Geschehen des 20. Jahrhunderts zu begreifen. Der Historiker Raul Hilberg schrieb in ›Die Vernichtung der europäischen Juden‹:

»Es ist viel gesagt und geschrieben worden über die Judenräte, die Spitzel, die jüdische Polizei, die Kapos – kurz, über all jene Personen, die bewußt und mit voller Absicht mit den Deutschen zusammenarbeiteten. Diese Kollaborateure interessieren uns aber nicht so sehr wie Massen von Juden, die auf jeden deutschen Befehl reagierten, indem sie ihn automatisch ausführten. Um die administrative Bedeutung dieser Willfährigkeit zu verstehen, müssen wir den Vernichtungsprozeß als eine Zusammensetzung aus zwei deutschen Maßnahmen verstehen: aus jenen, die den Juden etwas antaten ... (wie) Erschießungen oder Vergasungen und aus jenen, die von den Juden etwas verlangten, zum Beispiel die Anordnungen oder Befehle, ihren Besitz registrieren zu lassen, ... sich an einem bestimmten Ort zur Arbeit oder zur Deportation oder zur Erschießung einzufinden, Listen von Personen einzureichen ... ihre Habe abzuliefern ... ihre eigenen Gräber zu graben, und so fort. Die erfolgreiche Durchführung dieser Maßnahmen hing von Handlungen der Juden ab. Nur wenn man sich vor Augen hält, welch großer Teil des Vernichtungsprozesses aus einer Erledigung dieser Maßnahmen bestand, kann man damit beginnen, die Rolle der Juden bei ihrer eigenen Vernichtung richtig einzuschätzen.
Wenn wir deshalb das gesamte jüdische Reaktionsmuster betrachten, bemerken wir, daß es hauptsächlich aus dem Versuch besteht, Handlungen abzuwenden und, wenn dies fehlschlug, aus automatischer Befehlsausführung. Warum ist das der Fall? Warum haben die Juden auf diese Weise gehandelt?«

Hilberg schreibt dies ihrer »zweitausend Jahre alten Erfahrung« zu und erklärt, die Juden hätten »im Verlauf von Jahrhunderten gelernt, daß sie um des Überlebens willen von

Widerstand absehen müssen ... Die Juden waren nie wirklich ausgelöscht worden. Die Überlebenden hatten nach der Feststellung des angerichteten Schadens zur Bestätigung ihrer Strategie immer triumphierend die Losung ausgegeben: ›Das jüdische Volk lebt‹. Diese Erfahrung war im jüdischen Bewußtsein so tief verwurzelt, daß sie Gesetzeskraft erreichte.«

Zwar gibt es Israel, doch wurde die jüdische Gettobevölkerung – samt ihrer einzigartigen Religion und Kultur, die seit dem Mittelalter intakt geblieben waren – in der Tat zusammen mit den Zigeunern und zahllosen anderen von Hitler vernichtet. Nur diejenigen leisteten Widerstand, die mit den Gettos gebrochen hatten, so die jungen Leute von *Hashomar Hatzair* und die anderen von *Poale Zion*, vom *Bund* sowie die Kommunisten, die zusammen die bewaffnete Widerstandsbewegung bildeten. Und selbst sie waren, wie ihr Sprecher sagte, nur noch durch Zufall in Polen. In Wilna erklärte ein Zionist: »Unser ganzes Leben ist dem Land Israel zugewandt; es ist nur ein Zufall, daß wir uns immer noch im Exil befinden. Das europäische Judentum erlebt gegenwärtig eine Katastrophe, doch wir haben uns an dem Tage von ihm getrennt, an dem wir uns der Bewegung anschlossen.«

Im 19. Jahrhundert oder vielleicht schon früher, doch insbesondere seit Beginn des 20. Jahrhunderts waren die Gettos im Osten zu einem Anachronismus geworden. Nach dem Ersten Weltkrieg sammelte Martin Buber die Geschichten der Chassidim, so wie Anthropologen die Geschichten primitiver Völker sammeln, bevor es zu spät ist, weil sie entweder aussterben oder ihre Überlieferungen fallenlassen, um westliche Sitten zu übernehmen. Lange bevor Chagall berühmt wurde mit seinen Bildern nostalgischer Gettoszenen oder ›Fiddler on the Roof‹ (deutsch ›Anatevka‹) als Musical von nostalgischem Reiz Erfolg hatte, hatten Sholom Aleichem, Isaac Bashevis Singer und viele andere sehnsuchtsvoll ein wunderliches, fernes Leben im Getto beschrieben. In jedem einzelnen Fall war es ein Lebensstil, von dem sich der Künstler getrennt hatte und den er nicht mehr akzeptieren konnte, so liebevoll er ihn auch beschrieb. Chagall wiederum mußte sich, bevor er seine bewegenden Gettoszenen malen konnte, zuerst einmal assimilieren, nämlich in München und dann in Paris. Und seine Odyssee ist typisch für einen im Getto Geborenen, der unabhängig sein möchte.

Über drei Generationen hinweg nahmen alle diejenigen Abschied von den Gettos, die nicht mehr gewillt waren, sich Bedingungen zu unterwerfen, die nicht einmal einen Bruchteil der in der modernen Welt möglichen Selbstachtung gestatteten. Das taten auch alle, die Teil dieser modernen Welt werden wollten, und auch solche, die für die eigene Freiheit und die Freiheit anderer kämpfen wollten. Viele von ihnen schlossen sich sowohl in Rußland wie auch im Westen sozialistischen und kommunistischen, aber auch zionistischen Bewegungen und Parteien an und wurden bisweilen deren Anführer.

Solange es äußerst schwierig war, jener Umwelt zu entrinnen, mußten selbst die mit dem Gettoleben Unzufriedenen dort verharren. Sie setzten einige Reformen durch, die dem Wandel der Zeiten entsprachen, doch die letzten dieser inneren Reformen wurden um 1750 vom Chassidismus eingeführt. Danach führte die Tatsache, daß sich die benachbarte Gesellschaft den Juden öffnete, zu einem Verharren des Ostjudentums im Gettozustand. Von da an blieben sie auf ihre antiquierten, untauglichen Traditionen fixiert. Die religiöse Doktrin bestimmte selbst Kleinigkeiten des Alltagslebens, und die geringste Anpassung an die gewandelten Zeiten war schwer durchzusetzen. Nicht nur das religiöse Leben der Gettojuden entwickelte sich nicht mehr weiter, ihre gesamte Einstellung blieb nahezu mittelalterlich, auch gegenüber der Kleidung, der Erziehung und der Sprache. Eine dreifache Tyrannei zwang viele zum Weggehen: die Pogromgesinnung der Nichtjuden, die politische, wirtschaftliche und gesellschaftliche Diskriminierung durch die Obrigkeit sowie die private jüdische Tyrannei einer einengenden religiösen Tradition.

Es ist schwer abzuschätzen, was mit einem Volk geschieht, wenn über drei Generationen hinweg die aktivsten Mitglieder – die zum Kampf für die Freiheit entschlossenen – diese Gruppe verlassen, wenn nur diejenigen zurückbleiben, denen der Mut oder die Phantasie fehlt, sich eine andere Lebensweise vorzustellen. So war die jüdische Elite, die im amerikanischen kulturellen Leben eine so bedeutende Rolle spielt, den jüdischen Gemeinden in Osteuropa im Laufe eines Jahrhunderts verlorengegangen.

Theodor Herzl, ein vollständig angepaßter Wiener Jude, hatte sich zuerst für eine totale Assimilation einschließlich der

Taufe ausgesprochen und gründete dann die Bewegung für einen jüdischen Staat, in dem eine moderne jüdische Nation entstehen sollte. Israel existiert, weil lange vor dem Holocaust die aktiven Elemente des alten Judentums mit einer mittelalterlichen Kultur gebrochen hatten, um eine neue und ganz andere Nation zu schaffen. In ihr hatte die Gettoreligion keinen Platz, von einer kleinen anachronistischen Minderheit abgesehen, die aus Nostalgie und Sentimentalität geduldet wurde. Die israelischen Juden haben mit den Juden der Gettos außer dem Namen nichts gemeinsam.

Nichts kann die Mentalitätsunterschiede zwischen Ost- und Westjuden besser beleuchten als die Tatsache, daß unter Hitler etwa 350000 Juden aus Deutschland, Österreich und der Tschechoslowakei flohen, Zehntausende aus Belgien und aus Paris, daß die Mehrheit der Juden im kommunistischen Rußland beim deutschen Einmarsch entweder floh oder evakuiert wurde, aber in Polen, wo eine Fluchtmöglichkeit durch die Pripet-Sümpfe gegeben war, nur wenige tausend Juden diese Gelegenheit ergriffen. Im Hauptgetto standen die Juden der Flucht mit einem Gefühl der Vergeblichkeit gegenüber. Sie hatten schon lange die aktiven Anführer verloren, die eine unterdrückte Bevölkerung braucht, um einen wirksamen Widerstand oder eine Revolte zu entfachen.

Das Fehlen dieses aktivistischen Elements und die vielen hundert Jahre der »Willfährigkeit« erklären die Gettomentalität und nicht irgendein rassisches Erbe der Juden. Den Nazis, die zuerst von der Willfährigkeit der Juden bei ihrer eigenen Vernichtung sehr überrascht waren, blieb diese Tatsache nicht ganz verborgen. Hitler bemerkte am 2. April 1942 in einem seiner Tischgespräche, man dürfe kein Mitleid haben mit Leuten, die vom Schicksal dem Untergang bestimmt seien.

Es kann dahin kommen, und es ist auch schon geschehen, daß ein Volk ausstirbt. Aber es ist niemals das Schicksal eines Volkes, ermordet zu werden, seien es Inkas, Indianer oder Juden. Zum Überleben gehörte jedoch, daß genau begriffen wurde, was vorging, und daß ein durchdachter Widerstand einsetzte, bevor es zu spät war, bevor der Punkt erreicht war, an dem sich nichts mehr ändern ließ.

In der westlichen Welt gab es in der Neuzeit zahllose Verfolgungen aus religiösen oder politischen Gründen. Auch in früheren Jahrhunderten wurden Menschen in großer Zahl vernichtet. Im Dreißigjährigen Krieg kamen Millionen von Zivilisten um, Deutschland wurde entvölkert. Und wenn zwei Atombomben nicht genügt hätten, wären in Japan vielleicht ebenso viele Millionen umgekommen wie in den deutschen Lagern. Der Krieg ist schrecklich, und die Inhumanität der Menschen untereinander ist noch schrecklicher. Berichte über die Konzentrationslager sind aber nicht wegen ihres nur allzu vertrauten Inhalts von Bedeutung, sondern wegen etwas, das noch ungewöhnlicher und entsetzlicher ist. Es hat mit einer neuen Dimension des Menschen zu tun, einem Aspekt, den wir alle vergessen möchten, aber nur auf unsere eigene Gefahr vergessen können. Es mag seltsam klingen: Das Einmalige an den Konzentrationslagern ist nicht darin zu sehen, daß die Deutschen Millionen von Menschen vernichteten – daß dies möglich ist, haben wir in unser Menschenbild aufgenommen, obwohl es jahrhundertelang nicht in einem solchen Ausmaß geschehen war, und vielleicht niemals mit solcher Gefühllosigkeit. Neu, einzigartig und erschreckend war daran, daß Millionen Menschen wie Lemminge in den Tod marschierten. Dies ist das Unglaubliche, das wir zu verstehen versuchen.

Seltsamerweise war es ein Österreicher, der den Weg für dieses Verstehen eröffnete, und ein anderer Österreicher war es, dessen Handlungen zu dem unausweichlichen Bedürfnis führten, sie zu verstehen. Jahre bevor Hitler Millionen in die Gaskammern schickte, bestand Freud darauf, daß das menschliche Leben ein einziger langer Kampf gegen den sogenannten Todestrieb sei, und daß wir lernen müßten, diese destruktiven Neigungen in Grenzen zu halten, damit sie uns nicht ins Verderben stürzten. Das zwanzigste Jahrhundert hat die alten Barrieren weggeräumt, die einst verhinderten, daß unsere destruktiven Tendenzen in uns selbst und in der Gesellschaft Amok liefen. Staat, Familie, Kirche und Gesellschaft – alle wurden in Frage gestellt und für mangelhaft befunden. Damit wurden sie in ihrer Fähigkeit geschwächt, unsere destruktiven Tendenzen einzudämmen oder umzulenken.

Die von Nietzsche verkündete Umwertung aller Werte (darin hatten ihn Hitler und andere, die Nietzsche zu ihrem Propheten machten, zutiefst mißverstanden), die für den abendländischen Menschen erforderlich sei, wenn er im modernen Maschinenzeitalter überleben wolle, ist noch nicht erreicht worden. So haben die alten Mittel zur Zügelung des Todestriebs viel von ihrer Wirksamkeit verloren, und die neue, höhere Moralität, die an ihre Stelle treten sollte, ist noch nicht erreicht worden. In diesem Interregnum zwischen einem alten und einem neuen gesellschaftlichen Aufbau – zwischen der veralteten Innenlenkung des Menschen und der neuen, noch nicht erreichten Struktur – gibt es kaum etwas, das die destruktiven Tendenzen des Menschen bändigen könnte. In diesem Zeitalter kann dem Menschen nur seine Fähigkeit, den eigenen Todestrieb zu kontrollieren, Schutz bieten, wenn wie im Hitler-Reich die destruktiven Kräfte anderer Amok laufen.

Die Unfähigkeit, den eigenen Todestrieb zu beherrschen, kann viele Formen annehmen. Bei jenen Insassen von Vernichtungslagern, die schließlich die Wegstrecke zu den Gaskammern selbst zurücklegten, begann es damit, daß sie am Alltäglichen festhielten. Diejenigen, die ihren Henkern in ihrer früheren Eigenschaft, etwa als Ärzte, zu dienen versuchten, machten einfach im gewohnten Trott weiter. Damit stießen sie die Tür zu ihrem Untergang auf.

Ganz anders war die Reaktion jener, die mit der geschäftsmäßigen Haltung Schluß machten und sich weigerten, der SS bei Experimenten oder bei Vernichtungsaktionen behilflich zu sein. Manche von denen, die über diese Erfahrungen berichteten, stellten sich verzweifelt die Frage: Wie war es möglich, daß Menschen die Existenz der Gaskammern verleugneten, wo sie doch den ganzen Tag lang den Rauch der Krematorien sahen und den Geruch verbrannten Fleisches riechen konnten? Woran lag es, daß sie lieber nicht an die Vernichtung glaubten, um sich selbst davon abzuhalten, daß sie um ihr Leben kämpften? Olga Lengyel berichtet zum Beispiel in ›Five Chimneys: The Story of Auschwitz‹, sie und ihre Mithäftlinge hätten nur wenige hundert Meter von den Krematorien und den Gaskammern entfernt gelebt und durchaus gewußt, was dort geschah, doch hätten nach einigen Monaten die meisten Insassen so getan, als wüßten sie nichts. Deutsche Zivilisten verleugneten die Gaskammern ebenfalls, doch hatte die Verleugnung bei ihnen eine andere Bedeutung. Zivilisten, die den Tatsachen ins Auge schauten und rebellierten, riskierten ihr Leben. Die Gefangenen in den Todeslagern waren schon dem Verderben geweiht; eine Rebellion hätte ihr Leben, das sie ohnehin verlieren sollten, oder das Leben anderer retten können.

Als viele andere Gefangene zusammen mit Olga Lengyel für die Gaskammern selektiert wurden, versuchten sie nicht zu entkommen, wie sie es schließlich mit Erfolg tat. Schlimmer noch: Als sie den ersten Versuch machte, riefen einige ihrer Mithäftlinge nach den Aufsehern und berichteten ihnen von dem Fluchtversuch. Olga Lengyel hat dafür nur eine Erklärung, nämlich daß ihnen diejenigen zuwider waren, die dem gemeinsamen Schicksal zu entrinnen versuchten, weil ihnen selbst der Mut zum Handeln fehlte. Ich glaube, es lag daran, daß sie den Lebenswillen verloren hatten und sich von ihrem Todestrieb überwältigen ließen. Die Folge war, daß sie sich stärker mit der SS identifizierten, die sich der Ausführung destruktiver Tendenzen widmete, als mit jenen Mithäftlingen, die noch am Leben festhielten und denen es so gelang, dem Tod zu entrinnen.

Doch dies war nur ein letzter Schritt bei der Preisgabe des eigenen Lebens, beim Versiegen des Widerstandes gegen den Todestrieb, der auch mit dem physikalischen Trägheitsgesetz vergleichbar ist. Der erste Schritt kam lange bevor jemand die Todeslager betrat; Untätigkeit brachte Millionen von Juden in die Gettos, welche die SS für sie errichtet hatte. Als Juden ihre Häuser nicht verlassen durften, ließ Trägheit Hunderttausende verharren und auf die Henker warten.

Diejenigen, die sich nicht der Untätigkeit überließen, verstanden die Verhängung von derartigen Verboten als Warnung, daß es höchste Zeit sei, in den Untergrund zu gehen, sich Widerstandsbewegungen anzuschließen, sich endlich gefälschte Papiere zu verschaffen, und so fort. Die meisten von ihnen überlebten. Auch hier war Tatenlosigkeit von Nichtjuden nicht dasselbe. Ihnen drohte ja nicht der sichere Tod, sondern Unterdrückung. In diesem Fall bildeten die Unterwerfung und ein Verleugnen der Gestapoverbrechen verzweifelte Versuche, zu überleben. Der verbleibende Raum für eine humane Existenz wurde immer kleiner, aber es gab ihn.

So half ein und dasselbe Verhaltensmuster im einen Fall beim Überleben, im anderen jedoch nicht; es war ein realistisches Verhalten für Deutsche, aber Selbsttäuschung für Juden und für Insassen von Vernichtungslagern, von denen die meisten Juden waren. Als Häftlinge anfingen, ihren Henkern zu dienen, war dies mehr als simple Trägheit. Da kam zum Beharrungsvermögen der wildgewordene Todestrieb hinzu.

Olga Lengyel berichtet über den Arzt Dr. Josef Mengele, einen der Protagonisten von Auschwitz, wie er ein typisches Beispiel der geschäftsmäßigen Haltung lieferte, die einige Häftlinge und vor allem die SS dazu befähigte, trotz ihres Tuns ein inneres Gleichgewicht zu bewahren. Sie beschreibt, wie Dr. Mengele bei einer Entbindung alle medizinischen Vorsichtsmaßnahmen genau beachtete, wie er rigoros die Regeln der Hygiene befolgte und wie er die Nabelschnur ganz sorgfältig durchtrennte. Aber schon eine halbe Stunde später schickte er Mutter und Kind zur Verbrennung in ein Krematorium.

All dies gehörte der Vergangenheit an, steckte nicht genau dieselbe geschäftsmäßige Haltung hinter vielen Bemühungen, dies zu vergessen oder völlig zu verleugnen: daß Menschen, die wie wir zum zwanzigsten Jahrhundert gehören, Millionen in die Gaskammern schickten, und daß Millionen von Menschen wie unseresgleichen widerstandslos in den Tod marschierten. In Buchenwald sprach ich mit Hunderten von deutschen Juden, die im Herbst des Jahres 1938 dort gefangengehalten wurden. Ich fragte sie, warum sie Deutschland nicht verlassen hätten angesichts der völlig erniedrigenden und diskriminierenden Umstände, denen sie ausgesetzt waren. Ihre Antwort lautete: Wie konnten wir weggehen? Es hätte bedeutet, daß wir unser Zuhause aufgeben, unsere Geschäfte. Ihre irdische Habe hatte so von ihnen Besitz ergriffen, daß sie nicht fort konnten; statt ihren Besitz zu nutzen, wurden sie von ihm benutzt. Die gleiche geschäftsmäßige Haltung befähigte Millionen Juden, in Gettos zu leben, wo sie nicht nur für die Nazis arbeiteten, sondern auch für die Nazis Mitjuden auswählten, die in die Gaskammern kommen sollten.

Die meisten Juden in Polen, die die geschäftsmäßige Haltung nicht praktizierten, überlebten den Zweiten Weltkrieg. Als die Deutschen sich näherten, ließen sie alles liegen und flohen nach Rußland, obwohl viele von ihnen dem sowjetischen System mißtrauten. Dort wurden sie wohl als Bürger zweiter Klasse behandelt, doch immerhin als Menschen akzeptiert. Diejenigen, die zurückblieben, um in geschäftsmäßiger Haltung weiterzumachen, gingen ihrer eigenen Vernichtung entgegen und kamen um.

Ich bin mit vielen Juden und auch mit nichtjüdischen Nazigegnern zusammengetroffen, die in Deutschland und in den besetzten Ländern überlebt hatten. Sie waren jedoch allesamt Menschen, denen klarwurde, daß man nicht geschäftsmäßig weitermachen kann, wenn eine Welt zerfällt, wenn die Inhumanität die Herrschaft übernommen hat. Dann muß man alles, was man getan und geglaubt hat, wofür man eingetreten ist, ganz neu überdenken. Kurz, man muß gegenüber der neuen Realität entschlossen Stellung beziehen und darf sich nicht noch mehr ins Private zurückziehen.

Aufzuzeigen, daß die Juden in Europa sehr wohl hätten wissen können, was sie erwartete, weil Hitler es ihnen immer wieder gesagt hatte, mag als Beweis des Offensichtlichen erscheinen. Ich habe jedoch als Antwort auf meine Veröffentlichungen so viele Aussagen erhalten, daß die Juden es nicht hätten wissen können, so daß ich es für nötig halte, hier auf einige Tatsachen einzugehen.

Harry Golden schrieb beispielsweise in einer sehr einfühlsamen Rezension meiner diesbezüglichen Schriften, der Grund dafür, daß die Juden nicht gekämpft hätten, sei der, »daß es im Lauf der Geschichte noch nie geschehen ist. Die Nazigegner, die christlichen Geistlichen, die Liberalen und jene, die über Hitler Witze erzählt hatten sowie die Ehrgeizigen, welche die Macht an sich reißen wollten: Sie wußten, daß es kein Kinderspiel war, sondern daß es um Leben oder Tod ging. Folglich waren sie moralisch darauf vorbereitet, Widerstand zu leisten. Den Juden fehlte dafür das Verständnis. Sie glaubten nicht, daß man sie aus dem einfachen Grund, daß sie Juden waren, töten würde.«

Genau dies ist der springende Punkt. Warum verstanden die Juden nicht, was die Nazigegner und die christlichen Geistlichen sehr wohl begriffen? Warum konnten sie nicht glauben, daß solche Entwicklungen möglich, ja wahrscheinlich wären? Die Antwort liegt in einer Denkweise, welche die außerhalb des Gettos verlaufende Geschichtsentwicklung abtrennt. Wer so denkt, gelangt zu der Auffassung, was noch nie mit Juden geschehen sei, das würde auch nie geschehen. Eine Betrachtung der Geschichte zeigt jedoch, daß rassistische Massenmorde oft vorkamen und daß es sie sogar in unserem Zeitalter gab. Um dies zu wissen, und um darauf vorbereitet zu sein, war nur eines erforderlich: daß die Welt draußen ernstgenommen wurde, daß man sie einer genauen Beobachtung würdig erachtete.

Der Eichmann-Prozeß und weitere Prozesse gegen inzwischen gefaßte Nazi-Kriegsverbrecher, die Kastner-Affäre und eine ganze Bibliothek von Schriften, vom künstlerisch hochstehenden ›The Last of the Just‹ bis zur Hysterie von ›Perfidy‹ – all dies sind Anzeichen dafür, daß die gegenwärtige Generation der Juden weiterhin heimgesucht wird von der Frage, wie sechs Millionen Juden umkommen konnten. Wie war es möglich, daß wir nicht einschritten, um das Gemetzel zu beenden? Diese Fragen werden mich und alle anderen Juden sowie viele Nichtjuden weiterhin umtreiben. Und zu ihrem eigenen Schutz in der Gegenwart und in der Zukunft müssen Juden versuchen, Antworten zu finden; auch wenn uns dies gelingen sollte, werden diejenigen von uns, die das Geschehen durchlebt haben, innerlich nie zur Ruhe kommen. Dieser Essay stellt eine weitere Suche nach einer Antwort dar, doch behaupte ich nicht, daß ich sie gefunden hätte.

Vor einiger Zeit fragte ich in einer Veröffentlichung nach dem Grund dafür, daß ›Das Tagebuch der Anne Frank‹ so überaus starke Bewunderung findet. Es gab viele positive und negative Reaktionen; ganz gleich, ob die Betreffenden zustimmend oder ablehnend reagierten, sie hatten eines gemein: ein tiefes Mitgefühl für die »unschuldigen« Opfer der nazistischen Aggression.

Ich brauche wohl nicht zu sagen, daß ich ihr Mitgefühl und ihre Empörung teile. Und doch kann ich ihnen beim Thema Unschuld nicht folgen. »Unschuld« ist ein Wort, dessen Nebenbedeutungen wir nicht übersehen sollten. In Websters Wörterbuch lautet die erste Definition »frei von Schuld oder Sünde«. Sie ist jedoch untauglich, denn wer ist schon gänzlich frei von Schuld oder Sünde? Die zweite Definition lautet »frei von Schuld an einem bestimmten Verbrechen«. Dies paßt ein bißchen besser, doch nicht einmal die Nazis behaupteten, die Juden hätten Verbrechen im landläufigen Sinn begangen. Statt dessen machten sie die Juden zu einer unerwünschten Minderheit wie die Zigeuner oder Jehovas Zeugen, deren Fortbestehen den Vorstellungen der Herrenrasse nicht entsprach.

Mich verblüffte auch, daß in den vielen Äußerungen das

Adjektiv »unschuldig« von Juden ausnahmslos für jüdische Opfer verwandt wurde. Niemand sprach von den unschuldigen Zigeunern oder den unschuldigen Zeugen Jehovas, obwohl es sich bei diesen wie bei den Juden um interne Minderheiten handelte, von denen eine, nämlich die Zigeuner, ganz ausgerottet wurde. Vielleicht hatte ich es früher übersehen, aber ich konnte mich trotz angestrengten Nachdenkens an keine öffentlichen Äußerungen hinsichtlich der unschuldigen Norweger erinnern, die ebenfalls in großer Zahl von den Nazis umgebracht worden waren. Liegt es daran, daß die Norweger Widerstand leisteten und daß derjenige, der sich in Notwehr verteidigt, weiß, was er tut, also nicht unter den Begriff »unschuldig« fällt?

Damit komme ich zu Websters dritter Definition der Unschuld. Sie lautet: »nichts Böses ahnend, arglos, schlicht, unwissend, simpel, bieder, naiv; daher dümmlich unwissend oder vertrauensselig, einfältig«. Denken Juden wirklich so über Juden – daß sie als Gruppe einfältig und naiv sind? Warum benutzen die Juden, wenn dies nicht der Fall ist, und wenn sie sich nicht als frei von Sünde oder Schuld betrachten, fortwährend dieses Adjektiv? Gewiß waren die jüdischen Opfer im strafrechtlichen Sinne schuldlos, doch dies war bekanntlich nie umstritten. Was behaupten also Juden über Juden, wenn sie fortwährend das Adjektiv »unschuldig« verwenden?

Ich glaube, wir stellen damit indirekt die Behauptung auf, daß diejenigen, die außerhalb Deutschlands lebten und nicht Widerstand leisteten, frei von Schuld sind, obwohl wir im Grunde wissen, daß wir der Unterlassung schuldig sind, daß wir schuldig sind, nicht alles in unseren Kräften Stehende getan zu haben. Deshalb sprechen Juden nicht von den unschuldigen Zigeunern oder Polen; wir verspüren ihnen gegenüber nicht die gleiche Verpflichtung – wir haben nicht das Gefühl, daß wir hätten kämpfen sollen, um sie vor der Vernichtung zu retten. Insgeheim und, wie ich glaube, unbewußt wird anscheinend so argumentiert: Wenn die Juden, die unter dem Naziregime lebten, den Plänen der Nazis so unschuldig gegenüberstanden, wenn sie nicht merkten, was Hitler nach seinen eigenen Worten tun wollte (und tat), dann kann man uns, die wir soviel weiter weg waren, nicht vorwerfen, daß wir in ähnlich »unschuldiger« Unwissenheit verharrten.

Hier frage ich mich, warum Juden in Deutschland und außerhalb Deutschlands meinten, sie könnten es sich, als der Massenmord im Gange war, leisten, unschuldig zu bleiben. Wenn Millionen abgeschlachtet werden, bleibt außer einem arglosen Kind niemand unschuldig. Wir alle werden dadurch befleckt. Warum wußten sie (und wir) nichts, wollten es nicht einmal wissen? Warum waren wir (und sie) nicht unschuldig, sondern darauf bedacht, daß wir unwissend blieben? Wenn intelligente, reife Menschen bei einer Sache von Leben und Tod eine mit Unwissenheit durchsetzte Unschuld bewahren, kann der Psychoanalytiker nicht einfach darüber hinweggehen. Und wenn alles mit der Unschuld erklärt werden könnte, wären wir zufrieden und würden mit unseren Nachforschungen aufhören; wir würden uns nicht fortwährend fragen: »Wie war es möglich?«

Als ich mich in Veröffentlichungen mit Problemen dieser Art auseinandergesetzt hatte, erhielt ich einen Brief von der Witwe eines liberalen Rabbiners, der in einer der ältesten jüdischen Gemeinden in Deutschland tätig gewesen war; sie lebt jetzt mit ihren Kindern in Amerika. Sie schrieb mir: »Ich war sehr erregt und in gewisser Weise erleichtert, als ich las, was Ihrer Meinung nach bei uns deutschen Juden so falsch gewesen war. Mein Mann, der Rabbiner war, starb an den Folgen der KZ-Haft. Ich konnte nicht verstehen, daß die Juden so wenig Widerstand leisteten, und ich erinnere mich, wie ich vor Scham errötete wegen der Passivität meiner Mitjuden, die so untertänig akzeptierten, was die Nazis ihnen antaten. Ich kann mit mir selbst nicht in Frieden leben, wenn ich daran denke, wie wir Juden widerstandslos hinnahmen, was die Deutschen taten, und daß wir Juden nicht genug unternahmen, um alle zu retten, die wir retten konnten. Auch ich hätte mehr tun können, um meine Verwandten zu retten.«

Das Problem ihrer und unserer Unschuld läßt sich nicht lösen, indem wir irgendwelchen jüdischen oder nichtjüdischen Gruppen und Organisationen Verrat vorwerfen – ihre Unschuld war mit Absicht in Unwissenheit gehüllt, und unsere Unwissenheit war auch nicht unschuldig. Ich glaube, die unschuldige Unwissenheit ist Teil eines Phänomens, das von mir aus Ermangelung eines besseren Begriffs als Gettodenken bezeichnet wird.

Gettodenken gehört zum Gettojuden, der jetzt – wie erwähnt – der verstreut im Exil lebende Jude ist. Der andere Jude, der Israeli, ist in Judäa zu Hause und hat eine ganz andere Tradition; er ist nicht willfährig, sondern schlägt zurück, wie es im heutigen Israel geschieht.

Es gibt viele Arten von jüdischem Gettodenken mit den entsprechenden Haltungen, und jede hat ihre guten und schlechten Aspekte. Manche loben wir zu Recht: die engen familiären Bindungen, das warmherzige Verständnis, den direkten Umgang mit Gott, die Demut, die Fähigkeit, Mühsal mit Humor und Ausdauer zu ertragen – all diese und viele andere Aspekte des Gettolebens sind Teil des jüdischen Erbes geworden, das wir in unserem Leben erhalten möchten. Diese Eigenschaften werden aber von mir nicht in Frage gestellt; sie gefährden uns nicht, und deshalb befasse ich mich nicht weiter mit ihnen.

Mich beschäftigt, wie durch das Erbe der Juden, die über Jahrhunderte hinweg in den europäischen Gettos gelebt hatten, vielen Juden Scheuklappen aufgesetzt wurden. Um eine Existenz innerhalb oder außerhalb des Gettos zu rechtfertigen, die im Widerspruch zur Menschenwürde stand, erfanden die Juden Rechtfertigungen psychologischer Art, die es ihnen ermöglichten, das im Grunde Unerträgliche zu ertragen und unter Bedingungen zu leben, die schlechterdings nicht lebenswert waren. Man machte sich unempfindlich gegenüber den Erniedrigungen des Unterdrückers, um überleben zu dürfen. Weil in der Gettowelt der Unterdrücker in der Regel am Schluß ein Einsehen hatte, und weil der Jude durch seine Selbsterniedrigung als autonomes menschliches Wesen zerstört wurde, wurde ihm das Überleben und selbst das materielle Fortkommen gestattet. Kurz, um jene besonderen Zustände überstehen zu können, stellten sich die Juden blind gegenüber dem universellen menschlichen Schicksal. Das war die Realität der Gettoexistenz. Wer in der Nazizeit glaubte, die Lage sei mit der früheren vergleichbar, mußte das Gettodenken in die Welt des zwanzigsten Jahrhunderts verlagern, in dem es keine Gültigkeit mehr besaß.

Als junger Mann las ich ein damals sehr populäres Buch eines Wiener Mitjuden, Franz Werfels ›Die vierzig Tage des Musa Dagh‹. Er beschreibt darin, wie die Türken das armenische Volk ausrotteten. Werfel, der sich vom Gettodenken befreit hatte, wußte, daß die Vernichtung eines ganzen Volkes in unserer Zeit sehr wohl möglich war. Und ich brauche kaum darauf hinzuweisen: Er ahnte, was kommen würde, und deshalb floh er rechtzeitig. Wir alle hätten auch erkennen können, daß Stalin Millionen seiner eigenen Landsleute ausgerottet hatte, weil sie nicht in die neue Ordnung paßten. Millionen von Kulaken brachte man einfach um oder ließ sie verhungern, so wie später die Juden in den deutschen Lagern verhungern mußten.

Angesichts der zeitgenössischen Beispiele der Massenvernichtung interner Minoritäten nahmen Zehntausende von Juden, die nicht nach Gettoart dachten, Hitlers wiederholte Ankündigungen ernst, nach dem Krieg werde in Europa kein einziger Jude übrigbleiben; sie flüchteten rechtzeitig. Die meisten von denen, die an ihrem Gettodenken festhielten, kamen um.

Dieses Denken ist aber keineswegs mit Hitler und mit der Abschaffung der Gettos verschwunden. Ich werde immer wieder damit konfrontiert. Meist stoße ich auf ungläubiges Staunen, wenn ich amerikanische Juden an etwas erinnere, das ihnen bekannt sein sollte: daß Hitler auch Millionen von Russen und Polen vernichtete sowie die gesamte Zigeunerbevölkerung Europas. Auf dieselbe Ungläubigkeit stieß ich früher bei meinen jüdischen Freunden, als ich ihnen berichtete, in den Jahren 1938 und 1939 seien meine Mithäftlinge in Dachau und Buchenwald in der Mehrheit nicht Juden, sondern Deutsche nichtjüdischen Glaubens gewesen. Für diese im Gettodenken verfangenen Juden zählte nur, was Juden angetan worden war; was mit anderen geschehen war, wußten sie nicht. Da ihnen das Interesse fehlte, konnten sie nicht aus den Erfahrungen anderer lernen. Diejenigen Juden, die Interesse zeigten und lernfähig waren, konnten sich retten. Ich glaube, es ist reines Gettodenken, wenn so viele Juden diese größte Tragödie der jüdischen Geschichte nur aus der Perspektive ihrer eigenen Historie sehen und nicht in dem weltgeschichtlichen Zusammenhang, in dem sie steht.

Die Meinung, die europäischen Juden hätten nicht gewußt, was kommen würde, ist ebenfalls unbegründet. Ich erinnere mich lebhaft daran, und meine Zeitgenossen wohl auch, wie Juden nach der Besetzung Österreichs die Straßen säubern mußten, und wie sie dabei verhöhnt und ausgelacht wurden. Aber es hat keinen Zweck, die gräßliche Litanei ablaufen zu lassen. Die Fakten sind allen bekannt; sie waren damals den österreichischen und den deutschen Zeitungen zu entnehmen und standen auch auf den hinteren Seiten der ausländischen Presse.

In Deutschland waren die Zeitungen auch voll von Verlautbarungen, daß es im Deutschen Reich für Juden keinen Platz mehr gebe. In anderen Artikeln wurde mit Stolz und Frohlocken berichtet, wie viele Juden bereits zur Emigration gezwungen worden waren, und daß ihnen die übrigen bald folgen müßten. Diese Warnungen zu ignorieren, in den Klauen des Verderbens »unschuldig« zu bleiben, war ein Spiel mit dem Tode.

Tatsache ist, daß ein Jude vor Kriegsbeginn bessere Chancen hatte, aus einem Konzentrationslager entlassen zu werden, als ein Deutscher nichtjüdischen Glaubens. Als ich im Jahr 1938 in Dachau und in Buchenwald war, gab es im Lager gelegentlich eine antisemitische Stimmung; den Insassen paßte es nicht, daß viele jüdische Häftlinge freigelassen wurden, sobald sie nachwiesen, daß sie umgehend aus Deutschland abreisen würden. In Buchenwald ging im Jahr 1939 eine Redensart um: Es gibt nur zwei Möglichkeiten, das Lager zu verlassen – als Leiche oder als Jude.

Deutsche Juden (und auch die polnischen) erlaubten sich die unschuldige Haltung, vermieden es, vom Baum der Erkenntnis zu essen und verkannten das wahre Wesen des Gegners. Sie taten dies, weil sie befürchteten, Wissen müsse zu aktivem Handeln führen.

Meine These lautet deshalb wie folgt: Eine bestimmte Art von Gettodenken dient dazu, aktives Handeln zu vermeiden. Es stumpft die Sinne ab und dämpft die Emotionen, so daß man sich vor dem Muschik verbeugen kann, der einen am Bart zieht, mit dem Baron über dessen antisemitische Geschichten lachen kann, sich erniedrigen kann, damit einem das Überleben gestattet wird.

Es war Teil des Gettodenkens, als einzelne Juden und jüdische Organisationen nach dem Boykott gegen ihre Geschäfte wahrheitswidrig erklärten, man habe sie nicht belästigt. Es war Gettodenken, als sich deutsche Juden dagegen wandten, daß über die Mißhandlungen wahrheitsgetreu berichtet werde, als jüdische Organisationen von Deutschland aus Widerspruch einlegten gegen darauffolgenden Boykott deutscher Waren durch amerikanische Juden. Sie wurden durch Furcht dazu gebracht und durch ein Verlangen, sich einzuschmeicheln. Genau dies ist Gettodenken: sich einzubilden, man könne sich beim Todfeind beliebt machen, indem man so tat, als schmerzten seine Hiebe nicht; indem man um eines Augenblicks der Ruhe willen die eigene Erniedrigung verleugnete; indem man den Feind unterstützte, der seine Kraft nur zu einer noch umfassenderen Vernichtung benutzte. All dies ist Teil der Denkweise des Gettos.

Daß die deutschen Juden ins Verderben gerieten, liegt nicht, wie manchmal behauptet wird, daran, daß sie zu gut angepaßt waren; die meisten der wirklich assimilierten Juden – die sich nicht an Deutschland, sondern an die Welt angepaßt hatten, von der Deutschland nur ein Teil ist, waren schon lange vor den Nürnberger Gesetzen geflohen, lange bevor die Nazis auch nur daran dachten, die Juden unterschiedslos und nicht etwa wegen politischer Gegnerschaft in die Konzentrationslager zu schicken.

Es stimmt, daß viele Juden nur in Länder hätten emigrieren können, von denen sie nicht besonders viel hielten. Ich war Zeuge, als Juden die Genehmigung zur Auswanderung auf die Philippinen nicht nutzten und es vorzogen, auf eine kontingentierte Einreiseerlaubnis in die Vereinigten Staaten zu warten. Eine Zeitlang konnte jeder, der Lust hatte und die Überfahrt bezahlen konnte, nach Schanghai reisen, und es war damals überhaupt nicht schwer, ein Visum für Kuba zu erhalten. Es gab noch einige andere Gegenden, die von vielen für nicht erstrebenswert gehalten und abgelehnt wurden, weil ihnen das Wesen des Naziregimes nicht begreiflich wurde. Hätten sie ihre »unschuldige« Haltung abgelegt, dann wäre ihnen kein Ort auf Erden unerwünscht erschienen im Vergleich zu Buchenwald, von Auschwitz ganz zu schweigen, obwohl die Todeslager zu einer späteren Periode gehörten, in der das Wissen nichts mehr nützte.

Weil die Juden zögerten, als man ihre Selbstachtung vernichtete, gewannen die Nazis Zeit, ihre physische Vernichtung zu planen. Die einzelnen Stufen dieser Entwicklung können jetzt aufgezeigt werden.

Aus Dokumenten, die bei den Nürnberger Prozessen und beim Eichmann-Prozeß ans Tageslicht kamen, geht klar hervor, daß Juden das Unwissen beibehielten, obwohl Wissen verfügbar war. Spätestens vom Jahr 1937 an war es klar, daß die Naziregierung vor keiner Methode zurückschrecken würde, mit der die Juden aus dem Dritten Reich eliminiert werden könnten. Schon im Jahr 1935 hatte eine ganze Gestapo-Abteilung den alleinigen Auftrag, die Juden zur Auswanderung zu zwingen. Im Jahr 1937 erklärte Eichmann in einem Gespräch mit dem Vertreter einer jüdischen Organisation, die Regierung sei unzufrieden, weil bis dahin nur zwanzig Prozent der deutschen Juden das Land verlassen hätten, sie aber allesamt weggehen müßten. Zu jenem Zeitpunkt überlegten hohe Amtsträger des Regimes, ob man die Juden als Geiseln behalten sollte für den Fall eines Krieges; dieser Vorschlag wurde deshalb abgelehnt, weil der Wunsch nach einer Auswanderung aller Juden stärker war – man wollte sie nicht einmal als Geiseln behalten.

Bis zur Besetzung Österreichs im Jahr 1938 waren die Terrormaßnahmen, mit denen die Juden in die Emigration getrieben werden sollten, nicht systematisch geplant; dies änderte sich jedoch mit der Einrichtung einer Zentralstelle für die Emigration der Juden. Die Zahl der Terrorakte nahm zu, und sie wurden publik gemacht; immer mehr Juden wurden in Gefängnissen inhaftiert oder in Konzentrationslager gebracht; immer einschneidendere Maßnahmen wurden ergriffen, um Juden aus Deutschland zu vertreiben. Etwa fünfzigtausend Juden, bei denen es sich angeblich um ehemalige polnische Staatsbürger handelte, wurde die deutsche Staatsbürgerschaft aberkannt; man schaffte sie im Oktober 1938 an die polnische Grenze und übergab sie den polnischen Behörden. Zu einer der ausgewiesenen Familien gehörte Herschel Grynszpan, der wegen dieser Schandtat ein Mitglied der deutschen Botschaft in Paris tötete, den Gesandtschaftssekretär Ernst vom Rath.

Die Vergeltung für Grynszpans Tat, die Zerstörung von Synagogen, jüdischen Wohnhäusern und Geschäften, war nur eine letzte und deutlich sichtbare Demonstration dafür, daß das Regime in seinem Bestreben, alle Juden zu eliminieren, nicht nachlassen würde. Zehntausende wurden in die Konzentrationslager geschafft, und es wurde ihnen zu verstehen gegeben, daß sie umgehend freigelassen würden, sofern sie auswanderten und ihren Besitz zurückließen.

Es gibt ein Protokoll der Sitzung, die am 12. November 1938 unter Leitung Görings stattfand und an der Heydrich teilnahm; daraus geht klar hervor, daß das Ziel immer noch darin bestand, die Juden zur Auswanderung zu zwingen. Bei dieser Sitzung berichtete Heydrich voller Stolz, es sei ihm gelungen, fünfzigtausend österreichische Juden zu vertreiben, und es könnten noch mehr zur Auswanderung gezwungen werden; die armen Juden loszuwerden, sei weniger schwierig, nur wollten die wohlhabenden Juden das Geld für die Überfahrt der mittellosen nicht aufbringen.

So waren es nicht nur die Juden in fremden Ländern, die nicht genug taten. Es war äußerst schwierig, deutsche Juden dazu zu bringen, ihren Mitjuden bei der Auswanderung zu helfen. In der Wiener Kultusgemeinde erlebte ich, wie Beamte mit wohlhabenden Juden feilschten, damit ein Teil des Geldes, das sie zurücklassen mußten, zur Finanzierung der Auswanderung armer Juden verwendet werden konnte. Es gab lange Auseinandersetzungen, und gewaltige Summen blieben zurück, weil sie nicht ins Ausland transferiert werden durften. Doch viele der reichen oder wohlhabenden Juden gaben nur Bruchteile ihres Vermögens für die jüdischen Organisationen her, welche die Auswanderungskosten der ärmeren Juden aufzubringen versuchten.

Das geschah nicht aus roher Selbstsucht, sondern aus einer gewollten Unwissenheit, was mit den zurückbleibenden Juden geschehen würde und darüber, daß das mühsam erworbene Vermögen nun verloren war. Indem sie hartnäckig »unschuldig« blieben gegenüber sich selbst und gegenüber den Zurückbleibenden, wurden diese Juden inhuman; nicht weil sie schlecht waren, sondern weil sie sich gestatteten, unwissend zu sein.

Die meiste Zeit meines Lebens habe ich mich mit der Frage befaßt, warum manche Menschen sich lieber von einer Geisteskrankheit versklaven lassen, als die Befreiung zu erkämpfen. Ich habe mich auch ausgiebig mit dem Problem beschäftigt, warum Millionen von Juden nicht vor dem Tod zurückwichen, sondern vielmehr davor zurückschreckten, um ihr Leben zu kämpfen. Ich schrieb ein Buch über diese Frage, das ich ›The

Informed Heart‹ nannte (deutsch: ›Die Chance des Individuums in der modernen Gesellschaft‹), auch um anzudeuten, daß manche Menschen zwar warmherzig, aber leider sehr schlecht informiert sind.

Über die Folgen der Unwissenheit sagte Hillel der Alte vor zwei Jahrtausenden: »Wer sein Wissen nicht mehrt, mindert es; wer nicht lernt, verdient den Tod.« Was jedoch Millionen in den Untergang führte, war nicht nur der Mangel an Wissen; es lag auch am fehlenden Willen, für sich selbst, für das eigene Leben und das ihrer Lieben zu kämpfen. Dieser fehlende Kampfeswille war eine direkte Folge unwissender Unschuld – von Gettodenken. Im Getto fügte man sich und wartete, bis der Sturm vorüber war. Die Juden hatten sich nicht die Mühe gemacht zu lernen, daß sich die Dinge geändert hatten, und sie ahnten nicht, daß der Sturm diesmal von ganz anderer Art war. Wenn wir aber in eigener Sache nicht kämpfen, wird niemand für uns kämpfen. Jene Juden, die unter Hitler nicht um ihrer selbst willen kämpften, kamen um; die meisten von denen, die um ihr Leben kämpften, überlebten, selbst unter Hitler. Weil so viele Juden nicht kämpften, kämpfte auch niemand für sie. Schon Hillel stellte die Frage: »Wenn ich nicht für mich bin, wer ist dann für mich?«

Wenn jemand daran zweifeln sollte, die Überlebenden von Warschau bezweifeln es nicht. Dort versuchte eine Handvoll nicht im Gettodenken verfangener Menschen mit aller Kraft und fast von Anfang an, Widerstand zu mobilisieren. Im Getto begegnete man ihnen mit blinder Ablehnung und draußen mit Feindseligkeit oder Gleichgültigkeit. Es ist um so lehrreicher und beeindruckender, wie die polnische Hilfe von außen fast im selben Augenblick Wirklichkeit wurde, als von den hungernden Menschen, die noch übriggeblieben waren, Anzeichen von Widerstand, von Selbstverteidigung zu vernehmen waren.

Raul Hilbergs autoritativem Bericht ›Die Vernichtung der europäischen Juden‹ zufolge war es so: »An den deutschen Verlusten gemessen, erscheint die jüdische Opposition geringfügig. Die bedeutendste Auseinandersetzung fand im Warschauer Getto statt«, von wo aus fast vierhunderttausend Menschen den Weg in die Vernichtung antreten mußten. Zur Zeit des Aufstandes gab es im Getto nur noch etwa siebzigtausend Juden, und ihre Kampfstärke belief sich auf fünfzehnhundert. Die Gesamtstärke der ungleich besser ausgerüsteten deutschen Streitkräfte belief sich auf zwei- bis dreitausend Mann. Am Schluß gab es »sechzehn Tote und fünfundachtzig Verwundete auf deutscher Seite, Kollaborateure eingeschlossen. In Galizien führte sporadischer Widerstand zu einigen Verlusten bei der SS und der Polizei: acht Tote, zwölf Verwundete. Es ist zweifelhaft, daß die Deutschen und ihre Kollaborateure im Laufe des Vernichtungsprozesses mehr als ein paar hundert Mann durch Tod oder Verwundung eingebüßt haben.« Das bedeutet weniger als hundert tote Deutsche auf über sechs Millionen tote Juden. Das sind die wahren Proportionen des Geschehens.

Bei der Auseinandersetzung mit meiner These ist behauptet worden, Passivität angesichts der Verfolgung sei eine wesentliche Tugend der Juden. Ich könnte natürlich kontern mit Hinweisen auf den Kampf um Palästina in alter Zeit und auf die Feldzüge Israels in unserer Epoche. Andere haben gesagt: Gewiß, im Altertum kämpften die Juden, doch seit damals hat sich die jüdische Moralität verfeinert; zur neueren jüdischen Tradition gehört die passive Hinnahme von Gewalt, und dies ist moralisch höherstehend, als Gewalt mit Gewalt zu vergelten – sich töten zu lassen zeigt eine höhere Moral als zu töten.

Jüdische Einstellungen tragen zur Glaubwürdigkeit dieser Behauptung und als Erklärung für das Verhalten von Millionen europäischer Juden wenig bei. Jene, die sich der Vernichtung durch die Nazis passiv auslieferten – und die dies dem Vernehmen nach taten, weil sie überzeugt waren, zu sterben sei besser als zu töten –, waren dieselben, die zwei Jahrzehnte zuvor in den Armeen des Kaisers oder des Zaren tapfer gekämpft und getötet hatten. Wenn Millionen Juden gegen ihre Vernichtung keinen Widerstand leisteten, weil sie lieber leiden wollten als zu gewaltsamen Mitteln zu greifen, wo waren dann im Ersten Weltkrieg die Millionen jüdischer Kriegsdienstverweigerer?

Ich glaube, die jüdische Passivität unter dem Naziregime läßt sich nicht als Gewaltverzicht erklären, sondern als Unfähigkeit, sich selbst zu verteidigen, ganz auf sich gestellt, als Jude. Dieselben Menschen waren in der Lage, gewalttätig und aggressiv zu handeln, wenn ihnen dies von der Obrigkeit eines Staates befohlen wurde. Doch die Unterwerfung unter den Staat – zu töten, wenn er dies anordnet, und sich töten zu lassen, wenn er es verlangt –, hat mit Gewaltlosigkeit nichts zu tun.

Diese Gegensätzlichkeit der jüdischen Reaktionen zeigt sich in Jean-François Steiners Buch über die Revolte von Treblinka, ohne daß er sie je als solche erkannt hätte. Und dadurch wird die These entkräftet, die dieser erzählende Bericht enthält. Auf der einen Seite setzt Steiner voll Bewunderung das gesamte Judentum mit jenen Juden gleich, die ein Leben unter den Bedingungen des Gettos akzeptierten, wo »Juden sich nie verteidigten, nie revoltierten. Die Frömmsten betrachteten (Pogrome) als Strafe Gottes, die anderen als Naturphänomene, dem Hagel auf Rebhänge vergleichbar. ... Sie hatten eines gelernt: der Nichtjude ist stärker, durch Widerstand wird sein Zorn nur noch größer. ... Dieses Recht auf Lynchjustiz war eine Art ungeschriebenes Gesetz, das niemand auch nur im Traum in Zweifel gezogen hätte.«

Gleichzeitig bewundert Steiner jene, die wie sein eigener Vater das ungeschriebene Gesetz in Zweifel zogen, indem sie mit den Füßen abstimmten und das Getto hinter sich ließen. Später stellt er die beiden Typen von Juden einander gegenüber: Jene, die die Gesetze des Gettos akzeptierten und jene, die sie verwarfen, entweder durch Assimilation, oder indem sie sich dem Zionismus oder dem russischen Kommunismus verschrieben. Wie unterschiedlich diese beiden Typen reagierten, zeigt Steiner in seiner bewegenden Schilderung des Verrats der Juden von Wilna am Anführer der Widerstandsbewegung, dem Kommunisten Wittenberg. Weil sie Angst um ihr Leben hatten, das damals, wie sie hätten wissen müssen, durch Unterwürfigkeit nicht mehr zu retten war, wurde Wittenberg von den Juden des Gettos wie befohlen der Gestapo ausgeliefert.

Steiner erzählt noch einmal die Geschichte, wie die erste Gruppe von tausend Juden aus Wilna in den Tod marschierte. Unter ihnen war ein jüdischer Offizier der Roten Armee, der beim russischen Rückzug dageblieben war, um den Partisanenkampf zu organisieren, aber gefangengenommen worden war. Als er und die anderen in den Tod gingen, rief er ihnen zu: »Jetzt oder nie!« Er wußte, daß dies die allerletzte Gelegenheit war, und er stürzte sich auf den nächstbesten Bewacher, riß ihm das Gewehr aus der Hand und rief die anderen zur Revolte auf. Doch alle diese Menschen senkten den Kopf und murmelten das Achtzehnbittengebet: »Wenn also Gott existiert, kann nichts geschehen, das nicht seinem Willen entspringt.« Und als dann einer der wenigen Bewacher, die diese Marschkolonne von Gefangenen begleiteten, den Rotarmisten niederschoß, regte sich kein Widerstand.

Nur diejenigen, die wie der russische Offizier schon vor langer Zeit mit dem Gettoleben und seinen Verhaltensweisen gebrochen hatten, konnten den Entschluß fassen, sich nicht passiv dem »Willen Gottes« zu unterwerfen, sondern aktiv für ein neues Leben zu kämpfen, und zwar vor und nach der deutschen Invasion.

Da Steiner mit ähnlichen Wertvorstellungen aufwuchs wie der russische Offizier, kann er nicht umhin, sie zu unterstützen, und seine wahren Helden sind deshalb jene, die kämpfen und kämpfend sterben. Tatsache ist, daß alle, die beim Widerstand in Wilna aktiv beteiligt waren sowie die meisten Anführer der Rebellion von Treblinka schon vor langer Zeit mit dem Getto gebrochen hatten. Kleinman, der bei der Revolte als Anführer des getarnten Kommandotrupps eine bedeutende Rolle spielte und der den Deutschen bei der ersten bewaffneten Auseinandersetzung nach dem Ausbruch aus dem Lager eine Niederlage beibrachte, »war in der harten Schule von *Hashomer Hatzair* geformt worden, einer der am straffsten geführten zionistischen Jugendorganisationen«.

Djielo, ein weiterer Held der Revolte, hatte zuvor als »Hauptmann Bloch« in der tschechischen Armee gedient. Ein Mann namens Adolf war mit sechzehn von zu Hause weggegangen, hatte sich von der französischen Fremdenlegion anwerben lassen und war nach Lodz zurückgekehrt, um seine Familie zur Flucht nach Rußland zu bewegen. Sein Vater hatte dies jedoch abgelehnt; er blieb, um den Widerstand zu organisieren und wurde schließlich gefangengenommen.

Der einzige Jude in diesem Geschehen, der im Lager allein einen SS-Mann tötete, war Meir Berliner. Er hatte Warschau und seine dort lebende Familie mit dreizehn verlassen und sich nach Argentinien durchgeschlagen. Er kehrte zurück, um seine Eltern zu suchen und wurde im Warschauer Getto festgenommen. Er tötete mit einem Ritualmesser einen SS-Mann, der seinen Vater geschlagen und seine Eltern dann in die Gaskammer geschafft hatte.

Ein assimilierter Jude, ein früherer Reserveoffizier, lehnte das Angebot der SS ab, als jüdischer Lagerleiter zu fungieren; er sagte, er würde sich lieber umbringen, als ein Sklaventreiber der Nazis zu sein. Wegen dieser Weigerung wurde er sofort getötet. Dasselbe geschah mit Berliner und mit allen anderen, die individuellen Widerstand geleistet hatten. Doch den Tod fanden alle Juden, die in die Vernichtungsmaschinerie der Nazis geraten waren. Die Voraussetzung für erfolgreichen Widerstand wäre gewesen, daß sich die Juden gleichzeitig in großer Zahl erhoben hätten, und zwar vor der Deportation.

Steiners Buch wurde von Simone de Beauvoir sehr empfohlen; sie schreibt in ihrem Vorwort, diese Geschichte einer Revolte angesichts der Massenvernichtung sei eine Geschichte »des Stolzes«. Ich finde aber keinen ausreichenden Grund zum Stolz in der Tatsache, daß von den achthunderttausend Gefangenen, die in Treblinka passiv in den Tod gingen, schließlich die letzten tausend kurz vor ihrem Tode versuchten, aus diesem Menschenschlachthof auszubrechen.

Als Eichmann aus Argentinien herausgeschmuggelt wurde, damit er in Israel vor Gericht gestellt werden konnte, diente dies nach den Worten David Ben Gurions auch dem Zweck, den nach dem Holocaust Geborenen ein besseres Verständnis der Opfer zu ermöglichen und eine gewisse Übereinstimmung mit ihnen zu erzielen. Ich bezweifle, daß dies erreicht wurde. Tatsache ist, daß Kinder von Israelis ungläubig reagierten, wenn man ihnen erzählte, daß unter Hitler Millionen von Juden vernichtet worden waren. Ihre Antwort lautete: »Das können keine Juden gewesen sein. Ein Jude läßt sich nicht abschlachten; er würde nie passiv in den Tod gehen.« Das ist die Haltung einer Generation, deren Eltern im Kampf um Leben und Freiheit alles riskierten, einer Generation, der das Gettodenken unbekannt ist.

Es liegt nicht daran, daß der Mut gefehlt hätte. In den Armeen Europas und Amerikas kämpften jüdische Soldaten so gut wie alle anderen; in Israel kämpften sie besser als die meisten anderen. Warum kämpften also die deutschen Juden nicht gegen Hitler? Ich glaube, man muß den Grund in ihrem Inneren suchen: Ihr Selbstverständnis entsprang dem Gettodenken; sie betrachteten sich als hilflose Minderheit, die von einem allmächtigen Feind umgeben war. Eine Minderheit waren sie in der Tat, und sie waren von einem Feind umzingelt. Aber sie waren weder hilflos noch unfähig zum Widerstand.

Daß sie nicht zurückschlugen, lag an ihrer resignativen Haltung, an der sorgfältigen, Jahrhunderte währenden Beseitigung aller rebellischen Neigungen, an der eingefleischten Überzeugung, daß Biegsamkeit gegen das Zerbrechen schütze. Ganz anders die Helden des Warschauer Gettos, die wenigen tausend, die, wenn auch zu später Stunde, kämpften und starben – und von denen einige überlebten und entkommen konnten.

Ihr Heroismus beweist, daß ein Verzicht auf Widerstand nichts damit zu tun hatte, daß die Erfolgschancen gering waren. Sie schlugen zurück, obwohl die Chancen für einen Erfolg und für ein Überleben gleich null waren; Hunderttausende leisteten aber keinen Widerstand, als die Chancen für einen Erfolg und für ein Überleben viel größer waren.

Diese Helden kämpften, und auch sie waren Juden, doch hatten sie sich aus einem inneren Getto befreit. Das gleiche gilt für die Juden, die Europa verließen, als das Hitler-Regime ihre Menschenwürde bedrohte, die ihre irdischen Besitztümer aufgaben, um ihr Leben und ihre Selbstachtung zu retten. Die Mehrheit blieb und kam um, weil sie sich an eine antiquierte Vorstellung der Wirklichkeit klammerte. Da sie überzeugt waren, der Unterdrücker werde schließlich einlenken, ließen sie Befürchtungen sekundärer Art in den Vordergrund treten; sie ignorierten die Gefährdung und fürchteten sich am meisten vor einem wildfremden Land. Einst hatte es vor einem anderen Exil zum Gettodenken gehört, von den Fleischtöpfen Ägyptens abhängig und ihnen zugetan zu sein, doch wir Juden von heute hatten keinen Moses. Da es keine Propheten gibt, die uns an der Hand nehmen könnten, müssen wir selbst unseren inneren Hang zum Gettodenken bekämpfen. Deswegen bin ich so besorgt wegen der Überbleibsel, die es noch in uns geben mag.

Dieselbe Besorgnis veranlaßte den israelischen Generalstaatsanwalt Hausner beim Eichmann-Prozeß immer wieder, Überlebende der Todeslager, die als Zeugen aussagten, zu fragen: »Warum haben Sie nicht revoltiert?«

Wie an so vielen anderen Tagen des Prozesses richtete der Generalstaatsanwalt diese Frage auch an Dr. Moshe Bejski, der ausgesagt hatte, daß etwa fünfzehntausend Juden zusehen mußten, als ein fünfzehnjähriger Junge erhängt wurde wegen des Verbrechens, ein russisches Lied gesungen zu haben. Der Generalstaatsanwalt fragte: »Als dort fünfzehntausend Leute wie Sie vielleicht zehn oder höchstens hundert Polizisten gegenüberstanden, warum haben Sie sich nicht auf sie gestürzt? Warum haben Sie nicht revoltiert?« Eine Zeitung berichtete, der Zeuge sei von der Frage überwältigt gewesen und habe sich setzen müssen. Auch wir sind überwältigt und versuchen zu vergessen. Aber wir können es nicht.

Am selben Tag wurde ein weiterer Zeuge namens Yaacov Gurfein befragt. Er war aus einem Zug entkommen, in dem Juden zu den Gaskammern transportiert wurden. Richter Benjamin Halevi fragte den Zeugen, warum es keinen Widerstand gegeben habe, und dieser antwortete, sie hätten dazu keine Willenskraft gehabt. »Also sprangen Sie aus dem Fenster des Zuges?« fragte der Richter. Daraufhin sagte Gurfein: »Ich wäre nicht gesprungen, wenn meine Mutter mich nicht hinausgestoßen hätte.« Uns quält die Frage, warum diese Juden nicht von allein springen konnten.

Ein letztes Beispiel verdanke ich Hannah Arendt. Sie berichtet, wie mehrere tausend Juden in einem französischen Lager zusammengetrieben wurden, bevor man sie den Deutschen übergab. An ihrem zweiten Tag in dem im Aufbau befindlichen Lager betraten französische Widerstandskämpfer das noch nicht abgeriegelte Gelände und boten allen, die Interesse hatten, gefälschte Papiere an sowie eine Möglichkeit, von dort wegzukommen. Obwohl ihnen genau beschrieben worden war, was sie erwartete, zeigten sich die meisten Frauen ungläubig und interessierten sich nicht für diese Chance, ihr Leben zu retten. Nur eine Handvoll Frauen, weniger als fünf Prozent, machten von dem Angebot Gebrauch, unter ihnen Hannah Arendt. Allen diesen Frauen gelang die Flucht, und die meisten von ihnen sind noch am Leben. Die anderen wollten sich die Sache überlegen, waren nicht sicher, ob Flucht das beste wäre, und so fort. Einen Tag danach war es zu spät; das Lager wurde umstellt. Alle, die gezögert hatten zu handeln, wurden in die Gaskammern geschafft.

Alle Menschen, Juden oder Nichtjuden, die sich nicht zu verteidigen wagen, wenn sie wissen, daß sie im Recht sind, die sich nicht wegen Taten, sondern wegen ihrer eigenen Person bestrafen lassen, sind durch diese Entscheidung bereits tot; ob sie physisch überleben, hängt vom Zufall ab. Wenn die Umstände ungünstig sind, gelangen sie schließlich in eine Gaskammer. Daß völlige Unterwerfung unter brutale Gewalt den Tod bedeutet, auch wenn man noch lange weiterlebt, hat Simone Weil am besten beschrieben, eine Jüdin, die verfolgt wurde und die den Wert des Lebens kannte. In einem brillanten Essay ›Die Ilias oder Das Gedicht von der Gewalt‹, den sie im Jahr 1940 nach der französischen Niederlage schrieb, heißt es, daß auch Homer begriffen hatte, wie die Gewalt, die nicht tötet, das heißt noch nicht tötet, sondern lediglich sprungbereit über der Kreatur lauert, die sie jeden Augenblick töten kann, einen Menschen in Stein verwandelt, ein menschliches Wesen bei lebendigem Leib in ein Ding verwandelt.

Ein Mann steht entwaffnet und nackt da, und eine Waffe ist auf ihn gerichtet; dieser Mensch wird zum Leichnam, bevor jemand oder etwas ihn berührt.

Wenn sich ein völlig kampfunfähiger, wehrloser, kraftloser Fremder der Gnade eines Kriegers ausliefert, wird er dadurch nicht zum Tode verurteilt; aber ein Augenblick der Ungeduld auf seiten des Kriegers genügt, um seinem Leben ein Ende zu bereiten. ... Von allen Lebewesen ist es nur der eben beschriebene Bittsteller, der weder bebt noch zittert. Er hat das Recht dazu verloren.

Als Priamos das Zelt des Achilles betrat und »einhielt, des Achilles Knie umklammerte und dessen Hände küßte«, hatte er sich in ein Ding verwandelt, das leicht zu beseitigen war. Achilles begriff dies, und »den Arm des alten Mannes ergreifend, schob er ihn fort«. Solange Priamos des Achilles Knie umklammerte, war er ein kraftloser Gegenstand; nur indem Achilles ihn emporzog, konnte er ihm das lebendige Menschsein wiedergeben.

Genau diese Problematik brachte mich zu einer kritischen Einstellung: Nicht gegenüber der Familie Frank oder gegenüber Anne Frank, sondern im Hinblick auf die durchweg positive Aufnahme, die ihr Tagebuch in der westlichen Welt gefunden hatte. Ich möchte noch einmal betonen, daß ich an der Familie Frank nichts auszusetzen habe, am allerwenigsten an der armen Anne. Ich finde jedoch die Gettodenkweise sehr kritikwürdig, die nicht nur bei jüdischen Intellektuellen, sondern auch in der gesamten freien Welt Anhänger gefunden hat. Es hat den Anschein, als fänden wir menschliche Größe in der passiven Unterwerfung unter das Schwert, im Beugen des Nackens, das doch, wie Simone Weil so treffend sagte, ein menschliches Wesen zu einem bloßen Ding erniedrigt.

Die Familie Frank schuf in dem Hinterhaus, in dem sie Unterschlupf fand, ein Getto; es war ein Getto mit geistiger Empfindsamkeit, aber nichtsdestoweniger ein Getto. Ich meine, wir sollten diese Geschichte mit der Geschichte anderer jüdischer Familien, die sich in Holland versteckten, vergleichen. Als diese Familien ihre Schlupfwinkel einrichteten, planten sie Fluchtwege für den Tag, an dem die Polizei kommen und nach ihnen suchen könnte. Im Gegensatz zu den Franks verbarrikadierten sie sich nicht in Räumen ohne Ausgänge; sie wollten nicht in einer Falle sitzen. Um vorbereitet zu sein, planten und übten sie, wie der Vater bei einer Polizeikontrolle mit Worten und Taten versuchen würde, Zeit zu gewinnen, damit seine Frau und die Kinder entkommen könnten. Bei manchen Razzien attackierten die Eltern die Polizisten; sie wußten, daß sie umgebracht werden würden, doch wollten sie so ihr Kind retten. Es gab auch eine tragische Variante: Die Eltern blieben passiv an Ort und Stelle, da sie überzeugt waren, ihnen könne nichts geschehen; nur ihre Tochter, die noch ein Kind war, ergriff die Initiative und lief aus eigenem Entschluß weg. Das ist die Geschichte von Marga Minco, die am Leben blieb und das Buch ›Bitter Herbs‹ schrieb.

Die Glorifizierung der Familie Frank ist Teil eines Gettodenkens, das eine Realität verleugnet, die uns sonst zum Handeln zwingen würde. Diese Glorifizierung läßt erkennen, wie verbreitet der Hang zur Verleugnung der Realität in der westlichen Welt unter Juden und Christen ist, obwohl Anne Franks Geschichte zeigt, wie uns Verleugnung noch rascher in den Untergang führen kann.

Der Gettojude ist tot, der israelische Jude leistet stets Widerstand, und das noch verbliebene Weltjudentum geht einen Mittelweg. Diese Juden sind weder Gettojuden noch Israelis, sie stehen dazwischen und sind weder da noch dort ganz heimisch. Sie sind, wie der Verfasser, innerlich zerrissen. Es war ein Segen, daß der vitalste Teil des jüdischen Volkes Vorbereitungen für die Geburt einer neuen, ganz anderen Nation getroffen hatte. Daß dieses Israel sehr lebendig ist, ändert nichts an der Tatsache, daß die jüdische Gettobevölkerung von Hitler ausgerottet wurde.

Die unglücklichen Opfer sind tot; an der Schandtat des Jahrhunderts, von der wir alle betroffen sind, können wir nichts ändern. Es war nicht meine Absicht, über Anne Frank zu richten oder über die sechs Millionen Juden, die umkamen. Ich will weder kritisieren noch übertünchen, sondern verstehen und lernen. Ich plädiere dafür, daß wir die Lektion nicht gering achten, die uns die sechs Millionen Opfer ohne es zu wollen erteilt haben. Gettodenken ist kein Verbrechen, es ist ein fataler Irrtum.

Vielleicht ist wieder die Zeit gekommen, daß die Juden kraft ihrer besonderen Erfahrung etwas von größter Wichtigkeit mitzuteilen haben. Es hat den Anschein, daß sich die ganze westliche Welt einer Gettodenkweise verschrieben hat und weder wissen noch verstehen möchte, was in der übrigen Welt geschieht. Wenn wir nicht aufpassen, wird sich die abendländische Welt der Weißen, die bereits eine Minorität der Menschheit darstellt, mit Hilfe der sogenannten Abschreckung in ihrem eigenen Getto einmauern. Viele denken daran, sich hinter einem derartigen Schutzgürtel – der auch einengt – in ihre Bunker zurückzuziehen. Wie den Juden, die im Osten selbst nach der Ankunft der Nazis in ihren Gettos blieben, scheint auch uns nur wichtig zu sein, daß die Geschäfte in unserem großen *Shtetl* florieren, und die übrige Welt ist uns gleichgültig.

Wenn es uns Juden gelingt, uns von den verbliebenen Resten des Gettodenkens zu befreien, mag uns die Aufgabe zufallen, der westlichen Welt beizubringen, daß sie wie jeder einzelne von uns das Zusammengehörigkeitsgefühl über die eigene Gruppe und über ideologische Grenzen hinaus ausdehnen muß – nicht weil alle Menschen im Grunde gut sind, sondern weil Gewaltanwendung für den Menschen so natürlich ist wie der Hang, Ordnung zu schaffen.

Ins Deutsche übertragen von Rüdiger Hipp.

Literaturnachweis

Bettelheim, Bruno: Feral Children and Autistic Children. The University Press of Chicago, Chicago 1959.

– : Freud and Man's Soul. Alfred Knopf, New York 1983. Deutsche Ausgabe: Freud und die Seele des Menschen. Claassen, Düsseldorf 1984.

– : The Informed Heart. Deutsche Ausgabe: Aufstand gegen die Masse. Die Chance des Individuums in der modernen Gesellschaft. Szczesny, München 1964.

– : La Vienne de Freud. In: Vienne, L'apocalypse voyeuse. Editions du Centre Pompidou, Paris 1986.

– : Lionel Trilling on Literature and Psychoanalysis. In: Explorations. The Twentieth Century. University of Southwestern Louisiana 1989.

– : Love Is Not Enough. Free Press, Glencoe/Ill. 1950. Deutsche Ausgabe: Liebe allein genügt nicht. Klett-Cotta, Stuttgart 1970.

– : The Child's Perception of the City. In: Literature and the Urban Experience. Essays on the City and Literature. Herausgegeben von Michael C. Jaye and Ann Chalmers Watt. Rutgers University Press 1981.

– : The Empty Fortress. 1967. Deutsche Ausgabe: Die Geburt des Selbst. Kindler, München 1977.

– : The Museum Experience. In: The Proceedings of the International Symposium on Children and Museum, National Gallery of Art. Smithsonian Institution, Washington 1982.

– : Truants from Life. Free Press, Glencoe/Ill. 1955. Deutsche Ausgabe: So können sie nicht leben. Klett-Cotta, Stuttgart 1973.

Canetti, Elias: Die Fackel im Ohr. Lebensgeschichte 1921–1931. Hanser, München/Wien 1980.

Carotenuto, Aldo (Hrsg.): Tagebuch einer heimlichen Symmetrie. Sabina Spielrein zwischen Jung und Freud. Vorwort von Johannes Cremerius. Kore-Verlag, Freiburg/Br. 1986.

Engelmann, Edmund: Berggasse 19: das Wiener Domizil Sigmund Freuds. Stuttgart 1977. (= deutsche Ausgabe von ›Sigmund Freud's Home and Offices, Vienna 1938‹)

Epstein, Helen: Children of the Holocaust. Putnam, New York 1979. Deutsche Ausgabe: Die Kinder des Holocaust. Gespräche mit Söhnen und Töchtern von Überlebenden. Beck, München 1987.

Farrell, James Th.: Studs Lonigan. 2 Teile. Wunderlich, Reinbek 1983.

Frank, Anne: siehe Das Tagebuch der Anne Frank.

Freud, Sigmund: Gesammelte Werke in Einzelbänden. S. Fischer, Frankfurt/Main.

Friedländer, Saul: When Memory Comes. Farrar, Straus & Giroux, New York 1979. Deutsche Ausgabe: Wenn die Erinnerung kommt … . Deutsche Verlags-Anstalt, Stuttgart 1979.

Fromm, Erich: Sigmund Freud's Mission. Harper, New York 1959. Deutsche Ausgaben: Sigmund Freuds Sendung. Persönlichkeit, geschichtlicher Standort und Wirkung. Übersetzt von A.R.L. Gurland. Ullstein, Frankfurt/Main 1961. — Erich Fromm, Gesamtausgabe in 10 Bänden. In Band 8: Sigmund Freud. Seine Persönlichkeit und seine Wirkung. Auf der Basis der Übersetzung von A.R.L. Gurland übertragen von R. Oetker-Funk und Chr. v. Wahlert. Deutsche Verlags-Anstalt, Stuttgart 1981.

Gay, Peter: Freud. Eine Biographie für unsere Zeit. S. Fischer, Frankfurt/Main 1989.

Gesell, Arnold: Wolf Child and Human Child. Being a Narrative of the Life History of Kamala the Wolf Girl. Harper & Bros., New York/London 1940.

Giese, Miep: Meine Zeit mit Anne Frank. München 1991.

Hilberg, Raul: The Destruction of the European Jews. Quadrangle, New York 1985. Deutsche Ausgabe: Die Vernichtung der europäischen Juden. 2 Bde. Fischer, Frankfurt 1990.

Hrdlicka, A.: Children Who Run on all Fours. 1931.

Itard, J.M.C.: The Wild Boy of Averon. Century, New York 1932.

James, Henry: The Bostonians. Bobbs Merrill, Indianapolis 1976. Deutsche Ausgabe: Die Damen aus Boston. Ullstein, Berlin 1984.

Jones, Ernest: The Life and Work of Sigmund Freud, 3 Bände. Basic Books, New York 1953–1957. Deutsche Ausgabe: Das Leben und Werk von Sigmund Freud. 3 Bände. Hans Huber, Bern/Stuttgart 1960–1962.

Kanner, L.: Autistic Disturbances of Affective Contact. In: Nervous Child, Bd. II, 1942/43.

– : Child Psychiatry. C.C. Thomas, Springfield/Ill. 1948.

– : Early Infantile Autism. In: Journal of Pediatrics, XXV (1944) und in: American Journal of Orthopsychiatry, XIX (1949).

Klarsfeld, Serge: Le mémorial de la déportation des juifs en France. Klarsfeld, Paris 1978.

Korczak, Janusz: King Matt the First. Einleitung von Bruno Bettelheim. Farrar, Straus & Giroux, New York 1986. Deutsche Ausgabe: König Hänschen der Erste. Vandenhoeck & Ruprecht, Göttingen 1971.

– : Wenn ich wieder klein bin. Und andere Geschichten von Kindern. Vandenhoeck & Ruprecht, Göttingen 1973.

– : Wie man ein Kind lieben soll. Vandenhoeck & Ruprecht, Göttingen 1967.

– : Ghetto Diary. Holocaust Library, New York 1978.

Krafft-Ebing, Richard von: Psychopathia sexualis. 1886. Matthes & Seitz, München 1986.

Krupnick, Mark: Lionel Trilling and the Fate of Cultural Criticism. Northwestern University Press, Evanstan/Ill. 1986.

Lash, Joseph B.: The Story of Helen Keller and Anne Sullivan. Delacorte, New York 1980.

Lengyel, Olga: Five Chimneys. The Story of Auschwitz. Ziff Davis, Chicago 1947.

Lewis, R.W.B.: The American Adam. Innocence, Tragedy and Tradition in the 19. Century. University of Chicago Press, Chicago 1955.

Lifton, Betty Jean: Der König der Kinder. Das Leben von Janusz Korczak. Klett-Cotta, Stuttgart 1990.

Mahler, M.: On Child Psychosis and Schizophrenia. In: Psychoanalytic Study of the Child, VII (1952).

Mahler, M., und G. Gosliner: On Symbiotic Child Psychosis. In: Psychoanalytic Study of the Child, X (1955).

Minco, Marga: Bitter Herbs. Oxford University Press, New York 1960. Deutsche Ausgabe: Das bittere Kraut. Konkret Literatur, Hamburg 1988.

Newsome, Barbara Y., und Adele Z. Silver (Hrsg.): Art Museum as Educator. University of California, Berkeley 1977.

Panofsky, Erwin: Meaning in the Visual Arts. Deutsche Ausgabe: Sinn und Deutung in der bildenden Kunst. DuMont, Köln 1975.

Sinclair, Upton: Der Sumpf. Rowohlt, Reinbek 1985.

Singh, J. A. L., und R. M. Zingg: Wolf Children and Feral Man. Harper & Bros., New York/London 1940. Deutsche Ausgabe (gekürzt): Die »Wolfskinder« von Mindapore. Tagebuch eines Missionars. Quelle & Meyer, Heidelberg 1964.

Sklare, Marshall: The Changing Profile of the American Jew. A preliminary report on a Study of a Midwestern Jewish Community.

Steiner, Jean-François: Treblinka. Simon & Schuster, New York 1967. Deutsche Ausgabe: Treblinka. Stalling, Oldenburg 1966.

Das Tagebuch der Anne Frank, 14. Juni 1942 – 1. August 1944. Schneider, Heidelberg 1950.

Trilling, Lionel: Beyond Culture. Harcourt Brace Jovanovich, New York 1965.

– : Gathering of Fugitives. Harcourt Brace Jovanovich, New York 1956 und 1984.

– : The Liberal Imagination. Herausgegeben von Diana Trilling. Harcourt Brace Jovanovich, New York 1979.

– : Sincerity and Authenticity. Deutsche Ausgabe: Das Ende der Aufrichtigkeit. Hanser, München/Wien 1980.

– : The Opposing Self. 9 Essays in Criticism. Viking Press, New York 1965.

Trilling, Lionel, und Steven Marcus (Hrsg.): The Life and Work of Sigmund Freud. Basic Books, New York 1961.

Vegh, Claudine: Je ne lui ai pas dit au revoir. Nachwort von Bruno Bettelheim. Gallimard, Paris 1979.

Weininger, Otto: Geschlecht und Charakter. Eine prinzipielle Untersuchung. Matthes & Seitz, München 1980.

Werfel, Franz: Die vierzig Tage des Musa Dagh. 1933.

Einige Beiträge dieses Bandes sind zuerst erschienen in: The American Journal Orthopsychiatry; The American Journal of Sociology; Channels Magazine; Commentary; Harper's; Midstream; The New Leader; The New Yorker; The New York Times Book Review; The New York Times; Le Temps Stratégique; The Washington Post.

Register